21世纪公共管理类系列规划教材编委会

顾　问：朱立言　◉　全国MPA教育指导委员会原秘书长

　　　　　　　　　中国人民大学教授　博士生导师

主　任：邓大松　◉　全国MPA教育指导委员会委员

　　　　　　　　　武汉大学政治与公共管理学院院长　教授　博士生导师

　　　　徐晓林　◉　全国MPA教育指导委员会委员

　　　　　　　　　华中科技大学公共管理学院院长　教授　博士生导师

　　　　赵　曼　◉　中南财经政法大学教授　博士生导师

编　委：（以姓氏笔画排序）

马培生	◉ 山西财经大学	李春根	◉ 江西财经大学
许晓东	◉ 华中科技大学	张立荣	◉ 华中师范大学
郑志龙	◉ 郑州大学	陶学荣	◉ 南昌大学
崔运武	◉ 云南大学	湛中乐	◉ 北京大学
楚明锟	◉ 河南大学	廖清成	◉ 中共江西省委党校

定量分析方法

21世纪公共管理类系列规划教材

主　编　许晓东
副主编　王　冰　胡隆基

华中科技大学出版社
http://press.hust.edu.cn
中国·武汉

内容提要
Abstract

本书在详细阐述定量分析方法的概念和理论基础的前提下,系统介绍了定量分析的各种方法。具体内容包括:线性规划、概率论、估计和假设检验、回归分析、图与网络分析方法、系统分析方法、决策分析及群体决策方法,将定量分析的概念从数量分析扩展到了网络图分析和排序分析。为了方便读者学习和应用,本书给出了公共管理常用定量分析名词解释,并附有各章计算题的参考答案。

本书可作为高等学校公共管理、工商管理、经济、社会学和相关专业的本科生和研究生教材,也可供各级行政人员、企业管理人员、工程技术人员参考。

总序
Preface

《领导科学与艺术》《社会保障学》《电子政务》《行政法》《公共部门人力资源管理》《公共政策分析》《公共管理学》《政治学》《公共经济学》《定量分析方法》作为"21世纪公共管理类系列规划教材"第一批书目的出版,是在MPA专业教育取得长足发展和公共管理类学科获得进一步深入拓展的基础上应运而生的。

一、编写原则

"21世纪公共管理类系列规划教材"在编写上主要遵循以下原则。

第一,科学性与思想性相结合的原则。科学性是思想性的基础,思想性是科学性的灵魂。教材编写坚持以马克思列宁主义、毛泽东思想、邓小平理论、"三个代表"及科学发展观的重要思想为指导,贯彻科学发展观,以正确的观点、方法揭示事物的本质规律,建立科学的知识体系,形成正确的概念。

第二,理论联系实际的原则。教材编写注重联系学生的生活经验、已有的知识、能力、志趣、品德的实际,联系理论知识在实际工作和社会生活中的实际,联系本学科最新学术成果的实际,通过理论知识的学习和专题研究,培养学生独立分析问题和解决问题的能力。

第三,创新性原则。教材注意吸收国内外最新理论研究与实践成果,特别是我国公共管理教育的理论研究与实践的经验、教训,力求在编写上有所突破,有所发展,有所创新,形成特色。

二、特色定位

"21世纪公共管理类系列规划教材"的特色定位主要涵盖以下几个方面。

(1) 国际化与本土化的平衡,注重本土化。吸收和借鉴国际上比较成熟的理论、方法、概念、范式、案例,切忌照本宣科、拿来就用,脱离中国具体国情和社会现实,而应该与中国的国情和实际情况密切结合,体现本土化特色,在此基础上进行研究才能发现问题、解决问题,有所发展、有所创新。

(2) 全面加强案例分析。公共管理学科需要坚实的学术底蕴作为基础,但它更是实践性与应用性很强的学科,只有通过对大量典型的、成熟的案例进行分析、研讨、模拟训练，才能开阔学生的眼界，积累学生的经验，培养学生独立分析问题、解决问题、动手操作的能力。

（3）寻求编写内容上的突破与创新。结合当前已经出版的公共管理系列教材存在的不足之处，结合当前学生在学习和实践中存在的困难、亟须解决的问题，积极寻求内容上的突破与创新。

"21世纪公共管理类系列规划教材"的读者对象定位在公共管理硕士研究生层次、MPA研究生，同时可供公共管理类学科或专业高年级本科生阅读参考，也可供公务员培训、相关专业本科生使用。

"21世纪公共管理类系列规划教材"的出版除了得到主编及参编此套教材的重点院校及单位的大力支持与帮助外，以下院校及单位的领导、老师对我们的工作不仅给予了较大的支持与帮助，也提出了中肯的建议与意见（以汉语拼音为序）：

安徽大学管理学院
东北大学文法学院
国防科学技术大学人文与管理学院
贵州大学管理学院
合肥工业大学管理学院 MPA 中心
湖北大学政法与公共管理学院 MPA 教育中心
湖南大学政治与公共管理学院
湖南师范大学公共管理学院行政管理学系
华南理工大学政治与公共管理学院
暨南大学管理学院行政管理系
兰州大学管理学院
南京农业大学科研处、人文学院
内蒙古大学公共管理学院
清华大学公共管理学院
四川大学公共管理学院行政管理系
山西财经大学公共管理学院
山西大学政治与公共管理学院
苏州大学公共管理学院

武汉理工大学经济学院

湘潭大学管理学院

新疆大学 MPA 教育中心

浙江理工大学法政学院公共管理系

浙江师范大学 MPA 教育中心

中国科学技术大学管理学院 MPA 中心

中国政法大学法学院行政法研究所

中南大学政治与行政管理学院

谨向以上这些院校单位领导、老师表示最诚挚的谢意!

需要说明的是,伴随着社会的发展和进步,信息变化日新月异,MPA 专业教育和公共管理各学科专业知识点也将发生相应的变化,为保持"21 世纪公共管理类系列规划教材"更长久的生命力,希望广大高等院校教师、学生和读者能关心和支持本套规划教材的发展,及时向每种教材的编写者提出使用本套教材过程中发现的问题和修改建议,以便我们及时修订、完善。

"21 世纪公共管理类系列规划教材"编委会

2010 年 12 月

目录

Contents

第一章　绪论 /1

　　第一节　科学、社会科学、人文科学与公共管理学 /1
　　第二节　定性分析方法和定量分析方法 /8
　　第三节　数学方法在社会科学中的应用 /11
　　本章重要概念 /15
　　本章思考与练习题 /15
　　本章推荐阅读书目 /15

第二章　定量分析方法的理论基础 /16

　　第一节　统计学 /16
　　第二节　系统工程学 /21
　　第三节　计量经济学 /24
　　第四节　逻辑学 /27
　　第五节　运筹学 /32
　　本章重要概念 /35
　　本章思考与练习题 /35
　　本章推荐阅读书目 /35

第三章　线性规划 /36

　　第一节　线性规划的含义与作用 /36
　　第二节　线性规划的数学模型和标准形式 /38
　　第三节　线性规划问题的几何解释 /40
　　第四节　线性规划的解的概念 /44
　　第五节　单纯形法 /50
　　第六节　线性规划求解软件 LINDO6.1 简介 /69
　　本章重要概念 /72
　　本章思考与练习题 /72
　　本章推荐阅读书目 /73

第四章　概率论基础知识 /74

　　第一节　随机事件及其概率 /74
　　第二节　随机变量及其分布 /82
　　第三节　随机变量的数字特征 /90
　　第四节　大数定理 /91
　　本章重要概念 /93
　　本章思考与练习题 /93
　　本章推荐阅读书目 /95

第五章　估计和假设检验/96

第一节　总体与样本/97

第二节　抽样分布/98

第三节　参数估计/104

第四节　假设检验/118

本章重要概念/132

本章思考与练习题/132

本章推荐阅读书目/139

第六章　回归分析/140

第一节　回归的含义与作用/140

第二节　一元线性回归/141

本章重要概念/151

本章思考与练习题/151

本章推荐阅读书目/152

第七章　图与网络分析方法/153

第一节　图的基本概念/153

第二节　最短路问题/161

第三节　网络最大流问题/167

第四节　网络计划评审技术/172

本章重要概念/185

本章思考与练习题/185

本章推荐阅读书目/186

第八章　系统分析方法/187

第一节　经济分析方法/187

第二节　多目标评价的概念与准备工作/191

第三节　多目标评价常用的方法/199

第四节　数据包络分析/210

本章重要概念/223

本章思考与练习题/223

本章推荐阅读书目/224

第九章　决策分析方法/225

第一节　决策的基本概念与原理/225

第二节　确定型决策/240

第三节　不确定型决策/241

第四节 风险型决策/245
第五节 效用理论/247
第六节 贝叶斯分析/254
本章重要概念/264
本章思考与练习题/264
本章推荐阅读书目/265

第十章 群体决策方法/266

第一节 群体决策的概念与分类/266
第二节 非排序式选举/269
第三节 排序式选举与投票悖论/275
第四节 策略性投票分析/285
第五节 博弈分析/290
本章重要概念/312
本章思考与练习题/312
本章推荐阅读书目/313

附录 A 公共管理常用定量分析名词解释/314

附录 B 部分思考与练习题参考解答/334

附录 C 常用统计表/341

后记/369

第一章

绪 论

---**本章导言**---

定量分析方法和定性分析方法是科学研究的两种基本方法。本章首先介绍了科学的含义,自然科学和社会科学的区别,以及公共管理学的主要研究内容。其次,比较了定量分析方法和定性分析方法的特征及其哲学基础。前者以实证主义作为其基础,后者以人文主义作为其基础。第三,概述了数学方法在社会科学中的应用,社会科学的数学化、定量化、精确化是社会科学发展的必然趋势。

第一节 科学、社会科学、人文科学与公共管理学

定量分析方法和定性分析方法是科学研究的两种基本方法。科学研究中的方法非常重要,很早就为许多科学家和哲学家所重视。当前,把方法作为研究对象已经形成了一门专门的学科,即"方法论"(methodology),这一概念是英国哲学家培根首创的,他提出要以方法的体系武装科学。从一定意义上说,判断一门学科究竟是不是科学,不是根据研究的对象或内容,而是根据所采用的研究方法。由于定量或定性分析方法都是针对科学而言的,所以,在深入探讨定量分析方法之前,有必要了解科学本身的含义。

一、科学

尽管现在我们几乎每天都在使用"科学"一词,但对于究竟什么是科学,却并不存在一个能够得到普遍公认的定义。一般的理解是,科学首先指自然科学,即人类获得的有关自然领域的知识,其次,科学也包括社会和思维领域的知识,即社会科学。根据《现代汉语词典》(中国社会科学院语言研究所词典编辑室,2005),"科学"一词被解释为:"名反映自然、社会、思维等的客观规律的分科的知识体系。形合乎科学的:……"

由此可见,科学就是一种系统化的知识。希腊文中没有"科学"这个词,仅有"知识"一词,即现代英语中知识论(epistemology)一词的前半部分 episteme。而后半部分 logos,即"逻各斯",或逻辑,它是哲学的最高范畴,是指理论、人的理性,是人们获取知识的方法。因此,在哲学上,什么是知识、如何获取知识是一个非常深奥的哲学问题,是哲学的一个重要分支——知识论——研究的范畴。英语中"科学"(science)一词来自拉丁文,即"scientia"或"scire",也是学问或知识的意思。

在中国历史上,"科学"一词最初被翻译为"格致",即"格物致知",它的含义是通过接触事物而穷究事物的道理。该词出自《礼记·大学》,原文为"古之欲明明德于天下者,先

治其国,欲治其国者,先齐其家,欲齐其家者,先修其身,欲修其身者,先正其心,欲正其心者,先诚其意,欲诚其意者,先致其知,致知在格物"。格物就是即物穷理,凡事都要弄个明白,探个究竟;致知,即做个真正的明白人,为人行事决不糊涂。明末清初,来华的欧洲耶稣会传教士熊明遇的《格致草》、汤若望的《坤舆格致》等书的名称就使用了"格致"一词。中日甲午战争以前出版的许多科学书籍多冠以"格致"或"格物"之名。然而,在中国的历史上,格致主要并不是探究自然界的道理,更多的是探究做人的道理。

通常认为现代汉语中的"科学"一词是从日本传入的。日本直到19世纪下半叶也一直沿用"格致"一词,并将"science"译作"格致学"。明治维新后日本向西方学习,大量译介西学,这时才逐渐用"科学"取代"格致"。一般认为在中国最早使用"科学"一词的学者是康有为。他出版的《日本书目志》中列举了《科学入门》、《科学之原理》等书目。1894年至1897年,严复在翻译《天演论》、《原富》等名著时,也把"science"一词译为"科学"。辛亥革命时期,中国人使用"科学"一词的频率逐渐增多,出现了"科学"与"格致"并存的局面,新文化运动时又称为"赛先生"(science)。在民国时期,由于中国科学社倡导的"科学救国"理念,以及他们进行的科学传播活动,"科学"一词才最终取代了"格致"。

在中国引入"科学"概念的同时,西方学者对科学含义的理解也在不断发生变化。时至当代,寻找一个完满、统一的能够得到大众接受和认可的科学定义,已经非常困难。对科学本身的研究现在也形成了一门学科——科学学,专门探讨科学的性质、范畴、内涵、外延及其研究方法。科学学的创始人贝尔纳认为:"科学在全部人类历史中确已如此地改变了它的性质,以致无法下一个合适的定义。"[1]这段话的意思是指只能从不同的侧面去理解和认识科学。他还指出:"科学可作为:①一种建制;②一种方法;③一种积累的知识系统;④一种维持或发展生产的主要因素;⑤构成我们的诸信仰和对宇宙和人类的诸态度的最强大势力之一。"[2]

近代的科学是指在理性、客观的前提下,用知识(理论)与实验完整地证明出的真理,是指以培根倡导的实证主义、伽利略为先驱的实验方法为基础,以获取关于世界的系统知识的研究。它可以分为以自然现象为对象的自然科学,以社会现象为对象的社会科学和以人类思维存在为对象的思维科学。艺术、宗教、文学等则不属于科学的范畴。科学还可以分为从理论到应用等多个层次。在与社会进步的相互作用中,科学对实践的指导作用得到不断加强,科学体系本身也不断壮大,它对人类历史的重大影响日趋显著。

二、自然科学、社会科学、人文科学

广义的科学大体上可以分为自然科学和社会科学。简单地讲,前者研究物质世界,后者研究与人类行为相关的社会和精神世界。康德曾经说过,"有两种东西,我们越是对它们反复思考,它们所引起的敬畏和赞叹就越是充溢我们的心灵,这就是高悬头上的灿烂星空和深据内心的道德法则"。"高悬头上的灿烂星空"就是指宇宙、自然界,以及一切人类精神世界之外的物质世界。"深据内心的道德法则"则是指与人的思想、情感有关的精神世界、人的认识能力,以及人类社会。由于客观的物质世界必须通过人的主观精神世界去

---

[1] 参见贝尔纳《历史上的科学》(中译本,伍况甫等译)的序,该书由科学出版社1959年出版。
[2] 参见贝尔纳《历史上的科学》(中译本)第6页。

认识,因此这两者是密切联系,牢不可分的。它们构成了科学研究的全部,激励着一代又一代的科学家投入其毕生的精力去研究"灿烂星空"和"道德法则"的内在规律。

近代以来,自然科学获得了极大的成功,直接推动了技术的进步和生产力的突飞猛进,也给人类带来了前所未有的物质文明。在这个过程中,数学对近代自然科学的发展具有重大的意义。近代自然科学的最大特点之一,就是采用数学来解释自然。数学是关于变量及其关系的科学,是从量的角度来研究、反映客观世界及其规律的方法。科学数学化成了现代科学发展的特征。这个贡献可以一直追溯到笛卡儿、伽利略和牛顿,他们在科学研究中把经验与数学紧密结合起来,不仅使自然科学得到史无前例的动力,而且也建立了科学研究方法论。可以毫不夸张地说,近代自然科学的进步始于系统地用数学解释自然。如果说科学研究就是阅读敞开在我们面前的一本客观世界的书,那么数学已成为我们阅读这本书的语言和工具。马克思认为,一门科学只有在成功地运用了数学之后,才算达到了完善的地步。[①]

然而,在自然科学获得突飞猛进的同时,社会科学并未取得同等地位的发展。贝尔纳指出,人类对他生活在里面的社会的知识远比人类对周围物质世界的知识,或者对这个世界里生长和生活着的植物和动物的知识更难以获得。甚至它们能否被称为科学都受到怀疑。英国皇家学会所维护的英国科学传统并不承认社会科学是一门科学。在英国和美国,"科学"这个词是被自然科学包下来的。

社会科学落后于自然科学有很多原因。贝尔纳指出,"社会科学的落后主要不是由于研究对象具有一些内在差别或仅仅是复杂性,而是由于统治集团的强大的社会压力在阻止对社会基本问题进行认真的研究"。除此之外,还有其他一些原因导致社会科学落后于自然科学。第一,社会科学很难像自然科学那样进行普遍的频繁的实验(尽管不是绝对不行)。第二,社会科学的研究对象包含了自然科学所没有的价值判断,对于像正义和美这样绝对的无时间性的概念,科学方法永无用武之地。第三,社会科学与自然科学的不同之点在于,人本身就是他所研究的社会中的一部分,因此观察者与被观察者纠缠在一起,以致在社会科学领域进行真正自然科学意义上的研究是很困难的。第四,人类社会是所有个人的总和,但又不是类似于物质世界无差异原子的一种集合。我们可以将某一类物质的原子看成是一样的,但每一个人都存在差异,因此研究人类社会必然比研究单个人的心理学更为复杂。人类既然是最复杂的动物,那么对人类的研究就必然比自然科学要复杂得多。第五,社会不断变化的性质导致了它比自然更加难以研究。别的科学可以依靠越来越接近自然界中某种不变的或反复出现的体系而获得知识,而社会的变化却是迅速的,社会科学对其一种形势还来不及做出分析,这种形势就已经转变为另一种新的不同的形势了。这些原因在很大程度上都可以归结于自然科学和社会科学方法论上的差异,其中的核心就是数学及定量研究方法的使用。

贝尔纳将社会科学又分为两大类:说明性的社会科学和分析性的社会科学。前者例如考古学、人类学和社会学,它们都是试图说明过去和现在的社会,说明它们的结构、相互关系和发展情况。这一类社会科学可以列入比较广义的人类历史学的范畴。分析性的社会科学是要把决定社会行为的各种方面的根本关系揭示出来,例如经济学、法律学、政治

---

① 参见拉法格《回忆马克思恩格斯》(中译本)第72—73页。该书已由人民出版社1959年出版。

学、教育学,还包括心理学和哲学,特别是道德哲学、伦理学和美学。所有这些学术研究,只要是采取自然科学所应用的科学方法,只要它们是以客观事实为根据并且其准确性经得起实践的检验,就可以列为科学。然而,各门社会科学由于内在的和特殊的困难,只是在很小的范围内做到一点。"因此它们的许多部分只是为了礼貌,或者为了考试的目的而列为科学。"①

在我国,社会科学也有广义和狭义之分。狭义的社会科学在英语中被称为 social science,包括经济学、管理学、社会学、人类学、政治学、心理学、教育学、法学等,这些学科分别从不同的方面和角度对个人乃至整个人类展开研究。例如,经济学研究人类在经济领域中的生产、交换、分配、消费等行为,管理学主要研究人类在组织中的活动和规律,社会学研究人与人之间形成的各种社会关系和社会角色,政治学研究人类在共同生活中结成的公共组织及其权力的来源和使用等问题,这些学科之间也存在着很大的交叉和重叠。广义的社会科学还包括人文学科,即英语中的 humanities,包括文学、宗教、历史、哲学等学科。对学科进行这种区分的根据就在于以数学为核心的定量研究方法在其中应用的程度(见图 1-1)。

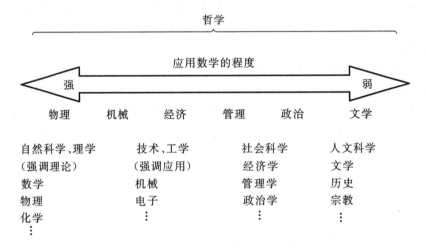

图 1-1 根据应用数学的程度对学科进行的分类

三、公共管理

1. 公共管理与公共行政

公共管理是一个含义非常广泛的概念和学科,就其主体而言,属于社会科学的领域。在英语中,它对应于两个词,public management 和 public administration,前者的字面意思即公共管理,它强调从管理和经济的角度引申出来的公共管理研究;后者又可以被译为公共行政,它强调从政治学的角度引申出来的公共管理研究。这两者既有密切的关系,也有一定的区别。

公共管理是同私人管理相对应的一个概念。私人管理是个人管理的延伸,例如,你如何管理你的金钱、你的时间,如何处理人际关系和个人发展等,这些行为是个人在私人领

---

① 参见贝尔纳《历史上的科学》(中译本)第 550 页。

域或私人空间的私人行为,在很大程度上具有个人自由。当个人运用自己的资金成立了一家私人企业,招聘员工,进行生产经营活动,并自行承担利润和亏损,这就是企业管理,企业管理是当代最为典型的私人管理。私营企业的管理者进行管理的权力是由产权派生出来的经营管理权,这是一种典型的私权。

公共管理的范围远远广于私人管理。原因在于人类活动必然是一种社会活动,必然在一定的公共领域中发生。任何企业和个人都是在一定的社会经济环境中存在的,都会和其他经济主体发生各种联系。在鲁滨孙那里确实只有私人管理而没有公共管理,但生活在荒岛上的鲁滨孙仅仅是一个生物意义上的人,而不是一个社会意义上的人。马克思所谓的"人的本质就是一种社会关系"深刻地说明了人的公共性。在远古时期,原始人狩猎活动中的分工与合作、猎物的分配,以及其他的婚丧嫁娶等社会活动都蕴涵着公共管理的因素。即使是当代企业管理之中,也存在着公共管理的因素。例如,企业管理者尽管可以自由地招聘和解聘员工,但不能因为他们的种族或性别而在招聘和解聘时对他们有所歧视,也不能任意地对员工进行搜身或强制。企业管理者尽管可以自由地决定企业的生产经营范围,但在进入诸如枪支武器、食品、药品等特殊领域时必然要受到国家法律的严格管制,企业产品的质量也必须符合国家的相关标准。这种对私权的限制就是公共管理。公共管理其实是对人们的私人活动制订规则的过程,这些规则限制和制约了私人活动的空间和范围。在漫长的历史长河中,统治者对国家事务的管理也是一种公共管理,但当时的公共管理是少数人对多数人的压迫和统治,是一种不平等的公共管理。在当代,公共管理的性质发生了根本的变化,老百姓成为具有平等政治权利的公民,政府进行公共管理的权力不再来自于上天,而是来自于民授。公共管理就是每一个公民通过公共选择为自己的公共生活制定规则的过程,也是每一个公民将自己的一部分私权委托给政府,形成一种公共权力,由政府行使这种公共权力来管理社会公共事务的过程。一个国家繁荣昌盛的决定性因素不在私人管理,而在公共管理。优秀的企业是优质的公共管理的必然结果。公共管理同私人管理之间的区别如表1-1所示。

表1-1 公共管理和私人管理的关系

	企业(私人)管理	公共管理
权力的来源	产权及其派生的经营管理权	历史上来自于统治者的暴力,以及思想控制和教化,当代则来自于全体公民的授予
目的	私人利益,具有经济理性	公共利益,公平正义
依存的组织	私人组织,企业	公共组织,大学、城市,以及整个社会
行使的权力	私人权力	公共权力

作为一门学科,公共管理学的前身是公共行政学,公共行政学是一门从政治学中分化出来的学科。1887年,普林斯顿大学政治学教授托马斯·伍德罗·威尔逊①(Thomas W. Wilson)在《政治学季刊》上发表《行政学之研究》(The Study of Public

---

① 此人曾经担任过美国总统(1913—1921),在第一次世界大战后主张建立国际联盟以阻止世界大战的再次爆发,不过最终失败。在国内,推动了当时的进步运动(progressive movement),他被认为是美国历史上最杰出的总统之一。

Administration)一文,该文的发表标志着行政学从政治学中脱离出来而成为一门独立的学科。在该文中,威尔逊提出政治与行政两分的原则。威尔逊认为,政治是有关权力来源的学问,在人类社会的早期,社会生活和政府职能比较简单,权力来源的问题比如何运用权力的问题显得更加重要。随着社会的日趋复杂,政府的职能和机构大大增加,这时权力来源问题尽管仍然重要,但如何运用权力却显得更加重要。并且,不论哪一个政党上台执政,都将面临相同的问题,即如何行使权力、如何管理社会。这种对权力的执行就是行政,即 administration①。继威尔逊之后,美国政治学家古德诺(Frank J. Goodnow)于 1900 年发表《政治与行政》,进一步扬弃了传统政治学中的立法、司法、行政的三分法,更为明确地指出,"政治是国家意志的表现,行政是国家意志的执行",从而更加明确地树立了政治与行政两分的原则。

2. 公共管理学的研究内容

公共行政学侧重于从政治学的角度对政府运用权力的问题进行研究,行政管理是行政学和管理学的结合,它侧重于从管理学的角度对作为一个组织的政府如何对自身进行管理的问题进行研究,例如有关政府职能的行政职能,有关政府内部组织结构的行政机构,有关政府内部事务管理的机关事务后勤管理,有关政府的领导和决策的行政领导与行政决策,有关政府内部工作人员管理的公务员管理、文官制度、编制管理,有关政府内部监督的行政监督等内容都是行政管理的研究范畴。公共管理学的范围则更加宽广,除了政府的内部管理以外,它还包括政府借助公共政策对整个社会的管理。

在我国,公共管理是一门新兴学科。1996 年,我国开始设置公共管理一级学科,从此,公共管理成为和政治学、理论经济学、应用经济学、工商管理、管理科学与工程等学科并列的一级学科,这标志着公共管理在我国正式成为一门学科。1999 年 5 月,国务院学位委员会第 17 次会议审议通过《公共管理硕士(MPA)专业设置方案》,我国开始设置公共管理专业硕士学位,这一举措主要是适应我国当前行政体制改革的需要,培养公务员及其他高级政府官员的现代公共管理理念。当前,公共管理是全国 80 个一级学科之一,下设 5 个二级学科(行政管理、社会医学与卫生事业管理、教育经济与管理、土地资源管理、社会保障)。然而,这些二级学科仍然不能全部覆盖公共管理的研究范畴。事实上,公共管理是一门政治学、经济学、管理学、社会学、伦理学等学科的交叉学科。其中,政治学关注公民、国家、政府之间的关系,权利和权力,国家根本制度等问题;经济学研究社会中产品和服务的生产、分配、交换、消费、资源的配置等问题;管理学关注组织内部,如何提高组织的效率,实现组织的目标,公共管理则是管理学在公共组织中的应用,这个公共组织可以小到一个家庭,大到一个国家,甚至整个世界;社会学研究的家庭、人口、社会也是一种公共现象;伦理学则探讨善恶美丑,以及人类行为的根源,它是经济学、管理学等学科的哲学基础。因此,要学好公共管理学,应当了解并综合运用这些学科的理论和知识。

当前一些热点的公共管理问题包括:政治和行政体制改革、公共交通、环境污染、税收

---

① 因为行政就是权力的执行,在私人企业中,也存在如何行使权力(私权)的问题,也存在行政。所以,工商管理硕士(MBA,Master of Business Administration)中的管理一词在英文中也是 administration,即行政。有关管理(management)与行政(administration)两词之间的区别,请参阅陈振明《公共管理前沿》。(福建人民出版社,2002 年,3-20 页)

与财政、国家产业政策、人口政策、社会保障体系的建立、公共安全、公共卫生、教育体制改革、土地和房地产市场的管理等。可以毫不夸张地说,任何公共现象都可以纳入公共管理的研究范畴。具体而言,公共管理学的研究范畴大致可以包括如下几个方面。

1) 政府对自身的管理

政府对自身的管理是指传统的行政管理或公共行政。政府是一个公共组织,任何组织都面临如何提高效率、如何激励员工、如何实现组织目标的问题,这些也是管理学所要研究的问题。管理学在不同组织中的应用就形成了不同的专门的管理学分支,如行政管理、企业管理、学校管理、家庭管理、军队管理等。因此,管理学中的基本理论如泰罗的科学管理、法约尔的组织管理及管理五大职能的分类、梅奥的霍桑实验中发现的社会人假设、马克斯·韦伯的官僚行政组织等管理学理论均可以在行政管理中得到体现和应用。政府的职能是传统行政学所要研究的首要问题,政府职能决定政府的规模和机构。当代新自由主义理论指导下的"小政府、大社会"的理念来源于对政府应当做什么、可以做什么的探讨。我国若干次机构改革陷入"精简—膨胀"的怪圈,原因在于没有对政府职能进行准确的定位。当前的行政体制改革不仅仅应该关注机构的设置与重组,更要关注的是机构之间的职能分工、合作与协调。政府本身也可以进一步细分为中央政府和地方政府,中央和地方的财权及事权的划分也是一个值得深入研究的问题,如果中央和地方的关系处理不好,就会出现"一管就死,一放就乱"的现象。除了宏观的中央、省、市、县、乡镇五级政府以外,任何一级政府内部的任何一个部门的管理都是行政管理的研究范畴。

2) 能源与环境问题

能源涉及国家的战略安全,当代任何一个大国都不可能将能源的生产与消费完全交给市场来运作。当前,能源已经越来越成为制约我国进一步发展的瓶颈。能源涉及石油、电力、煤炭、交通、建筑等多个行业和领域,具有高度复杂性。能源问题又与环境问题紧密相关。由于我国的一次能源主要是煤炭和石油,煤炭与石油的开采和燃烧会产生严重的环境问题,此外,一些地方出于推动本地经济发展的需要,上马了大量高能耗、高污染的小企业,汽车、建筑工业的发展也会造成较大的环境污染和能源耗费,环境问题已经成为导致社会不和谐的一个重要约束。当前,西方发达国家和我国均已开始将经济、环境、能源等问题结合在一起进行研究,即 3E(economy-environment-energy)模型。这种研究必须采用实证的方法,运用大量的数据和模型才能得出让人信服的结论。

3) 交通管理

随着城市化的进程加快,交通拥挤已经成为我国乃至世界范围内各大城市的一个共有难题。交通经济学中的经典理论当斯定理(Downs Law)指出,增加道路的供给并不能完全解决交通拥挤问题,而会导致拥挤点发生转移,甚至更加拥挤。一个良好的交通规划、交通管理和需求侧管理才是解决交通拥挤的根本。2003 年,伦敦市采取了对进入市中心的车辆收取 5 英镑进入费的措施,新加坡则早在 1998 年就开始分时段对某些交通拥挤的路段进行收费。同增加道路的供给不同,这是一种需求侧管理(demand side management)的方法,具有很广的应用前景。

4) 教育管理

百年大计,教育为本。教育是一种非常典型的涉及千家万户的准公共产品,具有极大的外部性。它对国民经济的增长和国家综合实力的提升具有举足轻重的作用,只不过这种作用可能需要几代人才能显现出来。当前,社会上出现的恶性犯罪、轻微违法,乃至大量根本无法用法律来规范,只能述诸道德约束的违规行为对经济增长、家庭幸福、社会安定、个人发展的损害已经非常明显。追溯这些行为出现的源头,绝大多数都是由于个人在成长的道路上缺乏谋生的能力或者良好的公共意识。这种能力和意识来自教育。当前,我国在教育领域存在的上学难、上学贵、基础教育投入不足和不均衡等现象引起了诸多批评,这更加凸显了政府对教育领域进行良好公共管理的必要。

5) 医疗卫生事业管理

医疗卫生事业是公共管理中的一个重要领域。由于医疗服务涉及民众的生命健康,服务种类及内容繁多,具有信息不对称的特点,因此在世界各国都受到政府严格的管理。在我国医疗体制改革的过程中也出现了诸多问题,例如,药价虚高、医患纠纷等。市场和政府分别在医疗服务市场中占据怎样的位置,需要进行深入的研究。

6) 行业规制和政策

除了上面所提到的能源、交通、教育、医疗等特殊的行业和领域属于公共管理的研究范畴以外,其他的任何行业都存在公共管理的问题,例如,产品质量的监管、食品安全、完善的劳动用工制度、生产场所的安全保障条件等。这些方面都是政府通过公共管理对自由市场经济的一种干预,只不过这种干预并不像传统的计划经济时期政府主动地去承担生产性的活动,而是政府提供一个良好的制度框架去帮助市场发挥作用。从这一意义上说,公共管理就是要界定市场和政府这两者的边界,分清哪些由市场去做,哪些由政府去做。

7) 非政府组织(NGOs)、非营利组织(NPOs)研究

在现代社会,由于公共事务异常繁杂,任何一个国家的政府都不可能独立解决所有公共事务。如果所有公共事务一定要由政府自己来做,那么必然导致政府职能的扩大、税收的增加,以及政府效率的低下,并最终引起民众的不满。公共服务的提供可以由单中心的政府独家供给转向政府、非政府组织、企业等多中心供给,形成良性的公私伙伴合作关系(PPP,public private partnership)。因此,非政府组织和非营利组织的地位和作用,其内部的管理,以及政府对它们的监管也是公共管理的一个研究范畴。

第二节 定性分析方法和定量分析方法

定性分析方法和定量分析方法是进行科学研究的两种基本方法。所谓定量分析方法,简单地讲,就是指用数学方法对自然界和人类社会中存在的各种现象进行研究,并用数学变量来描述和刻画其中的客观规律的方法。定量分析方法的实质就是数学方法,在社会科学领域中,称其为定量方法,目的在于同传统的定性方法相区别。定量分析方法这一概念出自分析化学,是指对化合物或混合物组分的相对比例进行测定。定量分析方法是自然科学的一种基本方法。然而,从哲学的角度看,社会科学和自然科学在方法论上是相通的,科学的发现遵循相同的逻辑和过程,两者有时可使用相同的手段。从一定意义上说,决定某一研究是否科学的主要依据是研究者所采用的方法是否科学,而不是研究问题本身。只要对人类社会的研究采用了科学的、可靠的、能够重复和检验的方法,那么这种研究所获得的知识也是科学。当代自然科学普遍使用实证、推理的研究方法。首先提出

假说,然后尝试用经验性的证据来验证。量化是自然科学研究的基本特征之一。当然,在深入探讨定量分析方法之前,我们也有必要了解什么是定性分析方法。事实上,并不应该简单地轻视定性分析方法,定性分析和定量分析各有其特点,各自适合于不同的情况。

一、定性分析

所谓定性分析方法,是对科学现象进行"质"的理论思辨的科学方法。所谓"质"是指一事物区别于其他事物的内部规定性。定性分析方法主要有:历史研究、文献研究、观察研究、逻辑分析、内容分析、实地考察、个案研究等方法。在当前的社会科学研究中,定性分析往往会被有意无意地忽视或轻视。我国著名哲学家、社会学家景天魁先生指出:"单从方法论上说,社会科学的定性研究远比定量研究复杂得多,困难得多。真正困难的恰恰是社会科学的定性研究问题。定量问题在原则上总是可以设法解决的。而社会科学的定性研究却遇到了远为棘手的方法论问题。"① 定性分析是"从人类社会运动的角度研究客观世界",这个角度要比自然科学从物质运动的角度研究客观世界要复杂得多。

二、定量分析

社会科学研究的定量方法是指从社会事物的数量方面去研究社会现象的方法。任何事物既具有质的特征,也具有量的特征。这种量的特征为人们从数量方面进行科学研究提供了可能。对社会现象中所要研究的问题进行量的抽象,用定量方法去描绘其状态和进程,是人类思维能力提高的重要标志。在科学史中,运用数学工具和计算技术定量地研究客观现象,逐步实现研究自然科学和社会科学的一体化,这曾经是马克思、恩格斯,以及中外其他许多科学家、思想家所向往和追求的重要目标。实际上,社会科学的定量化研究方式的出现与成熟是一种必然的趋势。然而,无论是单纯的定性研究,还是单纯的定量研究,都难以全面、有效地把握社会现象。当代的社会科学研究,应当把定性方法与定量方法有机地结合起来②。

定性研究与定量研究的区别如表1-2所示。

表1-2 定性分析与定量分析的区别

	定性分析	定量分析
方法论	人文主义	实证主义
研究范式	用语言文字进行全方位的论证	用数学模型进行推导,或者用数据进行论证
逻辑方法	归纳推理,提出概念,运用概念进行推理	演绎推理,提出假说,证明这个假说
研究目的	理解、解释、说明	证明、推导、确定因果关系
具体方法	观察、访谈、描述	搜集数据,建立模型,假设检验
要求	需要有很强的分析、逻辑思辨能力	需要有可靠详尽的数据和很强的数学演算能力

---

① 景天魁.现代社会科学基础(定性与定量)[M].北京:中国社会科学出版社,1994:67.
② 欧阳康,张明仓.社会科学研究方法[M].北京:高等教育出版社,2001:214.

三、定性分析与定量分析的哲学基础

定性分析的哲学基础是人文主义,定量分析的基础是实证主义。人文主义与实证主义是西方社会科学研究的两大方法论。实证主义者主张运用自然科学的定量化方法对社会整体的各种特征进行精确分析和客观解释。人文主义者强调社会现象的主观性与独特性,主张运用直觉、实地体验和主观的方法对个人行为和历史事件进行具体的、个别的说明与解释。

实证主义与人文主义方法论是一种相互对立的关系。具体表现在以下几个方面。

第一,在对待社会规律的态度上,人文主义者否认社会现象的规律,认为社会历史事件都是独特的、非重复的,因而无规律可循。实证主义者认为,社会科学不是研究个别人和个别事件,而是研究普遍的社会现象,这些现象是在各种社会力量的作用下产生的客观事实,它们是受一定的社会规律支配的。

第二,在对社会现象的认识上,实证主义者与人文主义所侧重的角度、方法和观点是不同的,这种不同主要表现为:宏观研究与微观研究的对立;整体认识与个体认识的对立;客观检验与主观判断的对立。实证主义者主张在宏观层次上通过对大量样本的调查和统计来研究社会现象,人文主义者则主张在微观层次上通过实地调查来直接了解具体的社会生活状况;实证主义者认为是社会整体因素而不是个人特征决定了社会现象的产生、发展和变化,人文主义者认为社会是由个人构成的,任何社会现象都可以还原为人的活动;在检验真理的标准上,实证主义者主张以经验为客观标准,人文主义者则认为,在社会科学中,不带个人价值与偏见的研究是很难做到的。

第三,在如何分析和解释社会现象这个问题上,实证主义和人文主义的不同表现为:客观解释与主观理解的对立;静态分析与动态分析的对立;定量分析与定性分析的对立。实证主义者主张对社会现象进行客观的解释,人文主义者则认为,在影响社会现象的原因中,除外部原因之外,还有内在原因,人的内在动机是无法观察到的,只有在具体的场合、条件和情景中通过主观理解才能加以说明。在分析方法上,实证主义者强调静态分析和数理分析,认为社会结构和系统各部分之间的联系是相对稳定的,只要剖开社会的横断面,通过大量样本的调查和数量分析,就可以了解各种联系,人文主义者则强调动态分析和定性分析,他们认为,只有在事件和行为的自然历史过程中进行主观理解,才能判定事物的性质,说明事物之间的联系。

四、定性分析与定量分析方法的结合

把定性分析和定量分析结合起来,在自然科学研究中早已形成共识。但在社会科学领域,人们尚未形成一致的看法。造成这一状况的原因,并不仅仅是一个方法问题,在更深层次上,它来源于人们对于社会科学性质的理解。在实证主义者和人文主义者那里,社会科学究竟是整体的、实证的、说明的,或是个体的、理解的、体验的,人们长期莫衷一是。在前者那里,社会科学被视为如同自然科学的纯粹的"精密科学",社会科学应该追求彻底的定量化,而对价值判断、主观选择等都应予以排除,经验性的东西应予搁置,概念性的东西应予拒斥,由此,"定性与定量的有机结合"也就被视为不必要甚至是不应该的了。在后者那里,社会科学被视为只应关注人及人生的意义、价值,只应宣扬人的独立意志和自由意识，体现人的主观判断和价值取向。由此，社会科学被完全主观化。

在社会科学研究中，定性和定量方法的有机结合，这既不是单方面地支持定性方法，也不是单方面地支持定量方法，也不是这两者简单地拼凑，而是从社会系统的整体性特点出发，根据研究问题的需要，从命题到建模，到搜集数据，到反复检验，最终得出结论。当前，定量型社会科学研究借鉴自然科学的方法，以经验性的证据为依据，以严密的逻辑为基础，以量化为主要手段，已形成了相当成熟的方法体系。这个体系包括各种概念、术语、原理、规则、过程和技术，也包含了社会科学群体共同遵守的规范和准则，为评价科学研究成果提供了标准和依据。

■ 第三节　数学方法在社会科学中的应用

定量分析方法的实质就是数学方法。数学是研究客观世界的空间形式和数量关系的科学，是辩证思维的辅助工具和表现形式。所谓数学方法，就是用数学语言表述事物的状态、关系和过程，并加以推导、演算和分析，以形成对问题的解释、判断和预言的方法。无论自然科学还是社会科学，为了对所研究的对象的"质"获得比较深刻的认识，都需要对之做量的方面的刻画，这就需要借助于数学方法。在现代科学中，运用数学的程度已成为衡量一门学科科学化程度的标志。随着科技的迅速发展，尤其是电子计算机的普遍应用，数学方法正日益渗透到各门科学中，成为人们在认识世界和改造世界过程中的一种普遍方法。

■ 一、科学数学化的发展进程

数学是研究客观事物中的空间形式与数量关系的科学。客观世界的任何一种物质形态及其运动形式都具有空间形式和数量关系，这就决定了数学及其方法可以普遍运用于任何一门科学。华罗庚教授指出："量是贯穿一切科学之内的，因此数学的用处也就是渗透到一切科学之中。"

人类的认识总是从定性到定量，从模糊到精确，从现象上升到本质。科学的最初形态都是描述，它的进一步发展，才是精确的定量化。因此，各门科学只有在充分运用了数学方法之后，才能精确地描述出客观事物的状态和变化规律，才能从已知数据推算出未知的数据，从而作出科学的预见。目前，大多数社会科学仍处于描述阶段，社会科学要向前发展，就只有运用数学方法，才能对事物及其发展规律的认识精确化。所以，现代科学的发展已经进入了这样一个阶段：自然科学、技术科学、社会科学都普遍地处于数学化的过程之中，它们都在朝着愈来愈精确的方向发展。电子计算机的发展和应用，更加速了各门科学数学化的趋势。

科学的数学化有一个发展过程，它是从低级运动形态发展到高级运动形态，从简单运动形态到复杂运动形态。与此相应的是，数学应用从天文学、力学、物理学开始，发展到化学、生物学和工程技术科学，然后又发展到经济学、管理学、语言学、逻辑学、社会学、政治学，作为研究自然界、社会、思维发展的最一般规律的哲学，它的数学化将是科学的数学化的最高阶段，这也是符合历史发展客观规律的。

自然科学的数学化，早在三百年前就已经开始了。笛卡儿、伽利略、开普勒和牛顿已把数学运用于物理学、力学、天文学,使这些科学成为精确学科,然后化学、生物学等开始运用数学方法。所以,数学已成为研究自然科学的强有力工具。自然科学的数学化,已获得了丰硕的成果,社会科学的数学化,尚需进一步努力。所谓社会科学数学化,就是指数学向社会科学的渗透,也就是运用数学方法来表示社会现象的一般规律。社会科学的数学化,是当今科学发展的趋势,其原因包括以下两个方面。

第一,现代化的社会公共管理需要精确化的定量依据,这是促使社会科学数学化的最根本的原因。例如,现代经济管理、物资的分配、交通的调度、城市的规划、人口的控制、教育的发展等,都需要从定量去分析研究。特别是在现代社会管理中,分析研究问题要求达到一定的精确度和可靠性,就必须提供数量的根据和划分空间范围的界限。这种现代社会的实践需要,必然要求其相关的学科能够作出定量的精确化的研究。

第二,社会科学是以社会现象为研究对象的科学,它的任务是研究各种社会现象的特征及其发展规律,这就必须依靠科学抽象方法。科学的概念抽象有两种方式:一是反映事物量的概念抽象,另一是反映事物质的方面的概念抽象。质的概念抽象要以量的抽象为前提,它是对量的关系所反映出来的规律和特征进行总结和概括,因而又叫第二阶段的概念抽象。在现代科学研究中,在没有量的依据下提出的概念性论断,在没有被证实之前应该看成是假说或猜测,还不能当作科学概念被人们接受。这就是定性研究和定量研究两者之间的关系。

长期以来,由于社会科学的复杂性和主观性,研究者习惯于进行定性研究,这种方法对事实材料的概括速度较快,思维过程比较灵活多变,容易得出一些判断和结论。但是,对客观现象进行定性研究也有以下的弱点。

首先,定性研究总是以有限的经验事实为依据来进行理论概括的,这种概括并不能保证对未被考察的其他事实也必然成立。如此获得的规律性认识并没有明晰的运用范围。因此,通过定性分析得出的结论通常只能被视为一种假设,还必须经过严密的定量化的证明或验证。

其次,定性研究是从感性直观的事实材料出发,直接进行理论概括的,因而必然带有感性直观的局限性。科学研究要深入到那些为人的感性直观认识达不到的领域,这依靠定性思维无法实现,只有借助于数学的高度抽象性,才能突破人类感性的局限,获得抽象的概念和规律。

第三,随着现代科学技术的高速发展,数学本身也得到很大的发展,出现了一些适合研究社会历史现象的新的数学分支。例如,从精确数学发展到随机数学和模糊数学,从研究对象由数量关系的初等数学发展到研究对象为结构关系的离散数学,从描述连续性的数学发展到描述非连续性的突变理论等,这些数学分支都为社会科学数学化提供了有力的武器。

■ 二、社会科学数学化的进展

目前,国际上社会科学的数学化进展很快。社会科学数学化的趋势有以下几点。

第一,从实践来看,社会科学的数学化,最早和最成熟的是经济学。在经济学中开始引用数学方法大约已有200多年的历史。如果从古诺在1833年发表《财富理论的数学原理之研究》一书算起,已有一百多年的历史了。经济学家将经济学定位为一门科学,因此,他们非常乐于将经济学数学化。他们运用假设和抽象的方法,从复杂的经济现象中分离出那些重要的足以代表社会经济状态的若干独立变量,假设各种变量之间的依赖关系并进行验证,构建了各种形式的经济模型,成功地用方程(常常是差分方程或微分方程)去描述社会经济(宏观的或微观的)发展过程,进行短期和长期经济预测,把变量区分为内生变量和外生变量,评价各种可能的经济政策,对特定的政策后果进行预测,用优化技术去寻求使社会经济向人们所希望的方向发展的最优经济政策。经济学家广泛使用的数学工具包括微积分、运筹学、博弈论等方法,研究人类在经济领域的各种行为,取得了卓越的研究成果。这些努力使经济学自身发生了深刻的变化,成为所有社会科学中最接近于自然科学的一门精确科学。经济学并非诺贝尔最初设立的物理学、化学、生理学医学、文学、和平等五大奖励领域,但是,1968年瑞典皇家科学院设立的"纪念阿尔弗雷德·诺贝尔瑞典银行经济学奖"(The Bank of Sweden Prize in Economic Sciences in Memory of Alfred Nobel),即通常所说的"诺贝尔经济学奖"就是对经济学对人类所作贡献的一种证明。

第二,在研究语言现象及其规律性的语言学中,也引入了数学方法。数学与语言相互渗透,并产生数理语言学这门新的交叉学科。它用数学方法来研究语言结构和语法形式。它分为两个分支:统计语言学和代数语言学。统计语言学是研究词汇和文体的统计特征,以及对语言结构本身的统计研究。以《红楼梦》的研究为例,《红楼梦》是我国不朽的古典名著,它的艺术水平为国内外千百万读者赞扬。但是这部著作规模宏大、情节复杂、人物多、时间长、难题疑案多,很多难题虽经中外红学家们多方考证、探索,但由于流传的版本很多,还是很难有定论。例如林黛玉入贾府时究竟是几岁,这是红学研究中的重要争论之一,因为这一年是全书的转折处。有"六岁论"、"十一岁论"、"十三岁论"、"九岁论"、"十五岁论"等诸多说法。这些观点均有依据,都有自己的信息来源,因此各执一词,谁也说服不了谁。江苏省科委高级工程师彭昆仑同志从《红楼梦》的整体因素出发,利用电子计算机处理信息量大、速度快的特点,把《红楼梦》故事发展的时间进程和人物年龄作为研究课题,证明林黛玉入府年龄是九岁,尽管不能说这个研究绝对准确,但也提供了一个有相当说服力的证据。

代数语言学是研究语言的数学模型。它是随着现代科学技术的发展和电子计算机的广泛应用而发展的。人们为了实现用自然语言跟电子计算机进行直接对话,就必须把人类具有模糊性的语言和思维过程提炼成数学模型,才能给电子计算机输入指令。美国数学家查德采用模糊集合理论来建立模糊语言的数学模型,使人类语言数量化、形式化,为解决模糊语言找到一种新方法,建立了模糊语言学这一新学科,从而提高了计算机自动识别和控制等处理模糊现象的效率。

第三,数学向文学研究领域的渗透,使人们发现了数学的抽象推理与符号运算,同文学的形象思维之间有着奇妙的联系,并且与电子计算机之间存在着关系。如英国数学家西尔维斯特撰写的《诗的格律》一文,就应用了数学方法对莎士比亚的"十四行诗"进行分析,取得了传统方法无法得到的成果。另外,借助数学方法与计算机相结合,通过对语词、字母、字音、音节等进行大量的统计和计算,以建立研究语言因素的相关矩阵,或反映文体风格的数学模型,从而为原本模糊的语言文学的定量化研究开辟了新道路,有力推动了文学研究现代化。

第四,数学向社会学领域的渗透,产生了一门新兴的定量社会学。它应用协同学的理论和数学方法研究社会学问题,使社会学开始走上定量化的道路。1983 年,联邦德国的韦德里希和哈格教授合著的《定量社会学的概念和方法》一书,用数学方法研究了社会舆论的形成、人口动力学、社会经济的发展,以及战争与和平等社会学问题,为社会学研究开辟了新的方向。

第五,数学向历史学领域渗透,产生了计量历史学。20 世纪 60 年代以来,国外用定量方法来研究历史问题。苏联莫斯科大学历史系出版的《历史研究中的计量方法》一书,对当代世界史学领域的计量研究趋势作了扼要介绍,简明地介绍了历史研究中最常用的计量方法和具体演算程序。例如,他们利用数量史料来研究俄国历史发展的种种重要现象和过程,这些材料有 17 世纪的税册,中世纪的土地征税对象调查材料,数千个封建庄园和世袭领地,为研究封建农奴制提供了重要的帮助。

三、社会科学数学化的模式

在社会科学中运用数学方法具有共同的模式,如图 1-2 所示。

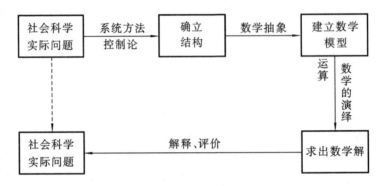

图 1-2 社会科学应用数学的一般模式

刘建能.科学方法论新探[M].北京:中共中央党校出版社,1995:412.

同自然科学一样,社会科学在应用数学方法进行研究时也需要舍弃一些次要的因素,抓住一些最重要的因素(变量),建立表明它们之间逻辑关系的数学模型。同自然科学不同的是,社会科学所研究的对象都是复杂系统,它信息量较大、因素多,相应变量也多,这就给社会科学建立数学模型带来极大的困难。这就要求建立数学模型之前,首先要在复杂的体系中,运用一系列科学方法,如系统方法等,对多种因素、多个变量和多种信息的输入输出的传递过程进行合理的处理,剥离出一些重要的变量并明确它们之间的结构,然后才能对该结构内的参数进行估计,建立起相应的数学模型。如国民经济系统中最显著的特征是,系统中各种因素和功能的高度相关性,以及政治和社会因素对经济系统结构行为的巨大影响。国民经济体系既是一个多因素、多变量的动态体系,同时又是一个具有多层次、多个子系统参与的体系,所以在建立国民经济的数学模型时所涉及的变量可能有成千上万,同时那些省略的变量可能对最终的结果也具有重要的影响。因此,在对模型进行演绎,并带入一些实际数据进行检验后,还要对模型的结果进行解释和评价,判断其能否支持原先的假设。

社会科学的数学化是比较困难的,并且相对于自然科学而言还是相对不准确的。但是,20 世纪以来兴起的系统论、控制论、信息论、博弈论、统计学等学科为规模庞大、结构复杂、变量众多的社会科学研究提供了有力的工具。社会科学要真正成为科学,就必须采用定量化的研究方法。

本章重要概念

科学(science)　　社会科学(social science)　　自然科学(natural science)
定量分析方法(qualitative analysis)　　定性分析方法(quantitative analysis)
公共管理(public management, public administration)

本章思考与练习题

1. 什么是科学?什么是自然科学和社会科学?什么是伪科学?
2. 社会科学和自然科学是否存在本质的差异?
3. 社会科学的发展为什么远远落后于自然科学?

本章推荐阅读书目

1. 贝尔纳. 历史上的科学[M]. 伍况甫,等,译. 北京:科学出版社,1959.
2. 陈振明. 公共管理前沿[M]. 福州:福建人民出版社,2002.
3. 欧阳康,张明仓. 社会科学研究方法[M]. 北京:高等教育出版社,2001.

第二章
定量分析方法的理论基础

―――本章导言―――

定量分析方法作为一种研究方法,本身并不是一个具有严格界限的独立学科,而是大量相互关联的量化研究方法和手段的总和。就公共管理学科而言,它所用到的定量分析方法主要来自统计学、系统工程学、计量经济学、数理逻辑,运筹学等,这些学科之间也存在着一定程度的交叉和重叠,共同构成了定量分析方法的理论基础。

第一节 统计学

统计学是定量分析方法的基础与核心。统计一词的英语为 statistics,源于拉丁语 status,有状态之意。统计的原意是将事物的状态记录下来,而这种记录在初始阶段采用结绳记事、文字表述等方式。但随着社会的发展,就越来越需要采用数字的方式。意大利语的"统计"一词的词根为 statist(政治家)和 stato(国家),德语为 staat(国家)。这表明统计主要是对国家和政府有关信息的记录。现代"统计"一词有三种含义,即统计工作、统计资料和统计学。

统计工作是指运用科学的方法,按照预先设计的要求,对事物的数量特征进行搜集、整理、汇总和分析这一过程的总称。一个完整的统计工作包含了统计设计、统计调查、统计资料整理和统计分析等几个阶段。参加统计实践的工作人员,称为统计工作者。领导、组织并从事统计工作的部门,称为统计机构或统计部门。

统计资料是在统计工作过程中取得的各项数字资料及与之有联系的文字资料的总称。统计资料一般都反映在统计手册、统计汇编、统计年鉴及统计公报中。这些统计数字和统计分析资料是分析、研究社会经济问题不可缺少的重要依据。

统计学也称统计理论,是从统计实践中概括、提炼、总结出来的,是根据统计研究对象,系统地论述统计理论和方法的科学。

上述三个方面存在着密切的联系:统计资料是统计工作的重要成果,统计学产生于统计实践,又要指导统计实践的进行,为统计工作提供科学依据。

一、统计实践的产生与发展

统计实践的起源很早,已经存在了几千年,它是随着社会生产力的发展,为适应政府进行社会公共管理和统治的需要以及社会政治经济的需要而产生和发展起来的。

早在原始社会时期,我们祖先就开始采用结绳记事、绘图记事等计量方法。在《周易·正义》中郑玄写道:"事大,大结其绳,事小,小结其绳,结之多少,随物众寡"。当时尚无文字,结绳记事和绘图记事等应为统计的萌芽,在4 000多年前的夏朝,统治者为治理国家,已开始了国情统计,将当时的国土分为九州,人口大约为1 355万。这说明当时已有人口和土地统计。

在封建社会,社会经济统计实践得到了进一步的发展。秦统一中国后,为了国防和财政的需要,进行了户口、土地、物产和赋税统计。清光绪三十年(1906年)设立统计局,作为全国的最高统计机关。这说明我国在封建社会末期已正式设立统计机构,进行关于国情、国力的统计。

统计工作和统计学得到飞速发展还是在资本主义大工业生产时期。由于资本主义社会生产力和商品经济的高度发展,国内外竞争日趋激烈,为适应竞争和扩张、了解国内外经济情报的需要,欧洲各国相继设立统计机构,建立人口、工业、农业普查制度,并先后成立了统计学会,国民经济各部门的统计得到了迅速的发展。

二、统计学的产生与发展

随着统计实践活动的产生和发展,人们对统计实践的经验不断进行科学总结和理论概括,进而形成了指导统计实践的统计学,统计学的发展大概经过了以下几个学派。

1. 国势学派

国势学派又称为国情学派、记述学派或德国大学统计学派,它是17世纪中叶在德国兴起的统计学派,其创始人是德国赫姆斯特大学教授海尔曼·康宁(H. Conring,1605—1681)。这一学派的主要特点是:研究目的在于为从政者提供管理国家的必要知识,探索国家盛衰的因果关系;研究对象是有关国家富强的重大事项,包括地理、政治、经济、法律等;研究方法是对各国情况进行比较,以文字记述为主。海尔曼·康宁的学术继承人,德国哥廷根大学教授哥特弗里德·阿亨华尔(G. Achenwall,1719—1772)在其国势学著作中首先提出了统计学的名称,这是该学派的主要贡献。

2. 政治算术学派

政治算术学派是17世纪中叶在英国兴起的统计学派,其创始人是英国皇家学会副会长威廉·配第(W. Petty,1623—1687)。其名称来自于配第于1690年出版的《政治算术》一书的书名。该学派的特点是:研究目的在于揭示以数量表现的社会经济现象的规律性,为制定政策提供依据;研究对象是社会经济现象,包括人口、资本、土地、军事等;研究方法采用以数字、重量、尺度表现和比较的方法,对社会经济现象进行比较和推算。配第首创的数量对比分析方法为统计学的创立奠定了方法论基础,配第被称为经济学数学化的鼻祖。马克思对配第的评价是:"威廉·配第是政治经济学之父,在某种程度上也可以说是统计学的创始人"。

3. 数理统计学派

数理统计学派产生于19世纪中叶,该派的奠基人是比利时科学家阿道夫·凯特勒(A. Quetelet,1796—1874)。他把概率论正式引进统计学,主张以数理方法研究社会经济现象和自然现象,使统计方法的发展得到了质的飞跃,为统计的数量分析奠定了数理基础。

4. 社会统计学派

社会统计学派也是统计学历史上比较有影响的学派,其主要代表人物是德国学者恩格尔(L. E. Engel,1821—1896)。该学派的特点是:研究目的在于研究社会生活中的规律;研究对象是社会整体,包括政治、经济、道德、文化等;研究方法是大量观察法,并强调全面调查。

三、统计数据的规律与统计方法

统计学提供了探索数据内在规律的一套方法。什么是统计数据的内在数量规律性?为什么统计方法能通过对数据的分析找出其内在的数量规律性?原因在于自然界和人类社会中存在各种随机事件,仅仅观察其中的一次或少数几次,结果可能非常凌乱,没有规律,但是通过大量观察却可以发现一定的规律性。企业或公共管理人员最为关心并非单次实验的结果,而是大规模实验中呈现的规律性。我们用下面的几个案例来说明。

案例 1

新生婴儿的性别比例

就单独的一个家庭来观察,每个家庭的新生婴儿的性别可能是男性,也可能是女性。如果不对生育人口进行任何限制,有的家庭的几个孩子可能都是男孩,而有的家庭的几个孩子也可能都是女孩。从表面上看,新生婴儿的性别比例似乎没有什么规律可循。但如果对大量的新生婴儿进行观察,就会发现,新生婴儿中男孩略多于女孩,大致为每出生100个女孩,相应的就有107个男孩出生。这个性别比例(107∶100)就是新生婴儿性别比的数量规律,而且古今中外这一比例都大致相同,这是由人类自然发展的内在规律所决定的。人类社会要发展,就要保持男女人数上的大致相同。尽管从新生婴儿来看,男性婴儿略多于女性,似乎并不平衡,但由于男性婴儿的死亡率高于女性,到了中年时,男女人数就大体相同了。进入中老年后,男性的死亡率仍然高于女性,男性的平均预期寿命比女性短,老年男性反而少于女性。生育人口在性别上保持大体平衡,保证了人类社会的进化和发展。对人口性别比例的研究是统计学的起源之一。

掷骰子游戏

我们都知道掷硬币和掷骰子的游戏,随机地投掷一次硬币或骰子出现正面、反面或某个点数是不确定的,完全是偶然的。但我们进行多次的重复投掷,就会发现投一枚硬币出现正面和反面的次数大体相同,即出现正面或反面的次数同投抛总次数的比值接近于1/2。投掷的次数越多,就越接近于1/2这一稳定的数值。同样,在掷骰子时,出现1~6点的比例也逐渐接近于1/6。这里的1/2和1/6就是掷硬币和掷骰子出现某一特定结果的概率,也就是投掷硬币或投掷骰子时所呈现的数量规律性。这种规律性在很多行业中都有着非常重要的作用。例如,保险业在设计保险品种以及保费时,必须了解被保险事件发生的概率,博彩业在设计各种玩法时也要研究输赢发生概率,这样才能保证在大规模应用时它们各自的利润。

农作物试验

在进行农作物试验时,如果其他试验条件相同,我们会发现某种粮食作物的产量会随着某种肥料施肥量的增加而增加。当最初增加施肥量时,产量增加较快,以后增加同样的施肥量,粮食产量的增加逐渐减少。当施肥量增加到一定数值时,产量不再增加。这时如果再增加施肥量,产量反而会减少。粮食产量与施肥量之间的这种数量关系,就是我们要探索的数量规律性。如果我们能从大量的试验数据中,用统计方法找出产量与施肥量之间的数量关系,就可以确定出最佳的施肥量,以指导农业生产,获得最大的收益。

上述例子说明,通过多次观察或试验得到大量的统计数据,利用统计方法是可以探索出其内在的数量规律性的。因为客观事物本身是必然性与偶然性的对立统一,必然性反映了事物的本质特征,偶然性反映了事物表现形式上的差异。如果客观事物只有必然性一个方面的特征,它的表现形式就会比较简单,我们可以很容易地把握它的规律性。正是由于偶然性的存在,才使事物的表现形式与必然的规律性之间产生偏移,从而形成了表现形式上的千差万别,使得必然性的数量规律性被掩盖在表面的差异之中。统计数据作为客观事物的一种数量表现,是事物必然性与偶然性共同作用的结果。偶然性使得对同一事物的多次观察得到的统计数据是有差异的,而必然性则隐含在统计数据当中,正是我们要利用统计方法去寻找的。在上面的几个例子中,尽管每个新生婴儿的性别、每次投掷硬币或骰子的结果、每次施肥量带来的粮食产量增加等都是不同的,但它们本身都存在必然的数量规律。通过统计方法可以尽可能去掉数据所呈现的偶然性,找出统计数据中所隐含的内在规律性。

四、统计学的分科

统计方法已被应用到自然科学和社会科学的众多领域,统计学也已发展成为由若干分支学科组成的学科体系。从统计方法的构成来看,统计学可以分为描述统计学和推断统计学;从统计方法研究和统计方法的应用角度来看,统计学可以分为理论统计学和应用统计学。

1. 描述统计学和推断统计学

描述统计学(descriptive statistics)研究如何取得反映客观现象的数据,并通过图表形式对所收集的数据进行加工处理和显示,进而通过综合、概括与分析,得出反映客观现象的规律性的数量特征。内容包括统计数据的收集方法、数据的加工处理方法、数据的显示方法、数据分布特征的概括与分析方法等。

推断统计学(inferential statistics)则是研究如何根据样本数据去推断总体数量特征的方法,它是在对样本数据进行描述的基础上,对统计总体的未知数量特征作出以概率形式表述的推断。

描述统计学和推断统计学的划分,一方面反映了统计方法发展的前后两个阶段,同时也反映了应用统计方法探索客观事物数量规律性的不同过程。

2. 理论统计学和应用统计学

理论统计学(theoretical statistics)是指统计学的数学原理,它主要是指研究统计学的一般理论和统计方法的数学理论。由于现代统计学用到了几乎所有方面的数学知识,从事统计理论和方法研究的人员需要有坚实的数学基础。此外,由于概率论是统计推断的数学和理论基础,因而广义地讲,统计学也是应该包括概率论在内的。理论统计学是统计方法的理论基础,没有理论统计学的发展,统计学不可能发展成为一个成熟的学科体系。

在统计研究领域,从事理论统计学研究的人相对是很少的一部分,而大部分则是从事应用统计学(applied statistics)的研究。应用统计学是研究如何应用统计方法去解决实际问题。统计学是一门收集和分析数据的科学。由于在自然科学及社会科学研究领域中,都需要通过数据分析来解决实际问题,因而,统计方法的应用几乎扩展到了所有的科学研究领域。例如,统计方法在生物学中的应用形成了生物统计学,在医学中的应用形成了医疗卫生统计学,在农业试验、育种等方面的应用形成了农业统计学。统计方法在经济和社会科学研究领域的应用也形成了若干分支学科。例如,统计方法在经济领域的应用形成了经济统计学及其若干分支,在管理领域的应用形成了管理统计学,在社会学研究和社会管理中的应用形成了社会统计学,在人口学中的应用形成了人口统计学等。以上这些应用统计学的不同分支所应用的基本统计方法都是一样的,即都是描述统计和推断统计的主要方法。但由于各应用领域都有其特殊性,统计方法在应用中又形成了一些不同的特点。

第二节　系统工程学

在社会科学,尤其是在管理学中引入定量分析方法的第二项核心内容是系统工程学的方法。系统工程学是在运筹学、控制论、电子计算机技术、工程设计和现代管理科学等学科的基础上发展起来的一门新兴的边缘学科。从科学方法的角度来说,它又是当代正在迅速发展和逐步完善的一门科学的组织管理技术,是一门跨越各个学科领域的方法性和综合性的应用学科。系统工程学要把自然科学、数学和社会科学中有关的观点、理论、方法和手段,根据系统总体协调的需要,有机地联系起来,加以综合运用,实现系统目标的最佳效果。

一、系统思想

系统思想来源于古代人类的社会实践。在人类有生产活动以来,人们无时不在同客观存在的自然系统打交道,并发现了事物之间的相互关联。例如,我国古代天文学家为发展原始农牧业,将天体运行与季节变化联系起来,他们把宇宙视为一个整体系统,探讨它的结构、变化和发展,编制出历法和指导农事活动的二十四节气。古代农事著作,如《管子·地员》《诗经·七月》等,就对农作物与种子、地形、土地、水分、肥料、季节、气候诸因素的关系作出辩证思维的叙述。在对人体系统研究方面,春秋战国时期名医扁鹊主张按病人气色、声音、脉搏、形貌综合诊断疾病,用砭石、针灸、汤液、按摩等多种疗法进行综合治疗。在周秦至西汉初年间的古代医学总集《黄帝内经》中,还从五脏之间存在相生相克的关系出发,强调人体各器官的有机联系,提出肾脏有病可联系到肝脏,甚至可以通过全身以外的外界环境变化来治疗的方法。在军事理论方面,春秋战国时期孙武的《孙子兵法》,从"道、天、地、将、法"五个方面分析战争的全局,这也是从系统思想出发,把环境、系统整体与系统中诸要素紧密结合起来研究战争的规律。在对自然系统、农业生态系统、工程系统的综合利用以改造自然的社会实践中,战国时期杰出的水利专家李冰父子主持设计和修建的都江堰水利工程是一个驰名中外的范例。这项工程的目的是利用岷江水源灌溉川西平原,它由三个工程巧妙组合而成,使其兼有防洪、灌溉、漂木、行舟多种功能。这一工程是我国古代人民治水的智慧结晶,充分体现了严谨的整体观念和开放、协调的系统思想。又如,北宋时丁谓"挖沟修宫"也是系统思想的一个完美例证。宋真宗祥符年间,皇城失火,宫殿全被烧毁,皇帝指派丁谓负责皇宫的修复工程。他提出一套完整的系统的施工方案。先把皇宫前原有的一条大街挖成一条大沟,就地取材,用挖出的土烧制成砖、瓦,解决大部分建筑材料的问题;再把这条大沟同开封附近的汴水接通,将汴水引入大沟,形成水运航道,用来运输砂石、木材等其他建筑材料;在皇宫修复后,经过排水,将废墟上的瓦砾等废弃物填进沟内,修复原来的大街。这个施工方案自始至终把皇宫的修复工程看成一个整体,由于三次合理地利用沟渠,把建材来源、运输方式和废物处理巧妙地结合起来,从而既快又省地完成了皇宫修复工程,这也是我国古代运用朴素系统思想的又一个典型杰作。

由此可见,我国古代劳动人民对农事、医学、天文、军事等科学知识的总结,以及在技术工程上的杰出成就,都是朴素系统思想的自发运用。这说明人类在提出系统思想、系统工程的概念之前,就已经在进行系统思维了。

二、系统的含义

系统是一个人们在日常生活中普遍使用的概念,是指由各个部分组成的整体中,各个组成部分之间存在复杂的相互关系,并最终影响到整个系统的功能。自然、机器、人类社会都可以被视为一个系统,因此,它们都可以用系统的观点来加以研究。

尽管系统是一个非常普通的概念,但它在学术上并没有一个一致公认的定义。韦伯斯特大辞典(Webster's Dictionary)将系统定义为:有组织的或被组织化的整体,结合构成整体所形成的各种概念和原理的综合,以有规则的相互作用和相互依存的形式结合起来的诸要素的集合等。日本工业标准将系统定义为:许多组成要素保持有机的秩序,向同一目标行动的事物。美国著名学者、系统论的创始人之一路德维希·冯·贝塔朗菲(Luduig Von Bertalanffy,1901—1972)将系统定义为"相互作用的诸要素的综合体。"

作为系统工程研究对象的系统至少具有六个特征。

1. 集合性

集合性是指系统由两个或多个可以相互区别的要素组成的集合体,其组成部分被称为子系统,又可以进一步细分为更加基础的子系统。如简单的机械系统就是由动力子系统、传动子系统、操作子系统等组成,人类社会也是一个非常复杂的系统,由家庭、企业、政府,以及其他各类组织所组成。

2. 相关性

相关性是指系统内部各要素之间具有某种相互作用、相互依赖的特定关系。集合性主要确定系统要素的构成,相关性则说明要素之间的关系。如果组成系统的要素之间没有发生关系,那么它们就没有组成一个系统,而是相互独立的系统。机械系统的组成要素之间的相关性比较简单,而人类社会系统各组成要素之间的关系则异常复杂。

3. 目的性

目的性是指系统有自己的目的和目标。有的系统的目标比较简单和明确,如机械系统;通常认为企业系统的目标就是在一定的约束条件下获取利润。政府公共部门也是一个系统,它进行公共管理的目标则非常复杂和模糊,包括公平、正义、效率、秩序、就业等,这些目标之间有可能存在冲突和矛盾。因此,相对于企业管理而言,公共管理更加复杂。系统的总目标又可以层层分解到各子系统,形成子目标。但是,在目标分解的过程中,可能会丧失目标的一贯性和连续性。这就是管理理论中目标管理的理论基础。

4. 层次性

层次性是指系统组成要素的层次结构。在一个系统内部,通常是分层次的,系统可以分解为若干个子系统,每一个子系统下面又可以分解为若干更小的子系统,形成了复杂的系统层次结构。

5. 整体性

整体性是指系统尽管可以分解,但系统的各组成部分应该以整体目标来进行合作和协调。这是系统观点的核心。例如,西医强调对各个局部器官组织的研究和诊治,但是,如果把人体的眼睛、手、脚拆开,那就不再成为人了。头痛的症状,有可能是脚部的病症引发。因此，整体性要求从全局出发考虑问题。

6. 适应性

适应性是指系统是随环境变化而变化的。任何一个系统都存在于一定的物质和社会环境之中，而环境总是不断变化的，系统必须适应外部环境的变化，才能生存和发展。系统的环境适应性表现为任何系统都要与外部环境进行物质、能量和信息的交换。例如，整个中国作为一个大系统，如果不能适应21世纪整个世界范围内的环境变化，就会落后于时代，就有可能在激烈的国际竞争中败下阵来。因此，与时俱进就是系统适应性的要求。

三、系统工程学

1. 系统工程学与传统工程学的差异

系统工程学产生于自然科学和技术科学领域，传统工程如机械工程、电气工程、电子工程、土木工程、化学工程、建筑工程等，都有自己特定的工程物质对象。系统工程正是在对各不相同的工程系统归纳总结的基础上，抽象提炼出一般的理论，构成自己的学科体系。但是，系统工程并不将它的研究对象局限于这些有形的工程对象上，而将社会系统、生命系统、教育系统、企业系统、政府系统、军事系统等非传统、非物质的系统也纳入自身的研究范畴。因此，系统工程学也日益向社会科学领域延伸，当前已经逐步发展成为一门横跨自然科学与社会科学的交叉学科，是定量分析方法的重要理论来源之一。由于社会系统的研究对象是一个表现为普遍联系、相互影响、规模和层次都极其复杂的综合大系统，这更增加了系统工程研究的难度。

传统工程所要应用的学科知识，一般来说仅限于专业学科的知识领域。只要对专业知识有较深的研究，就能够基本解决工程建设问题。然而，系统工程学对学科知识的运用具有很强的综合性，既要采用传统工程学所应用的数学、物理学、化学等基础自然科学，同时，还要应用控制论、信息论、运筹学、管理科学等一般理论，也要应用医学、心理学、社会学、经济学、法学等学科的知识。它是通过综合运用各种科学、各种技术来达到系统的目的。

2. 系统工程学的含义

关于系统工程的学科体系范围，国内外都还没有统一的看法。这一方面是由于系统工程的理论和方法是在工程规划设计、管理、控制这三门学科向纵深发展，相互渗透，产生了一些共同性的问题需要解决的背景下发展起来的，从事不同专业工作的人对系统工程自然会有不同的理解，另一方面是因为系统工程要综合运用新的科学理论与方法，所以很难划清界限。下面是一些国内外学者对它的解释和看法。

（1）1967年，英国学者切斯纳指出：系统工程是为了研究多数子系统构成的整体系统所具有的多种不同目标的相互协调，以期达到系统功能的最优化，最大限度地发挥系统组成部分的能力而发展起来的一门新学科。

（2）1967年，日本工业标准《运筹学用语》(JISZ8121)中给出的定义是：系统工程是为了更好地达到系统的目的，而对作为对象的系统的组成部分、组织结构、信息流动和控制机构等进行分析与设计的技术。

（3）1969年，美国质量管理学会系统工程技术委员会对系统工程的定义是：系统工程是将科学知识应用于系统的设计和制造方面的一门特殊工程学。

(4) 1974 年,大英百科全书对系统工程所下的定义是:系统工程是一门把已有学科分支中的知识有效地组合起来,用以解决综合化的工程问题的技术。

(5) 1975 年,美国科学技术辞典将系统工程概括为:系统工程是研究许多密切联系的元素组成的复杂系统的设计的科学。设计该复杂系统时,应有明确的预定功能及目标,并使得各个组成元素之间及系统整体之间的有机联系配合协调,以使系统总体能达到最优目标。

(6) 1978 年,我国著名科学家钱学森指出,系统工程是组织管理系统的规划、研究、设计、制造、试验和使用的科学方法,是一种对所有系统都具有普遍意义的科学方法。

■ 四、复杂系统

在历史上,大多数科学家认为自然科学和社会科学之间存在着一条无法逾越的鸿沟。原因在于,科学家们认为自然界是一个复杂的系统,必须用数学才能准确地刻画自然界中各种变量之间的逻辑关系。对以人为研究对象的社会科学而言,人的感性是无法用数学来量化的。然而,随着科学的发展,科学家们越来越认识到,同自然界或有机生物体一样,人类社会也许是一个更加复杂的系统。以各种复杂系统(complex system)为研究对象的"复杂性研究"近年来成长为一门方兴未艾的交叉学科,虽然它还处于萌芽时期,但已被有些科学家誉为是"21 世纪的科学"。复杂系统涉及范围很广,包括自然、工程、生物、经济、管理、政治与社会等各个方面,它探索的复杂现象从一个细胞呈现出来的生命现象,到股票市场的涨落、城市交通的管理、自然灾害的预测,乃至社会的兴衰等。目前,复杂性研究受到了世界各国科学家们的广泛关注。1999 年,美国《科学》杂志出版了一期以"复杂系统"为主题的专辑,分别就化学、生物学、神经学、动物学、自然地理、气候学、经济学等学科领域中的复杂性研究进行了报道。由于各学科对复杂性的认识和理解都不一样,所以该专辑避开术语上的争论,采用了"复杂"这个名词。概括起来,复杂系统都有一些共同的特点,就是在变化无常的活动背后,呈现出某种规律性,其中演化、涌现、自组织、自适应、自相似等被认为是复杂系统的共同特征。目前国内许多研究计划中都在支持或关注着它们的发展,如国家自然科学基金委员会自 1999 年起,专门设立了复杂性科学研究的专项基金,鼓励复杂系统方面的研究。

社会层次的复杂系统因为具有思维能力的人的介入而变得更为复杂。典型的如社会经济系统、金融系统、企业组织管理系统、公共管理和公共政策等。在这类系统中,由于人的参与所产生的不确定性、投机性、战略性博弈等特征赋予了社会系统更大的复杂性。探讨社会现象中的复杂性问题是将自然科学的方法引入社会科学的一个重要尝试,也是复杂性研究在未来的一个重要发展方向。

■ 第三节　计量经济学

管理学和经济学具有密切的学科关联,是社会科学中的一对孪生兄弟。简单地讲,管理学没有自己成熟的、严谨的学科体系,侧重于应用和经验;经济学已经建立了自己的相对较为成熟的学科体系,侧重于理论推导,对消费者而言是理性经济人假设下的效用最大化,对厂商而言是成本约束下的厂商利润最大化。管理学侧重于组织内部的问题,关注组织目标的实现,经济学侧重于组织之间的交易,解释各经济主体如企业、理性经济人,以及政府在市场上的行为。因此,经济学在理论推导时应用了大量运筹学中的优化方法,而管理学在发展的过程中也应用了大量的经济学中的假设、模型化的方法。由于经济学是所有社会科学中运用数学最为成熟的学科,计量经济学又是经济学中运用数学最为成熟的分支,经济学的数学化主要指的就是计量经济学的发展。正是从这一意义上说,定量分析方法的一个重要理论来源是计量经济学。

一、计量经济学的含义

计量经济学这一门独立的学科产生于20世纪30年代。半个多世纪以来,这门学科在理论与应用两个方面都取得了长足的进步。今天的计量经济学已成为经济学的一个重要分支,其实用价值也正在越来越广的范围内表现出来。

著名经济学家、诺贝尔经济学奖获得者萨缪尔森曾经说:"第二次世界大战后的经济是经济计量的时代。"从1969年设立诺贝尔经济学奖至今,几乎所有的诺贝尔经济学奖得主都同计量经济学有着或多或少的联系,究其原因,在于经济学首先是一门实证科学,尽管它无法完全避免价值判断,但它的首要问题是衡量经济现实,即进行实证研究,回答现实的经济问题到底"是什么"? 其次再回答"为什么是这样",或者"应该是怎样"的规范价值问题。文艺复兴后实证主义研究方法论的盛行推动了计量经济学的成功。

计量经济学(econometrics)一词最早由挪威经济学家,第一届诺贝尔经济学奖获得者拉格纳·费瑞希(Ragnar Frisch)仿造生物计量学(biometrics)一词提出的。1930年12月29日,费瑞希、荷兰经济学家丁伯根(Tinbergen)和其他一些国家的经济学家在美国成立了"国际计量经济学会",并于1933年创办了《计量经济学》(Econometrics)杂志。在这个杂志的创刊号上,费瑞希对什么是计量经济学作了一个详细的描述:"对经济的数量研究有几个方面,其中任何一个就其本身来说都不应该和计量经济学混为一谈。既不能认为计量经济学就是经济统计学,也不能把计量经济学和所谓的一般经济理论等同起来,尽管经济理论大部分具有确定的数量特征;计量经济学也不应看做数学应用于经济的同义语。经验证明,要真正了解现代经济生活中的数量关系,统计学、经济理论和数学三个方面的观点中的每一种都是必要的,然而单独一方面的观点则又是不充分的。这三方面观点的结合才是强有力的,正是这种结合才构成了计量经济学。"

因此,计量经济学是一门由经济学、统计学和数学结合而成的交叉学科。经济学提供理论假说,统计学提供原始数据资料,数学则对这些数据资料进行处理,以证明或证伪理论假说。

计量经济模型实际上是一组方程。模型所使用的数据,有时间序列数据和截面数据两大类。这些数据不是像自然科学那样从实验中得到的结果,而是经济学家或统计部门观测到的经济变量数据资料,而且经济变量大都是不精确的。因此,在经济分析中应用统计方法相对于自然科学而言就更加困难。这就为计量经济方法的研究提出了新的课题。1989年诺贝尔经济学奖得主哈维默(T. Haavelmo)在1941年发表了以概率论和统计推断为依据的《计量经济学的概率方法》,标志着计量经济学进入了一个以概率作为主要方法论基础的时期,它所探讨的,是一种统计必然性。在20世纪60年代以前所有的计量经济模型都是线性的。当前,非线性模型、时间序列方法、贝叶斯方法、合理预期下的计量经济模型、小样本理论等应用都是在计量经济学中十分活跃的,仍在继续发展并不断取得新的成果。

二、建立计量经济模型的步骤

应用计量经济学方法,建立计量经济模型并用于研究客观经济现象,一般可分为以下4个步骤。

1. 建立模型

计量经济学方法就是定量分析经济现象中各因素之间数量关系的经济计量方法。因此,首先根据经济理论分析所研究的经济现象,找出经济现象间的因果关系及相互间的联系。把问题作为因变量(或被解释变量),影响问题的主要因素作为自变量(或解释变量),非主要因素归入随机项。其次,按照它们之间的行为关系,选择适当的数学形式描述这些变量之间的关系,一般用一组数学上彼此独立、互不矛盾、完整有解的方程组表示。

2. 样本数据的收集

模型建立以后,应该根据模型中变量的含义来收集并整理样本数据。样本数据质量的好坏直接影响模型的质量。常用的样本数据有时间序列数据和截面数据(或横断面数据)。

时间序列数据是一组按时间先后排列的统计数据,一般由国家统计部门提供,充分利用这些统计数据可以减少收集数据的工作量。

截面数据是一批发生在同一时间截面上的调查数据,例如家庭调查数据、农业普查数据、工业普查数据、人口普查数据等。

样本数据质量的好坏与样本数据的完整性、准确性、可比性和一致性有着密切关系。完整性是指经济数据作为系统状态和其外部环境的数量描述,必须是完整的。对数据的准确性来说,一是它必须准确反映研究对象的状态,二是它必须是模型中所要求的数据。数据的可比性就是通常所说的数据统计口径必须是一致的。一致性是指样本数据的来源与被估计母体应属于同一个母体。

3. 模型参数的估计

建立计量经济模型之后,要根据样本数据,选择适当的方法对模型中的参数进行估计。在选择方法时一般要考虑:经济关系的性质,每种估计方法的特性,方法的难易和费用的多少等。

4. 模型的检验

模型的检验就是对估计的模型参数进行检验。所谓检验就是对参数估计值加以评定,确定它们在理论上是否有意义,在统计上是否显著。只有通过检验的模型才能用于实际,所以模型检验也是重要的一环。

三、计量经济学研究的目的

计量经济学研究的目的如下。

1. 实证分析

计量经济模型是以经济理论为依据制定的,利用实际数据检验模型制定得是否正确,也就相当于检验某一特定经济理论的正确性。如果检验结果证明模型是正确的,则不仅证明了经济理论的正确性,同时,也赋予经济理论经验性的内容,模型本身也就有了实用价值。如果检验结果发现模型有问题,则可根据检验中所得到的信息对模型进行修改或采用新模型,然后再检验。这样循环往复直至模型符合实际情况为止。

2. 相关性分析

相关性分析就是对所研究的经济变量之间的相互关系进行的研究,目的在于弄清楚和说明各种经济变量之间的因果联系。自然科学研究的主要内容也是要去发现各变量之间的因果联系,如牛顿力学中的物体受力大小同加速度之间的关系,药学领域中的某种物质引起生命体反应的程度,建筑工程领域的建筑物材料与其结构之间的关系等。在经济领域中也存在大量的相关性研究,例如价格弹性,自来水或电力的价格变动引起消费者需求量变动的程度。只有了解这种相关性才可以帮助决策者正确地制定公共政策。

3. 经济变量预测

科学的首要作用在于解释,即正确理解事物发生和发展的原因。进行这种解释的目的在于预测。例如准确的天气预报对于现代社会非常重要,但要进行准确的天气预报,必须对大气、云层、季风、洋流等气候现象发生和变化的原因进行合理的解释。经济现象也是如此。在计量经济模型经过检验后,证明它在一定程度上是合理的,经济变量之间的相关性确实存在,那么就可以利用这个模型对还未发生的状况进行预测,推断其趋势。预测是公共决策的基础。

4. 经济政策模拟

对经济政策评价来说,就是通过模型模拟各种政策的执行效果,以便对不同的政策方案进行比较和选择。经济政策一般存在着不可试验性,这就使得应用计量经济模型进行政策模拟更加重要,它起到经济实验室的作用。例如,一项价格改革政策对供给、需求和其他行业,以及财政等方面的影响是无法进行试验的,但利用包含这些变量的数学模型可以计算该项政策执行后所带来的影响,为决策提供一定程度的参考。

第四节　逻辑学

在英文中,大多数学科单词都是以 logy 结尾的,例如生理学 physiology、社会学 sociology、生物学 biology、人类学 anthropology、地质学 geology 等,这些词汇的前半部分是该学科研究的具体内容,而后半部分则是共同的后缀 logy 或 ology,该词根来源于希腊文 logos,汉语译为"逻各斯"。它是一个非常重要的哲学术语,是一切学术理论的源头,本义为言语、思想、思维、理性。logos 最早出现在古希腊唯物主义哲学家赫拉克利特的著作中,意谓世界的普遍规律性。后来,在黑格尔哲学中,逻各斯指概念、理性、绝对精神。希腊文的逻各斯(logos)在英文中又演化为 logic,我国近代思想家严复将其翻译为逻辑。根据《辞海》的解释,逻辑一词具有以下三重含义:

(1) 思维的规律性;
(2) 关于思维形式及其规律的科学,即逻辑学;
(3) 客观规律性,如事物的逻辑。

不论是逻各斯还是逻辑,都可以被理解为科学的方法,定量分析方法也是一种逻辑的方法。因此,在本节中,我们介绍一些逻辑学的基本知识。

一、逻辑学的发展和类型

1. 我国的逻辑学

逻辑学的对象是人的思维,逻辑学是研究思维形式、方法和规律的科学。由于现实世界的复杂性,人类对现实世界进行思维的内容也是丰富多彩的,但是这些不同的思维内容却具有共同的形式特征。逻辑学所研究的就是如何将思维内容严格地形式化,彻底地排除思维内容对思维形式的影响,发现人类思维存在的各种规律和人类思维所采取的共同形式。

我国春秋战国时期百家之一的"名家"的"名辩之学"近似于逻辑学,后来在翻译西方的逻辑学著作时也用过"名学"(正名之学)、"辩学"(论辩之学)、"逻辑学"(外文的音译)等名称。日本人译为"论理学",民国时期的翻译界也有用这个名称的,孙中山先生曾建议把论理学改为理则学。

在古代中国,特别是春秋战国时期,诸说并起,百家争鸣,学术论辩之风盛行。为了驳斥别家学说,证明己方观点,逻辑思想因此丰富多彩,名家的惠施、公孙龙,法家的荀况、韩非等都形成了各具特点的逻辑思想。特别是墨家《墨经》中的《经上》、《经下》、《经说上》、《经说下》、《大取》、《小取》等逻辑专著把研究思维的逻辑学推进到一个前所未有的高度,这些文章全面地研究了概念(名)、判断(辞)、推理(说),以及逻辑规律的问题。当然,墨家关于思维形式和思维规律的学说,大抵都是结合当时的实际政治斗争和具体的论辩来论述的,而没有像亚里士多德的逻辑那样采取形式化的方法和引用抽象的符号,也就是说,还没有完全摆脱逻辑内容的影响,这也是中国古代逻辑学的一个缺点。唐宋以后,中国古典逻辑思想渐趋消沉,代之而起的是从国外引入的印度的因明学(从唐朝的玄奘开始)和古希腊的逻辑学(从明末的李之藻开始)。古代印度的逻辑学说称为"因明"。"因"指推理的依据,"明"即通常所谓"学说","因明"就是古代印度关于推理的学说,主要代表著作有陈那的《因明正理门论》、商羯罗主的《田明入正理论》等。这些著作研究了推理和论证的方法,形成了古代印度特有的逻辑理论和体系。

2. 古希腊时期的逻辑学

近代世界各国学习、研究的逻辑学主要是发源于古希腊的逻辑学,通常也称为传统逻辑学,其基本内容主要涉及推理的形式,因此又被称为形式逻辑。逻辑学在古希腊产生并不是偶然的,古希腊雅典的民主政治中蕴涵的自由精神对希腊的艺术、科学和哲学的发展带来了良好的影响。雅典成为古希腊文化的中心,集中了许多诗人、艺术家、哲学家,他们怀疑和批判各种传统观念,探究新鲜事物,要求对自然和社会现象做正确理解。这样,争辩之风盛行,修辞、演讲、辩论的艺术成为时尚,丰富的社会生活和学术生活吸引人们学习和研究表达思想和辩论说服的方法,这就促进了逻辑方法的发展。德谟克利特(Democritus,约公元前 460—370)的原子说,芝诺(Zeno of Elea,约公元前 490—430)代表的伊利亚学派的辩证法,安纳撒哥拉斯(Anaxagoras,约公元前 500—428)的"努司"(即心、理智)学说,苏格拉底(Socrates,公元前 469—399)关于普遍概念的学说,柏拉图(Plato,公元前 427—347)的辩证法都是亚里士多德以前有影响的逻辑学说。

逻辑学是适应人类认识的发展和科学的发展而产生的。古希腊毕达哥拉斯学派的希帕索斯(Hippasus)发现了等腰直角三角形的斜边和直角边不可通约,从而在有理数(分数)之外,引进无理数(无限不循环小数)的概念。无理数的发现使希腊人不得不承认两点,第一,直觉、经验乃至实验都不是绝对可靠的,知识的可靠性依赖于从公理出发而进行的演绎,即证明;第二,数(自然数)及其比值(有理数)不能包括一切几何量,因为还存在无理数,但几何量却可以表示数(自然数和有理数),因此几何比算术更重要。无理数的出现导致数学史上第一次危机,并使古希腊的思想界出现了一段混乱时期。苏格拉底、柏拉图、亚里士多德等人为几何学建立了公理系统,并由欧几里得(Euclid,约公元前330—275)在总结前人几何学成就的基础上,完成了《几何原本》一书,克服了第一次数学危机。欧几里得几何具有严密的逻辑论证体系,与这种体系相适应的方法论就是亚里士多德的逻辑学,它集中反映在亚里士多德的名著《工具论》中。亚里士多德奠基的逻辑学被称为"古典逻辑"、"传统逻辑",它的任务是发现一些规则,人们应用这些规则就能从已给定的一些公理推导出科学定理,从而建立一门科学学说。亚里士多德是公认的逻辑学创始人。

亚里士多德(Aristotle,公元前381—322)在西方哲学史上第一个把思维作为研究对象,特别探讨了逻辑问题,他把逻辑学看做是关于获得科学知识和揭露谬误的方法的学说。但是,亚里士多德的六篇逻辑学著作(范畴篇、解译篇、前分析篇、后分析篇、正位篇、反辩论篇)并没有给它一个总的名称,也没有给这门科学下一个明确的定义。他的学生给这些逻辑学著作起了个"工具论"的名称,意思是说它是获得知识的工具。亚里士多德的逻辑学几乎是一切研究逻辑学的学者的出发点,它对以后2 000多年逻辑学的发展有着非常巨大的影响。

☐ **3. 欧洲中世纪的逻辑学**

在欧洲的中世纪时期,宗教神学统治一切,科学研究的任何成果只要触犯了宗教教条,就被斥为"异端邪说",科学家也因而遭受残酷的迫害。在这种黑暗的宗教统治下,一切科学都被窒息,哲学成了神学的侍女,逻辑学的唯一任务是论证上帝的全知全能,如坎特伯雷大主教安瑟伦(Anselm of Canterbury,1033—1109)所谓"上帝存在的本体论证明"。中世纪神学统治同样需要有说服力的论证,因此他们就借助于亚里士多德的逻辑学和哲学思想,将他的著作奉为圭臬,打着亚里士多德的旗号,但又歪曲甚至直接违背了亚里士多德关于逻辑是为认识事物、探求真理服务的这一基本原则。他们还利用亚里士多德逻辑学重形式、轻内容的特点,将科学和学术变成单一的论证神学的经院哲学,而形式逻辑成了经院哲学的主要内容。当时,逻辑学的主要研究内容就是对推理过程进行细致的分析,对思维形式和规律本身进行详尽的探索,增补逻辑概念和术语,以及注释亚里士多德的著作。这些研究工作就其着重研究思维的推理和论证过程而言,对逻辑学的发展也有一定的贡献,但总的来说,在中世纪经院哲学的禁锢下,一切科学(包括逻辑学)的发展都是受到压抑和窒息的。

☐ **4. 近代的逻辑学——归纳法**

随着资本主义生产方式的迅猛发展,新兴资产阶级为了征服自然和发展工商业,提倡自然科学研究,资助探索自然物体的特性和自然的运动方式等科学技术研究活动。但这时僵死的经院哲学仍很盛行,在自然观、认识论、方法论等方面严重地束缚着人们的思想,阻碍着科学的发展。这样,从思想方法上搬掉科学技术发展道路上的障碍,就成为时代的要求。首先敏锐地感受到这个时代脉搏的是英国的一些唯物论哲学家,其杰出代表是弗兰西斯·培根。培根摈弃了经院哲学那种崇拜偶像、迷信权威和沉迷于亚里士多德三段论的认识方法，开创了一条用科学实验的方法去探索自然界、进行科学研究的新途径。培根认为，亚里士多德和经院哲学的演绎法"是产生错误的根源和一切科学的祸害"，他提出，"要深入到自然内部的深处，必须用一种更稳当更审慎的方法，把概念和公理从事物中引申出来，必须采取一种更好的和更确切地运用理智的方法"。培根在《新工具论》里提出一种唯物主义经验论的归纳法作为指导人们认识自然获取知识的科学方法，从而也把逻辑学推进到一个新的阶段。培根的归纳法是建立在观察、实验基础上的，又通过科学的分析、概括来不断修正补充的归纳法。到了19世纪，英国的约翰·穆勒进一步发展了培根的归纳法，提出了判明现象间因果关系的归纳法，亦即逻辑学历史上著名的五种科学归纳法：求同法、差异法、求同差异并用法、共变法和剩余法。这是在近代自然科学兴起和发展的影响下，逻辑学在传统逻辑的基础上向归纳法和经验科学方法论的方向发展。

这样，逻辑学除了以亚里士多德为代表的以演绎为主的形式逻辑外，又发展和补充了以培根、穆勒为代表的以归纳为主的科学逻辑。但是这些都没有超出形式逻辑的范围，统称之为逻辑学或传统逻辑。

5. 数理逻辑

随着近代科学技术的发展，人类对自身思维的规律和形式的认识也有了进一步的发展，产生了与传统逻辑相对称的近代逻辑。近代逻辑主要包括两个部分，一个是数理逻辑（亦称逻辑斯蒂或符号逻辑），以及将数理逻辑与传统逻辑统一起来的制约逻辑，另一个是辩证逻辑，以及多值逻辑、模糊逻辑。

数理逻辑除了涉及数学本身、数学基础方面的内容外，从逻辑学方面来讲，它是用数学对思维方式的表达，它力图用符号体系来表达概念和概念之间的联系。确切地说，数理逻辑是"逻辑演算"，因为数理逻辑是把命题的形式结构用公式和符号来表达，把推理中的前提和结论之间的关系转换为公式与公式之间的演算关系。数理逻辑使思维的可计算性更明确了，它是形式逻辑的精确表述，是形式逻辑部分内容的数学化、符号化，它是西方的近代形式逻辑。在亚里士多德的逻辑学中，对关于什么是推理无法恰当地加以表达，而数理逻辑对"推理"是什么的问题，给出了精确的回答。因此，德国数学家希尔伯特（David Hilbert，1863—1943）在1900年的巴黎数学家会议上声称："我们要造成这样的结果，使所有推理的错误都只成为计算错误。这样，当争论发生的时候，两个哲学家如同两位计算家一样，用不着辩论，只要把笔拿在手上，在算盘面前坐下，两个人互相说，让我们计算一下吧。"

6. 辩证逻辑

辩证逻辑是19世纪的德国哲学家黑格尔提出的思辨逻辑。黑格尔批判了以往逻辑学中形式与内容相割裂之类的形而上学的观点，并批判地吸取了从亚里士多德到康德等人的逻辑学说中所包含的有关辩证逻辑的合理思想，在此基础上，建立了逻辑史上第一个全面而系统的辩证逻辑体系。这个体系是建筑在唯心主义基础之上的，是一个与传统形式逻辑完全不同的逻辑类型和逻辑形态。

二、现代逻辑是一切科学的理论基础

任何学科都需要运用概念、命题去进行推理和论证，建立自己的科学体系。因此，逻辑学，特别是现代逻辑是一切科学的理论基础。

首先，逻辑学是自然科学，特别是数学的基础理论。两千多年前建立的欧几里得几何学，就是以演绎方法建立的一个逻辑体系。它典型地反映了以亚里士多德逻辑作为基础理论的特点：其中的每一个证明，都是由大前提、小前提和结论构成的。爱因斯坦是这么评价欧氏几何学的："这个逻辑体系如此精密地一步步推进，以致它的每一个命题都是不容置疑的。"[①]正是逻辑推理的这种威力，鼓舞了人类以逻辑学为基础去建立各门科学的逻辑体系。在现代，由于研究数学中推理的数理逻辑的出现和发展，现代数学获得了坚实的基础，人们可以在逻辑的公理系统的基础上增加数学的公理，从而构建数学的大厦。人们普遍认为，数学理论具有不容置疑的正确性和令人赞叹的严格性，而这种正确性和严格性，正是来源于其逻辑基础的坚实性。自然科学的又一光辉典范是经典（理论）物理学。理论物理学是由基本概念、基本原理和从逻辑推理得出的结论三个部分构成的。逻辑推理几乎占据了整个理论物理学的全部篇幅。理论物理学形成了一个严密的逻辑体系，因此，逻辑学也是理论物理学的基础学科。理论物理学的这种构建科学体系的方法被视为其他科学的典范，也是衡量一种学问科学性的一个尺度。

尽管社会科学的研究对象与自然科学是不同的，但是，它们的基础理论是相同的。下面我们以具有"社会科学的王冠"之称的经济学为例，粗略地谈谈社会科学的基础理论和构建科学体系的方法。

19世纪以前，经济学普遍使用比较、分析、归纳这些对历史现象进行陈述和对经济规律进行推测的方法，没有构成严密的逻辑体系。直到100多年前，英国经济学家、政治学家、逻辑学家穆勒（John Stuart Mill，1806—1873）才第一次系统地论述了古典经济学中的"经济人"这一假设，并对经济学理论中的推理方法作了方法论的概括。"经济人"这一假设的核心是：人是有理性的，在经济活动中，个人必然追求自身利益最大化。从这个基本假设出发，在个人收入一定的约束条件下，运用演绎推理推出了一系列结论，从而使古典经济学形成了一个严密的逻辑体系，构建了经济学的理论大厦。

在科学研究中，被科学家共同认可的原理和研究方法的科学范式是不断变革的。科学范式的变革推动了科学不断进步。在经济学中情况也是如此。传统的归纳法范式被"假设-演绎法"范式代替后，如果由假设推出的结论或预见与事实不符，那么，假设就有被证伪的危险。这就是当代著名哲学家卡尔·波普尔（Karl Raimund Popper，1902—1994）提出的证伪主义，即只有能够被证伪的理论才是科学。19世纪末叶，随着边际分析的出现和不断发展，数理经济学逐渐成为20世纪西方经济学的主流。建立经济变量的数学模型，运用比文字叙述更为精确、简洁的数学公式研究经济变量的数量关系，对经济发展的趋势进行预测，已成为经济学的一般方法。由于数学模型具有很强的演绎能力，而且，借助电子计算机巨大的运算能力，以及现代统计资料和数据的日益完善，对多个经济变量构成的公式进行运算和检验不再是困难的事情。人们可以把近乎天文数据量的数据进行处理，从而对未来进行较为精确的预测，并通过实践来验证数学模型。因此，数理经济学

---

① 爱因斯坦文集（第一卷）[M]．许良英，范岱年，等，译．北京：商务印书馆，1976：313．

在方法论上是和"假设-演绎法"紧密结合在一起的。总之，经济学已发展成了一门建立在逻辑这门基础科学之上，并且日益依赖数学推导的科学。当然，在方法论上，经济学并不排斥通过历史的经验数据和归纳验证对经济学进行实证研究。理论研究和实证研究都是应当在经济学中使用的方法，这正如在逻辑学中演绎和归纳都各有其作用，不应强调一个而排斥另一个。

第五节 运筹学

一、运筹学的含义

运筹学是近几十年发展起来的一门新兴学科，是管理科学、经济科学和现代管理方法的重要组成部分。它主要运用数学方法研究各种系统的优化途径和方案，为决策者提供各种决策的依据。

运筹学（operational research，OR）可直译为"运用研究"或"作业研究"。它主要涉及工程管理问题，研究的基本手段是建立数学模型，比较多地运用各种数学工具。管理学界普遍将运筹学称作"管理数学"。我国学者从"运筹帷幄之中，决胜千里之外"（见《史记·高祖本纪》）这句古语中摘取"运筹"二字，将 OR 正式译作运筹学，包含运用筹划，以策略取胜等意义，准确地反映了这门学科的性质和内涵。我国众所周知的田忌赛马，以及前文谈到的北宋丁谓修皇宫的例子都包含运筹学的思想。

运筹学这个名词的正式使用是在二战时期的 1938 年。当时英国为解决空袭的早期预警，做好反侵略战争准备，积极进行"雷达"的研究。但随着雷达性能的改善和配置数量的增多，出现了来自不同雷达站的信息及雷达站同整个防空作战系统的协调配合问题。1938 年 7 月，波得塞（Bawdsey）雷达站的负责人罗伊（A. P. Rowe）提出立即进行整个防空作战系统运行的研究，并用 operational research 一词界定这方面研究，这就是"OR"这个缩写词的起源。1940 年 9 月，英国成立了由物理学家布莱克特（P. M. S. Blackett）领导的第一个运筹学小组，后来发展到每一个英军指挥部都成立运筹学小组。1942 年，美国和加拿大也都相继成立运筹学小组，这些小组在确定扩建舰队规模、开展反潜艇战的侦察和组织有效的对敌轰炸等方面，做了大量研究，为取得反法西斯战争的胜利及运筹学有关分支的建立作出了贡献。1939 年苏联学者康托洛维奇（1975 年诺贝尔经济学奖得主）出版了《生产组织与计划中的数学方法》一书，对列宁格勒胶合板厂的计划任务建立了一个线性规划的模型，并提出了"解乘数法"的求解方法，为数学与管理科学的结合做了开创性的工作。

二、运筹学的主要分支

运筹学按所解决问题性质的差别，将实际的问题归结为不同类型的数学模型。这些不同类型的数学模型构成了运筹学的各个分支。主要的分支见图 2-1。

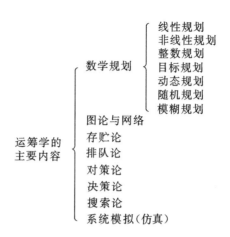

图 2-1 运筹学的主要内容①

□**1. 线性规划**

在经营管理中,如何有效地利用现有人力物力完成更多的任务,或在预定的任务目标下,如何耗用最少的人力、物力去实现。这类统筹规划的问题用数学语言表达,先根据问题要达到的目标选取适当的变量,目标通过变量的函数形式表示(称为目标函数),对问题的限制条件用有关变量的等式或不等式表达(称为约束条件)。当变量连续取值,且目标函数和约束条件均为线性时,这类模型就是线性规划(linear programming)的模型。有关对线性规划问题建模、求解和应用的研究构成了运筹学中的线性规划分支。线性规划建模相对简单,有通用算法和计算机软件,是运筹学中应用最为广泛的一个分支。用线性规划求解的典型问题,如运输问题、生产计划问题、下料问题、混合配料问题、理论经济学中的一般均衡问题等。有些规划问题的目标函数是非线性的,但也可以采用分段线性化等方法,转化为线性规划问题求解。

□**2. 非线性规划**

如果线性规划模型中目标函数或约束条件不全是线性的,对这类模型的研究就属非线性规划(nonlinear programming)分支解决的问题。大多工程物理量的表达式是非线性的,因此非线性规划特别在各类工程的优化设计中得到较多应用,是优化设计的有力工具。

□**3. 动态规划**

动态规划(dynamic programming)是研究多阶段决策过程最优化的运筹学分支。有些经营管理活动由一系列相互关联的阶段组成,在每个阶段依次进行决策,而且上一阶段的输出状态就是下一阶段的输入状态,各阶段决策之间互相关联,因而构成一个多阶段的决策过程。动态规划研究多阶段决策过程的总体优化,即从系统总体出发,要求各阶段决策所构成的决策序列使目标函数值达到最优。

□**4. 图与网络分析**

图与网络分析(graph theory and network analysis)常用来解决下列问题:在生产管理中经常碰到工序间的合理衔接搭配;设计中经常碰到研究各种管道、线路的通过能力;

---
① 赵则民. 运筹学[M]. 重庆:重庆大学出版社,2002:2.

仓库、附属设施的布局等。运筹学中把这些研究的对象用节点表示，对象之间的联系用连线（边）表示，用点、边的集合构成图。图论是研究由节点和边所组成图形的数学理论和方法。图是网络分析的基础，根据研究的具体网络对象（如铁路网、电力网、通讯网等），赋予图中各边某个具体的参数，如时间、流量、费用、距离等，规定图中各节点代表具体网络中各种流动的起点、中转点或终点，然后利用图论方法来研究各类网络结构和流量的优化分析。网络分析还包括利用网络图形来描述一项工程中各项作业的进度和结构关系，以便对工程进度进行优化控制。

5. 存储论

存储论(inventory theory)是研究最优存储策略的理论和方法。如为了保证企业生产的正常进行，需要有一定数量原材料和零部件的储备，以调节供需之间的不平衡。实际问题中，需求量可以是常数，也可以是服从某一分布的随机变量，每次订货需一定费用，提出订货后，货物可以一次到达，也可能分批到达，从提出订货到货物的到达可能是即时的，也可能需要一个周期（订货提前期），某些情况下允许缺货，某些情况不允许缺货。存储策略研究在不同需求、供货及到达方式等情况下，确定在什么时间点及一次提出多大批量的订货，使用于订购、储存和可能发生短缺的费用总和最少。

6. 排队论

在生产和生活中，存在大量有形和无形的排队现象。排队系统由服务机构（服务员）及被服务的对象（顾客）组成。一般顾客的到达及服务员用于对每名顾客的服务时间是随机的，服务员可以是一个或多个，多个情况下又分平行排列或串联排列。排队按一定规则进行，如分为等待制、损失制、混合制等。排队论(queueing theory)研究顾客不同输入、各类服务时间的分布、不同服务员数量，以及不同排队规则情况下，排队系统的工作性能和状态，为设计新的排队系统及改进现有系统的性能提供数量依据。

7. 博弈论

一类用于研究具有对抗、比赛行为的模型称为博弈论(game theory)，又被译为对策论。在这类模型中，参与对抗的各方称为局中人，每个局中人均有一组策略可供选择。当各局中人分别采取不同策略时，会得到不同的收入或回报。在社会、经济、管理等与人类活动有关的系统中，各局中人都按各自的利益和知识进行对策。每个局中人都力求扩大自己的利益，但又无法精确预测其他局中人的行为，因此必须取得尽可能多的信息。博弈论为局中人在这种高度不确定和充满竞争的环境中，提供一套完整的、定量化和程序化的选择策略的理论和方法。博弈论已被频繁应用于对商品、消费者、生产者之间的供求平衡分析、利益集团间的协商和谈判，以及军事上各种作战模型的研究等。

8. 决策论

决策论(decision theory)是研究为最优地达到目标，如何依据一定准则，对若干备选行动的方案进行的抉择的方法。随着科学技术的发展，生产规模和人类社会活动的扩大，要求用科学的决策替代经验决策，即依据科学的决策程序，采用科学的决策技术和具有科学的思维方法。决策过程一般包括：形成决策问题，提出方案，确定目标；确定各方案对应的结果及可能出现的概率；确定决策者对不同结果的效用值；综合评价，决定方案的取舍。决策论是对整个决策过程中涉及方案目标选取与度量、概率值确定、效用值计算，一直到最优方案和策略选取的有关科学理论。

本章重要概念

统计学(statistics)　　概率(probability)　　系统工程(system engineering)
复杂系统(complex system)　　计量经济学(econometrics)　　逻辑(logic)
运筹学(operational research)

本章思考与练习题

1. 统计学、系统工程学、计量经济学、逻辑学、运筹学等学科在公共管理中有何应用前景？
2. 如何从复杂系统的角度看待公共管理和公共政策？
3. 运用本章所介绍的方法，分析和思考某个公共管理或公共政策案例。

本章推荐阅读书目

1. 袁卫,庞皓,等. 统计学[M]. 北京:高等教育出版社,2000.
2. 颜光华. 系统工程学概论[M]. 北京:中国财政经济出版社,1987.
3. 于俊年. 计量经济学[M]. 北京:对外经济贸易大学出版社,2000.
4. 中央财经大学逻辑教研室. 逻辑学新教程[M]. 北京:经济科学出版社,2001.
5. 胡运权,郭耀煌. 运筹学教程[M]. 北京:清华大学出版社,1998.

第三章

线 性 规 划

——本章导言——

线性规划(linear programming,LP)是公共管理领域常用的定量分析方法,也是运筹学中最重要、最基础的技术。线性规划问题是由苏联学者康托洛维奇(L. V. Kantorovich)于1939年提出的,1947年George Dantzig提出了求解线性规划问题的有效方法——单纯形法。自从单纯形法提出以后,LP就得到了广泛的应用,在对财富500强公司的一项调查中,有85%的被调查者声称使用了线性规划技术。

本章对线性规划的基础知识进行介绍,包括线性规划数学模型、线性规划的基本概念、求解线性规划的基本算法——单纯形法,以及如何使用软件LINDO求解线性规划问题。

■ 第一节 线性规划的含义与作用

线性规划问题由目标函数、约束条件和变量的非负约束三个部分构成。下面我们将通过例子来介绍线性规划的含义及一些相关的术语。

■ 一、线性规划引例

■ (一)生产计划问题

【例3-1】 假设某工厂生产A产品和B产品,每一件产品的生产都需要经过工厂的三个车间。每件产品在每个车间里所需要的工时,每个车间的总的可利用来加工的时间,每一件产品可以获得的利润如表3-1所示。

表3-1 投入产出表

车间	每件产品所需的工时		企业原材料拥有量
	产品A	产品B	
车间1	2	3	1 500
车间2	3	2	1 500
车间3	1	1	600
每件产品利润	10	12	

请制订一个使总利润最大化的生产计划。

假设 x_1、x_2 分别为产品 A 与 B 的计划生产量，目标函数 z 为相应的生产计划可以获得的总利润。在工时及利润与产品产量的线性关系假设成立条件下，可以建立如下的模型，即

$$\max z = 10x_1 + 12x_2$$
$$\text{s.t.} \begin{cases} 2x_1 + 3x_2 \leqslant 1\,500 \\ 3x_1 + 2x_2 \leqslant 1\,500 \\ 1x_1 + 1x_2 \leqslant 600 \\ x_1, x_2 \geqslant 0 \end{cases}$$

这是一个典型的利润最大化生产计划问题，其中 max 表示最大化(maximize)，s.t. 是 subject to 的缩写，表示受制于、约束于。求解这个线性规划，可以得到最优解 $x_1=300$，$x_2=300$，最大利润 $z=6\,600$。

从解看出，虽然产品 B 的单位产品利润要高于产品 A，但是最优的生产计划却是两者相同，所以单纯按照产品的单位利润来安排生产存在很大的缺陷，有时很可能单位产品利润最高的产品并不生产。

（二）生产配方问题

【例 3-2】 某化学制品公司需要为一个用户生产 1 000 kg 由 A、B 和 C 这三种配料所组成的特殊混合材料。配料成分 A 的成本为 5 元/kg，B 的成本为 6 元/kg，C 的成本为 7 元/kg。A 只能用到 300 kg 以内，B 至少要用 150 kg，C 至少要用 200 kg。求使成本最小的配料成分是多少？

假设 x_1、x_2 和 x_3 分别为 A、B、C 的用量，目标函数 z 为相应配料的总成本，则可以建立如下模型，即

$$\min z = 5x_1 + 6x_2 + 7x_3$$
$$\text{s.t.} \begin{cases} x_1 + x_2 + x_3 = 1\,000 \\ x_1 \leqslant 300 \\ x_2 \geqslant 150 \\ x_3 \geqslant 200 \\ x_1, x_2, x_3 \geqslant 0 \end{cases}$$

这是一个成本最小化问题，其中 min 表示最小化(minimize)。

二、线性规划的模型结构

从例 3-1、例 3-2 可以发现，线性规划数学模型具有如下三个要素。

(1) 数学模型是为了求解一组决策变量 $x_i (i=1,2,\cdots,n)$，求解的目的是使目标函数 z 达到最大值或最小值。

(2) 表示约束条件的都是线性的不等式或等式。

(3) 表示问题最优化指标的目标函数也是决策变量的线性函数。

具备以上三个要素的问题就被称为线性规划问题。简而言之,线性规划问题就是求一个线性目标函数在一组线性约束条件下的极值问题。

第二节 线性规划的数学模型和标准形式

一、线性规划的数学模型

根据第一节的例子,我们可以将线性规划问题归纳为如下的一般形式,即

$$\max(\min) z = c_1 x_1 + c_2 x_2 + \cdots + c_n x_n$$

$$\text{s.t.} \begin{cases} a_{11} x_1 + a_{12} x_2 + \cdots + a_{1n} x_n \leqslant (=, \geqslant) b_1 \\ a_{21} x_1 + a_{22} x_2 + \cdots + a_{2n} x_n \leqslant (=, \geqslant) b_2 \\ \vdots \\ a_{m1} x_1 + a_{m2} x_2 + \cdots + a_{mn} x_n \leqslant (=, \geqslant) b_m \\ x_1, x_2, \cdots, x_n \geqslant 0 \end{cases}$$

其中

$\max(\min) z = c_1 x_1 + c_2 x_2 + \cdots + c_n x_n$ 称为目标函数;

$$\left. \begin{array}{l} a_{11} x_1 + a_{12} x_2 + \cdots + a_{1n} x_n \leqslant (=, \geqslant) b_1 \\ a_{21} x_1 + a_{22} x_2 + \cdots + a_{2n} x_n \leqslant (=, \geqslant) b_2 \\ \vdots \\ a_{m1} x_1 + a_{m2} x_2 + \cdots + a_{mn} x_n \leqslant (=, \geqslant) b_m \end{array} \right\} \text{称为约束条件;}$$

$x_1, x_2, \cdots, x_n \geqslant 0$ 称为变量的非负约束。

记向量和矩阵

$$C = \begin{bmatrix} c_1 \\ c_2 \\ \vdots \\ c_n \end{bmatrix}, \quad X = \begin{bmatrix} x_1 \\ x_2 \\ \vdots \\ x_n \end{bmatrix}, \quad b = \begin{bmatrix} b_1 \\ b_2 \\ \vdots \\ b_m \end{bmatrix}, \quad A = \begin{bmatrix} a_{11} & a_{12} & \cdots & a_{1n} \\ a_{21} & a_{22} & \cdots & a_{2n} \\ \vdots & \vdots & & \vdots \\ a_{m1} & a_{m2} & \cdots & a_{mn} \end{bmatrix}$$

则线性规划问题可以由向量和矩阵表示为

$$\max(\min) z = C^T X$$

$$\text{s.t.} \begin{cases} AX \leqslant (=, \geqslant) b \\ X \geqslant 0 \end{cases}$$

二、线性规划的标准型

为了讨论的方便,我们将线性规划的标准形式定义为如下形式,即

$$\min z = C^T X$$

$$\text{s.t.} \begin{cases} AX = b \\ X \geqslant 0 \end{cases}$$

对于其他的非标准型线性规划问题,我们可以通过一些变形技巧将其转化成标准形式。

(一)目标函数为极大化的线性规划问题

假设目标函数为

$$\max z = c_1x_1 + c_2x_2 + \cdots + c_nx_n$$

我们可以令

$$z^* = -z$$

那么 $\min -z^* = -c_1x_1 - c_2x_2 - \cdots - c_nx_n$ 与 $\max z = c_1x_1 + c_2x_2 + \cdots + c_nx_n$ 具有相同的解。这样就将极大化问题的求解转化成了极小化问题,也就是变成了标准型。

(二)约束条件不是等式的问题

(1) 当约束条件为

$$a_{i1}x_1 + a_{i2}x_2 + \cdots + a_{in}x_n \leqslant b_i, \quad (i=1,2,\cdots,m)$$

可以引进一个新的变量 x_{n+i},使它等于约束右边与左边之差,即

$$x_{n+i} = b_i - (a_{i1}x_1 + a_{i2}x_2 + \cdots + a_{in}x_n) \geqslant 0$$

那么,这时新的约束条件就变为

$$a_{i1}x_1 + a_{i2}x_2 + \cdots + a_{in}x_n + x_{n+i} = b_i$$

(2) 当约束条件为

$a_{i1}x_1 + a_{i2}x_2 + \cdots + a_{in}x_n \geqslant b_i, (i=1,2,\cdots,m)$ 时,类似的,令

$$x_{n+i} = (a_{i1}x_1 + a_{i2}x_2 + \cdots + a_{in}x_n) - b_i \geqslant 0$$

那么,新的约束条件就变为

$$a_{i1}x_1 + a_{i2}x_2 + \cdots + a_{in}x_n - x_{n+i} = b_i$$

为了使约束条件由不等式变为等式而引进的变量 x_{n+i} 称为"松弛变量(slack variables)"。

【例 3-3】 将下面线性规划问题转化为标准形式。

$$\max z = 4x_1 - 5x_2 + 9x_3$$

$$\text{s.t.} \begin{cases} x_1 + x_2 - 3x_3 \leqslant 8 \\ 3x_1 + 2x_3 \geqslant 9 \\ x_1 + 2x_2 + x_3 = 7 \\ x_1, x_2, x_3 \geqslant 0 \end{cases}$$

首先将目标函数转化为极小化问题,然后分别对约束条件中的第一式和第二式引进松弛变量 x_4、x_5,得到如下的标准形式,即

$$\min z^* = -4x_1 + 5x_2 - 9x_3$$

$$\text{s.t.} \begin{cases} x_1 + x_2 - 3x_3 + x_4 = 8 \\ 3x_1 + 2x_3 - x_5 = 9 \\ x_1 + 2x_2 + x_3 = 7 \\ x_1, x_2, x_3, x_4, x_5 \geqslant 0 \end{cases}$$

(三)变量无符号限制的问题

在标准形式中,每一个变量都有非负约束。当一个变量 x_j 没有非负约束时,可以令

$$x_j = x_j^1 - x_j^2$$

其中 $x_j^1 \geqslant 0, x_j^2 \geqslant 0$。

这样就用两个非负变量的差表示出了一个无符号限制的变量。

(四) 变量不大于零的问题

如果变量中有某个(或某些)变量 $x_k \leqslant 0$，则可以通过 $x_k^1 = -x_k \geqslant 0$，将线性规划问题转变成标准形式。

【例 3-4】 将线性规划问题化为标准型。

$$\max z = -x_1 + 2x_2 - 3x_3$$

$$\text{s. t.} \begin{cases} x_1 + x_2 + x_3 \leqslant 7 \\ x_1 - x_2 + x_3 \geqslant 2 \\ -3x_1 + x_2 + 2x_3 = 5 \\ x_1 \geqslant 0, x_2 \text{无符号限制}, x_3 \leqslant 0 \end{cases}$$

解题的步骤为

(1) 用 $x_2^1 - x_2^2$ 代替 x_2，其中 $x_2^1, x_2^2 \geqslant 0$，令 $x_3^1 = -x_3$。

(2) 在第一个约束不等式左端引进松弛变量 x_4，第二个约束不等式左端引进松弛变量 x_5，引进的 x_4、$x_5 \geqslant 0$。

(3) 令 $z' = -z$，把目标函数极小化，从而得到

$$\min z' = x_1 - 2(x_2^1 - x_2^2) - 3x_3^1$$

$$\text{s. t.} \begin{cases} x_1 + (x_2^1 - x_2^2) - x_3^1 + x_4 = 7 \\ x_1 - (x_2^1 - x_2^2) - x_3^1 - x_5 = 2 \\ -3x_1 + (x_2^1 - x_2^2) - 2x_3^1 = 5 \\ x_1, x_2^1, x_2^2, x_3^1, x_4, x_5 \geqslant 0 \end{cases}$$

通过以上的变形技巧，我们就能够将任何非标准型的线性规划问题转化为等价的标准形式的线性规划问题。

第三节 线性规划问题的几何解释

一、二维情况

当决策变量只有两个时，线性规划问题就可以直接在直角坐标系上表示，这样我们就可以非常直观地理解线性规划问题的实质和求解的原理。

【例 3-5】 求解下面形式的线性规划问题。

$$\max z = 4x_1 + 3x_2$$

$$\text{s. t.} \begin{cases} x_1 \leqslant 6 \\ 2x_2 \leqslant 8 \\ 2x_1 + 3x_2 \leqslant 18 \\ x_1, x_2 \geqslant 0 \end{cases}$$

我们首先建立 x_1Ox_2 坐标平面(见图 3-1),坐标系上的横轴是 x_1 轴,纵轴是 x_2 轴。

其中:满足约束 $x_1 \leqslant 6$ 的点 $\boldsymbol{X} = \begin{bmatrix} x_1 \\ x_2 \end{bmatrix}$ 位于坐标平面上直线 $x_1 = 6$ 靠近原点的一侧;满足约束 $2x_2 \leqslant 8$ 的点位于直线 $x_2 = 4$ 靠近原点的一侧。同样,满足约束 $2x_1 + 3x_2 \leqslant 18$ 的点位于直线 $2x_1 + 3x_2 = 18$ 的靠近原点的一侧。而变量的非负约束 $x_1 \geqslant 0, x_2 \geqslant 0$ 表明,满足约束条件的点同时应该位于第一象限内。这样,以上几个区域的交集就是满足以上所有约束条件的点的全体。

称满足线性规划问题所有约束条件(包括变量非负约束)的向量 $\boldsymbol{X} = (x_1 \quad x_2 \quad \cdots \quad x_n)^T$ 为线性规划的可行解(feasible solution),称可行解的集合为可行域(feasible region)。

例 3-5 的可行域为图 3-1 所示的阴影部分。

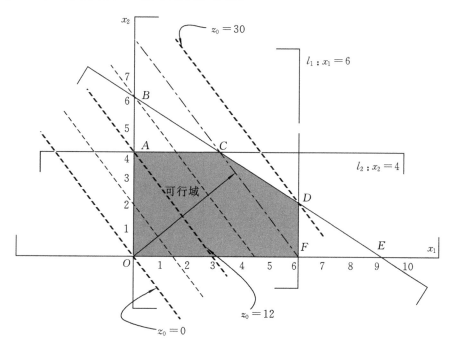

图 3-1

为了在图上表示目标函数,可以令 $z = z_0$(z_0 为某一个确定的值),当 z_0 取不同的值时,$z = 4x_1 + 3x_2$ 就在图上得到一组相应的平行线,其中的某条线称之为目标函数的等值线。在同一条等值线上的点,其相应的可行解的目标函数值相等。

在图 3-1 中,给出了 $z_0 = 0, 12, 30$ 等一组目标函数等值线。对于目标函数极大化问题来说,等值线沿着目标函数增大的方向而平行移动,这个方向也叫梯度方向,就是目标函数的系数向量 $\boldsymbol{C} = (c_1 \quad c_2 \quad \cdots \quad c_n)^T$,本例就是 $\boldsymbol{C} = (4 \quad 3)^T$。对于极小化问题,则目标函数沿着 $-\boldsymbol{C}$ 方向平行移动。

从图 3-1 中可以看出,目标函数等值线沿着梯度方向的移动过程中,与可行域的最后一个交点是 $D(6, 2)$ 点,这就是该线性规划问题的最优解,也就是使目标函数达到最大值

的可行解,这个最优解也就是两条直线:$x_1=6$ 与 $2x_1+3x_2=18$ 的交点,此时目标函数的最优解为

$$z = 4 \times 6 + 3 \times 2 = 30$$

图解法适用于求解只有两个决策变量的线性规划问题,具体步骤如下。

(1) 画出每个函数约束的约束边界,用原点(或其他不在边界上的点)判断直线的哪一边是约束条件所允许的。

(2) 找出所有约束条件都同时满足的区域,即可行域。

(3) 给定目标函数一个特定的值 k,画出目标函数等值线,当 k 变化时,目标函数等值线将平行移动;对于目标函数最大化的问题,找出目标函数增加的方向,目标函数最后离开可行域的点是最优解;对于目标函数最小化的问题,找出目标函数减少的方向,目标函数最后离开可行域的点是最优解。

从图解法可以看出,线性规划问题的可行域非空时它是一个凸多边形,若线性规划问题存在最优解,则它一定在可行域的某个顶点得到;若有唯一最优解,则一定在可行域的顶点处得到;若有两个顶点同时达到最优解,则两个顶点之间线段上的任意一点都是最优解。

二、n 维推广

我们借助下面几个概念,就可以将刚才在二维平面上的思想推广到更高维上的线性规划问题。

1. 超平面的定义

在 n 维空间中,满足条件 $a_{i1}x_1+a_{i2}x_2+\cdots+a_{in}x_n=b_i$ 的点集 $\boldsymbol{X}=(x_1 \quad x_2 \quad \cdots \quad x_n)^T$ 称为一个超平面。也就是集合 $\{\boldsymbol{X}|\boldsymbol{a}^T\boldsymbol{X}=b\}$。

2. 半空间的定义

满足条件 $a_{i1}x_1+a_{i2}x_2+\cdots+a_{in}x_n\leqslant(\geqslant)b_i$ 的点集 $\boldsymbol{X}=(x_1 \quad x_2 \quad \cdots \quad x_n)^T$ 称为一个半空间。也就是几何 $\{\boldsymbol{X}|\boldsymbol{a}^T\boldsymbol{X}\leqslant(\geqslant)b\}$。

3. 多面体的定义

有限多个半空间的交集称为多面集,有界的多面集称为多面体,也就是同时满足以下条件的非空点集,即

$$\begin{aligned} a_{11}x_1+a_{12}x_2+\cdots+a_{1n}x_n &\leqslant (\geqslant) b_1 \\ a_{21}x_1+a_{22}x_2+\cdots+a_{2n}x_n &\leqslant (\geqslant) b_2 \\ &\vdots \\ a_{m1}x_1+a_{m2}x_2+\cdots+a_{mn}x_n &\leqslant (\geqslant) b_m \end{aligned}$$

是多面集,如果该多面集有界就是多面体。用矩阵形式表示就是集合 $\{\boldsymbol{X}|\boldsymbol{AX}\leqslant(\geqslant)\boldsymbol{b}\}$。

超平面、半空间和多面体可以用图 3-2 所示图形表示。

从图 3-2 中我们可以看到,线性规划问题的可行域是一个凸多边形,容易想象,在 n 维空间中,n 个变量、m 个约束的线性规划问题的可行域是一个凸多面体。

4. 凸集的定义

设 $\boldsymbol{S}$ 是 n 维空间中的一个点集,若对任意 n 维向量空间,$\boldsymbol{X}_1 \in \boldsymbol{S}, \boldsymbol{X}_2 \in \boldsymbol{S}$,且 $\boldsymbol{X}_1 \neq \boldsymbol{X}_2$,

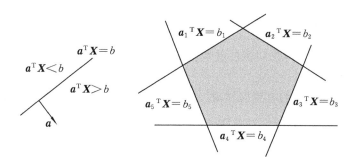

图 3-2 超平面、半空间和多面体示意图

存在一实数 $\lambda(0 \leqslant \lambda \leqslant 1)$，使得 $X = \lambda X_1 + (1-\lambda) X_2 \in S$ 成立，则称 S 为 n 维空间中的一个凸集（convex set），点 X 为点 X_1 与 X_2 的凸组合。

从几何上看，凸集就是指集合内任意两个不同点的连线上的点（包含这两个端点）都在该集合之中（见图 3-3）。

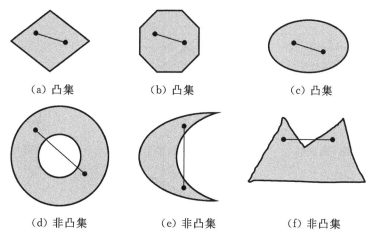

图 3-3 几种常见的凸集与非凸集示意

从图 3-1 中我们还可以发现，线性规划如果有最优解，其最优解必定位于可行域边界的某些点上。在二维坐标系上，这些点就是多边形的顶点。那么在可以类推，在 n 维空间上，一定是凸多面体的顶点上，或者是凸集的极点（extreme point）

5. 极点的定义

设 S 为一凸集，且 $X \in S, X_1 \in S, X_2 \in S$，且 $X_1 \neq X_2$，对于实数 $\lambda(0 \leqslant \lambda \leqslant 1)$，若 $X = \lambda X_1 + (1-\lambda) X_2$ 成立，则必定有 $X = X_1 = X_2$，则称 X 为 S 的一个极点。

利用这些定义，我们可以得到如下有关线性规划的可行域及最优解的性质。

(1) 如果线性规划的可行域非空，那么该可行域一定为一个凸集。

(2) 如果线性规划有最优解，则最优解至少位于一个极点上。

根据其性质，我们可将线性规划的最优解求解问题，从在可行域内无限个可行解中搜索的问题转化为在其可行域的有限个极点上搜索的问题了。

三、可行域和最优解的几种可能情况

利用前述建立的概念，我们就可以来讨论一下线性规划的可行域和最优解的不同情况了。

(1) 当可行域为封闭的有界区域时，线性规划问题的解存在下面两种情况：
- 有唯一的最优解；
- 有一个以上的最优解。

(2) 当可行域为非封闭的无界区域时，线性规划问题的解存在下面三种情况：
- 有唯一的最优解；
- 有一个以上的最优解；
- 目标函数无界（即虽有可行解，但在可行域中，目标函数可以无限增大或无限减少），因而没有可行解。

(3) 当可行域为空集是，线性规划问题就没有可行解。

以上情况可以用图 3-4 中所示的图形来表示。

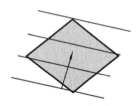
(a) 封闭可行域，唯一最优解

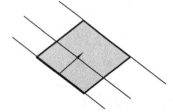
(b) 封闭可行域，多个最优解

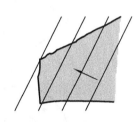
(c) 开放可行域，唯一最优解

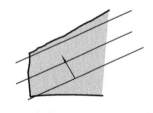
(d) 可行域开放，多个最优解

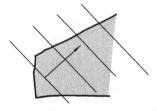
(e) 可行域开放，无最优解

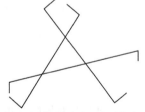
(f) 可行域为空，无可行解

图 3-4　可行域与最优解的分类

第四节　线性规划的解的概念

在平面直角坐标系上，我们只能研究两个变量之间的关系，因而图解法无法解决三个变量以上的线性规划问题，所以我们要借助代数方法来求可行域的极点。我们通过一个简单的含有两个决策变量的线性规划问题来演示这种代数求解方法。

【例 3-6】　求解线性规划问题。

$$\max z = x_1 + 3x_2$$

$$\text{s.t.} \quad \begin{aligned} & 2x_1 + 3x_2 \leqslant 18 & (1) \\ & x_2 \leqslant 3 & (2) \\ & x_1, x_2 \geqslant 0 & \end{aligned}$$

由于是两个决策变量,我们可以利用图解法,该线性规划问题表示如图 3-5 所示。另外,为了将式(1)、式(2)中的不等式转化为等式,我们引进两个松弛变量 x_3、x_4,且 $x_3, x_4 \geqslant 0$,所以原有的形式就转化成了如下形式的问题,即

$$\max z = x_1 + 3x_2$$

$$\text{s.t.} \quad \begin{aligned} & 2x_1 + 3x_2 + x_3 = 18 & (3) \\ & x_2 + x_4 = 3 & (4) \\ & x_1, x_2, x_3, x_4 \geqslant 0 & \end{aligned}$$

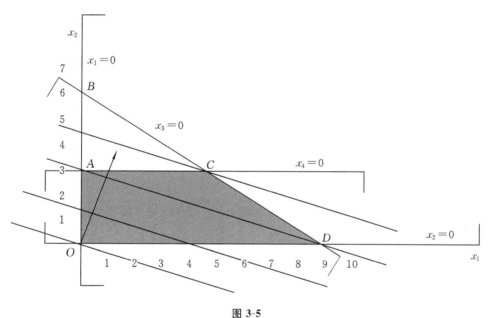

图 3-5

从图 3-5 中可以看出,直线 BD 对应于约束条件式(1),位于 BD 左下侧半平面上的点满足约束条件 $2x_1 + 3x_2 < 18$,这等价于约束条件式(3)中的 $x_3 > 0$。BD 右上侧平面上的点满足约束条件 $2x_1 + 3x_2 > 18$,等价于约束条件式(3)中的 $x_3 < 0$。当然直线 BD 上的点对应于 $x_3 = 0$。

同理,AC 上半平面的点对应于 $x_4 < 0$,下半平面的点对应于 $x_4 > 0$,而 AC 直线上的点对应于 $x_4 = 0$。另外,利用初等几何知识,x_2 轴(也就是直线 OB)上的点对应于 $x_1 = 0$,x_1 轴(也就是直线 OD)上的点对应于 $x_2 = 0$。

将这几条直线的交点 O、A、B、C、D 的坐标表示成向量 $\begin{bmatrix} x_1 \\ x_2 \\ x_3 \\ x_4 \end{bmatrix}$ 的形式为

$$O = \begin{bmatrix} 0 \\ 0 \\ 0 \\ 0 \end{bmatrix}, \quad A = \begin{bmatrix} 0 \\ 3 \\ 9 \\ 0 \end{bmatrix}, \quad B = \begin{bmatrix} 0 \\ 6 \\ 0 \\ -3 \end{bmatrix}, \quad C = \begin{bmatrix} 4.5 \\ 3 \\ 0 \\ 0 \end{bmatrix}, \quad D = \begin{bmatrix} 9 \\ 0 \\ 0 \\ 3 \end{bmatrix}$$

观察这些坐标的向量形式可以发现,我们在求坐标的过程中,首先令其中任意两个变量为 0,然后就可以得到剩余两个变量的值,然后将其组合在一起就是其中一个交点的坐标。例如,我们令 $x_2 = 0, x_3 = 0$,则约束条件式(3)与式(4)就变成

$$\begin{cases} 2x_1 = 18 \\ x_4 = 3 \end{cases}$$

解得

$$\begin{cases} x_1 = 9 \\ x_4 = 3 \end{cases}$$

组合成向量的形式为

$$\begin{bmatrix} 9 \\ 0 \\ 0 \\ 3 \end{bmatrix}$$

也就是 D 点。

值得指出的是,如果我们同时令 $x_2 = 0, x_4 = 0$,则由于 $x_2 + x_4 = 3$,所以相互矛盾,无交点,从图 3-5 中我们可以看出,直线 $x_2 = 0$ 与直线 $x_4 = 0$ 相互平行,当然也就无所谓交点。故我们这里只有 5 个交点,而非 $C_4^2 = 6$ 个。

另外,在这些交点中,交点 $B = \begin{bmatrix} 0 \\ 6 \\ 0 \\ -3 \end{bmatrix}$ 中的 $x_4 = -3 < 0$,不满足我们的变量非负约束,

所以不是可行域的极点,而其他点 O、A、C、D 都是可行域的极点,这样我们就求出了可行域的极点。

如何将我们这一做法推广到更高维度呢?

下面就是要解决这一问题。

令线性规划问题的标准形式为

$$\min z = \sum_{j=1}^{n} c_j x_j$$

$$\sum_{j=1}^{n} a_{ij} x_j = b_i \quad i = 1, 2, \cdots, m$$

$$x_j \geq 0 \quad j = 1, 2, \cdots, n$$

将约束条件用向量和矩阵表示,则为

$$AX = b$$

$$X \geq 0$$

其中：$A = \begin{bmatrix} a_{11} & a_{12} & \cdots & a_{1n} \\ a_{21} & a_{22} & \cdots & a_{2n} \\ \vdots & \vdots & & \vdots \\ a_{m1} & a_{m2} & \cdots & a_{nm} \end{bmatrix}, X = \begin{bmatrix} x_1 \\ x_2 \\ \vdots \\ x_n \end{bmatrix}, b = \begin{bmatrix} b_1 \\ b_2 \\ \vdots \\ b_m \end{bmatrix}$

对于矩阵 $\underset{m \times n}{A}$，有 $n > m$，$\underset{m \times n}{A}$ 的秩为 m。

依据前面归纳出的求极点步骤，对于 n 维空间，我们也可以做以下推广：

(1) 令解向量 $X = [x_1 \ x_2 \ \cdots \ x_n]^T$ 中的 $(n-m)$ 个变量等于零；

(2) 如果剩下的 m 个变量在线性方程 $AX = b$ 中有唯一解，那么这 n 个变量的值组成的向量 X 就是 n 维空间中若干个超平面的交点；

(3) 如果这 n 个变量的值都不小于零，那么这个交点就是该线性规划问题可行域的一个极点。

为了更加严格和明晰的表达出上面的想法，我们需要引进如下的概念。

线性规划的基(basis)：设 A 是 $m \times n$ 约束方程组的系数矩阵，其秩为 m。B 是矩阵 A 中 $m \times m$ 阶非奇异子阵($|B| \neq 0$)，则称 B 是线性规划问题的一个基。这就是说，矩阵 B 是由 A 中的 m 个线性独立的列向量组成。为不失一般性，可设

$$B = \begin{bmatrix} a_{11} & \cdots & a_{1m} \\ a_{21} & \cdots & a_{2m} \\ \vdots & & \vdots \\ a_{m1} & \cdots & a_{nm} \end{bmatrix} = (p_1 \ p_2 \ \cdots \ p_m)$$

称 $p_j (j=1,2,\cdots,m)$ 为基向量，与基向量 p_j 相应的变量 $x_j (j=1,2,\cdots,m)$ 为基变量，否则称为非基变量。

借助以上几个概念，我们可以将矩阵 $\underset{m \times n}{A}$ 划分为两部分，即基 B 和非基矩阵 N，也就是 $A = [B, N]$。相应的 $X = [x_1 \ x_2 \ \cdots \ x_n]^T$ 也可以划分为两部分：基变量 X_B 和非基变量 X_N，即

$$X = \begin{bmatrix} X_B \\ X_N \end{bmatrix}$$

约束等式 $AX = b$ 相应地表示为

$$[B, N] \begin{bmatrix} X_B \\ X_N \end{bmatrix} = b$$

或者

$$BX_B + NX_N = b$$

如果 X_N 取一个确定的值，那么 X_B 有唯一的值与之对应，也就是

$$X_B = B^{-1}b - B^{-1}NX_N$$

当然，我们特别关注的是

$$X_N = 0, \text{此时}$$
$$X_B = B^{-1}b$$

下面介绍线性规划的基础解(basic solution, BS)、基础可行解(basic feasible solution, BFS)和可行基(feasible basis, FB)的概念。

线性规划的解 $X = \begin{bmatrix} X_B \\ X_N \end{bmatrix} = \begin{bmatrix} B^{-1}b \\ 0 \end{bmatrix}$ 称为与基 B 对应的基础解；如果其中的基变量的

值 $X_B = B^{-1}b \geq 0$，则称以上的基础解为一基础可行解，相应的基 B 称为可行基。

为了更加深刻的理解这些概念，我们换一种形式讨论一下这个问题。

方程组 $AX=b$ 的系数矩阵 A 的秩为 m，因 $m<n$，故它有无穷多个解。假设前 m 个变量的系数列向量是线性独立的。这时 $AX=b$ 可写成

$$\begin{bmatrix} a_{11} \\ a_{21} \\ \vdots \\ a_{m1} \end{bmatrix} x_1 + \begin{bmatrix} a_{12} \\ a_{22} \\ \vdots \\ a_{m2} \end{bmatrix} x_2 + \cdots + \begin{bmatrix} a_{1m} \\ a_{2m} \\ \vdots \\ a_{mm} \end{bmatrix} x_m = \begin{bmatrix} b_1 \\ b_2 \\ \vdots \\ b_m \end{bmatrix} - \begin{bmatrix} a_{1m+1} \\ a_{2m+1} \\ \vdots \\ a_{mm+1} \end{bmatrix} x_{m+1} - \cdots - \begin{bmatrix} a_{1n} \\ a_{2n} \\ \vdots \\ a_{mn} \end{bmatrix} x_n$$

则方程组的一个基是

$$B = \begin{bmatrix} a_{11} & a_{12} & \cdots & a_{1m} \\ a_{21} & a_{22} & \cdots & a_{2m} \\ \vdots & \vdots & & \vdots \\ a_{m1} & a_{m2} & \cdots & a_{mm} \end{bmatrix} = (p_1 \quad p_2 \quad \cdots \quad p_m)$$

设 X_B 是对应于这个基的基变量

$$X_B = (x_1 \quad x_2 \quad \cdots \quad x_m)^T$$

现令方程组的非基变量 $x_{m+1} = x_{m+2} = \cdots = x_n = 0$，并用高斯消去法，可以求出一个解，即

$$X = (x_1 \quad x_2 \quad \cdots \quad x_m \quad 0 \quad \cdots \quad 0)^T$$

这就是对应于基 B 的基础解。

由此可见，有一个基，就可以求出一个基础解。如果 $x_i \geq 0 (i=1,2,\cdots,m)$，则这个基础解就是基础可行解。

从这个过程，我们可以看到 $X = [x_1, x_2, \cdots, x_n]^T$ 有许多个解，那我们为什么特别关注对应于 $X_N = 0$ 的 $X = \begin{bmatrix} X_B \\ X_N \end{bmatrix} = \begin{bmatrix} B^{-1}b \\ 0 \end{bmatrix}$ 这个解呢？这是因为有如下定理。

[**定理 3-1**]　线性规划的基础可行解就是可行域的极点。

这是线性规划的基本定理，它的重要性在于把可行域的极点这一几何概念与基础可行解这一代数概念联系了起来，因而可以通过求基础可行解的线性代数方法来得到可行域的所有极点，进而有可能获得最优极点。

【**例 3-7**】　利用[定理 3-1]求出例 3-6 中可行域的所有极点。

该线性规划问题标准形式的约束条件为

$$\begin{aligned} & 2x_1 + 3x_2 + x_3 = 18 \\ \text{s.t.} \quad & x_2 + x_4 = 3 \\ & x_1, x_2, x_3, x_4 \geq 0 \end{aligned}$$

则系数矩阵为 $A = [a_1 \quad a_2 \quad a_3 \quad a_4] = \begin{bmatrix} 2 & 3 & 1 & 0 \\ 0 & 1 & 0 & 1 \end{bmatrix}$。

从约束条件我们可以看到，本例中的 $m=2$，所以基应该是 2×2 的矩阵。同样我们也

知道，A 包含有 $C_4^2=6$ 个 2×2 的子矩阵，分别为

$$\boldsymbol{B}_1=[a_1 \quad a_2]=\begin{bmatrix}2 & 3 \\ 0 & 1\end{bmatrix},\quad \boldsymbol{B}_2=[a_1 \quad a_3]=\begin{bmatrix}2 & 1 \\ 0 & 0\end{bmatrix}$$

$$\boldsymbol{B}_3=[a_1 \quad a_4]=\begin{bmatrix}2 & 0 \\ 0 & 1\end{bmatrix},\quad \boldsymbol{B}_4=[a_2 \quad a_3]=\begin{bmatrix}3 & 1 \\ 1 & 0\end{bmatrix}$$

$$\boldsymbol{B}_5=[a_2 \quad a_4]=\begin{bmatrix}3 & 0 \\ 1 & 1\end{bmatrix},\quad \boldsymbol{B}_6=[a_3 \quad a_4]=\begin{bmatrix}1 & 0 \\ 0 & 1\end{bmatrix}$$

利用线性代数知识，我们可以看出 $\boldsymbol{B}_2=[a_1 \quad a_3]=\begin{bmatrix}2 & 1 \\ 0 & 0\end{bmatrix}$ 行列式的值 $\det \boldsymbol{B}_2=0$，所以 $\boldsymbol{B}_2$ 不是线性规划的基，其余的子矩阵均为非奇异矩阵，因此该问题一共有 5 个基。

对于 $\boldsymbol{B}_1=[a_1 \quad a_2]=\begin{bmatrix}2 & 3 \\ 0 & 1\end{bmatrix}$，其基变量 $\boldsymbol{X}_B=\begin{bmatrix}x_1 \\ x_2\end{bmatrix}$，非基变量 $\boldsymbol{X}_N=\begin{bmatrix}x_3 \\ x_4\end{bmatrix}$。令非基变量 $\boldsymbol{X}_N=\begin{bmatrix}x_3 \\ x_4\end{bmatrix}=\begin{bmatrix}0 \\ 0\end{bmatrix}$，进而我们可以求出基变量 $\boldsymbol{X}_B=\begin{bmatrix}x_1 \\ x_2\end{bmatrix}$ 的值为

$$\boldsymbol{X}_B=\begin{bmatrix}x_1 \\ x_2\end{bmatrix}=\boldsymbol{B}_1^{-1}\boldsymbol{b}=\begin{bmatrix}\dfrac{1}{2} & -\dfrac{3}{2} \\ 0 & 1\end{bmatrix}\begin{bmatrix}18 \\ 3\end{bmatrix}=\begin{bmatrix}9/2 \\ 3\end{bmatrix}\geqslant \begin{bmatrix}0 \\ 0\end{bmatrix}$$

因而，$\boldsymbol{B}_1=[a_1 \quad a_2]=\begin{bmatrix}2 & 3 \\ 0 & 1\end{bmatrix}$ 对应的基础解为

$$\boldsymbol{X}=\begin{bmatrix}\boldsymbol{X}_B \\ \boldsymbol{X}_N\end{bmatrix}=\begin{bmatrix}x_1 \\ x_2 \\ x_3 \\ x_4\end{bmatrix}=\begin{bmatrix}9/2 \\ 3 \\ 0 \\ 0\end{bmatrix}$$

它是一个基础可行解，是可行域的一个极点，从图 3-5 中我们可以看到，它就是极点 C。所以基 $\boldsymbol{B}_1=[a_1 \quad a_2]=\begin{bmatrix}2 & 3 \\ 0 & 1\end{bmatrix}$ 为一个可行基。

同理，我们可以求出其他几个基础解，即

$$\begin{bmatrix}0 \\ 0 \\ 0 \\ 0\end{bmatrix},\begin{bmatrix}0 \\ 3 \\ 9 \\ 0\end{bmatrix},\begin{bmatrix}0 \\ 6 \\ 0 \\ -3\end{bmatrix},\begin{bmatrix}9 \\ 0 \\ 0 \\ 3\end{bmatrix}$$

但是基础解 $\begin{bmatrix}0 \\ 6 \\ 0 \\ -3\end{bmatrix}$ 有小于零的分量，所以不是基础可行解，因而对应的交点 B 也就不是可行域的一个极点，对应的基 $\boldsymbol{B}_5=[a_2 \quad a_4]=\begin{bmatrix}3 & 0 \\ 1 & 1\end{bmatrix}$ 就不是可行基。

所以，我们一共找到 4 个极点。

我们看到，定理为我们提供了一条求解线性规划问题的可能途径，就是先确定问题的

基,然后求出基础解;如果基础解是基础可行解,则对应可行域的一个极点,然后求出所有极点对应的目标值。由于基的个数有限,最多为 C_n^m 个,那么一定能从这些有限个基础可行解中找到是目标函数最优的解。

利用[定理 3-1]求解线性规划问题的详细步骤如下。

步骤 1 根据系数矩阵 A,找出矩阵 A 的 C_n^m 个 $m \times m$ 的子矩阵。

步骤 2 在 C_n^m 个 $m \times m$ 的子矩阵中,依据子矩阵的行列式是否为零判断该子矩阵是否为基,如果子矩阵的行列式不等于零,则该子矩阵就是线性规划问题的一个基。

步骤 3 根据基,取定相应的基变量和非基变量,令非基变量等于零,求出基变量。将基变量和非基变量的值组合成 n 维列向量,这就是线性规划的一个基础解。

步骤 4 如果基础解向量中的所有分量不小于零,则该基础解就是线性规划的基础可行解,也就是得到线性规划可行域的一个极点。

步骤 5 求出所有极点的目标函数值,并比较大小,进而得到使目标函数最优的那个极点,也就是该线性规划问题的最优解。

这种想法在理论上是可行的,但是在现实中却很难实现,其原因在于这种做法的计算量太大,以至于无法实现。

为了说明计算所有基础可行解的计算量有多大,大家感兴趣的话,可以去推测一下,求解一个有 50 个决策变量,20 个约束等式条件的线性规划问题的基础可行解需要多少年(假设计算一个基础可行解只需要 1s)?答案是:大约为 150 万年。

可以看出,借助于[定理 3-1]来求解线性规划问题,即使是对于规模不大的线性规划问题,也是不可能的。我们需要另辟蹊径,这就是第五节要介绍的单纯形法,它是求解大规模线性规划问题的有效途径。

第五节 单纯形法

从第四节我们知道,通过求基础可行解为求解最优解提供了一条可能的途径,但是由于计算量太大,以至于不可能。这就需要我们另辟蹊径。1947 年,George Dantzig 提出的单纯形法(the simplex method)为求解线性规划问题提供了一种有效的途径。本节首先介绍单纯形法的原理,然后介绍单纯形表。

一、单纯形法原理

单纯形法的基本思路是有选择地求取基础可行解,即从可行域的一个极点出发,沿着可行域的边界向另一个极点移动,在移动的过程中,要求新的极点的目标函数值要小于移动前极点的目标函数值。

从第四节可知,对于线性规划的一个基,在非基变量确定后,基变量和目标函数值也随之确定。因此,可行解从一个极点到相邻极点的移动,以及移动时基变量和目标函数值的变化,可以分别由基变量和目标函数用非基变量的表达式来表示。同时,可行解从可行域的一个极点沿着可行域的边界移到一个相邻的极点的过程中,所有非基变量中只有一个变量的值从零开始增加,而其他非基变量的值都保持零不变。

例如,对于例 3-6,我们从图 3-6 中可以看到:假如我们的初始基础可行解是原点 $O=$

$[0\ 0\ 0\ 0]^T$,它有两个基变量 x_3 和 x_4,相应的非基变量为 x_1 和 x_2,可以看到当原点 O 沿着可行域边界直线 OA 向另一极点 A 移动的时候,原来的非基变量 x_1 保持 0 不变,而另一个非基变量 x_2 却发生了变化,从 0 变成了 3。

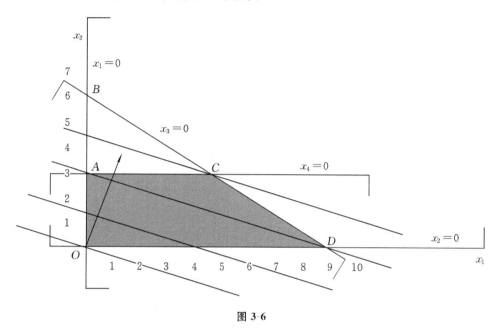

图 3-6

原来的非基变量 x_2 取值从 0 变成了 3,当然从非基变量变成了基变量。另外,我们还知道,对该例题,无论如何变化,只要是极点,其非基变量一定有两个。那么在原来的基变量 x_3 和 x_4 中间,就一定有一个要变为非基变量,进而取值为 0,从图上看,这个变量就是 x_4。原来的另一个基变量 x_3 还是基变量,但是取值发生了变化,具体值可以由约束等式求得。

单纯形法的基本过程如图 3-7 所示。

根据以上的讨论,(目标函数极小化问题)单纯形法的步骤可描述如下。

步骤 0 找到一个初始的基和相应基础可行解(极点),确定相应的基变量、非基变量(全部等于零)以及目标函数的值,并将目标函数和基变量分别用非基变量表示。

步骤 1 根据目标函数用非基变量表出的表达式中非基变量的系数,选择一个非基变量,使它的值从当前值零开始增加时,目标函数值随之减少,这个选定的非基变量称为"进基变量"(换入变量)。

如果任何一个非基变量的值增加都不能使目标函数值减少,则当前的基础可行解就是最优解。

步骤 2 在基变量用非基变量表出的表达式中,观察进基变量增加时各基变量变化情况,确定基变量的值在进基变量增加过程中首先减少到零的变量,这个基变量称为"离基变量"(换出变量)。当进基变量的值增加到使离基变量的值降为零时,可行解就移动到相邻的极点。

如果进基变量的值增加时,所有离基变量的值都不减少,则表示可行域是不封闭的,且目标函数值随进基变量的增加可以无限减少。

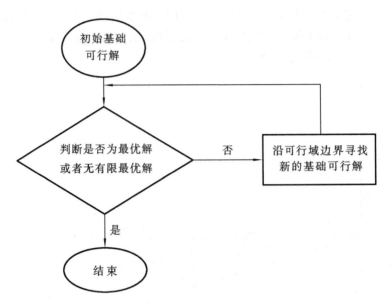

图 3-7 单纯形法的基本过程

步骤 3 将进基变量作为新的基变量,离基变量作为新的非基变量,确定新的基、新的基础可行解和新的目标函数值。返回**步骤 1**。

【例 3-8】 利用单纯形法求解例 3-6。

$$\max z = x_1 + 3x_2$$
$$\text{s.t.} \quad \begin{array}{l} 2x_1 + 3x_2 \leqslant 18 \\ x_2 \leqslant 3 \\ x_1, x_2 \geqslant 0 \end{array}$$

我们引进两个松弛变量 x_3、x_4,x_3,$x_4 \geqslant 0$,将原问题转化成了如下的标准形式,即

$$\min z^* = -x_1 - 3x_2$$
$$\text{s.t.} \quad \begin{array}{l} 2x_1 + 3x_2 + x_3 = 18 \\ x_2 + x_4 = 3 \\ x_1, x_2, x_3, x_4 \geqslant 0 \end{array}$$

第一次迭代如下。

步骤 1 取初始可行基,x_3、x_4 为基变量,x_1、x_2 为非基变量。将基变量和目标函数用非基变量表示,即

$$z^* = -x_1 - 3x_2$$
$$x_3 = 18 - 2x_1 - 3x_2$$
$$x_4 = 3 - x_2$$

当非基变量 x_1、$x_2 = 0$ 时,相应的基变量和目标函数值为 $x_3 = 18, x_4 = 3, z^* = 0$ 得到当前的基础可行解为

$$[x_1 \quad x_2 \quad x_3 \quad x_4]^T = [0 \quad 0 \quad 18 \quad 3]^T, \quad z^* = 0$$

这个解对应于图 3-8 中的极点 O。

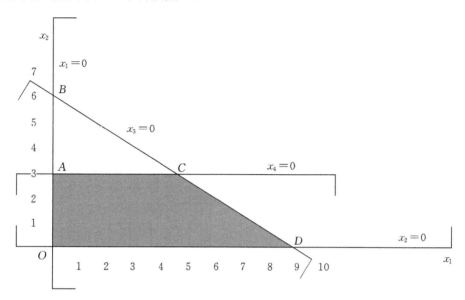

图 3-8

步骤 2 选择进基变量。在目标函数 $z^* = -x_1 - 3x_2$ 中，非基变量 x_1、x_2 的系数均为负数，因此 x_1、x_2 进基都可以使目标函数 z^* 减少，但 x_2 的系数为 -3，绝对值比 x_1 的系数 -1 的绝对值要大，因此 x_2 进基可以使目标函数 z^* 减少更快。

选择 x_2 进基，使 x_2 的值从 0 开始增加，另一个非基变量 $x_1 = 0$ 保持不变。

步骤 3 确定离基变量。

$$z^* = -x_1 - 3x_2$$
$$x_3 = 18 - 2x_1 - 3x_2$$
$$x_4 = 3 - x_2$$

在约束条件中，由于进基变量 x_2 在两个约束条件中的系数都是负数，当 x_2 的值从 0 开始增加时，基变量 x_3、x_4 的值分别从当前值 18 和 3 开始减少，当 x_2 增加到 3 时，x_4 首先下降为 0 成为非基变量。这时候新的基变量为 x_3 和 x_2，新的非基变量为 x_1 和 x_4，当前的基础可行解和目标函数值为

$$[x_1 \quad x_2 \quad x_3 \quad x_4]^T = [0 \quad 3 \quad 9 \quad 0]^T, \quad z^* = -9$$

这个解对应于图 3-9 的极点 A。

第二次迭代如下。

步骤 1 将当前的基变量 x_3、x_2 分别用当前的非基变量 x_1、x_4 表示，有

$$3x_2 + x_3 = 18 - 2x_1$$
$$x_2 = 3 - x_4$$

将第二个约束等式代入第一个约束等式中，化简变形后得到

$$x_3 = 9 - 2x_1 + 3x_4$$
$$x_2 = 3 - x_4$$

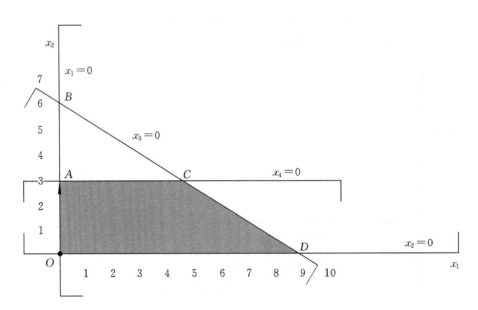

图 3-9

将第二个约束 $x_2=3-x_4$ 代入目标函数 $z^*=-x_1-3x_2$ 中,就得到目标函数用非基变量 x_1、x_4 表示的形式,即

$$z^*=9-x_1+3x_4$$

步骤 2 选择进基变量。在目标函数 $z^*=9-x_1+3x_4$ 中,只有非基变量 x_1 的值增加可以导致目标函数值 z^* 减少,选择非基变量 x_1 进基,另一个非基变量 $x_4=0$ 保持不变。

步骤 3 确定离基变量。从约束条件

$$x_3=9-2x_1+3x_4$$
$$x_2=3-x_4$$

中可以看出,当进基变量 x_1 从 0 开始增加时,基变量 x_3 的值从 9 开始减少,另一个基变量 x_2 的值不随 x_1 变化而变化。当 $x_1=4.5$ 时,基变量 $x_3=0$ 离基,这时新的基变量为 x_1、x_2,新的非基变量为 x_3、x_4。当前的基础可行解为

$$[x_1 \quad x_2 \quad x_3 \quad x_4]^{\mathrm{T}}=[4.5 \quad 3 \quad 0 \quad 0]^{\mathrm{T}}, \quad z^*=-13.5$$

这个解对应于图 3-10 中的极点 C。

第三次迭代如下。

步骤 1 将基变量 x_1、x_2 和目标函数 z^* 分别用非基变量 x_3、x_4 表示,即

$$2x_1+3x_2=18-x_3$$
$$x_2=3-x_4$$

将第二个约束等式代入第一个约束等式中,经过变形可以得到

$$x_1=4.5-\frac{1}{2}x_3+\frac{3}{2}x_4$$

$$x_2=3-x_4$$

将它们代入目标函数 $z^*=-x_1-3x_2$ 中,得到目标函数用当前非基变量表出的形式为

$$z^*=-31.5+0.5x_3+1.5x_4$$

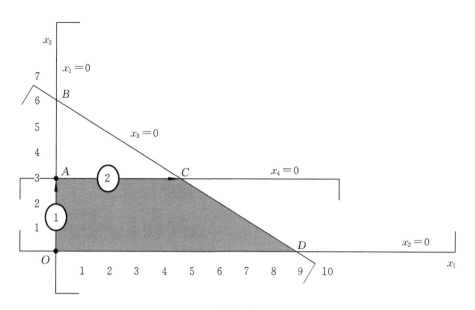

图 3-10

步骤 2 选择进基变量。由于目标函数中非基变量 x_3、x_4 的系数都是正数,因此两者中任何一个进基都不可能使目标函数减少,而只会使目标函数增大。所以已经达到最优解,最优解为

$$[x_1 \quad x_2 \quad x_3 \quad x_4]^T = [4.5 \quad 3 \quad 0 \quad 0]^T, \quad \min z^* = -13.5$$

如图 3-11 所示,原问题的最优解为 $[x_1 \quad x_2]^T = [4.5 \quad 3]^T$,$\max z = 13.5$。

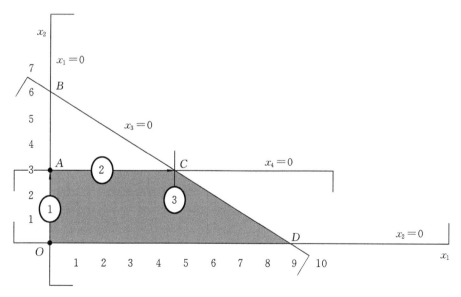

图 3-11

【例 3-9】 用单纯形法求解线性规划问题(目标函数无界的情况)。

$$\min z = -x_1 - 2x_2$$

$$\text{s.t.} \begin{cases} -x_1+x_2 \leqslant 1 \\ x_2 \leqslant 2 \\ x_1, x_2 \geqslant 0 \end{cases}$$

首先引进松弛变量 x_3、x_4，将原问题转化为标准形式，即

$$\min z = -x_1 - 2x_2$$

$$\text{s.t.} \begin{cases} -x_1+x_2+x_3 = 1 \\ x_2+x_4 = 2 \\ x_1, x_2, x_3, x_4 \geqslant 0 \end{cases}$$

第一次迭代如下。

步骤 1 取初始可行基，x_3、x_4 为基变量，x_1、x_2 为非基变量。将基变量和目标函数用非基变量表出，有

$$z = -x_1 - 2x_2$$
$$x_3 = 1 + x_1 - x_2$$
$$x_4 = 2 - x_2$$

当非基变量 x_1、$x_2 = 0$ 时，相应的基变量和目标函数值为 $x_3 = 1, x_4 = 2$ 和 $z = 0$，得到当前的基础可行解为

$[x_1 \ x_2 \ x_3 \ x_4]^T = [0 \ 0 \ 1 \ 2]^T$，这个解对应于图 3-12 中的极点 O。此时 $z = 0$。

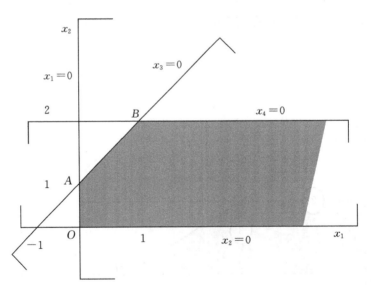

图 3-12

步骤 2 选择进基变量。

在目标函数 $z = -x_1 - 2x_2$ 中，非基变量 x_1、x_2 的系数都是负数，因此 x_1、x_2 进基都可以是目标函数 z 减少，但 x_2 的系数 -2 比 x_1 系数 -1 的绝对值要大，因此 x_2 进基可以使目标函数 z 减少更快。所以选择 x_2 进基，使 x_2 的值从 0 开始增加，另一个非基变量 $x_1 = 0$ 保持不变。

步骤 3 确定离基变量。

通过基变量用非基变量表示的表达式为

$$x_3 = 1 + x_1 - x_2$$
$$x_4 = 2 - x_2$$

可以看出，由于进基变量 x_2 在两个约束条件中的系数都是负数，当 x_2 的值增加时，基变量 x_3 和 x_4 的值分别从当前的值 1 和 2 开始减少，当 x_2 增加到 1 时，x_3 首先下降为 0，成为非基变量。此时，新的基变量为 x_2、x_4，新的非基变量为 x_1、x_3，当前的基础可行解和目标函数值为

$$[x_1 \quad x_2 \quad x_3 \quad x_4]^{\mathrm{T}} = [0 \quad 1 \quad 0 \quad 1]^{\mathrm{T}}, z = -2$$

对应于图 3-13 中的极点 C。

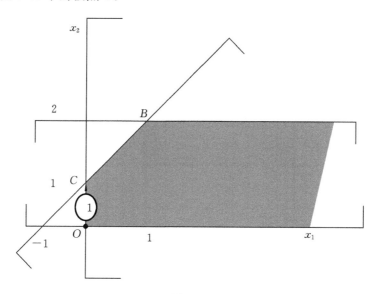

图 3-13

第二次迭代如下。

步骤 1 将基变量和目标函数用非基变量表示。

首先将当前的基变量 x_2、x_4 用当前的非基变量 x_1、x_3 表示，并消去第二个约束中的 x_2，得

$$x_2 = 1 + x_1 - x_3$$
$$x_4 = 1 - x_1 + x_3$$

然后将第一个约束条件代入目标函数中，得到目标函数用当前非基变量表示的形式为

$$z = -x_1 - 2(1 + x_1 - x_3) = -2 - 3x_1 + 2x_3$$

步骤 2 选择进基变量。

在目标函数 $z = -2 - 3x_1 + 2x_3$ 中，只有非基变量 x_1 的值增加可以使目标函数 z 减少，选择非基变量 x_1 进基，另一个非基变量 $x_3 = 0$ 保持不变。

步骤 3 确定离基变量。

从约束条件

$$x_2 = 1 + x_1 - x_3$$
$$x_4 = 1 - x_1 + x_3$$

中可以看出，当进基变量 x_1 从 0 开始增加时，基变量 x_4 的值开始从 1 减少，另一个基变量 x_2 的值随 x_1 的值变化而增加。当 $x_1 = 1$ 时，基变量 $x_4 = 0$，x_4 离基，此时新的基变量为 x_1、x_2，新的非基变量为 x_3、x_4。当前的基础可行解为

$$[x_1 \quad x_2 \quad x_3 \quad x_4]^T = [1 \quad 2 \quad 0 \quad 0]^T, \quad z = -5$$

这个解对应于图 3-14 中的极点 B。

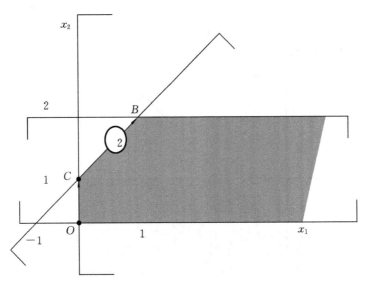

图 3-14

第三次迭代如下。

步骤 1　将基变量和目标函数用非基变量表示。

将基变量 x_1、x_2 和目标函数 z 用非基变量 x_3、x_4 表示，得

$$z = -5 - x_3 + 3x_4$$
$$x_1 = 1 + x_3 - x_4$$
$$x_2 = 2 - x_4$$

步骤 2　选择进基变量。

在目标函数 $z = -5 - x_3 + 3x_4$ 中，非基变量 x_3 的系数是负数，因此选取 x_3 为进基变量，另一个非基变量 $x_4 = 0$ 保持不变。

步骤 3　确定离基变量。

从约束条件

$$x_1 = 1 + x_3 - x_4$$
$$x_2 = 2 - x_4$$

中可以看出，当进基变量 x_3 的值增加时，基变量 x_1 的值增加，x_2 的值不变，因此进基变量 x_3 可以无限增加，目标函数值可以无限减少，从而可行域不封闭，且目标函数无界，如图 3-15 所示。

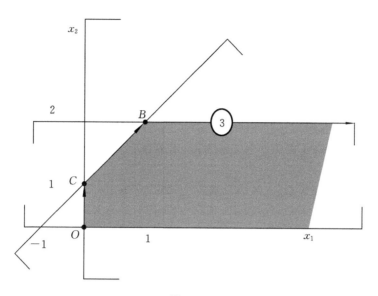

图 3-15

二、单纯形表

从上面的例子可知,单纯形算法的实质是将非基变量视为一组参数,然后将目标函数和基变量都用非基变量来表示。这样就可以讨论当非基变量变化时,目标函数和基变量随之变化的情况。我们可以用一个矩阵来表示单纯形法迭代中所需要的全部信息,这就是所谓的单纯形表。

设线性规划问题的初始形式为

$$\min z = \boldsymbol{C}^\mathrm{T}\boldsymbol{X}$$
$$\text{s.t.} \quad \left.\begin{array}{l}\boldsymbol{AX} = \boldsymbol{b}\\ \boldsymbol{X} \geqslant 0\end{array}\right\} \tag{3-1}$$

并设 $\boldsymbol{B}$ 是 $\boldsymbol{A}$ 的一个可行基,并记 $\boldsymbol{A}=[\boldsymbol{B},\boldsymbol{N}]$,相应的将目标函数系数向量 $\boldsymbol{C}$ 以及变量 $\boldsymbol{X}$ 表示为

$$\boldsymbol{C} = \begin{bmatrix}\boldsymbol{C}_B\\ \boldsymbol{C}_N\end{bmatrix}, \quad \boldsymbol{X} = \begin{bmatrix}\boldsymbol{X}_B\\ \boldsymbol{X}_N\end{bmatrix}$$

则式(3-1)可表示为

$$\min z = [\boldsymbol{C}_B^\mathrm{T}, \boldsymbol{C}_N^\mathrm{T}]\begin{bmatrix}\boldsymbol{X}_B\\ \boldsymbol{X}_N\end{bmatrix}$$
$$\text{s.t.} \quad \left.\begin{array}{l}[\boldsymbol{B},\boldsymbol{N}]\begin{bmatrix}\boldsymbol{X}_B\\ \boldsymbol{X}_N\end{bmatrix} = \boldsymbol{b}\\ \boldsymbol{X}_B, \boldsymbol{X}_N \geqslant 0\end{array}\right\} \tag{3-2}$$

即

$$\left.\begin{array}{l}z - \boldsymbol{C}_B^\mathrm{T}\boldsymbol{X}_B - \boldsymbol{C}_N^\mathrm{T}\boldsymbol{X}_N = 0\\ \boldsymbol{BX}_B + \boldsymbol{NX}_N = \boldsymbol{b}\\ \boldsymbol{X}_B, \boldsymbol{X}_N \geqslant 0\end{array}\right\} \tag{3-3}$$

将式(3-3)的系数写成矩阵形式,有

Z	X_B	X_N	RHS
1	$-C_B^T$	$-C_N^T$	0
0	B	N	b

以上矩阵称为线性规划问题的系数矩阵。其中 RHS 是 right hand side,即等式右边的含义。

为了将约束中的基变量用非基变量表出,用 B 的逆矩阵 B^{-1} 左乘以上系数矩阵的后 m 行,得到

Z	X_B	X_N	RHS
1	$-C_B^T$	$-C_N^T$	0
0	I	$B^{-1}N$	$B^{-1}b$

为了将第一行中的目标函数 Z 用非基变量 X_N 表出,在矩阵的后 m 行左乘 C_B^T 后加到第一行上,消去基变量在目标函数中的系数,得到

Z	X_B	X_N	RHS
1	0	$C_B^T B^{-1} N - C_N^T$	$C_B^T B^{-1} b$
0	I	$B^{-1}N$	$B^{-1}b$

这一矩阵称为与基 B 对应的单纯形表。单纯形表可以由系数矩阵经过一系列行变换得到,这些行变换使得系数矩阵中的基矩阵变为单位矩阵 I,而将基变量在目标函数中的系数全消为 0。

在上面的单纯形表中,非基变量在目标函数的系数为

$$C_B^T B^{-1} N - C_N^T = C_B^T B^{-1} [\cdots \quad \cdots \quad a_j \quad \cdots \quad \cdots] - [\cdots \quad \cdots \quad c_j \quad \cdots \quad \cdots]$$
$$= [\cdots \quad \cdots \quad C_B^T B^{-1} a_j - c_j \quad \cdots \quad \cdots]$$

称为"检验数"。

令
$$C_B^T B^{-1} a_j = k_j$$

则检验数记为
$$C_B^T B^{-1} N - C_N^T = [\cdots \quad \cdots \quad k_j - c_j \quad \cdots \quad \cdots]$$

其中,$k_j - c_j$ 称为非基变量 x_j 的检验数。可见,检验数是当目标函数用非基变量表出时非基变量的系数。

可以将单纯形表用分量的形式表示如下。

	z	x_{B1}	$\cdots$	x_{Br}	$\cdots$	x_{Bm}	$\cdots$	x_k	$\cdots$	x_j	$\cdots$	RHS
z	1	0	$\cdots$	0	$\cdots$	0	$\cdots$	$k_k - c_k$	$\cdots$	$k_j - c_j$	$\cdots$	z_0
x_{B1}	0	1	$\cdots$	0	$\cdots$	0	$\cdots$	y_{1k}	$\cdots$	y_{1j}	$\cdots$	b_1
$\vdots$	$\vdots$	$\vdots$	$\cdots$	$\vdots$	$\cdots$	$\vdots$	$\cdots$	$\vdots$	$\cdots$	$\vdots$	$\cdots$	$\vdots$
x_{Br}	0	0	$\cdots$	1	$\cdots$	0	$\cdots$	y_{rk}	$\cdots$	y_{rj}	$\cdots$	b_r
$\vdots$	$\vdots$	$\vdots$	$\cdots$	$\vdots$	$\cdots$	$\vdots$	$\cdots$	$\vdots$	$\cdots$	$\vdots$	$\cdots$	$\vdots$
x_{Bm}	0	0	$\cdots$	0	$\cdots$	1	$\cdots$	y_{mk}	$\cdots$	y_{mj}	$\cdots$	b_m

其中 $x_{B1},\cdots,x_{Br},\cdots,x_{Bm}$ 是 m 个变量；$\cdots,x_k,\cdots,x_j,\cdots$ 是 $n-m$ 个变量。

可见，单纯形表中直接包含了单纯形迭代所需要的一切信息。

用单纯形表法求解线性规划问题的步骤归纳如下。

步骤 0 初始步骤。写出线性规划问题的系数矩阵表，找到一个可行基 B，对系数矩阵进行变换，使得

(1) 基矩阵成为单位矩阵；

(2) 基变量在目标函数中的系数为 0。

得到以 B 为基的单纯形表后转**步骤 1**。

步骤 1 选择进基变量。如果单纯形表中所有的非基变量的检验数 $k_j-c_j\leqslant 0$（j 是非基变量的下标），则已获得最优解，算法终止。

否则在检验数 $k_j-c_j>0$ 的非基变量中，选取检验数 k_j-c_j 最大的非基变量 x_k 进基后转**步骤 2**。

步骤 2 确定离基变量。检查进基变量 x_k 在约束条件中的列向量 y_k，如果 $y_k\leqslant 0$，则目标函数无界，算法终止。否则根据右边常数 b 与 y_k 中正分量的最小比值 $\min\limits_{1\leqslant i\leqslant m}\left\{\dfrac{\overline{b}_i}{y_{ik}}\,|\,y_{ik}>0\right\}=\dfrac{b_r}{y_{rk}}$，确定离基变量，转**步骤 3**。

步骤 3 进行行变换。以 y_{rk} 为主元进行行变换（称为以 y_{rk} 为主元的旋转运算），使得单纯形表中

(1) 进基变量 x_k 在目标函数中的系数为 0；

(2) 约束条件中主元 $y_{rk}=1$，主元所在的列的其他元素为 0。

然后转**步骤 1**。

再通过逐次迭代，直至获得最优解或确定目标函数无界。

【例 3-10】 用单纯形表求例 3-6。

$$\max z=x_1+3x_2$$
$$\text{s.t.}\quad\begin{array}{l}2x_1+3x_2\leqslant 18\\ x_2\leqslant 3\\ x_1,x_2\geqslant 0\end{array}$$

步骤 0 初始步骤。首先将该问题转化为标准形式。引入松弛变量 x_3 和 x_4，其标准形式为

$$\min z^*=-x_1-3x_2$$
$$\text{s.t.}\quad\begin{array}{l}2x_1+3x_2+x_3=18\\ x_2+x_4=3\\ x_1,x_2,x_3,x_4\geqslant 0\end{array}$$

将该标准形式转化为如下形式，即

$$1z^*+1x_1+3x_2+0x_3+0x_4=0$$
$$0z^*+2x_1+3x_2+1x_3+0x_4=18$$

$$0z^* + 0x_1 + 1x_2 + 0x_3 + 1x_4 = 3$$

依据上面的形式,就可以写出如下的系数矩阵表。

	z^*	x_1	x_2	x_3	x_4	RHS
	1	1	3	0	0	0
	0	2	3	1	0	18
	0	0	1	0	1	3

从这个系数矩阵表很容易看出,我们可以以 x_3 和 x_4 为基变量构建一个初始的单纯形表,这个初始单纯形表如下所示,即

	z^*	x_1	x_2	x_3	x_4	RHS
z^*	1	1	3	0	0	0
x_3	0	2	3	1	0	18
x_4	0	0	1	0	1	3

第一次迭代如下。

步骤 1 选择进基变量。从单纯形表可以看到,非基变量 x_1 和 x_2 的检验系数 ($k_j - c_j$) 分别为 1 和 3,都大于 0。另外,x_2 的检验系数 3 最大,所以我们选取 x_2 为进基变量。

	z^*	x_1	x_2	x_3	x_4	RHS
z^*	1	1	3	0	0	0
x_3	0	2	3	1	0	18
x_4	0	0	1	0	1	3

步骤 2 确定离基变量。计算 $\min\left\{\dfrac{\bar{b}_1}{y_{12}}, \dfrac{\bar{b}_2}{y_{22}}\right\} = \min\left\{\dfrac{18}{3}, \dfrac{3}{1}\right\} = 3$,并将两项比值写在表的右边,所以我们可以确定 x_4 为离基变量,y_{22} 为主元。

	z^*	x_1	x_2	x_3	x_4	RHS	
z^*	1	1	3	0	0	0	
x_3	0	2	3	1	0	18	18/3
x_4	0	0	[1]	0	1	3	3/1

步骤 3 进行行变换。以主元 y_{22} 为中心进行旋转,得到

	z^*	x_1	x_2	x_3	x_4	RHS
z^*	1	1	0	0	−3	−9
x_3	0	2	0	1	−3	9
x_4	0	0	[1]	0	1	3

将其整理一下,可以得到

	z^*	x_1	x_2	x_3	x_4	RHS
z^*	1	1	-3	0	0	-9
x_3	0	2	-3	1	0	9
x_2	0	0	1	0	1	3

熟悉以后就不需要这一步骤,直接将表左边原来的基变量 x_4 换成新的基变量 x_2 就可以了,即

	z^*	x_1	x_2	x_3	x_4	RHS
z^*	1	1	0	0	-3	-9
x_3	0	2	0	1	-3	9
x_2	0	0	1	0	1	3

第二次迭代如下。

步骤 1 选择进基变量。从非基变量 x_1 和 x_4 检验系数 1 和 -3 可以看到,只有 x_1 的检验系数 1 大于 0,所以选择 x_1 作为进基变量。

	z^*	x_1	x_2	x_3	x_4	RHS
z^*	1	1	0	0	-3	-9
x_3	0	2	0	1	-3	9
x_2	0	0	1	0	1	3

步骤 2 确定离基变量。计算 $\min\left\{\dfrac{\bar{b}_1}{y_{11}},\dfrac{\bar{b}_2}{y_{21}}\right\}=\min\left\{\dfrac{9}{2},-\right\}=4.5$(注:"—"表示无意义,以下的"—"含义皆同),并将两项比值写在表的右边,所以我们可以确定 x_3 为离基变量,y_{11} 为主元。

	z^*	x_1	x_2	x_3	x_4	RHS	
z^*	1	1	0	0	-3	-9	
x_3	0	[2]	0	1	-3	9	$\dfrac{9}{2}$
x_2	0	0	1	0	1	3	

步骤 3 进行行变换。以主元 y_{11} 为中心进行旋转,并整理相应的基变量,得到

	z^*	x_1	x_2	x_3	x_4	RHS
z^*	1	0	0	$-\dfrac{1}{2}$	$-\dfrac{3}{2}$	-13.5
x_1	0	1	0	$\dfrac{1}{2}$	$-\dfrac{3}{2}$	$\dfrac{9}{2}$
x_2	0	0	1	0	1	3

第三次迭代如下。

步骤1 选择进基变量。从非基变量 x_3 和 x_4 的检验系数 $-\frac{1}{2}$ 和 $-\frac{3}{2}$ 都小于 0，可以判定已经达到最优解，计算终止。

此时最优解为

$$\begin{bmatrix} x_1 \\ x_2 \\ x_3 \\ x_4 \end{bmatrix} = \begin{bmatrix} 4.5 \\ 3 \\ 0 \\ 0 \end{bmatrix}, \min z^* = -13.5, \text{即} \max z = 13.5。$$

【例 3-11】 利用单纯形表求解线性规划问题。

$$\max z = 10x_1 + 20x_2$$

$$\text{s.t.} \begin{cases} -x_1 + 2x_2 \leqslant 15 \\ x_1 + x_2 \leqslant 12 \\ 5x_1 + 3x_2 \leqslant 45 \\ x_1, x_2 \geqslant 0 \end{cases}$$

步骤0 初始步骤。首先将该问题转化为标准形式，引入松弛变量 x_3、x_4 和 x_5，其标准形式为

$$\min z^* = -10x_1 - 20x_2$$

$$\text{s.t.} \begin{cases} -1x_1 + 2x_2 + x_3 = 15 \\ 1x_1 + x_2 + x_4 = 12 \\ 5x_1 + 3x_2 + x_5 = 45 \\ x_1, x_2, x_3, x_4, x_5 \geqslant 0 \end{cases}$$

将上面的标准形式转化为如下形式，即

$$1z^* + 10x_1 + 20x_2 + 0x_3 + 0x_4 + 0x_5 = 0$$
$$0z^* - 1x_1 + 2x_2 + x_3 + 0x_4 + 0x_5 = 15$$
$$0z^* + 1x_1 + x_2 + 0x_3 + x_4 + 0x_5 = 12$$
$$0z^* + 5x_1 + 3x_2 + 0x_3 + 0x_4 + x_5 = 45$$

依据方程式，写出如下的系数矩阵表。

z^*	x_1	x_2	x_3	x_4	x_5	RHS
1	10	20	0	0	0	0
0	-1	2	1	0	0	15
0	1	1	0	1	0	12
0	5	3	0	0	1	45

从系数矩阵表很容易看出，我们可以以 x_3、x_4 和 x_5 为基变量构建一个初始的单纯形表，这个初始单纯形表如下

	z^*	x_1	x_2	x_3	x_4	x_5	RHS
z^*	1	10	20	0	0	0	0
x_3	0	−1	2	1	0	0	15
x_4	0	1	1	0	1	0	12
x_5	0	5	3	0	0	1	45

第一次迭代如下。

步骤 1 选择进基变量。从单纯形表可以看到，非基变量 x_1 和 x_2 的检验系数 ($k_j - c_j$) 分别为 10 和 20，都大于 0。另外，x_2 的检验系数 20 最大，所以我们选取 x_2 为进基变量。

	z^*	x_1	x_2	x_3	x_4	x_5	RHS
z^*	1	10	20	0	0	0	0
x_3	0	−1	2	1	0	0	15
x_4	0	1	1	0	1	0	12
x_5	0	5	3	0	0	1	45

步骤 2 确定离基变量。计算 $\min\left\{\dfrac{\bar{b}_1}{y_{12}}, \dfrac{\bar{b}_2}{y_{22}}, \dfrac{\bar{b}_3}{y_{32}}\right\} = \min\left\{\dfrac{15}{2}, \dfrac{12}{1}, \dfrac{45}{3}\right\} = 7.5$，并将三项比值写在表的右边，所以我们可以确定 x_3 为离基变量，y_{12} 为主元。

	z^*	x_1	x_2	x_3	x_4	x_5	RHS	
z^*	1	10	20	0	0	0	0	
x_3	0	−1	[2]	1	0	0	15	$\dfrac{15}{2}$
x_4	0	1	1	0	1	0	12	$\dfrac{12}{1}$
x_5	0	5	3	0	0	1	45	$\dfrac{45}{3}$

步骤 3 进行行变换。以主元 y_{22} 为中心进行旋转，并加以整理得到

	z^*	x_1	x_2	x_3	x_4	x_5	RHS
z^*	1	20	0	−10	0	0	−150
x_2	0	$-\dfrac{1}{2}$	[1]	$\dfrac{1}{2}$	0	0	$\dfrac{15}{2}$
x_4	0	$\dfrac{3}{2}$	0	$-\dfrac{1}{2}$	1	0	$\dfrac{9}{2}$
x_5	0	$\dfrac{13}{2}$	0	$-\dfrac{3}{2}$	0	1	$\dfrac{45}{2}$

第二次迭代如下。

步骤 1 选择进基变量。从非基变量 x_1 和 x_3 检验系数 20 和 −10 可以看到，只有 x_1 的检验系数 20 大于 0，所以选择 x_1 作为进基变量。

	z^*	x_1	x_2	x_3	x_4	x_5	RHS
z^*	1	20	0	-10	0	0	-150
x_2	0	$-\frac{1}{2}$	[1]	$\frac{1}{2}$	0	0	$\frac{15}{2}$
x_4	0	$\frac{3}{2}$	0	$-\frac{1}{2}$	1	0	$\frac{9}{2}$
x_5	0	$\frac{13}{2}$	0	$-\frac{3}{2}$	0	1	$\frac{45}{2}$

步骤 2 确定离基变量。

由于 $y_{11}<0$，所以只需要计算 $\min\left\{-,\dfrac{\bar{b}_2}{y_{21}},\dfrac{\bar{b}_3}{y_{31}}\right\}=\min\left\{-,3,\dfrac{45}{13}\right\}=3$，并将两项比值写在表的右边，所以我们可以确定 x_4 为离基变量，y_{21} 为主元。

	z^*	x_1	x_2	x_3	x_4	x_5	RHS	
z^*	1	20	0	-10	0	0	-150	
x_2	0	$-\frac{1}{2}$	1	$\frac{1}{2}$	0	0	$\frac{15}{2}$	—
x_4	0	$\left[\frac{3}{2}\right]$	0	$-\frac{1}{2}$	1	0	$\frac{9}{2}$	3
x_5	0	$\frac{13}{2}$	0	$-\frac{3}{2}$	0	1	$\frac{45}{2}$	$\frac{45}{13}$

步骤 3 进行行变换。以主元 y_{11} 为中心进行旋转，并整理相应的基变量，得到

	z^*	x_1	x_2	x_3	x_4	x_5	RHS
z^*	1	0	0	$-\frac{10}{3}$	$-\frac{40}{3}$	0	-210
x_2	0	0	1	$\frac{1}{3}$	$\frac{1}{3}$	0	9
x_1	0	[1]	0	$-\frac{1}{3}$	$\frac{2}{3}$	0	3
x_5	0	0	0	$\frac{2}{3}$	$-\frac{13}{3}$	1	3

第三次迭代如下。

步骤 1 选择进基变量。非基变量 x_3 和 x_4 的检验系数 $-\dfrac{10}{3}$ 和 $-\dfrac{40}{3}$ 都小于 0，可以判定已经达到最优解，计算终止。

此时最优解为

$$\begin{bmatrix} x_1 \\ x_2 \\ x_3 \\ x_4 \\ x_5 \end{bmatrix} = \begin{bmatrix} 3 \\ 9 \\ 0 \\ 0 \\ 3 \end{bmatrix}, \quad \min z^* = -210, \quad 即 \max z = 210$$

在最优单纯形表中，在获得一个最优基及相应的最优解后，我们还可以从非基变量 x_j 的检验数 k_j-c_j 中是否有 0 来判断这个最优解是否是唯一的最优解。在最优单纯形表中，如果所有非基变量检验数 $z_j-c_j<0$，则相应的最优解是唯一的；如果对于某个非基变

量 x_j 的检验数 $z_j-c_j=0$ 且 y_j 中的分量至少有一个为正值,这时仍可以将 x_j 进基,同时可以确定离基变量,但这时新的目标函数值 $z=z_0-(z_j-c_j)x_j=z_0$,即这一次基变换并不改变目标函数的值。这样就得到了目标函数值相同的两个最优解,设这两个最优解分别为 X_1 和 X_2,容易证明,对于任何 $\lambda\in[1,0]$,$X=\lambda X_1+(1-\lambda)X_2$ 都是最优解,并且有相同的目标函数值:

$$z=C^T X=C^T[\lambda X_1+(1-\lambda)X_2]$$
$$=\lambda C^T X_1+(1-\lambda)C^T X_2=\lambda z_0+(1-\lambda)z_0=z_0$$

【例 3-12】 求以下多个最优解的线性规划问题。

$$\min z=2x_1-2x_2$$
$$\text{s.t.}\quad\begin{cases}-x_1+x_2\leqslant 1\\ x_2\leqslant 2\\ x_1,x_2\geqslant 0\end{cases}$$

引进松弛变量 x_3、x_4,列出初始单纯形表如下。

	z	x_1	x_2	x_3	x_4	RHS	
z	1	-2	2	0	0	0	
x_3	0	-1	[1]	1	0	1	$\frac{1}{1}$
x_4	0	0	1	0	1	2	$\frac{2}{1}$

$z_2-c_2=2>0$,x_2 进基,$\min\left\{\dfrac{b_1}{y_{12}},\dfrac{b_2}{y_{22}}\right\}=\min\left\{\dfrac{1}{1},\dfrac{2}{1}\right\}=1$,$x_3$ 离基;以 y_{12} 为主元进行旋转运算,得

	z	x_1	x_2	x_3	x_4	RHS	
z	1	0	0	-2	0	-2	
x_2	0	-1	1	1	0	1	—
x_4	0	[1]	0	-1	1	1	$\frac{1}{1}$

已获得最优解 $X_1=[0\ 1\ 0\ 1]^T$,$z=-2$

但非基变量检验数 x_1 的检验数 $z_1-c_1=0$,因此还可以将 x_1 进基,x_4 离基,再进行一次基变换,得到以下单纯形表。

	z	x_1	x_2	x_3	x_4	RHS
z	1	0	0	-2	0	-2
x_2	0	0	1	0	1	2
x_1	0	1	0	-1	1	1

得到新的基及新的最优解:$X_2=[1\ 2\ 0\ 0]^T$,$z=-2$

4 维空间中这两个点 X_1,X_2 及它们连线上的点都是最优解。最优解可以表示为

$$X = \lambda X_1 + (1-\lambda)X_2 = \lambda \begin{bmatrix} 0 \\ 1 \\ 0 \\ 1 \end{bmatrix} + (1-\lambda) \begin{bmatrix} 1 \\ 2 \\ 0 \\ 0 \end{bmatrix} = \begin{bmatrix} 1-\lambda \\ 2-\lambda \\ 0 \\ 0 \end{bmatrix}, \quad \lambda \in [0,1]$$

综上所述,单纯形算法(极小化问题)的迭代步骤如图 3-16 所示。

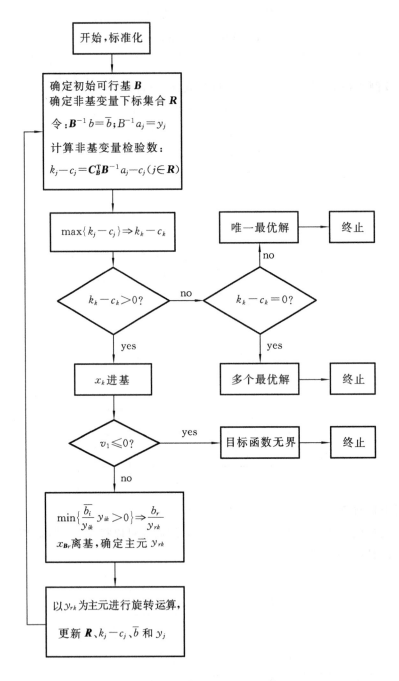

图 3-16

第六节 线性规划求解软件 LINDO6.1 简介

LINDO 是 linear interactive discrete optimizer(线性交互离散优化)的缩写,它是 LINDO 公司开发的一个求解线性规划、整数规划和二次规划的软件名。

这里介绍 LINDO 6.1 Demo 的使用。LINDO 6.1 Demo 是 LINDO 公司提供的免费产品,可以从 www.lindo.com 网站下载。LINDO 6.1 Demo 可以求解规模最大为 300 个变量(其中整数变量最多为 50 个),150 个约束的线性规划问题。

LINDO 6.1 功能齐全,使用简单,求解问题的规模可以满足教学案例的需要。LINDO 功能比较多,我们这里只通过一个具体的例题介绍 LINDO 最基本的使用方法,对于其他的功能使用方法,读者可以参阅相关资料。

【例 3-13】 利用 LINDO 求解例 3-6,即求解

$$\max z = x_1 + 3x_2$$

$$\text{s.t.} \begin{cases} 2x_1 + 3x_2 \leqslant 18 \\ x_2 \leqslant 3 \\ x_1, x_2 \geqslant 0 \end{cases}$$

一、在 LINDO 中创建线性规划模型

使用 LINDO 求解线性规划问题的第一步,就是将要求解的线性规划问题输入 LINDO 的界面中。在 LINDO 中表达线性规划问题非常自然,大致与我们书写相应的线性规划问题类似,就是在空白的模型窗口将模型输入即可。以例 3-13 为例,该线性规划问题的输入界面如图 3-17 所示。

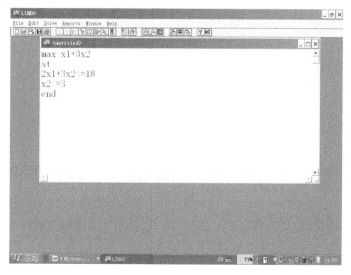

图 3-17

普通的模型由目标函数、约束条件和结束语句三个部分构成,并且这三个部分的次序不能变更。

目标函数部分以关键词 MAX 或者 MIN 开始,MAX(MIN)大小写都可以,中间空格后就是输入相应的目标函数表达式。需要说明的是,目标函数中没有"z=",同时目标函数表达式中也不能有常数。

约束条件部分以关键词 ST(或 S.T.)开始,然后直接输入相关的约束条件表达式就可以了。需要说明的是,LINDO 中定义的所有变量都是默认的非负变量,因此,在模型中不需要定义变量的非负约束。

整个模型以关键词 end 为结束标志。

在模型中,对于关键词,LINDO 不区分大小写。

二、运行模型求解

输完模型后就是运行模型求解,单击菜单中的 Solve,或单击运行图标,LINDO 就会求解前面所建立的模型。模型求解的结果有以下三种情况:

(1) 不可行(infeasible);
(2) 目标函数无界(unbounded solution);
(3) 得到最优解(optimal)。

如果是前两种情况,LINDO 给出出错提示信息。如果是第三种情况,得到最优解,LINDO 会询问是否要进行灵敏度分析(DO RANGE(SENSITIVITY) ANALYSIS?),如图 3-18 所示。

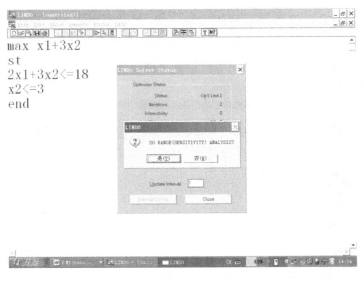

图 3-18

系统默认的选项是"是",我们这里选择"否",LINDO 提供相应的模型最优解的报告。

第一个报告是有关模型状态的,如图 3-19 所示。

表示已经取得最优解(Optimal),迭代次数(Iterations)为 2 次,不可行性(Infeasibility)为"0"(即否),目标函数值(Objective)为 13.5。所有关于整数规划

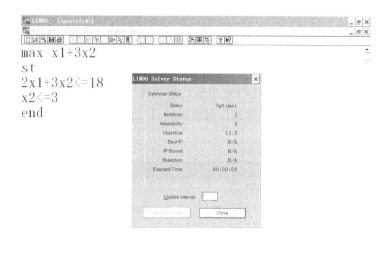

图 3-19

(IP,integer programming)的问题都是"无此选项(N/A,not available)"。

点击"Close"选项,就会看到求解结果报告界面,如图 3-20 所示。

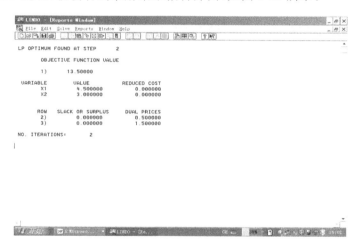

图 3-20

对求解结果报告的说明如下。

LP OPTIMUM FOUND AT STEP　2(线性规划最优解在第 2 步找到)

  OBJECTIVE FUNCTION VALUE(目标函数值)

   1)   13.500000

VARIABLE	VALUE	REDUCED COST
(变量)	(数值)	(差额成本)
X1	4.500000	0.000000
X2	3.000000	0.000000
ROW	SLACK OR SURPLUS	DUAL PRICES
(约束)	(松弛变量)	(对偶价格)

2)	0.000000	0.500000
3)	0.000000	1.500000

NO. ITERATIONS=　　2(迭代次数＝2)

通过以上的基本操作,我们就可以利用 LINDO 完成一般的线性规划问题的求解,对于复杂的线性规划问题,以及 LINDO 更多的功能和操作,有兴趣的读者可以参阅推荐的阅读书目。此外,利用 MATLAB 等软件也可以进行线性规划问题的求解。

◆ 本章重要概念

可行解(feasible solution)　　可行域(feasible region)　　基(basis)
基础解(basic solution)　　基础可行解(basic feasible solution)
可行基(feasible basis)

◆ 本章思考与练习题

1. 将下列线性规划模型化为标准形。

$$\max S = -2x_1 + 3x_2$$
$$\text{s.t.} \begin{cases} x_1 + x_2 \geq 5 \\ 3x_1 - x_2 \leq 2 \\ x_1 \geq 0, x_2 \text{无约束} \end{cases}$$

2. 用图解法求解下列线性规划问题,并指出各问题是具有唯一最优解、无穷多最优解,还是无界解或无可行解。

(1) $\min z = 6x_1 + 4x_2$
s.t. $\begin{cases} 2x_1 + x_2 \geq 1 \\ 3x_1 + 4x_2 \geq 1.5 \\ x_1, x_2 \geq 0 \end{cases}$

(2) $\max z = 4x_1 + 8x_2$
s.t. $\begin{cases} 2x_1 + 2x_2 \leq 10 \\ -x_1 + x_2 \geq 8 \\ x_1, x_2 \geq 0 \end{cases}$

(3) $\max z = x_1 + x_2$
s.t. $\begin{cases} 8x_1 + 6x_2 \geq 24 \\ 4x_1 + 6x_2 \geq -12 \\ 2x_2 \geq 4 \\ x_1, x_2 \geq 0 \end{cases}$

(4) $\max z = 3x_1 - 2x_2$
s.t. $\begin{cases} x_1 + x_2 \leq 1 \\ 2x_1 + 2x_2 \geq 4 \\ x_1, x_2 \geq 0 \end{cases}$

(5) $\max z = 3x_1 + 9x_2$
s.t. $\begin{cases} x_1 + 3x_2 \leq 22 \\ -x_1 + x_2 \leq 4 \\ x_2 \leq 6 \\ 2x_1 - 5x_2 \leq 0 \\ x_1, x_2 \geq 0 \end{cases}$

(6) $\max z = 3x_1 + 4x_2$
s.t. $\begin{cases} -x_1 + 2x_2 \leq 8 \\ x_1 + 2x_2 \leq 12 \\ 2x_1 + x_2 \leq 16 \\ x_1, x_2 \geq 0 \end{cases}$

3. 用图解法和单纯形法求解线性规划问题。

$$\max z = 10x_1 + 5x_2$$

$$\text{s.t.} \begin{cases} 3x_1 + 4x_2 \leqslant 9 \\ 5x_1 + 2x_2 \leqslant 8 \\ x_1, x_2 \geqslant 0 \end{cases}$$

本章推荐阅读书目

1. Frederick S Hillier, Gerald J Liberman. Introduction to Operations Research[M]. Eight Edition.(影印版). 北京:清华大学出版社,2006.
2. Winston W L. 运筹学:应用范例与解法[M]. 杨振凯,等,译. 北京:清华大学出版社,2006.

第四章
概率论基础知识

---**本章导言**---

概率论及第五章、第六章的统计学知识是研究随机现象的工具,本章是本书的基础部分之一。鉴于大部分读者都接触过概率论和数理统计的基础知识,所以本章只是对概率论的知识作概要性回顾,并不强调其中的定理的证明和公式的推导,读者应该将更多的精力放在定理的逻辑和公式的应用上。

第一节 随机事件及其概率

假设总体的信息是已知的,然后从这个总体进行某种抽样,计算各种结果发生的可能性,这个可能性我们就称之为概率。这样的工作实际上是为推断统计建立理论基础。因为只有充分了解从总体抽样的各种可能性之后,我们才有能力从样本资料逆向对总体做各种推论。

一、概率专有名词

概率的概念是建立在概率论所特有的专有名词基础之上的,为了便于讨论,本节首先对这些专有名词加以定义。

(一)随机试验

具有以下三个特点的试验称为随机试验(random experiment):
- 可以在相同的条件下重复进行;
- 每次试验的可能结果不止一个,并且,在试验之前能明确试验的所有可能结果;
- 进行一次试验之前不能预知哪一个结果会出现。

例如,"抛一个骰子,观察出现的点数"就是一个随机试验。因为:
- 在相同的条件下可以重复,一个人只要有一个骰子,就可以进行这个试验;
- 每次试验的可能结果有6个,且在试验之前能够明确试验的所有可能结果,即出现的点数只能是1、2、3、4、5、6中的一个;
- 在抛骰子之前不能预知哪一个结果会出现。

随机试验一般记为E。我们可以将上面举的抛骰子这个随机试验记为E_1。

(二)样本点

随机试验的每个可能结果,称为样本点(sample point)。例如,前面随机试验E_1的每一个可能结果为:1,2,3,4,5,6。这6个点就是该随机试验的样本点。

(三)样本空间

一个随机试验的所有可能结果组成的集合,称为这个试验的样本空间(sample space),记为 S。例如,随机试验 E_1 的样本空间 $S_1 = \{1,2,3,4,5,6\}$。

(四)随机事件

我们将样本空间 S 的子集称为随机试验的随机事件(event),随机事件简称事件。

在一次试验中,当且仅当这一子集中的一个样本点出现时,我们称这一事件发生。

值得注意的是,在概率问题中,我们说事件 A 发生,并不是指事件 A 中每一个样本点都发生(事实上,这是不可能的,因为随机试验的结果只有一个样本点会发生),而是只要事件 A 中的某一个样本点发生即可。

例如,在 E_1 中,$A_1 = \{2,4,6\}$ 为样本空间 $S_1 = \{1,2,3,4,5,6\}$ 的一个子集,也就是一个随机事件。A_1 其实是"偶数点"事件,只要 2、4、6 这三个点中任意一个点出现,我们就说 A_1 事件发生了。

由一个样本点构成的单点集,称为基本事件。例如在 E_1 中有 6 个基本事件,即 $\{1\}$、$\{2\}$、$\{3\}$、$\{4\}$、$\{5\}$、$\{6\}$。

样本空间包含所有的样本点,它是自身的子集,它在每次试验中都发生,称为必然事件。而空集不包含任何样本点,它也是样本空间的子集,它在每次试验中都不发生,称为不可能事件。

(五)不相容事件与对立事件

若事件 A 与事件 B 不能同时发生,就称事件 A 与事件 B 是不相容事件(mutually exclusive event),也就是说 $A \cap B = \varnothing$。

对每次试验而言,事件 A 与事件 B 中必有一个发生,且仅有一个发生,则事件 A 与事件 B 互为对立事件(complement of an event),又称事件 A 与事件 B 互为逆事件,也就是说 $A \cup B = S$ 且 $A \cap B = \varnothing$。事件 A 的对立事件记为 $\overline{A}$,即 $B = \overline{A}$。

二、事件的概率

概率(probability)是一个实数,具体来说就是一个位于 $[0,1]$ 内的实数,它是对随机事件发生可能性大小的度量。

概率的正式定义如下。

设 E 是随机试验,S 是它的样本空间。对于 E 的每一个事件 A 赋予一个实数,记为 $P(A)$,如果 $P(A)$ 满足下面的条件,就称 $P(A)$ 为事件 A 的概率:

(1) 对于任意事件 A,有 $0 \leqslant P(A) \leqslant 1$;

(2) 对于必然事件 S,有 $P(S) = 1$;

(3) 对于任意两两不相容的事件 $A_k (k=1,2,3,\cdots)$ 有

$$P\{A_1 \cup A_2 \cup \cdots \cup A_n\} = P(A_1) + P(A_2) + \cdots + P(A_n) \quad (\text{有限可加性})$$

$$P\{A_1 \cup A_2 \cup \cdots\} = P(A_1) + P(A_2) + \cdots \quad (\text{可列可加性})$$

注意:概率值的设定法则,因随机试验的特性而不同。对于可重复执行的随机试验,事件的概率值按照客观概率法则设定;对于不可重复执行的随机试验,事件的概率值依照主观概率法则设定,这是一种由当事人的经验以及主观判断设定概率值的法则。

三、概率的性质和运算法则

（一）概率的性质

性质 1　$P(\overline{A}) = 1 - P(A)$

性质 2　假设 $A \subset B$，则
$$P(B-A) = P(B) - P(A)$$
$$P(B) \geqslant P(A)$$

性质 3　$P(\varnothing) = 0$

（二）概率的加法运算法则

概率的加法运算法则（additive rule）为
$$P(A+B) = P(A) + P(B) - P(AB)$$

【例 4-1】 一副扑克去掉大小王，共有 52 张，从中任意抽取一张，问这张牌是 A 牌或颜色为黑色的概率为多少？

首先建立联列表（见表 4-1）

表 4-1

		颜 色		总数
		红色	黑色	
类型	A 牌	2	2	4
	非 A 牌	24	24	48
总 数		26	26	52

$$P(\text{A 牌或黑色}) = P(\text{A 牌}) + P(\text{黑色}) - P(\text{A 牌} \cap \text{黑色})$$
$$= 4/52 + 26/52 - 2/52 = 28/52$$

（三）概率的乘法运算法则

1. 条件概率

条件概率（conditional probability）是指

设 A 与 B 为试验 E 的两个事件，且 $P(B) > 0$，则称
$$P(A \mid B) = \frac{P(AB)}{P(B)}$$

为事件 B 已经发生的条件下事件 A 的条件概率。

2. 概率的乘法公式

由条件概率公式（multiplicative rule），我们可以得到概率的乘法公式，即
$$P(AB) = P(A \mid B) P(B)$$

3. 全概率公式

设试验 E 的样本空间为 S，$B_1, B_2, \cdots, B_n$ 为两两互不相容的事件，并且有
$$B_1 \cup B_2 \cup \cdots \cup B_n = S$$

则对任意事件 A，下列公式成立，即

$$P(A) = P(A \mid B_1)P(B_1) + P(A \mid B_2)P(B_2) + \cdots + P(A \mid B_n)P(B_n)$$

该公式就是全概率公式(the law of total probability)。其中 $B_1,B_2,\cdots,B_n$ 被称为互斥完备事件组，它们构成对样本空间 S 的一个完备划分。

图 4-1 所示为全概率公式的文氏图表示。

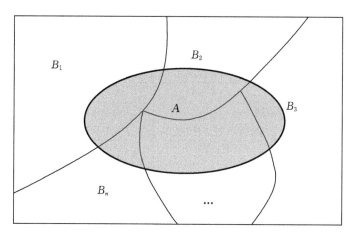

图 4-1　全概率公式的文氏图

【例 4-2】　全概率公式在社会研究中的应用。

1965 年，Stanley L. Warner 发现了一种应用全概率公式来得到敏感问题答案的方法。例如，如果想知道大学生中浏览黄色网页的人数比例，我们可以通过如下的实验得到比较精确的数据。

实验：随机抽取 500 个学生，让每个学生抛一次硬币，如果硬币国徽面朝上则回答问题（a），如果是字面朝上则回答问题（b）。

问题(a)：你学生证编号（或者学号）的最后一位数是奇数吗？

问题(b)：你上大学期间是否浏览过黄色网页？

答案：是/不是。

由于被调查者认为对于调查者来说，即使回答的是"是"，调查者也不知道被调查者回答的是哪一个问题，所以可以放心的回答，这样就可以比较精确的得到相关敏感问题的数据。

数据求解的具体过程如下。

首先定义下列事件：$A=$ 回答"是"的学生；$E_1=$ 回答问题(a)的学生；$E_2=$ 回答问题(b)的学生

我们可以得出：$P(E_1)=0.5, P(E_2)=0.5, P(A \mid E_1)=0.5$（想一想为什么？）

我们的目标是想要知道 $P(A \mid E_2)$，即回答第二个问题的学生中答"是"的概率。

因为事件 E_1 和 E_2 为互斥完备事件组，所以依照全概率公式有

$$P(A)=P(E_1 \cap A)+P(E_2 \cap A)$$

$$= P(A|E_1)P(E_1) + P(A|E_2)P(E_2)$$
$$= 0.5*0.5 + P(A|E_2)*0.5$$

如果我们知道了 $P(A)$，当然就知道了 $P(A|E_2)$。

假设 500 个大学生中回答"是"的人数为 275 人，那么 $P(A)=0.55$，则
$$P(A|E_2) = (0.55-0.25)/0.5 = 0.6$$

也就是说，大约有 60% 的学生浏览过黄色网页。

4. 贝叶斯公式

由条件概率公式，有
$$P(B_i|A) = \frac{P(B_iA)}{P(A)} = \frac{P(A|B_i)P(B_i)}{P(A)}$$

再由全概率公式，可以得到
$$P(B_i|A) = \frac{P(A|B_i)P(B_i)}{P(A)} = \frac{P(A|B_i)P(B_i)}{\sum_{j=1}^{n}P(A|B_j)P(B_j)},$$
$$i=1,2,\cdots,n$$

该公式就是贝叶斯公式(Bayes' theorem)。

因为对于任意事件 B 来说，$B \cup \overline{B} = S, B \cap \overline{B} = \varnothing$，也就是说 B 与 $\overline{B}$ 是对样本空间 S 的一个完整划分，此时的全概率公式和贝叶斯公式分别为
$$P(A) = P(A|B)P(B) + P(A|\overline{B})P(\overline{B})$$
$$P(B|A) = \frac{P(A|B)P(B)}{P(A|B)P(B) + P(A|\overline{B})P(\overline{B})}$$

贝叶斯公式在社会研究中有着广泛的应用。

【例 4-3】 贝叶斯公式的应用——艾滋病普查。

艾滋病直到现在还没有可靠的治疗方法，并且它是一种传染性疾病，最有效的办法是进行预防，即把艾滋病病毒携带者找出来，然后加以隔离。所以找出艾滋病病毒携带者是非常关键的一个步骤。

我国确切的艾滋病病毒携带者的数目是不知道的，但是，据有关方面的估计，假设为十万人中有一人是艾滋病病毒携带者，也就是一个人为艾滋病病毒携带者的概率为 10^{-5}。

假设艾滋病的检验方法为血液试验(ELISA，酶连接免疫吸附测定)。其检验精度为：一个艾滋病病毒携带者，检验结果为阳性的概率为 95%，也就是说假阴性的概率为 5%；一个非艾滋病病毒携带者，检验结果为阴性的概率为 99%，即假阳性的概率为 1%。

假若你做了血液实验且结果为阳性，你真正得了艾滋病的可能性有多大？

求解这类问题最有效的途径是树形图，通过树形图可以非常直观地把相关信息表示出来，有利于我们的分析。

假设事件 HIV 代表一个随机选择的中国人患有艾滋病，事件 $FHIV$ 代表一个随机选择的中国人未患有艾滋病；RP 代表测试的反应为阳性，FRP 代表测试的反应为阴性。

树形图如图 4-2 所示。

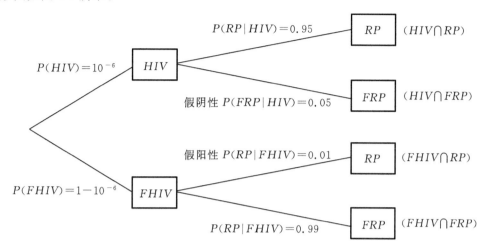

图 4-2

$$P(HIV \mid RP) = \frac{P(HIV \cap RP)}{P(RP)}$$
$$= \frac{P(HIV)P(RP \mid HIV)}{P(HIV)P(RP \mid HIV) + P(FHIV)P(RP \mid FHIV)}$$
$$= \frac{10^{-6} \times 0.95}{10^{-6} \times 0.95 + (1 - 10^{-6}) \times 10^{-2}} < 10^{-5}$$

也就是说,一个人做了血液实验且结果为阳性,他真正得了艾滋病的可能性小于 10^{-5},这是非常小的。

可以想象一下,如果大范围地进行艾滋病血液实验,势必会造成大范围的不必要的恐慌。

那么有什么改进方法没有? 下面从三个方面着手,看哪种方法操作性强。

方法 1 提高敏感度,也就是降低假阴性的比率,希望真的有病的人实验结果呈阳性。树形图如图 4-3 所示。

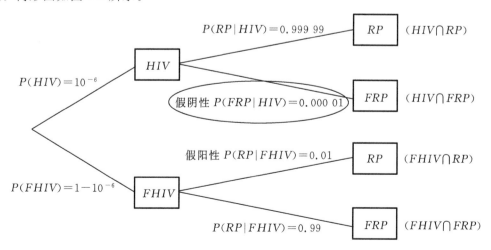

图 4-3

我们假设敏感度提高到 0.999 99,也就是假阴性降低为 0.000 01,大家可以计算一下,结论是,提高敏感度不是一个可行的办法。

方法 2 提高特异性,降低假阳性。树形图如图 4-4 所示。

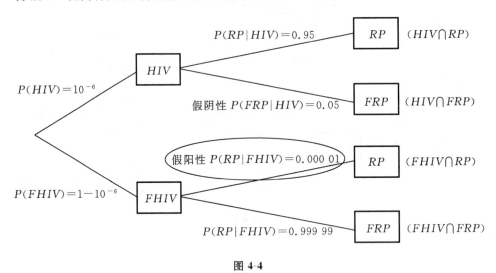

图 4-4

假设将假阳性降低为 0.000 01,大家可以计算一下,结果也会不理想。

方法 3 提高发生率。提高发生率不是说真正地让更多的人患艾滋病,而是说在高危人群中进行血液检验。树形图如图 4-5 所示。

假设发生率提高为 1/100,那么一个人做了血液实验且结果为阴性,他真正得了艾滋病的可能性则为 48.9%!

这就是为什么美国卫生官员在 1986 年 3 月,建议对处于感染艾滋病"高度危险"的美国人做重复的血液试验,以判断他们是否感染上了这种病毒的原因。

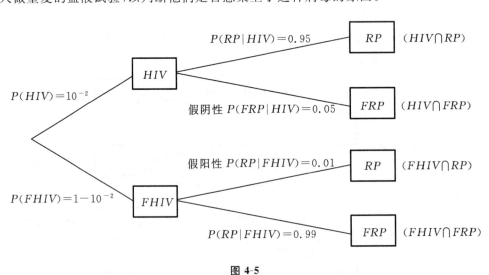

图 4-5

5. 事件的独立性

定义 设 A 与 B 为试验 E 的两个事件,若

$$P(AB) = P(A)P(B)$$

则称 A、B 是相互独立的(independent events)。

这一公式有两个用途：

(1) 如果 A 与 B 相互独立，则可以用这一公式计算 $P(AB)$；

(2) 利用这一公式来判断两个事件是否独立，判断的思想是，先分别计算出 $P(A)P(B)$ 与 $P(AB)$，然后判断两者是否相等，如果相等，则 A 与 B 相互独立，否则两者不独立。

【例 4-4】 胸腔科医生根据 1 400 名患者资料，整理出了肺癌与抽烟的联列表资料(见表 4-2)。

表 4-2

		是否患肺癌		总数
		肺癌患者(C)	非肺癌患者(FC)	
是否抽烟	抽烟(S)	600	200	800
	不抽烟(FS)	150	450	600
总　　数		750	650	1 400

问：是否抽烟与是否患肺癌是否为独立事件？计算肺癌的概率，以及在抽烟的前提下肺癌的条件概率。

对第一问，有

$$P(S \cap C) = 600/1\,400 \neq P(S)P(C) = (800/1\,400) \times (750/1\,400)$$

所以，是否抽烟与是否患肺癌不是独立事件。

对第二问，有

$$P(C) = 75/140 \approx 0.53$$

$$P(C|S) = P(S \cap C)/P(S) = (60/1\,400)/(80/1\,400) \approx 0.75$$

所以抽烟行为让患肺癌概率大幅度提高。

【例 4-5】 估计野生动物数量。

我们经常在 Discovery 节目中听到有关野生动物数量的报道，比如海洋中的鲸鱼的数量已经不足 1 000 头了，如果再不限制捕杀将会很快灭绝。

问题是：我们是如何得到这些数据的？

处理这类问题最常用的方法是标记法，其过程如下。

我们首先捕捉一批鲸鱼，假设 100 头，做上记号后放回去，过一段时间后我们再捕捉一批鲸鱼，假如有 1 000 头，其中这次的 1 000 头中有 10 头是有记号的，也就说有 10 头是前一次抓到的。我们假设前后两次捕捉期间鲸鱼的总数没有发生变化，总数为 N，那么可以得到下面的联列表资料。(见表 4-3)

表 4-3

第一次捕捉		第二次捕捉		总数
		捕捉到(B)	未捕捉到(FB)	
	捕捉到(A)	10	90	100
	未捕捉到(FA)	990		
总 数		1 000		N

由于两次的捕捉是相互独立的,所以有
$$P(A \cap B) = P(A)P(B)$$
$$\frac{10}{N} = \frac{100}{N} \times \frac{1\,000}{N}; \quad N = 10\,000$$

值得注意的是,对野生动物数量的估计还有很多种方法,读者可以自己思考。这些估计方法广泛的应用于社会研究中的估计问题。

第二节 随机变量及其分布

一、随机变量的定义

设 E 是随机试验,它的样本空间是 S。如果对于每一个样本点 $e \in S$ 有一个实数 $X(e)$ 与之对应,这样就得到一个定义在样本空间 S 上的单值函数 $X(e)$。$X = X(e)$ 称为随机变量(random variable)。

我们常用大写的字母 $X, Y, Z, \cdots$ 表示随机变量。随机变量其实就是将样本空间映射到实数集上。

由于随机变量的取值随随机试验的结果而定,因而在试验之前不能预先知道它取什么值,而试验各个结果的出现有一定的概率,于是随机变量的取值也有一定的概率。这个概率就是 X 取的值所对应的试验结果所组成的集合(也就是事件)出现的概率。

二、离散型随机变量的概率分布

(一)离散型随机变量的分布律

有些随机变量,其全部可能取到的值是有限个或可列无限多个,这种随机变量叫做离散型随机变量(discrete random variable)。

设随机变量 X 所有可能取到的值为 $x_1, x_2, x_3, \cdots, x_k, \cdots$,$X$ 取各个可能值的概率,即事件 $\{X = x_k\}$ 的概率为
$$P\{X = x_k\} = p_k, \quad k = 1, 2, \cdots$$

这个公式就是随机变量 X 的分布律或概率分布律(probability distribution)。分布律也可以用表格形式来表示,如表 4-4 所示。

表 4-4

X	x_1	x_2	...	x_k	...
P	p_1	p_2	...	p_k	...

由概率的定义,我们可以知道 p_k 满足以下两个条件:

(1) $p_k \geq 0$;

(2) $\sum_{k=1}^{\infty} p_k = 1$。

(二) 三种重要的离散型随机变量的概率分布

1. 两点分布或伯努利分布

当随机试验的结果可以看成是二分(dichotomous)的时候,我们就称这种随机试验为伯努利(Bernoulli)试验。例如,性别中的男性和女性、考试成绩的及格与不及格、抛硬币的正面与反面、就业状况的失业与就业等。一般的,将伯努利试验的结果分别看做是"成功"与"失败",或者看做是对我们"有利"与"不利",并且用 $X=1$ 表示"成功",$X=0$ 表示"失败"来作为伯努利试验的随机变量值(见图 4-6)。至于何种试验结果应该看做是"成功",何种情况看做是"失败",要看研究问题的具体情况。

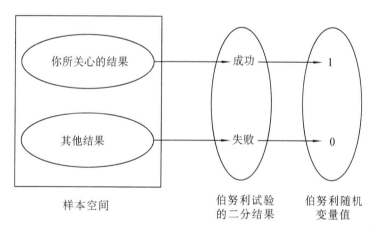

图 4-6

设随机变量 X 只可能取 0 与 1 两个值,其概率分布为

$$P(X=1) = p, \quad P(X=0) = 1-p = q$$

或者写成

$$P\{X=k\} = p^k (1-p)^{1-k}, \quad k=0,1, \quad 0<p<1$$

以表的形式呈现就是

X	0	1
$f(x)$	$1-p$	p

则称随机变量 X 服从参数为 p 的两点分布,或者伯努利分布,记为 $X \sim B(p)$。许多现象可以用两点分布来描述。

【例4-6】 从某地区的民政部门知道,该地区年龄在40～50岁之间的健康人群的就业率为80%,随机从该地区40～50岁之间的健康人群中抽取一个人出来,如果该人为就业则令$X=0$,若为失业则令$X=1$。则随机变量X的概率分布为多少?

这个随机试验的结果为"就业"与"失业"两种,所以它是一个伯努利试验。在这个试验中,我们关注的是"失业"这一结果,因为当该个体为"失业"时令随机变量$X=1$。由于该个体所从属的人群的就业率为80%,所以X为$p=0.2$的伯努利随机变量,即

$$X \sim B(0.2)$$

用公式表示为

$$f(x) = 0.2^x 0.8^{1-x}, \quad x = 1, 0$$

伯努利分布虽然非常简单,但它却是另一个非常重要的离散型概率分布的基础,也就是下面要介绍的二项分布。

2. 二项分布

当我们独立重复n次伯努利试验,所得到的结果就是一系列的"成功(1)"或"失败(0)"。例如我们重复例4-6的伯努利试验,可能得到的结果为$\{0,1,0,0,0,1,0,\cdots\}$。在n次独立的伯努利试验中,"成功(1)"出现的次数是个随机变量,我们称这个随机试验为二项随机试验。

符合以下4个条件的随机试验就是二项试验(binomial experiment):

(1) 一次试验的结果只有两种可能结果,即成功(1)或失败(0);

(2) 反复重复该试验n次;

(3) 并且每次实验之间相互独立(independent);

(4) 每一次试验中的"成功"的概率皆相同(identical),假设为$P(1)=p$。

"重复"的含义是指在每次试验中,$P(1)=p$保持不变;"独立"是指各次试验的结果互不影响,即若以C_i表示第i次试验的结果,C_i为1或为0,$i=1,2,\cdots,n$,存在

$$P(C_1 C_2 \cdots C_n) = P(C_1) P(C_2) \cdots P(C_n)$$

我们用X表示二项试验中事件1发生的次数,X是一个随机变量。结合排列与组合的知识,可以知道:在n次试验中事件1恰好发生k次的概率为$C_n^k p^k (1-p)^{n-k}$,即

$$P\{X=k\} = C_n^k p^k (1-p)^{n-k}, \quad k=0,1,2,\cdots,n$$

我们称随机变量X服从参数为$n\text{-}p$的二项分布(binomial distribution),记为$X \sim B(n,p)$。

【例4-7】 根据一项调查显示,我国大学生的近视的比例高达7成,如果这个比例是正确的话,则随机抽取10位大学生,问:近视人数少于5人的概率是多少?

对这个问题,首先检查是不是二项试验。通过对4项条件的审查,这是一个二项试验。假设用X表示10人中近视的人数,则$X \sim B(10, 0.7)$。

$$P(X=x) = C_{10}^x 0.7^x 0.3^{10-x}$$
$$P(X<5) = P(X=4) + P(X=3) + P(X=2) + P(X=1) + P(X=0)$$
$$= 0.047\ 3$$

注意：当 $np>5$，且 $n(1-p)>5$ 时，二项分布近似服从正态分布。

3. 泊松分布

泊松分布是用来处理"在某个特定的时间或空间内，某一特定事件出现特定次数"的概率。从这句话就可以知道，泊松分布广泛运用于现实问题的处理中，例如以下的问题都服从泊松分布。

- 早上 8:00—9:00（特定时间内），通过武汉长江大桥（特定事件）的车辆数。
- 晚上 7:30—8:00（特定时间内），超市顾客到柜台结账（特定事件）的人数。
- 一个月内（特定时间内），武宜高速公路上发生车祸（特定事件）的次数。
- 晚上 10:00—11:00（特定时间内），华中科技大学校园内上网（特定事件）的人数。
- 楚天都市报一个版面（特定空间内）中错别字的个数。
- 纺织厂生产的一捆布（特定空间内）中，线头打结（特定事件）的个数。
- 一桶哈根达斯冰淇淋，挖取一球（特定空间内），其中所含葡萄干（特定事件）的个数。

定义　设随机变量 X 表示特定时间或空间内，某特定事件发生的次数，则随机变量 X 的概率函数为

$$P\{X=k\} = \frac{\lambda^k e^{-\lambda}}{k!}, \quad k=0,1,2,\cdots$$

则称 X 服从参数为 λ 的泊松分布(Poisson distribution)，记为 $X \sim P(\lambda)$。其中 $\lambda > 0$ 是常数，表示在该特定时间或空间内，该特定事件发生的平均次数。

可见，要利用泊松分布，关键是要知道，在该特定时间或空间内，该特定事件发生的平均次数 λ。

【例 4-8】　依据过去一年的统计资料显示，武汉市电信局市内电话交换机在星期天晚间 8:00—8:05 时间段内，电话交换的平均数为 10 线。今天又是星期天，问：若用 X 表示今天晚上 8:00—8:05 时间段内电话交换机的交换电话线数，则 X 的概率函数形式是什么？在上述时间内，电话交换少于 4 线的概率是多少？

第一问的 X 是一个典型的属于泊松分布的随机变量，有

$$P(X=k) = \frac{u^k e^{-u}}{k!} = \frac{10^k e^{-10}}{k!}, \quad k=0,1,2,\cdots$$

对第二问有

$$P(X \leqslant 3) = P(X=3) + P(X=2) + P(X=1) + P(X=0)$$
$$= 0.010\ 336$$

三、常见的连续型随机变量的概率分布

(一) 随机变量的分布函数

离散型随机变量可以用前面讲的分布律来描述它,但是对于非离散型随机变量,我们不可能把它的取值一一列举出来,所以没法使用分布律这种形式来对其描述。另外,对于非离散型随机变量,我们往往关心它的值落在某一区间上的概率,而非取某个具体数值的概率。

例如,对于灯泡的寿命,我们关心的是某个灯泡是合格品的概率,也就是其寿命大于产品寿命标准的概率,而非等于某个具体数值的概率。

如果我们考虑的是随机变量 X 的取值落在一个区间 $(x_1, x_2]$ 的概率 $P\{x_1 < X \leq x_2\}$,由于

$$P\{x_1 < X \leq x_2\} = P\{X \leq x_2\} - P\{X \leq x_1\}$$

只要知道 $P\{X \leq x_2\}$ 与 $P\{X \leq x_1\}$ 就行了。所以,我们引入分布函数的概念,分布函数适用于离散型随机变量和非离散型随机变量。

定义 设 X 是一个随机变量,x 是任意实数,函数

$$F(x) = P\{X \leq x\}, \text{其中} -\infty < x < \infty$$

称为 X 的分布函数。

依据分布函数的概念,有

$$P\{x_1 < X \leq x_2\} = P\{X \leq x_2\} - P\{X \leq x_1\} = F(x_2) - F(x_1)$$

因此,如果已经知道 X 的分布函数 $F(x)$,我们就能知道 X 落在任意一个区间上的概率,在这个意义上看,分布函数就完整地描述了随机变量的统计规律。另外,分布函数是一个普通函数,这样通过分布函数我们就能用数学分析的方法来研究随机变量。

(二) 连续型随机变量的定义

定义 如果对于随机变量 X 的分布函数 $F(x)$,存在非负的函数 $f(x)$,使对于任意实数 x,有

$$F(x) = \int_{-\infty}^{x} f(x) \mathrm{d}x$$

则称 X 为连续型随机变量(continuous random variable),其中函数 $f(x)$ 称为 X 的概率密度函数(probability density function),简称概率密度。

(三) 正态分布

连续随机变量比较多,我们这里详细介绍基础的,也是本书常常用到的一个连续型分布形式——正态分布(normal distribution),对于其他的连续型分布形式,读者可以参阅本章的推荐书目。

正态分布的提出最早见于 1733 年法国数学家 Antoine de Moivre(1667—1745)的文献中,随后法国数学家高斯(Karl F. Gauss,1777—1855)将这个分布广为应用,所以有时候正态分布也称为高斯分布(Gaussian distribution)。

正态分布广泛存在于自然与社会现象中,例如,一个地区的年降雨量;在正常条件下各种产品的质量指标,如零件的尺寸;纤维的强度和张力;某地区成年男子的身高、体重;农作物的产量,小麦的穗长、株高;测量误差,射击目标的水平或垂直偏差;信号噪声,等

等,都服从或近似服从正态分布。

我们首先了解正态分布的定义和特性,然后再来看正态分布的应用。

1. 正态分布的定义和特性

定义 设连续型随机变量 X 的概率密度函数为

$$f(x) = \frac{1}{\sqrt{2\pi}\delta} e^{-\frac{(x-\mu)^2}{2\delta^2}}, \quad -\infty < x < \infty$$

其中,μ、$\delta(\delta > 0)$ 为参数,则称 X 服从参数为 μ、δ 的正态分布或高斯分布,记为

$$X \sim N(\mu, \delta^2)$$

可见,μ、δ 这两个参数决定了正态分布的具体形态。我们后面可以知道,μ 就是随机变量 X 的期望,δ 就是随机变量 X 的标准差。

正态分布的概率密度函数的数学表达式比较生硬,但是看看它的函数图像就觉得该函数形态非常美。图 4-7 所示为正态分布的概率密度函数图像。

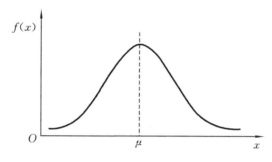

图 4-7 正态分布图

从图 4-7 中,我们可以发现正态分布的如下特性。

(1) 从总体上看,正态分布图形以 x 轴为渐进线,向左右两边无限延伸,中间高,两头低,呈钟形形态(bell shape)。

(2) 以直线 $x = \mu$ 为对称轴左右对称,并且钟形曲线的顶点在 $x = \mu$ 处达到。

(3) 曲线与 x 轴围成的面积等于 1。

(4) 正态分布由参数 μ 和 δ 确定。μ 是位置参数,当 δ 不变时,μ 越大,则曲线沿横轴越向右移动;μ 越小,曲线沿横轴越向左移动。δ 是数据离散程度的参数,当 μ 不变时,δ 越大,表示数据越分散,曲线越平坦;δ 越小,表示数据越集中,曲线越陡峭,如图 4-8 所示。

(5) 曲线与 x 轴,以及 $x = \mu + \delta$ 和 $x = \mu - \delta$ 所围成的区域面积大约为 0.682 7;曲线与 x 轴,以及 $x = \mu + 2\delta$ 和 $x = \mu - 2\delta$ 所围成的区域面积大约为 0.954;曲线与 x 轴,以及 $x = \mu + 3\delta$ 和 $x = \mu - 3\delta$ 所围成的区域面积大约为 0.996。如图 4-9 所示。

在以后的应用中,读者不需要记住前面所讲的具体的概率密度函数形式,只需要记住上面的图像性质就可以了。

2. 标准正态分布的定义和正态分布的标准化

标准正态分布定义 如果随机变量 X 服从正态分布,且 $\mu = 0$,$\delta = 1$,则称 X 服从标准正态分布,记为 $X \sim N(0,1)$。其概率密度函数为

$$f(x) = \frac{1}{\sqrt{2\pi}} e^{-\frac{x^2}{2}}, \quad -\infty < x < \infty$$

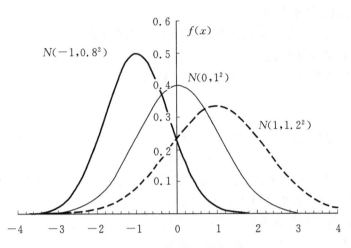

图 4-8 不同参数的图像比较

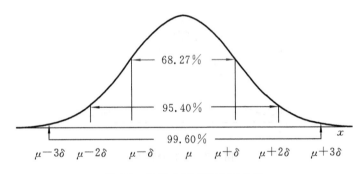

图 4-9 正态曲线面积分布规律

从几何意义上说,标准正态分布其实是对一般正态分布的一个变换,此变换实质上是作了一个坐标轴的平移和尺度变换,使正态分布具有平均数为 $\mu=0$,标准差 $\sigma=1$,我们一般称这种变换为 Z 变换,即有下面的定理成立。

定理 如果 $X \sim N(\mu, \delta^2)$,则 $Z = \dfrac{X-\mu}{\delta} \sim N(0,1)$。

通过该定理,就可以把各种不同形态的正态分布都变成统一的标准正态分布。

【例 4-9】 已知随机变量 $X \sim N(12, 7^2)$,将其转化为标准正态分布。

由于随机变量 $X \sim N(12, 7^2)$,因此,$\mu=12, \delta=7$。根据上面的定理,有
$$Z = \frac{X-12}{7} \sim N(0,1)$$

3. 上 α 分位点和查表

定义 假设 $X \sim N(0,1)$,对于任意给定的整数 $\alpha, 0 < \alpha < 1$,称满足条件
$$P\{X > z_\alpha\} = \alpha, \quad 0 < \alpha < 1$$
的点 z_α 为标准正态分布的上 α 分位点。

上 α 分位点如图 4-10 所示。

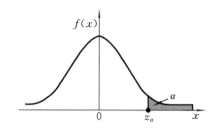

图 4-10 上 α 分位点

可以看出,α 和 z_α 是一一对应的,所以可以利用上分位点,制成一个标准正态分布概率表,只要知道 z_α 就能够通过查这张表得到相对应的概率 $P\{X>z_\alpha\}=\alpha$,或者反过来,如果知道某个 α,也可以查出它所对应的 z_α。图 4-11 所示为这样的表的一部分。

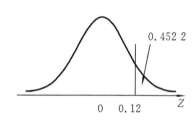

Z	0	1	2
0.0	.500 0	.496 0	.492 0
0.1	.460 2	.456 2	.452 2
0.2	.420 7	.416 8	.412 9
0.3	.382 1	.378 3	.374 5

图 4-11 标准正态分布概率表

对于其他的正态分布,可以利用正态分布的标准化将其转化为标准正态分布,然后查阅该表得到相对应的 α 或 z_α。

4. 正态分布的应用

【例 4-10】 公共汽车车门的高度是按男子与车门顶头碰头机会在 0.01 以下来设计的。设某城市的男子身高 $X \sim N(170\ \text{cm}, 6^2)$,问车门高度应确定为多少?

设车门高度为 h cm,按设计要求,下面的式子成立,即
$$P(X \geq h) \leq 0.01,\text{ 或者 } P(X < h) \geq 0.99$$
求满足 $P(X \geq h) \leq 0.01$ 的最小 h。

因为 $X \sim N(170, 6^2)$,有
$$\frac{X-170}{6} \sim N(0,1)$$

所以 $\quad P(X \geq h) = P\left(\frac{X-170}{6} \geq \frac{h-170}{6}\right) < 0.01$

查表得 $\Phi(2.33)=0.009\ 9<0.01$,所以有
$$\frac{h-170}{6} = 2.330$$

$$h = 184 \text{ cm}$$

第三节 随机变量的数字特征

对于一个随机变量来说,分布律或概率密度是对其完整的描述,大家要建立一个概念:只要知道了一个随机变量的分布函数,这个随机变量的一切性质我们都知道了,求其发生的概率及分位点等都只是一个技术性问题。但是,在现实生活中,我们有时无法得到相关随机变量的分布函数,有时也不需要了解分布函数的具体形式。此时,我们就只有退而求其次,通过了解随机变量的几个数字特征来了解随机变量的某些重要信息。其中有两个重要的数字特征我们特别关注,即随机变量的期望和方差,因为这两个数字特征分别揭示了随机变量的集中趋势和离散趋势。

一、数学期望

(一)数学期望的定义

设离散型随机变量 X 的分布律为

$$P\{X = x_k\} = p_k, \quad k = 1, 2, \cdots$$

若级数 $\sum_{k=1}^{\infty} x_k p_k$ 绝对收敛,则称级数 $\sum_{k=1}^{\infty} x_k p_k$ 为 X 的数学期望(expected value),记为 $E(X)$,即

$$E(X) = \sum_{k=1}^{\infty} x_k p_k$$

假设连续型随机变量 X 的概率密度为 $f(x)$,若积分 $\int_{-\infty}^{\infty} x f(x) \mathrm{d}x$ 绝对收敛,则称积分 $\int_{-\infty}^{\infty} x f(x) \mathrm{d}x$ 为 X 的数学期望,记为 $E(X)$,即

$$E(X) = \int_{-\infty}^{\infty} x f(x) \mathrm{d}x$$

数学期望简称期望,或称均值。

(二)数学期望的性质

(1)设 C 为常数,则有

$$E(C) = C$$

(2)设 X 是随机变量,C 为常数,则有

$$E(CX) = CE(X)$$

(3)设 X,Y 是任意两个随机变量,则有

$$E(X+Y) = E(X) + E(Y)$$

(4)假设 X,Y 是两个相互独立的随机变量,则有

$$E(XY) = E(X)E(Y)$$

二、方差

方差(variance)是表示随机变量的取值与其均值的偏离程度,通常我们用 $E\{[X-$

$E(X)]^2\}$ 来度量随机变量与其数学期望的偏离程度。

(一) 方差的定义

设 X 是一个随机变量,若 $E\{[X-E(X)]^2\}$ 存在,则称 $E\{[X-E(X)]^2\}$ 为 X 的方差,记为 $D(X)$ 或 $\text{Var}(X)$,即

$$D(X) = \text{Var}(X) = E\{[X-E(X)]^2\}$$

另外,我们将 $\sqrt{D(X)}$ 或 $\sqrt{\text{Var}(X)}$ 称为 X 的标准差(standard deviation)或均方差。

由方差的定义,对于离散型随机变量,有

$$D(X) = \sum_{k=1}^{\infty}[x_k - E(X)]^2 p_k$$

其中:$P\{X=x_k\}=p_k(k=1,2,\cdots)$ 为 X 的分布律。

对于连续型随机变量,则其方差为

$$D(X) = \int_{-\infty}^{\infty}[x_k - E(X)]^2 f(x) dx$$

其中:$f(x)$ 是 X 的概率密度。

$$D(X) = E\{[X-E(X)]^2\} = E\{X^2 - 2XE(X) + [E(X)]^2\}$$
$$= E(X^2) - 2E(X)E(X) + [E(X)]^2 = E(X^2) - [E(X)]^2$$

(二) 方差的性质

方差具有如下性质:

(1) 假设 C 为常数,$D(C)=0$;

(2) 设 X 是随机变量,C 为常数,则有

$$D(CX) = C^2 D(X)$$

(3) 假设 X、Y 是两个相互独立的随机变量,则有

$$D(X+Y) = D(X) + D(Y)$$

第四节　大数定理

大数定理的内涵十分简单,但是其数学形式却掩盖了它的内涵,所以我们先从一个简单的例子来说这个定理的含义,然后再写出数学表达式。

假设某个班共有 50 个学生,如果某门课的考试平均成绩为 23 分,那么可以说,这个班的学生中,分数超过 46 分的学生人数一定不到一半(25 人),分数超过 69 分的学生人数一定不到 $\frac{1}{3}$(16.66…人,故意这样写,当然人数不可能有小数),分数超过 92 分的学生人数一定不到 $\frac{1}{4}$(12.5 人)。

这里是依据什么来下结论的? 依据就是著名的马尔科夫不等式(Markov inequality)。

一、马尔科夫不等式

如果随机变量 X 的取值不小于 0,记为 $X \geqslant 0$,X 的数学期望为 $\mu(X)$,常数 $k>1$,则

有如下不等式成立,即

$$P\{X \geqslant k\mu(X)\} \leqslant \frac{1}{k}$$

注意:
(1) 这个不等式对于 $1>k>0$ 也成立,所以只要 $k>0$,不等式就成立;
(2) 这个不等式只有在 $X \geqslant 0$ 时才成立,对于 $X<0$,不等式不成立。

二、契比雪夫不等式

对于马尔科夫不等式,只有在 $X \geqslant 0$ 时它才成立。但是对于任意的随机变量 X,$Y=(X-\mu(X))^2$ 恒非负,而 $E(Y)=E\{[X-\mu(X)]^2\}=D(X)$,所以依据马尔科夫不等式有

$$P\{Y \geqslant kE(Y)\} \leqslant \frac{1}{k}, \quad k>0$$

也就是

$$P\{[X-\mu(X)]^2 \geqslant kD(X)\} \leqslant \frac{1}{k}$$

因为 $k>0$,所以可以令 $k=\varepsilon^2$,$\varepsilon>0$,则上式就变成了

$$P\{[X-\mu(X)]^2 \geqslant \varepsilon^2 D(X)\} \leqslant \frac{1}{\varepsilon^2}$$

$$P\{|X-\mu(X)| \geqslant \varepsilon \sqrt{D(X)}\} \leqslant \frac{1}{\varepsilon^2}$$

这一个式子就是契比雪夫不等式(Chebyshev inequality)。

契比雪夫不等式可以归纳如下。

设随机变量 X 的数学期望为 $\mu(X)$,方差为 $D(X)=\delta^2$,则对任意的正数 ε,恒有下列不等式成立,即

$$P\{|X-\mu(X)| \geqslant \varepsilon\delta\} \leqslant \frac{1}{\varepsilon^2}$$

可以看到,契比雪夫不等式给出了在随机变量 X 的分布函数未知的情况下,估计事件 $|X-\mu(X)| \geqslant \varepsilon\delta$ 的概率的一种方法。

三、伯努利大数定理

设 n_A 是 n 次独立重复试验中事件 A 发生的次数,p 是在每次试验中事件 A 发生的概率,则对于任意正数 ε,有下列式子成立,即

$$\lim_{n \to \infty} P\left\{\left|\frac{n_A}{n} - p\right| \geqslant \varepsilon\right\} = 0$$

这就是伯努利大数定理(law of large numbers)。

这个定理可以通过契比雪夫不等式来证明其成立,我们在这里就不证明了,需要说明的是这个定理的内涵。

该定理告诉我们,当试验次数很大的时候,我们可以用一个事件出现的频率 $\left(\frac{n_A}{n}\right)$ 来代替事件的概率(p)。

本章重要概念

概率(probability)　概率的加法运算法则(additive rule)
概率的乘法公式(multiplicative rule)
全概率公式(the law of total probability)　贝叶斯公式(Bayes' theorem)
伯努利分布(Bernoulli distribution)　二项分布(binomial distribution)
泊松分布(Poisson distribution)　正态分布(normal distribution)
期望(expected value)　方差(variance)
马尔科夫不等式(Markov inequality)
契比雪夫不等式(Chebyshev inequality)
伯努利大数定理(law of large numbers)

本章思考与练习题

一、选择题

1. 若事件 A、B 之交为不可能事件,则 A 和 B 是(　　)。
   A. 相互独立　　B. 互不相容　　C. 对立事件　　D. 相等

2. 如果(　　)成立,则事件 A 与 B 互为对立。
   A. $AB=\varnothing$　　　　　　　　B. $A \cup B=\Omega$
   C. $AB=\varnothing$ 且 $A \cup B=\Omega$　　D. A 与 B 互不相容

3. 若随机事件 A 和 B 同时发生时,事件 C 发生,则(　　)。
   A. $P(C)=P(AB)$　　　　　　B. $P(C)=P(A \cup B)$
   C. $P(C) \geqslant P(A)+P(B)-1$　　D. $P(C) \leqslant P(A)+P(B)-1$

4. 设 $P(AB)=0$,则(　　)成立。
   A. A 与 B 互不相容　　　　　B. A 与 B 相互独立
   C. $P(A)=0$ 或 $P(B)=0$　　　D. $P(A-B)=P(A)$

5. 设 $P(A)=a, P(B)=b, P(A \cup B)=c$,则 $P(A-B)=$(　　)。
   A. $a-b$　　B. $c-b$　　C. $a(-b)$　　D. $b-a$

6. 设 A、B、C 是两两独立且不能同时发生的随机事件,且 $P(A)=P(B)=P(C)=x$,则 x 的最大值为(　　)。
   A. 1/2　　B. 1/3　　C. 1/4　　D. 1

7. 将两封信随机投入标号为 1、2、3、4、5 的 5 个信筒里,则第 3 号信筒恰好投入一封信的概率为(　　)。
   A. 4/25　　B. 1/5　　C. 8/25　　D. 2/5

8. 甲、乙两人独立地向同一个目标射击,各射击一次,其命中的概率分别为 0.6 和 0.5,现已知目标被命中,则是甲命中的概率为(　　)。
   A. 0.6　　B. 5/11　　C. 0.75　　D. 6/11

9. 每次试验的成功率为 $p(0<p<1)$，则在 3 次重复试验中至少失败 1 次概率为（　　）。

　　A. $(1-p)^2$　　　　　　　　　　B. $1-p^2$

　　C. $3(1-p)$　　　　　　　　　　D. 以上都不对

10. 某设备使用 10 年的概率为 0.8，能使用 15 年的概率为 0.4，现已使用了 10 年的设备能继续使用 5 年的概率为（　　）。

　　A. 0.5　　　　B. 0.4　　　　C. 0.8　　　　D. 0.2

二、填空题

1. 设 A、B 两事件满足 $P(A)=0.8, P(B)=0.6, P(B|A)=0.8$，则 $P(A\cup B)$ = _____。

2. 设 $P(A)=P(B)=P(C)=1/4, P(AB)=P(AC)=0, P(BC)=1/6$，则 A、B、C 全不发生的概率为 _____。

3. 已知 $P(A)=0.8, P(A-B)=0.5$，且事件 A 与 B 相互独立，则 $P(B)$ = _____。

4. 假设 $P(A)=0.4, P(A\cup B)=0.7$，若 A、B 互不相容，则 $P(B)$ = _____，若 A、B 相互独立，则 $P(B)$ = _____。

5. 袋中有大小相等的 4 只红球，3 只黑球，从中任取 2 只，则此 2 球颜色不同的概率为 _____。

6. 一批产品中有 10 件正品，2 件次品，不放回地抽取 2 次，则第 2 次抽到次品的概率为 _____。

7. 甲、乙、丙三人入学考试合格的概率分别为 2/3, 1/2, 3/5，则 3 人中恰有 2 人及格的概率为 _____。

8. 设 10 件产品中有 4 件次品，从中任取 2 件，以知所取 2 件中有 1 件是次品，则第 2 件也是次品的概率为 _____。

三、计算题

1. 某班有 30 名学生，其中 20 名男生，10 名女生，身高 1.70 m 以上的有 15 名，其中 12 名男生，3 名女生。

　　(1) 任选一名学生，问该学生的身高在 1.70 m 以上的概率是多少？

　　(2) 任选一名学生，选出来后发现是个男生，问该同学的身高在 1.70 m 以上的概率是多少？

2. 设某种动物由出生算起，活到 20 年以上的概率为 0.8，活到 25 年以上的概率为 0.4，如果一只动物已经活到 20 年，问它能活到 25 年的概率为多少？

3. 在数字通信中，信号是由数字"0"和"1"的序列组成，由于有随机干扰，发送的信号"0"或"1"各有可能错误接收为"1"或"0"。现假定发送信号为"0"和"1"的概率均为 1/2，又已知发送信号为"0"时，接收为"0"和"1"的概率分别为 0.8 和 0.2；发送信号"1"时，接收为"1"和"0"的概率分别为 0.9 和 0.1。求：已知收到信号是"0"时，发出的信号是"0"（即没有错误接收）的概率。

4. 有产品 10 只,其中 3 只次品,从中取 2 次,每次取 1 只,设 $A=\{$第 1 次取到次品$\}$ $B=\{$第 2 次取到次品$\}$。求 $P(B|A)$ 及 $P(B)$。

5. 在第二次世界大战中,一名轰炸机驾驶员在每次执行任务时被击落的概率估计为 2%。那么如果他执行飞行任务 50 次,是否就肯定会被打落?如果是的话,为什么?如果不是,那么他能生存下来的概率是多少?

6. 如果要你估计某个城市的流浪儿童的数目、某个城市吸毒人数的数目、犯罪人数,你如何进行?

本章推荐阅读书目

1. Jay L Devore. Probability and statistics[M]. 第五版. 北京:高等教育出版社(影印版),2004.
2. 马庆国. 应用统计学:数理统计方法、数据获取与 SPSS 应用[M]. 北京:科学出版社,2005.
3. 吴冬友,杨玉坤. 统计学[M]. 北京:中国税务出版社,2005.

第五章
估计和假设检验

——本章导言——

统计学(statistics)是研究数据的收集、整理和分析的一门科学,它是帮助人们从数据中抽取出对决策有用的信息的科学。统计(尤其是推断统计)的目的就是讨论总体的未知参数,而推理的简单程序就是从总体中抽取样本,然后用样本统计量对总体未知参数进行推论。估计(estimation)和假设检验(hypothesis testing)是推断统计中的两个主要概念。

在学习本章之前,我们先看两个例子。

 引例 5-1 某大学网络中心如何来估计该校同学每次上网的平均时间。

该校的网络中心的估计方法至少有这样三种:第一种方法是"拍脑袋",随便估计一个数字;第二种方法是估计人员凭以前的经验估计一个数字;第三种方法是利用统计的估计方法,随机抽取 n 个同学并记录他们的上网登录时间和退出时间,得到这 n 个同学在网络上停留的时间分别为 $x_1, x_2, \cdots, x_n$,然后计算这 n 个同学的样本平均值 $\overline{X} = \frac{x_1 + x_2 + \cdots + x_n}{n}$,并用该平均值 $\overline{X}$ 来估计同学们每次上网的平均时间 μ。

这个例子有这么几个概念。

(1) 网络中心要研究的是该校同学每次上网的平均时间,因此研究的对象是该校每个同学的上网时间。该校的所有同学的上网时间所构成的全体就是总体。

(2) 在估计方法中,并不是对该校每个同学的上网停留时间进行观察,然后计算出平均值。我们是抽取 n 个同学,通过对这 n 个同学上网停留时间的观察,计算出他们的上网停留时间平均值,以这个平均值来估计全校所有同学上网停留时间的平均值。这抽取出来的 n 个同学的上网时间就构成了我们所谓的样本。

(3) 对一种事物特征的估计不是只有统计估计方法这一种,例如我们这里提出了三种估计方法。那么我们自然要问的一个问题是,如何来判断这些不同的估计方法的优劣呢?而判断一种估计方法优劣的标准又是什么?这个问题就是推断统计中的点估计评价标准问题。

引例 5-2 为了防止高速公路上车辆超速,需要对行驶车辆的速度进行检测。交通管理部门是通过一种测速器来对车辆的速度进行检测的。稳定性是评估测速器质量的一种重要标准,假设交通管理部门在采购测速器时,对测速器的稳定性有一项要求,那就是测速器对 90 km/h 以上的车辆所测得的测速值的标准差必须≤5 km/h。如果你是交通管理部门中主管测速器采购的,你如何判别厂商所交货的测速器是否符合要求?

其实,你对测速器稳定性的检验,就是对这批测速器的标准差(产品质量的稳定性在统计学中是用方差、标准差来衡量)提出两个假设。

假设 1:它的标准差 $\delta \leqslant 5$。

假设 2:它的标准差 $\delta > 5$。

然后以抽样检验的方式来决定哪一个假设成立,如果假设 1 不成立,则这批测速器就要退货。

你的检验程序可能安排如下。

(1) 从交货的测速器中随机抽出 n 个,并安排在 90 km/h 的模拟测速实验中,记录 n 个测速器所测得的测速值,假设分别为 $x_1, x_2, \cdots, x_n$。

(2) 计算出这 n 个测速值的平均值 $\overline{X} = \dfrac{x_1 + x_2 + \cdots + x_n}{n}$,然后计算出这 n 个测速值的样本标准差 $S = \sqrt{\dfrac{\sum\limits_{i=1}^{n}(x_i - \overline{X})^2}{n-1}}$。

(3) 你的检验准则可能是:如果 $S > K$(例如 K 可能是 $5 \times 1.5 = 7.5$,或者其他值),则你无法接受假设 1,并将这批测速器判定为不合格品,并予以退货,否则你将无法拒绝假设 1 而接受这批测速器。

引例 5-1 事实上是统计学中的估计问题,引例 5-2 中的检验过程是统计学中的假设检验过程。下面的学习就是详细了解引例 5-1 和引例 5-2 中所涉及的统计概念和原理。

让我们从这两个引例,也是所有统计研究都要涉及的两个基本概念——总体和样本开始。

第一节 总体与样本

一、总体

在数理统计中,我们常常关心研究对象的某项数量指标。我们将研究对象的某项数量指标取值的全体称为总体(population)。总体中的每一个元素称为个体(individual),每一个个体就是一个实数。

例如,引例 5-1 中的全校学生的上网停留时间就是我们研究的一个总体,而每个学生的上网停留时间是个体。

我们知道学生的上网停留时间的取值是有一定分布的,比如停留时间在$[0,60]$min的学生人数占整个学生人数的30%,停留时间在$[60,180]$min之间的学生人数占整个学生人数的40%,而在$[180,+\infty]$min的学生人数占整个学生人数的30%。

如果我们随机的从总体中抽取一个个体来观察它的数量指标,以X作为这一数量指标的值,那么X就是一个随机变量。

实际上,我们对总体的研究,就是对相应的随机变量X的分布的研究。这样,X的分布函数和数字特征就分别是总体的分布函数和数字特征。在统计学中不区分总体和相应的随机变量。

■ 二、样本

在研究中,被抽取出来的部分个体所构成的集合称为总体的一个样本(sample)。

所谓从总体中抽取一个个体,就是对总体X进行一次观察(即一次试验),并记录其结果。我们在相同的条件下对总体X进行n次重复的独立的观察,将n次观察的结果按照试验的次序记为$X_1,X_2,\cdots,X_n$。

由于$X_1,X_2,\cdots,X_n$是对随机变量X的观察的结果,且每次观察是在相同的条件下独立进行的,所以有理由认为是$X_1,X_2,\cdots,X_n$相互独立的,且都是与X具有相同分布的随机变量,这样得到的$X_1,X_2,\cdots,X_n$称为来自总体X的一个简单随机样本。n称为这个样本的容量。

当n次观察完成后,我们就得到一系列实数$x_1,x_2,\cdots,x_n$,它们依次是随机变量$X_1,X_2,\cdots,X_n$的观察值,也称为样本值。

■ 第二节 抽样分布

抽样分布是统计学中一个非常重要的概念,也是一个比较难以理解的概念。让我们从样本统计量这一概念说起。

■ 一、样本统计量

定义 样本统计量就是不含任何未知参数的样本的函数。

假设$X_1,X_2,\cdots,X_n$是来自总体X的一个样本,如果函数$g(X_1,X_2,\cdots,X_n)$中不含任何未知参数,则称$g(X_1,X_2,\cdots,X_n)$是一个统计量。另外,假设$x_1,x_2,\cdots,x_n$是样本$X_1,X_2,\cdots,X_n$相应的观察值,则称$g(x_1,x_2,\cdots,x_n)$为统计量$g(X_1,X_2,\cdots,X_n)$的观察值。

统计量是样本的函数,样本每次的观察值不同,则它的值就不同。样本取某个特定的观察值是不确定的,所以统计量也是一个随机变量。

从定义上看,统计量的概念比较抽象,下面我们介绍统计学中常用的两个统计量。

□ **1. 样本均值**

假设$X_1,X_2,\cdots,X_n$是来自总体X的一个样本,$x_1,x_2,\cdots,x_n$是相应的观察值或样本值,则称统计量

$$\overline{X} = \frac{X_1+X_2+\cdots+X_n}{n} = \frac{1}{n}\sum_{i=1}^{n}X_i$$

为样本平均值或样本均值。

□ **2. 样本方差与样本标准差**

假设 $X_1, X_2, \cdots, X_n$ 是来自总体 X 的一个样本，$x_1, x_2, \cdots, x_n$ 是相应的观察值或样本值，则称统计量

$$S^2 = \frac{1}{n-1}\sum_{i=1}^{n}(X_i - \overline{X})^2 = \frac{1}{n-1}\left[\sum_{i=1}^{n}X_i^2 - n\overline{X}^2\right]$$

为样本方差；

称统计量

$$S = \sqrt{\frac{1}{n-1}\sum_{i=1}^{n}(X_i - \overline{X})^2} = \sqrt{\frac{1}{n-1}\left[\sum_{i=1}^{n}X_i^2 - n\overline{X}^2\right]}$$

为样本标准差，或者样本均方差。

从本章开始的两个引例可以看到：在引例 5-1 估计问题中，用到样本均值这一统计量，在引例 5-2 的假设检验问题中，用到样本标准差这一统计量。可见，依照我们的研究问题性质，统计量会用于不同的场所。

我们将作为估计用的样本统计量称为估计量（estimator），将作为假设检验用的样本统计量称为检验量（tester）。当然同一个统计量既可能是估计量，又可能是检验量。

在引例 5-1 和引例 5-2 中，当然希望能够让我们的估计越精确越好，我们的检验越正确越好。要做到这一点，必须首先能够对估计的精确性和检验的正确性进行判断，也就是要能够对精确性和正确性进行定量刻画。要对精确性和正确性进行刻画，唯一的途径就是从估计量和检验量的概率分布入手。样本统计量的概率分布就是我们所说的抽样分布。现在你就应该很明白抽样分布对于推断统计学的重要性了。

■ 二、抽样分布的定义及简单的推导过程

定义 样本统计量的概率分布称为抽样分布（sampling distribution）。

了解样本统计量的抽样分布是非常重要的，唯有如此，我们才能知道用样本统计量来进行估计和检验时的精确性及正确性。首先，我们以几个简单的例子来说明样本统计量的意义及其抽样分布的推导程序。

【**例 5-1**】 假设一个瓶中装有 5 个小球，分别编号为 3、6、9、12、15。从瓶中随机抽出 3 个球，每次取球后不放回，计算

（1）3 个球号平均值的抽样分布，及其期望值与方差；

（2）3 个球号方差的抽样分布，及其期望值与方差。

5 个球被抽中的机会均等，所以我们把它看成由 5 个数字组成的总体，若以 X 表示其数值，则 X 的概率分布为

X	3	6	9	12	15
$P(X)$	1/5	1/5	1/5	1/5	1/5

可以计算得到
$$E(X) = 9, \quad D(X) = 18$$

(1) 若以 $\overline{X}$ 表示所抽取出来的 3 个数字的样本平均值,则这个随机试验的样本空间和随机变量 $\overline{X}$ 间的关系如图 5-1 所示。所以,$\overline{X}$ 的所有可能值为 6、7、8、9、10、11、12 中的 1 个。我们以 $\overline{X}=9$ 为例来说明 $P(\overline{X}=9)$ 的计算过程。

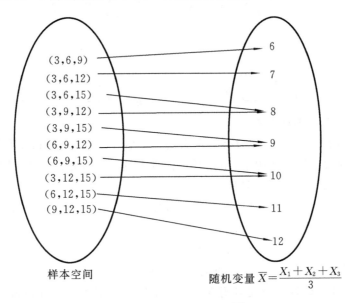

图 5-1

$$P(\overline{X} = 9) = P\{(3,9,15) \cup (6,9,12)\}$$
$$= P\{(3,9,15)\} + P\{(6,9,12)\} = \frac{1}{10} + \frac{1}{10} = \frac{2}{10}$$

所以,$\overline{X}$ 的概率分布为

$\overline{X}$	6	7	8	9	10	11	12
$P(\overline{X})$	$\frac{1}{10}$	$\frac{1}{10}$	$\frac{2}{10}$	$\frac{2}{10}$	$\frac{2}{10}$	$\frac{1}{10}$	$\frac{1}{10}$

那么

$$E(\overline{X}) = 6 \times \frac{1}{10} + 7 \times \frac{1}{10} + 8 \times \frac{2}{10} + 9 \times \frac{2}{10} + 10 \times \frac{2}{10}$$
$$+ 11 \times \frac{1}{10} + 12 \times \frac{1}{10} = 9$$

$$D(\overline{X}) = E(\overline{X}^2) - [E(\overline{X})]^2 = \left(6^2 \times \frac{1}{10} + 7^2 \times \frac{1}{10} + 8^2 \times \frac{2}{10} + 9^2 \times \frac{2}{10}\right.$$
$$\left. + 10^2 \times \frac{2}{10} + 11^2 \times \frac{1}{10} + 12^2 \times \frac{1}{10}\right) - 9^2 = 3$$

从结果中我们可以发现,样本平均数 $\overline{X}$ 的概率分布有向数据中心移动的趋势,同时也看到样本平均数的平均数与总体分布的期望值相同,而样本平均数的方差远小于总体分布的方差。

(2) 以 S^2 表示所抽取出的 3 个数字的方差,则这个随机试验的样本空间与随机变量

S^2 之间的关系如图 5-2 所示。所以，S^2 的所有可能值为 9、21、36、39。我们以 $S^2=21$ 为例来说明 $P(S^2=21)$ 的计算过程，计算过程如下。

$$P(S^2=21) = P\{(3,6,12) \cup (3,9,12) \cup (6,9,15) \cup (6,12,15)\}$$
$$= P\{(3,6,12)\} + P\{(3,9,12)\} + P\{(6,9,15)\} + P\{(6,12,15)\}$$
$$= \frac{1}{10} + \frac{1}{10} + \frac{1}{10} + \frac{1}{10} = \frac{4}{10}$$

所以 S^2 的概率分布为

S^2	9	21	36	39
$P(S^2)$	$\frac{3}{10}$	$\frac{4}{10}$	$\frac{1}{10}$	$\frac{2}{10}$

$$E(S^2) = 9 \times \frac{3}{10} + 21 \times \frac{4}{10} + 36 \times \frac{1}{10} + 39 \times \frac{2}{10} = \frac{225}{10}$$

$$D(S^2) = E((S^2)^2) - [E(S^2)]^2 = \frac{6\,345}{10} - \frac{50\,625}{100} = 128.25$$

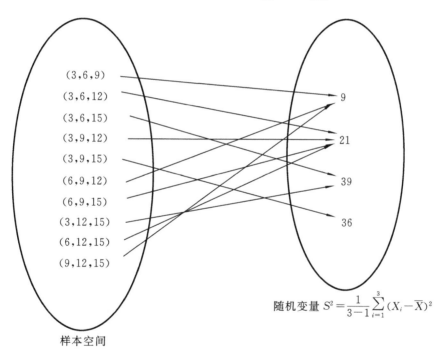

图 5-2

从上面可以看出，样本统计量和样本空间之间有一个对应关系存在，所以其概率值是可以从这个对应关系中计算出来的。在我们所列举的例子中，由于总体的随机变量为有限离散型随机变量，可以按照抽样的程序将样本统计量的各个可能值，以及它与样本空间之间的对应关系及其概率一一列举出来，然后便可以推导出样本统计量的抽样分布。但是，当我们面对的总体的随机变量是连续型的时候，由于随机变量有无限多个可能值，并且概率值是以区间的形式呈现的，所以就无法应用上述的穷举法来推导样本统计量的抽样分布。事实上，连续型随机变量的抽样分布是用数学分析来推导的，有关这部分的内容超出了我们所讲的内容，有兴趣的读者可以参阅相关的高等统计学书籍。

三、$\overline{X}$ 的统计性质

由于样本平均数 $\overline{X}$ 有很好的统计性质（下面就会看到它的良好性），使 $\overline{X}$ 成为推断统计中非常重要的统计量，我们常常用 $\overline{X}$ 作为总体期望 μ 的估计量或检验统计量。因此，我们需要知道 $\overline{X}$ 的抽样分布与总体分布之间的关系。

定理 5-1 假设总体随机变量 X 的期望为 μ，方差为 σ^2，也就是说 $X \sim (\mu, \sigma^2)$，$X_1, X_2, \cdots, X_n$ 为 n 个来自这个总体的随机样本，$\overline{X} = \dfrac{X_1 + X_2 + \cdots + X_n}{n}$ 为这 n 个样本的样本平均数，则有如下等式成立，即

- $E(\overline{X}) = \mu$
- $D(\overline{X}) = \dfrac{\sigma^2}{n}$

这个定理表明，无论总体属于什么分布，样本平均数 $\overline{X}$ 的期望等于总体的期望，样本平均数 $\overline{X}$ 的方差等于总体方差的 $\dfrac{1}{n}$ 倍（其中 n 为样本容量）。

$\overline{X}$ 的这两个统计性质，充分说明了用 $\overline{X}$ 来对总体期望 μ 进行估计或者检验的适当性，该定理的 $E(\overline{X}) = \mu$ 说明了用 $\overline{X}$ 来对总体期望 μ 进行推论的精确性，因为 $\overline{X}$ 虽然不能一举命中 μ，但是我们可以确定它是在 μ 的附近的（因为 $E(\overline{X}) = \mu$）。该定理的 $D(\overline{X}) = \dfrac{\sigma^2}{n}$ 说明了用 $\overline{X}$ 来对总体期望 μ 进行推论的稳定性，因为只要样本容量 n 够大，我们就可以确定 $\overline{X}$ 是在很小的范围内变动的（因为 $D(\overline{X}) = \dfrac{\sigma^2}{n}$）。值得注意的是，该定理的使用条件有两个，即

- 总体为无限总体；
- 总体如果是有限总体，则抽样方式为放回抽样。

如果抽样方式是采取的不放回方式进行的时候，则定理 5-1 就需要修订。

定理 5-2 假设有限总体共有 N 个元素，总体随机变量 X 的期望为 μ，方差为 σ^2，也就是说 $X \sim (\mu, \sigma^2)$，$X_1, X_2, \cdots, X_n$ 为采取不放回方式从总体中抽取出来的 n 个随机样本，$\overline{X} = \dfrac{X_1 + X_2 + \cdots + X_n}{n}$ 为这 n 个样本的样本平均数，则有如下等式成立，即

- $E(\overline{X}) = \mu$
- $D(\overline{X}) = \dfrac{\sigma^2}{n} \times \dfrac{N-n}{N-1}$

在定理 5-2 中，样本平均数 $\overline{X}$ 的期望的统计性质与定理 5-1 完全相同，但是其方差则必须向下修正。我们也看到，当 N 逐步增大的时候，$\dfrac{N-n}{N-1}$ 将趋近于 1，也就是说，在理论上只有当 $N \to \infty$ 时，$\dfrac{N-n}{N-1}$ 才趋近于 1。但在实际中，有个经验可供参考，那就是当 $\dfrac{N}{n} > 20$ 时，我们就可以认为 $\dfrac{N-n}{N-1}$ 与 1 相差无几，这时候定理 5-1 与定理 5-2 有基本相同的结果。

从上面可以看出，这两个定理所关注的焦点是总体随机变量的期望及方差与样本平

均数的期望及方差之间的关系。这种关系固然重要,但如果无法进一步知道$\overline{X}$的抽样分布,则对更进一步的统计推断的帮助就很有限。因此,我们必须进一步探讨样本平均数$\overline{X}$的抽样分布。样本平均数$\overline{X}$的抽样分布究竟是什么形态?不幸的是,$\overline{X}$的抽样分布因总体分布的不同而异;幸运的是,随着抽样数目n的增大,$\overline{X}$的抽样分布便逐渐凸现出某种共同性,那就是随着抽样数目n的增大,$\overline{X}$的抽样分布出现数值向中央积聚并且分布形状呈现正态化的趋势。这就是推断统计中极其重要的理论依据——中心极限定理(the central limit theorem)。

定理 5-3 总体随机变量X的期望为μ,方差为σ^2,也就是说$X \sim (\mu, \sigma^2)$,$(X_1, X_2, \cdots, X_n)$为从总体中抽取出来的n个随机样本,$\overline{X} = \dfrac{X_1 + X_2 + \cdots + X_n}{n}$为这$n$个样本的样本平均数,当样本容量$n$足够大时,则有

- $\overline{X}$近似的服从正态分布,且其期望为μ,方差为$\dfrac{\sigma^2}{n}$;换言之,$\overline{X} \sim N\left(\mu, \dfrac{\sigma^2}{n}\right)$

- $\dfrac{\overline{X} - \mu}{(\sigma/\sqrt{n})} \sim N(0, 1)$

这个定理就是中心极限定理。

中心极限定理的可贵之处在于,它为样本平均数$\overline{X}$的统计性质找到了归宿——正态分布。也可以看到,得到这一统计性质的时候,我们并没有对总体随机变量的分布函数加任何限制。也就是说,无论总体随机变量属于什么分布,只要样本容量n足够大,$\overline{X}$就近似服从正态分布。

中心极限定理要求的样本容量n足够大,到底是多大呢?如果从理论证明去看的话(理论证明我们就免了),就会发现这个足够大是要求n为∞。如此看来,我们辛辛苦苦找到的中心极限定理只是镜中花,虚有可贵但不切实际。因此,我们试图从实际结果来评估这个n到底要多大。根据实证研究,只要$n \geq 30$就可以了。

四、各种(抽样)分布及它们之间的关系

1. $\chi^2(n)$分布

$\chi^2(n)$分布中的n表示自由度,其概率密度函数为

$$\varphi(x) = \begin{cases} \dfrac{1}{2^{\frac{n}{2}} \Gamma\left(\dfrac{n}{2}\right)} x^{\frac{n}{2}-1} e^{-\frac{x}{2}}, & x > 0 \\ 0, & x \leq 0 \end{cases}$$

其实对于应用来说,我们不用记上面这个复杂的公式,只需要掌握它的概率密度函数的曲线特点就可以了。对于下面的几种分布,我们也是不要求记住概率密度公式,而只需要掌握概率密度函数的曲线特点。$\chi^2(n)$分布的概率密度函数的曲线如图5-3所示。

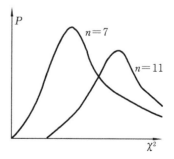

图 5-3 χ^2分布曲线

2. t分布

如果$\xi \sim t(n)$,则密度函数为

$$\varphi(x) = \frac{\Gamma\left(\frac{n+1}{2}\right)}{\Gamma\left(\frac{n}{2}\right)\sqrt{n\pi}}\left(1+\frac{x^2}{2}\right)^{-\frac{n+1}{2}}$$

从曲线(见图5-4)的形态来看,t 分布与标准正态分布相似,但是更为平坦。值得注意的是,随着自由度 n 的增大,t 分布越来越接近于标准正态分布。

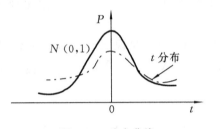

图5-4 t 分布曲线

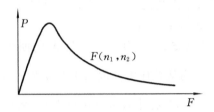

图5-5 F 分布曲线

3. F 分布

如果 $\xi \sim F(n_1, n_2)$,则其密度函数为

$$\varphi(x) = \frac{\Gamma\left(\frac{n_1+n_2}{2}\right)}{\Gamma\left(\frac{n_1}{2}\right)\Gamma\left(\frac{n_2}{2}\right)}\left(\frac{n_1}{n_2}\right)^{\frac{n_1}{2}} x^{\frac{n_1}{2}-1}\left(1+\frac{n_1}{n_2}\right)^{-\frac{n_1+n_2}{2}}, x>0$$

值得注意的是,F 分布曲线(见图5-5)的具体曲线由两个自由度决定,当自由度确定下来,其函数的具体形式也就确定了下来。

4. 各种(抽样)分布之间的关系

这几种分布之间的关系如图5-6所示。

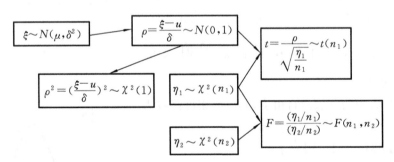

图5-6 常用分布之间的关系

第三节 参数估计

参数估计是推断统计学中的一个重要概念。参数估计可以分为两类,即点估计和区间估计。这一节将讨论点估计和区间估计的问题。

我们知道,总体的分布中包含一些参数,例如正态分布就包含两个参数:期望 μ 和方差 σ_2。在推断统计研究中,总体分布的参数常常未知,我们要确定总体的分布,就需要用样本的信息来估计出这些未知参数。

一、点 估 计

设总体的分布函数的形式为已知,θ是总体的未知函数,$x_1,x_2,\cdots,x_n$是X的一组样本观察值。如何从这组观察值来估计总体参数θ的值,这个问题就称为参数的点估计问题。点估计的方法通常是:用样本$X_1,X_2,\cdots,X_n$构造一个样本的函数,即统计量$\hat{\theta}=\hat{\theta}(X_1,X_2,\cdots,X_n)$,然后用$\hat{\theta}$来估计相应的参数$\theta$,则称$\hat{\theta}$为参数$\theta$的点估计量。对应样本的一个实现$x_1,x_2,\cdots,x_n$,估计量$\hat{\theta}$的值$\hat{\theta}(X_1,X_2,\cdots,X_n)$称为参数$\theta$的点估计值。参数点估计的方法主要有矩估计法和极大似然估计法。

(一) 矩估计法

矩是描述随机变量的最简单的数字特征。由于样本是从总体中随机抽取的,样本的分布及其各阶矩也就在一定程度上反映了总体的分布及其各阶矩。如果总体的各原点矩存在,则可采用矩估计法,即用样本各阶原点矩作为相应总体各阶原点矩的估计量,用样本各阶原点矩的函数作为总体各阶原点矩的同一个函数的估计量。

设总体涉及的随机变量为X,对于任意正整数k,X的k阶原点矩$E(X^k)$存在,则X的算术平均数就是X的一阶原点矩,X的方差就是X的原点矩的函数。即

$$\mu = E(X), \quad \sigma^2 = E(X^2) - [E(X)]^2$$

考虑对X的n次独立观察值$x_1,x_2,\cdots,x_n$,则此样本k的阶原点矩为

$$E(x^k) = \frac{1}{n}\sum_{i=1}^{n}x_i^k, \quad \hat{\mu} = E(x^2) = \frac{1}{n}\sum_{i=1}^{n}x_i = \overline{x}$$

根据矩估计法,可得

$$\hat{\sigma}_X = E(x^2) - [E(x)]^2 = \overline{x^2} - (\overline{x})^2$$

若服从$(0,1)$分布,又因为比例可以看成是$(0,1)$分布的均值,因此,同理可以得

$$\hat{P} = p = n_1/n$$

矩估计法只要求总体的各阶原点矩存在,并不需要知道总体的分布类型。这种方法简单、直观,因而得到了广泛的应用。但是,矩估计法没有充分利用总体分布函数提供的信息。

(二) 极大似然估计法

极大似然估计法是求估计值的最一般的方法。首先介绍似然函数的概念。

定义 设总体随机变量X的概率密度为$f(x;\theta)$,θ是待估计的参数。$X_1,X_2,\cdots,X_n$是X的独立随机样本,那么$X_1,X_2,\cdots,X_n$也是随机变量,其联合概率密度为

$$L(\theta) = L(x_1,x_2,\cdots,x_n;\theta) = \prod_{i=1}^{n}f(x_i;\theta)$$

则$L(\theta)$称为似然函数。

若总体是离散型的,则似然函数为

$$L(\theta) = L(x_1,x_2,\cdots,x_n;\theta) = \prod_{i=1}^{n}f(x_i;\theta)$$

为了运算方便,通常对似然函数取对数,即令$L^*(\theta)=\ln L(\theta)$。

极大似然估计的基本思想是:一个试验如有若干个结果$A,B,C\cdots$,如果A已出现,那

么一般说来，当时试验条件应更有利于 A 的出现，因此未知参数 θ 的取值应使似然函数 $\prod_{i=1}^{n} f(x_i;\theta)$ 达到最大，因为这样选定的 θ 最有利于 $x_1, x_2, \cdots, x_n$ 的出现。极大似然估计法就是通过样本数据求似然函数的最大值点 $\hat{\theta}$ 来作为对未知参数 θ 的估计值。

设 $x_1, x_2, \cdots, x_n$ 是正态总体的一组样本观察值，那么参数的极大似然估计值分别为

$$\hat{\mu} = \bar{x} = \frac{1}{n}\sum_{i=1}^{n} x_i^2, \qquad \sigma^2 = \frac{1}{n}\sum_{i=1}^{n}(x_i - \bar{x})^2$$

二、判断点估计的优劣标准

任何一个统计量都不可能是绝对"好的"，评价用作估计量的统计量好坏的标准有以下 4 个方面。

1. 无偏性（unbiased）

如果一个估计量在所估计的总体参数以上或以下出现的可能性（出现的频率或取值范围）相同，就认为这个统计量是个无偏的估计量。取自同一个总体的样本的平均数抽样分布，其平均数等于总体的平均数，所以说样本平均数是总体平均数的无偏估计（量）（unbiased estimate）。

2. 有效性（effectiveness）

这是一条与统计量标准误差相关的标准。因为无偏估计不是唯一的，那么许多个无偏估计中哪个更好（估计值中哪一个更靠近总体参数）？假设有两个容量相等的抽样分布，应该选用平均误差或标准误差较小的那个。换言之，估计量的平均误差越小，根据它推演出接近总体参数值的机会越大。称平均误差最小的那个估计量为有效估计量（efficent estimator）。

3. 一致性（consistency）

如果随着总量的增加，统计量增加，统计量的值越来越接近总体的参数值，那么这样的统计量就是与总体参数一致的估计量。样本容量越大，估计量的一致性就越可靠。

4. 充分性（sufficient）

如果一个估计量能够为总体带来大量的有用的信息，而没有其他的估计量能带来比它更多的有用信息，那么就称这个估计量是充分的。

三、区间估计

在实际参数估计中，人们不仅需要知道被估参数的点估计值，而且还要求知道估计值精确度，也即对真实值所在的范围进行估计，并希望知道这个范围包含真实值的可靠程度。这样的范围在估计中若以区间的形式给出，同时还给出此区间包含真实值的可靠程度，则这种形式的估计称为区间估计。

（一）置信区间

若总体分布含一个未知参数 β，找出了两个依赖于样本 $X_1, X_2, \cdots, X_n$ 的估计量，即 $\hat{\beta}_1(X_1, X_2, \cdots, X_n) \leqslant \hat{\beta}_2(X_1, X_2, \cdots, X_n)$，使

$$P(\hat{\beta}_1 < \beta < \hat{\beta}_2) = 1 - \alpha$$

则称随机区间$(\hat{\beta}_1,\hat{\beta}_2)$为未知参数$\beta$的$100(1-\alpha)\%$的置信区间(confidence interval)，$100(1-\alpha)\%$称为置信度(level of confidence)。

其中，$0<\alpha<1$，一般取 0.05 或 0.01。

(二) 区间估计的一般步骤

步骤 1 抽样，从总体中抽出样本。

步骤 2 构建估计量(estimator)。一般来说，总体均值的估计量就是样本均值，总体方差的估计量就是样本方差。

步骤 3 找到估计量的抽样分布。均值一般是Z分布和T分布，方差一般是χ^2分布。

步骤 4 依据抽样分布和置信水平$(1-\alpha)$计算出置信区间。

(三) 已知总体方差求总体均值的置信区间

我们通过一个例题来说明已知总体方差，求解总体均值置信区间的方法。

【例 5-2】 假设我们想研究武汉市武昌区 2006 年下岗职工家庭的月平均收入为多少。通过相关部门了解到，2006 年该区有下岗职工家庭户 12 000 户，其中月平均收入的方差为 30 元。

用简单随机不重复抽样的方法，抽取 120 户做调查，得知月平均收入为 600 元，方差为 40 元。

问：在 95% 的置信水平下，估计全区下岗职工家庭户的月平均收入的置信区间。

步骤 1 按照区间估计的步骤，我们已经完成了第一步抽样工作。

步骤 2 选取估计量。对于总体均值μ的估计，一般来说估计量就是样本均值$\overline{X}$。

步骤 3 找到估计量的抽样分布。按照中心极限定理，样本均值$\overline{X}$的抽样分布为

$$\overline{X} \sim N\left(\mu, \frac{\sigma^2}{n}\right) = N\left(\mu, \frac{30}{120}\right)$$

步骤 4 依据抽样分布和置信水平$(1-\alpha)$，计算出置信区间。

按照置信区间的定义，$P(\hat{\beta}_1 < \beta < \hat{\beta}_2) = 1-\alpha$。对于任意的区间估计来说，如果知道估计量$\hat{\beta}$的抽样分布形式为$P(\hat{\beta} \leqslant x) = \int_{-\infty}^{x} f(t)\mathrm{d}t$，又知道置信水平$1-\alpha$，我们依据左尾概率来定义$\hat{\beta}$的分位点的话，就可以得到$P(\hat{\beta}_{\frac{\alpha}{2}} < \hat{\beta} < \hat{\beta}_{1-\frac{\alpha}{2}}) = 1-\alpha$，由于估计量$\hat{\beta}$的抽样分布形式$P(\hat{\beta} \leqslant x) = \int_{-\infty}^{x} f(t)\mathrm{d}t$是已知的，当然$\hat{\beta}_{\frac{\alpha}{2}}$和$\hat{\beta}_{1-\frac{\alpha}{2}}$是已知的。现在的问题无非是将区间$\hat{\beta}_{\frac{\alpha}{2}} < \hat{\beta} < \hat{\beta}_{1-\frac{\alpha}{2}}$转化为我们要求的$\hat{\beta}_1 < \beta < \hat{\beta}_2$。由于我们的估价量$\hat{\beta}$中包含有总体的参数$\beta$，那么通过适当的变形就能把区间$\hat{\beta}_{\frac{\alpha}{2}} < \hat{\beta} < \hat{\beta}_{1-\frac{\alpha}{2}}$转化为等价的区间$\hat{\beta}_1 < \beta < \hat{\beta}_2$。这样就得到了总体参数参数$\beta$的$100(1-\alpha)\%$的置信区间如图 5-7 所示。

结合本例题，由于估计量样本均值$\overline{X}$的抽样分布为$\overline{X} \sim N\left(\mu, \frac{30}{120}\right)$，对其标准化为

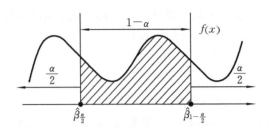

图 5-7 估计量的抽样分布

$$Z = \frac{\overline{X} - \mu}{\sqrt{\frac{30}{120}}} \sim N(0,1)$$

由于置信水平为 95%，所以 $\alpha = 0.05$，当然可以得到（见图 5-8）

$$P(-Z_{\frac{0.05}{2}} < Z < Z_{\frac{0.05}{2}}) = P(-1.96 < Z < 1.96) = 1 - 0.05$$

将 $Z = \frac{\overline{X} - \mu}{\sqrt{\frac{30}{120}}} = 2(\overline{X} - \mu)$ 代入上式可以得到

$$P(-1.96 < 2(\overline{X} - \mu) < 1.96) = 1 - 0.05$$

将该式变形就可以得到

$$P\left(\overline{X} - 1.96 \times \frac{1}{2} < \mu < \overline{X} + 1.96 \times \frac{1}{2}\right) = 1 - 0.05$$

从置信区间的定义，就可以知道总体均值 μ 的 95% 的置信区间为

$$\mu \in \left[\overline{X} - 1.96 \times \frac{1}{2}, \overline{X} + 1.96 \times \frac{1}{2}\right]$$

把 $\overline{X} = 600$ 代入区间，得到 μ 的 95% 的置信区间为 [599.02, 600.98]。

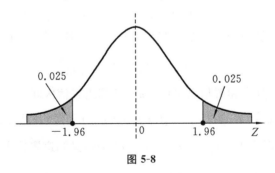

图 5-8

对于以上的解法我们需要注意以下几点。

(1) 对 μ 的置信度为 95% 的置信区间，为了更清楚地说明这一随机区间是如何求得的，我们还可以将该置信区间写成

$$\mu = \overline{X} \pm Z_{0.025} SE \quad 或 \quad \mu = \overline{X} \pm Z_{0.025} \frac{\sigma}{\sqrt{n}}$$

其中，$Z_{0.025} = 1.96$ 是从正态分布表查得的。也就是说，它对应于右侧尾部去掉 0.025 处的 Z 值，根据对称性，左侧尾部也去掉了 0.025。

一般的，左、右两侧尾部去掉的面积总和如果用 α 来表示，那么置信度等于 $1 - \alpha$，这

是 Z 值应该是对应于右侧尾部去掉处的 $\frac{\alpha}{2}$，当然左侧尾部也同样去掉了 $\frac{\alpha}{2}$，因此，置信度为 $1-\alpha$ 的置信区间为

$$\overline{X} - Z_{\frac{\alpha}{2}} \frac{\sigma}{\sqrt{n}} \leqslant \mu \leqslant \overline{X} + Z_{\frac{\alpha}{2}} \frac{\sigma}{\sqrt{n}}$$

（2）总体参数 μ 是常数，所以一直保持不变，并且是未知的。变化的是随机区间 $\overline{X} \pm Z_{0.025} \frac{\sigma}{\sqrt{n}}$，因为其中心 $\overline{X}$ 是一个随机变量，它随样本的不同而取不同的值，并且抽样之前 $\overline{X}$ 的值是不确定的。

（3）随机区间虽然是变动的，但是其长度却保持不变，长度为 $2 \times Z_{\frac{\alpha}{2}} \frac{\sigma}{\sqrt{n}}$。一方面，随着样本含量 n 的增加，$\overline{X}$ 的标准误差 $\frac{\sigma}{\sqrt{n}}$ 也越来越小，因此置信区间也变得更窄、更精确，这就是增加样本含量的价值。另一方面，随着置信度的增高，$Z_{\frac{\alpha}{2}}$ 也随之增大，因此置信区间变得更宽，即更加含糊不明确。因此置信度和精确度之间是矛盾的，对于实际问题，我们要在两者之间作一合理的折中。

（4）构造 95% 的置信度的置信区间在某种意义上就像是在游乐场里玩"套圈"的游戏。两种情况都有一固定的目标：或者是总体参数，或者是被套的物品。我们是要用某些含一定成功概率的手法去盖住这一目标，或是用随机区间，或是用"圈"。这一类比如图 5-9 所示。

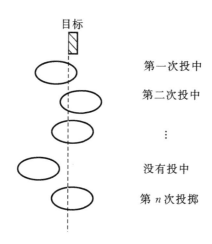

图 5-9 置信区间的类比图

不过，构造置信区间与玩套圈游戏还是所不同。首先，置信区间通常只构造一个，而玩套圈游戏一般都投好多个；其次，目标不像套圈的桩子，它是看不见的。因此，套圈人总是知道他的结果是否成功；但是统计学家是不知道的，他是"在黑暗中投掷"，不知道他的区间估计是否盖住了。他所必须研究的就是，从长远的观点来看保证他有 95% 成功可能的统计理论和方法。

（四）未知总体方差 σ^2 求总体均值 μ 的置信区间

上面讨论的是，当我们知道总体方差时如何求总体均值的置信区间。很明显，当总体方差 σ^2 未知时，我们就不能按照 $\mu = \overline{X} \pm Z_{\frac{\alpha}{2}} \frac{\sigma}{\sqrt{n}}$ 来计算总体均值 μ 的置信区间。

当总体方差 σ^2 未知时，我们如何来求解 μ 的置信区间呢？一个自然的想法是，由于总体方差 σ^2 未知，我们就用样本方差 S^2 来代替总体方差。值得注意的是，当我们用样本方差 S^2 来代替总体方差 σ^2 的时候，$\dfrac{\overline{X}-\mu}{\sqrt{\frac{S^2}{n}}}$ 就不再服从标准正态分布了，而是服从自由度为 $(n-1)$ 的 t 分布，即 $\dfrac{\overline{X}-\mu}{S/\sqrt{n}} \sim t(n-1)$。至于当我们用样本方差 S^2 来代替总体方差 σ^2 时，为什么 $\dfrac{\overline{X}-\mu}{S/\sqrt{n}}$ 服从 $t(n-1)$，读者可以参见抽样分布之间的关系来加以证明。

由于 $\dfrac{\overline{X}-\mu}{S/\sqrt{n}} \sim t(n-1)$，对于给定的置信度 $(1-\alpha)$，我们参照求解置信区间的 4 个步骤，可以得到 μ 的 $(1-\alpha)$ 的置信区间为

$$\overline{X} - t_{\frac{\alpha}{2}}(n-1)\frac{S}{\sqrt{n}} \leqslant \mu \leqslant \overline{X} + t_{\frac{\alpha}{2}}(n-1)\frac{S}{\sqrt{n}}$$

利用 t 分布的性质，对于大样本 $(n \geqslant 30)$，上式中的 $t_{\frac{\alpha}{2}}(n-1)$ 也可以用 $Z_{\frac{\alpha}{2}}$ 代替近似计算。

【例 5-3】 某 mp3 组装厂想估计一下组装一部 mp3 所需要的平均时间，随机抽样记录了 41 部 mp3 的组装时间，计算出这 41 项数据的平均数为 $\overline{X}=18$ min，标准差 $S=1.8$ min。求：平均组装时间 μ 的 98% 的置信区间。

由给定的条件可知，样本数量 $n>30$，所以可以用样本方差代替总体方差，样本均值 $\overline{X}=18$，样本方差 $S=1.8$，置信度 $\alpha=0.02$。根据上面我们所讨论的结论，对于大样本，当总体方差未知时，μ 的 $(1-\alpha)$ 的置信区间为

$$\overline{X} - Z_{\frac{\alpha}{2}}\frac{S}{\sqrt{n}} \leqslant \mu \leqslant \overline{X} + Z_{\frac{\alpha}{2}}\frac{S}{\sqrt{n}}$$

所以，平均组装时间 μ 的 98% 的置信区间为

$$\left[\overline{X} - Z_{0.01}\frac{s}{\sqrt{41}}, \overline{X} + Z_{0.01}\frac{s}{\sqrt{41}}\right]$$

将 $S=1.8$，$\overline{X}=18$ 代入式中，得出平均组装时间的置信区间为 $[17.35, 18.66]$。

（五）总体比例 π 的区间估计

对于总体比例的估计问题，我们只讨论大样本情况下总体比例 π 的估计问题。这里所谓的大样本，是指依据经验法则，满足 $np \geqslant 5$ 和 $n(1-p) \geqslant 5$ 条件的样本容量 n。

对于总体比例 π 的区间估计，我们仍然要首先知道其估计量——样本比例 p 的抽样分布。下面我们来推导样本比例 p 的抽样分布。

假设面临的问题是,估计总体中具有某种特征 A(例如性别为女性)的比例 π,我们首先进行抽样,假设抽样得到的样本容量为 n,具有特征 A 的个体数为 k,那么样本中具有特征 A 的个体比例为 $\dfrac{k}{n}$。

对于该样本比例 $\dfrac{k}{n}$,换一个角度来看是等价的,可以假设我们抽样的个体来自于一个总体 X,总体 X 服从于 $(0,1)$ 分布,其中

$$X=\begin{cases}1, & X=A \\ 0, & X=\overline{A}\end{cases}, (X=A \text{ 表示个体具有特征 } A, X=\overline{A} \text{ 表示个体不具有特征 } A)$$

那么,我们进行抽样的时候,如果第 1 次抽取出的个体具有特征 A,取值就为 1;如果第 2 次抽取到的个体不具有特征 A,那么取值就为 0。如此类推,假设我们最终得到如下的样本数据(样本容量为 10)。

抽样次序	1	2	3	4	5	6	7	8	9	10
X_i	1	0	0	0	1	1	0	0	1	0

很明显,样本中具有特征 A 的比例为 $p=\dfrac{k}{n}=\dfrac{4}{10}$,该比例等价于

$$p=\frac{k}{n}=\frac{\sum_{i=1}^{n}X_i}{n}=\frac{1+0+0+0+1+1+0+0+1+0}{10}=\frac{4}{10}$$

也就是说,样本比例 p 其实质就是样本均值 $\dfrac{\sum_{i=1}^{n}X_i}{n}$。按照中心极限定理,当样本容量足够大的时候,样本比例 p 就服从于正态分布,其均值就是总体均值——总体具有特征 A 的比例 π,方差就是 $\dfrac{\pi(1-\pi)}{n}$,即

$$p \sim N\left(\pi, \frac{\pi(1-\pi)}{n}\right)$$

对其标准化,可以得到

$$Z=\frac{p-\pi}{\sqrt{\dfrac{\pi(1-\pi)}{n}}} \sim N(0,1)$$

类似地,我们可以得到总体比例 π 的 $(1-\alpha)$ 的置信区间为

$$p-Z_{\frac{\alpha}{2}}\frac{\sqrt{\pi(1-\pi)}}{\sqrt{n}} \leqslant \pi \leqslant p+Z_{\frac{\alpha}{2}}\frac{\sqrt{\pi(1-\pi)}}{\sqrt{n}}$$

当然我们要是知道总体方差 $\pi(1-\pi)$,就可以知道置信区间。关键是我们不知道总体方差,自然的想法是用样本方差 $p(1-p)$ 来代替。$\dfrac{p-\pi}{\sqrt{\dfrac{p(1-p)}{n}}} \sim t(n-1)$,由于是大样本,所以 $\dfrac{p-\pi}{\sqrt{\dfrac{p(1-p)}{n}}} \sim N(0,1)$。

所以对于大样本来说，总体比例 π 的 $(1-\alpha)$ 的置信区间为

$$p - Z_{\frac{\alpha}{2}} \frac{\sqrt{p(1-p)}}{\sqrt{n}} \leqslant \pi \leqslant p + Z_{\frac{\alpha}{2}} \frac{\sqrt{p(1-p)}}{\sqrt{n}}$$

【例 5-4】 某城市民政部门想要估计该城市下岗职工中女性所占的比例，随机抽取了 100 名下岗职工，其中 65 人为女性职工。试以 95% 的置信水平估计该城市下岗职工中女性比例的置信区间。

因为 $n=100$，样本比例 $p=65\%$，$np \geqslant 5$，$n(1-p) \geqslant 5$，所以为大样本。依据前面的分析，可以得到总体比例 π 的 $(1-\alpha)$ 的置信区间为

$$p \pm Z_{\frac{\alpha}{2}} \frac{\sqrt{p(1-p)}}{\sqrt{n}} = 0.65 \pm 1.96 \times \sqrt{\frac{0.65 \times 0.35}{100}} = [0.56, 0.74]$$

所以该城市下岗职工中女性比例的 95% 的置信区间为 56%～74%。

（六）总体方差 σ^2 的区间估计

我们只讨论正态总体方差的估计问题。

已知 $X_1, X_2, \cdots, X_n$ 是来自于正态总体 $N(\mu, \sigma^2)$ 的一个随机样本，其样本方差为 S^2，总体方差为 σ^2。那么 $\frac{\sum(x_i - \bar{x})}{\sigma^2} = \frac{(n-1)S^2}{\sigma^2}$（记为 χ^2）服从 $\chi^2(n-1)$ 分布，即

$$\chi^2 = \frac{(n-1)S^2}{\sigma^2} \sim \chi^2(n-1)$$

给定置信水平 $(1-\alpha)$，利用该抽样分布，我们就构造出总体方差 σ^2 的置信区间，可以用图 5-10 所示曲线来表示该区间。

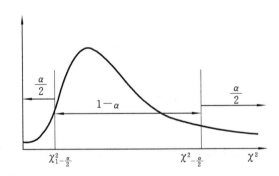

图 5-10

从图 5-8 中可以看出，总体方差 σ^2 的 $(1-\alpha)$ 的置信区间可以从下面的区间推导出来，即

$$\chi^2_{1-\frac{\alpha}{2}}(n-1) \leqslant \chi^2 = \frac{(n-1)S^2}{\sigma^2} \leqslant \chi^2_{\frac{\alpha}{2}}(n-1)$$

变形就得到了总体方差 σ^2 的 $(1-\alpha)$ 的置信区间为

$$\left[\frac{(n-1)S^2}{\chi^2_{\frac{\alpha}{2}}(n-1)}, \frac{(n-1)S^2}{\chi^2_{1-\frac{\alpha}{2}}(n-1)}\right]$$

【例 5-5】 从车间加工的同类零件中抽取了 16 件产品,测得零件的平均长度为 12.8 cm,方差为 0.002 3。假设零件的长度服从正态分布,试求总体方差 σ^2 的 95% 的置信区间。

已知 $n=16, S^2=0.002\ 3, \alpha=0.05$,所以总体方差 σ^2 的 $(1-\alpha)$ 的置信区间为

$$\left[\frac{(n-1)S^2}{\chi^2_{\frac{\alpha}{2}}(n-1)}, \frac{(n-1)S^2}{\chi^2_{1-\frac{\alpha}{2}}(n-1)}\right] = \left[\frac{(16-1)0.002\ 3}{\chi^2_{0.025}(16-1)}, \frac{(16-1)0.002\ 3}{\chi^2_{0.975}(16-1)}\right]$$
$$= [0.001\ 3, 0.005\ 5]$$

(七) 两个总体均值之差 $(\mu_1-\mu_2)$ 的区间估计

两个总体均值之差 $(\mu_1-\mu_2)$ 的区间估计比较复杂,需要细分为如图 5-11 所示的几种情况。

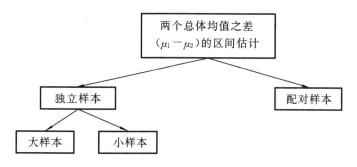

图 5-11 两个总体均值比较的类型

1. 独立样本的大样本

当两个样本是大样本时,无论总体服从什么分布,两个样本的均值 $\overline{X}_1$ 和 $\overline{X}_2$ 分别近似服从 $N\left(\mu_1, \frac{\sigma_1^2}{n_1}\right)$ 和 $N\left(\mu_2, \frac{\sigma_2^2}{n_2}\right)$,所以 $\overline{X}_1-\overline{X}_2$ 也近似得服从正态分布。由于两个样本是相互独立的,所以 $\overline{X}_1$ 和 $\overline{X}_2$ 相互独立,且

$$E(\overline{X}_1-\overline{X}_2) = \mu_1-\mu_2$$
$$D(\overline{X}_1-\overline{X}_2) = \frac{\sigma_1^2}{n_1}+\frac{\sigma_2^2}{n_2}$$

综合可知

$$(\overline{X}_1-\overline{X}_2) \sim N\left(\mu_1-\mu_2, \frac{\sigma_1^2}{n_1}+\frac{\sigma_2^2}{n_2}\right)$$

利用前面所讲的区间估计原理,我们同样的可以得到 $(\mu_1-\mu_2)$ 的 $(1-\alpha)$ 的置信区间为

$$(\overline{X}_1-\overline{X}_2) \pm Z_{\frac{\alpha}{2}}\sqrt{\frac{\sigma_1^2}{n_1}+\frac{\sigma_2^2}{n_2}}$$

如果总体方差未知,我们就用两个样本的方差 S_1^2 和 S_2^2 来代替,且由于是大样本,所以置信区间变为

$$(\overline{X}_1 - \overline{X}_2) \pm Z_{\frac{\alpha}{2}} \sqrt{\frac{S_1^2}{n_1} + \frac{S_2^2}{n_2}}$$

【例 5-6】 从某市近郊区和远郊区各自独立地抽取了 50 户农民家庭,调查每户年末拥有现金和存款余额。经计算得:$\overline{X}_1 = 650$ 元,$\overline{X}_2 = 480$ 元,$S_1 = 120$ 元,$S_2 = 106$ 元。试以 95% 的概率估计该市近郊区与远郊区农民平均每户年末拥有现金和存款余额之差的置信区间。

虽然两总体分布未知,但由于 $n_1 = n_2 = 50$,属于大样本,故可用前面讲的方法进行计算。直接代入 $(\overline{X}_1 - \overline{X}) \pm Z_{\frac{\alpha}{2}} \sqrt{\frac{S_1^2}{n_1} + \frac{S_2^2}{n_2}}$,有

$$(650 - 480) \pm 1.96 \sqrt{\frac{120^2}{50} + \frac{106^2}{50}}$$

即置信区间为 [125.62, 214.38]。也就是说,该市近、远郊农民平均每户年末拥有现金和存款余额相差大约 125.62 元至 214.38 元,其可靠性为 95%。

2. 独立样本的小样本

对于两个独立样本且为小样本的均值差的估计,我们首先就需要划分为两种情况来处理:第一种情况是两个总体分布未知;第二种情况是两个总体都服从正态分布。对于第一种情况需要非参数的方法,我们在这里不讨论。只讨论第二种情况,即两个总体都服从正态分布的情况。对于第二种情况,我们还要细分为下面三种情况。

(1) 两个总体的方差 σ_1^2 和 σ_2^2 都已知,这个时候对于两个总体均值差 $(\mu_1 - \mu_2)$ 的区间估计直接用式 $(\overline{X}_1 - \overline{X}_2) \pm Z_{\frac{\alpha}{2}} \sqrt{\frac{\sigma_1^2}{n_1} + \frac{\sigma_2^2}{n_2}}$ 来求解。

(2) 两个总体的方差 σ_1^2 和 σ_2^2 未知,但是 $\sigma_1^2 = \sigma_2^2$,这个时候,需要用两个样本的方差 S_1^2 和 S_2^2 来估计,同时需要将两个样本的数据组合在一起,以给出总体方差的合并估计量 $S_p^2 = \frac{(n_1-1)S_1^2 + (n_2-1)S_2^2}{n_1 + n_2 - 2}$。并且两个样本均值之差经过标准化后服从自由度为 $(n_1 + n_2 - 2)$ 的 t 分布,即

$$t = \frac{(\overline{X}_1 - \overline{X}_2) - (\mu_1 - \mu_2)}{\sqrt{S_p^2 \left(\frac{1}{n_1} + \frac{1}{n_2} \right)}} \sim t(n_1 + n_2 - 2)$$

所以两个总体均值差 $(\mu_1 - \mu_2)$ 的 $(1-\alpha)$ 的置信区间为

$$(\overline{X}_1 - \overline{X}_2) \pm t_{\frac{\alpha}{2}}(n_1 + n_2 - 2) \sqrt{S_p^2 \left(\frac{1}{n_1} + \frac{1}{n_2} \right)}$$

【例 5-7】 为比较Ⅰ、Ⅱ两种型号步枪子弹的枪口速度,随机地取Ⅰ型子

弹 10 发,得到枪口速度平均值为 $\overline{X}_1 = 500$ m/s,标准差 $S_1 = 1.10$ m/s,随机取 Ⅱ 型子弹 20 发,得到枪口速度的平均值为 $\overline{X}_2 = 496$ m/s,标准差 $S_2 = 1.20$ m/s。设两总体都可认为近似地服从正态分布,且由生产过程认为它们的方差相等。求两总体均值差 $(\mu_1 - \mu_2)$ 的 0.95 的置信区间。

按 $t \sim t(n_1 + n_2 - 2)$,$S_p^2 = \dfrac{(n_1-1)^2 S_1^2 + (n_2-1)^2 S_2^2}{n_1 + n_2 - 2}$,有

$$t_{0.025}(28) = 2.0484, \quad S_p^2 = \frac{9 \times 1.1^2 + 19 \times 1.2^2}{28}$$

所以有

$$(\mu_1 - \mu_2) \in (\overline{X}_1 - \overline{X}_2) \pm t_{0.025}(28) \sqrt{S_p^2 \left(\frac{1}{n_1} + \frac{1}{n_2} \right)} = (3.07, 4.03)$$

(3) 两个总体的方差 σ_1^2 和 σ_2^2 未知,且 $\sigma_1^2 \neq \sigma_2^2$,如果两个样本的样本容量相等,即 $n_1 = n_2 = n$,则两个总体均值差 $(\mu_1 - \mu_2)$ 的 $(1-\alpha)$ 的置信区间为

$$(\overline{X}_1 - \overline{X}_2) \pm t_{\frac{\alpha}{2}}(2n-2) \sqrt{\frac{S_1^2 + S_2^2}{n}}$$

如果两个样本的样本容量也不相等,即 $n_1 \neq n_2$ 时,两个样本均值的差经过标准化后,不再服从自由度为 $n_1 + n_2 - 2$ 的 t 分布,而是近似服从自由度为 k 的 t 分布,其中

$$k = \frac{\left(\dfrac{S_1^2}{n_1} + \dfrac{S_2^2}{n_2} \right)^2}{\dfrac{(S_1^2/n_1)^2}{n_1 - 1} + \dfrac{(S_2^2/n_2)^2}{n_2 - 1}}$$

两个总体均值差 $(\mu_1 - \mu_2)$ 的 $(1-\alpha)$ 的置信区间为

$$(\overline{X}_1 - \overline{X}_2) \pm t_{\frac{\alpha}{2}}(k) \sqrt{\frac{S_1^2}{n_1} + \frac{S_2^2}{n_2}}$$

3. 配对样本

我们前面涉及的两个样本都是独立样本,也就是说两个样本数据之间没有关系。有时候,使用独立样本来进行两个总体均值差的估计会存在着潜在的弊端,例如,要对两种汉语输入法的输入速度的差异进行评估,我们可能把动作比较敏捷的人分在了一个输入法小组,而将动作比较迟缓的人分在了另一个输入法小组。经过一段时间,测量估计得到的两个输入法的输入速度差异就会存在偏差。

为了避免这种潜在弊端,研究的时候常常使用配对样本。所谓配对样本(paired samples)也叫相依样本(dependent samples),是指一个样本的数据与另一个样本的数据相对应。例如,我们首先让一定数量的人进行第一种输入法的培训,测量这些人使用第一种输入法的输入速度;然后再让这些人进行第二种输入法的培训,测量其使用第二种输入法的输入速度。这样得到的两个样本就是配对样本。

使用配对样本进行估计的时候,在大样本的条件下,两个总体均值的差 $\mu_d = \mu_1 - \mu_2$ 在 $1-\alpha$ 置信水平下的置信区间为

$$\overline{d} \pm Z_{\frac{\alpha}{2}} \frac{\sigma_d}{\sqrt{n}}$$

其中,$\bar{d}$ 表示各差值的均值;σ_d 表示总体差值的标准差。如果 σ_d 未知,我们可以用样本差值的标准差 S_d 来代替。

如果是小样本,则我们不能用 Z 分布来进行估计,我们只能用 t 分布进行估计。两个总体均值的差 $\mu_d = \mu_1 - \mu_2$ 在 $1-\alpha$ 置信水平下的置信区间为

$$\bar{d} \pm t_{\frac{\alpha}{2}}(n-1) \frac{S_d}{\sqrt{n}}$$

【例 5-8】 为了检验一种减肥训练方法是否有效,调查人员随机抽取了 10 名参加者,他们参加训练计划前后的体重记录如下所示。请估计平均减肥效果的 95% 的置信区间?

训练前	训练后	差值 d
94.5	85	9.5
101	89.5	11.5
110	101.5	8.5
103.5	96	7.5
97	86	11
88.5	80.5	8
96.5	87	9.5
101	93.5	7.5
104	93	11
116.5	102	14.5
合计	—	98.5

依据表中的差值信息,可以求得

$$\bar{d} = 9.85, \quad S_d = 2.199$$

所以,平均减肥效果的 95% 的置信区间为

$$\bar{d} \pm t_{\frac{\alpha}{2}}(n-1) \frac{S_d}{\sqrt{n}} = 9.85 \pm 2.262 \times \frac{2.199}{\sqrt{10}}$$

(八)两个总体比例之差($\pi_1 - \pi_2$)的区间估计

依照前面对样本比例的抽样分布分析,我们可以知道,从两个二项总体中抽出的两个独立的样本,则这两个样本比例值差的抽样分布属于正态分布。我们将两个样本比例的差经过标准化后,则服从标准正态分布,即

$$Z = \frac{(p_1 - p_2) - (\pi_1 - \pi_2)}{\sqrt{\frac{\pi_1(1-\pi_1)}{n_1} + \frac{\pi_2(1-\pi_2)}{n_2}}} \sim N(0,1)$$

同样,由于总体的比例 π_1 和 π_2 是未知的,所以我们只能用样本比例来代替。因此,$(\pi_1 - \pi_2)$ 的 $(1-\alpha)$ 置信区间为

$$(p_1 - p_2) \pm Z_{\frac{\alpha}{2}} \sqrt{\frac{p_1(1-p_1)}{n_1} + \frac{p_2(1-p_2)}{n_2}}$$

【例 5-9】 假设我们想知道,电视节目"超级女生"的收视率的"城乡差异"有多大。从农村随机调查了 500 人,有 20% 的人收看了该节目;从城市随机调查了 500 人,有 50% 的人收看了该节目。请估计城乡"超级女生"收视率差异的 95% 的置信区间。

假设城市的收视率为 $p_1 = 50\%$,农村收视率 $p_2 = 20\%$,$\alpha = 0.05$。所以置信区间为

$$(p_1 - p_2) \pm Z_{\frac{\alpha}{2}} \sqrt{\frac{p_1(1-p_1)}{n_1} + \frac{p_2(1-p_2)}{n_2}}$$

$$= (50\% - 20\%) \pm 1.96 \sqrt{\frac{0.5 \times 0.5}{500} + \frac{0.2 \times 0.8}{500}}$$

(九)两个总体方差比($\frac{\sigma_1^2}{\sigma_2^2}$)的区间估计

当我们在比较两种不同生产方法的稳定性,比较不同测量工具的精度的时候,其实就是要比较两个总体的方差是否相同。

由于两个样本方差比服从 $F(n_1-1, n_2-1)$ 分布,因此我们可以用 F 分布来构建两个总体方差比 $\frac{\sigma_1^2}{\sigma_2^2}$ 的置信区间(见图 5-12)。

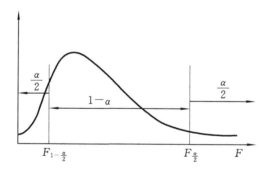

图 5-12 方差比置信区间示意图

由于 $\dfrac{\dfrac{S_1^2}{\sigma_1^2}}{\dfrac{S_2^2}{\sigma_2^2}} = \dfrac{S_1^2}{S_2^2} \times \dfrac{\sigma_2^2}{\sigma_1^2} \sim F(n_1-1, n_2-1)$,所以有

$$F_{1-\frac{\alpha}{2}} \leqslant \frac{S_1^2}{S_2^2} \times \frac{\sigma_2^2}{\sigma_1^2} \leqslant F_{\frac{\alpha}{2}}$$

将其变换就可以得到总体方差比 $\dfrac{\sigma_1^2}{\sigma_2^2}$ 的 $(1-\alpha)$ 置信区间,即

$$\frac{\sigma_1^2}{\sigma_2^2} \in \left[\frac{S_2^2}{S_1^2} \times \frac{1}{F_{\frac{\alpha}{2}}(n_1-1, n_2-1)}, \frac{S_2^2}{S_1^2} \times \frac{1}{F_{1-\frac{\alpha}{2}}(n_1-1, n_2-1)} \right]$$

$$= \left[\frac{S_2^2}{S_1^2} \times \frac{1}{F_{\frac{\alpha}{2}}(n_1-1, n_2-1)}, \frac{S_2^2}{S_1^2} \times F_{\frac{\alpha}{2}}(n_2-1, n_1-1)\right]$$

【例 5-10】 研究由机器 A 和机器 B 生产的钢管的内径。随机抽取机器 A 生产的管子 16 只，测得样本方差 $S_1^2 = 0.34$；抽取机器 B 生产的管子 13 只，测得样本方差 $S_1^2 = 0.29$。设两样本相互独立，且设由机器 A、机器 B 生产的管子内径分别服从于 $N(\mu_1, \sigma_1^2)$ 和 $N(\mu_2, \sigma_2^2)$，这里 μ_i 和 $\sigma_i^2 (i=1,2)$ 均未知。试求方差比 $\frac{\sigma_1^2}{\sigma_2^2}$ 的置信度为 90% 的置信区间。

由前面的求解方法，可知

$$F_{1-\frac{\alpha}{2}} \times \frac{S_2^2}{S_1^2} \leqslant \frac{\sigma_2^2}{\sigma_1^2} \leqslant F_{\frac{\alpha}{2}} \times \frac{S_2^2}{S_1^2}$$

$$\Rightarrow F_{1-\frac{0.10}{2}}(15,12) \times \frac{0.29}{0.34} \leqslant \frac{\sigma_2^2}{\sigma_1^2} \leqslant F_{\frac{0.10}{2}}(15,12) \times \frac{0.29}{0.34}$$

所以

$$\frac{\sigma_1^2}{\sigma_2^2} \in \left[\frac{0.34}{0.29} \times \frac{1}{2.59}, \frac{0.34}{0.29} \times 2.38\right]$$

第四节　假设检验

【引例 5-3】 假设有个魔术师抛了 10 次硬币，结果向上都为正面。我们不禁问，这枚硬币是均匀的吗？

我们在问"这枚硬币是均匀的吗？"这个问题的时候，我们就为自己提出了一个假设检验问题。你如何才知道这个问题的答案呢？当然很简单的方法是把这枚硬币从魔术师手中要过来检测一下，看它是否均匀。如果这样做，别人就知道你没有受过基本的统计学训练，因为受过统计学训练的人不会直接去研究总体，而是通过样本去间接的研究总体，也就是依据样本信息来对总体信息进行反推。

如何利用统计学知识来解决我们面临的这个假设检验问题呢？我们可以试着做以下推理。

首先，假设"这枚硬币是均匀的"。从概率的角度来看，这个假设等价于出现正面和反面的概率相同，都等于 0.5。我们用一个随机变量 X 表示抛这枚硬币向上的面，其定义为

$$X = \begin{cases} 1, & \text{向上为正面} \\ 0, & \text{向上为反面} \end{cases}$$

当然 $P(X=1) = P(X=0) = 0.5$。注意：$P(X=1) = P(X=0) = 0.5$ 是在我们的假设"这枚硬币是均匀的"的情况下推导出来的。

现在，我们已经有一个样本信息了："魔术师抛了 10 次硬币，结果向上都为正面"。那

么我们可以计算一下，如果硬币是均匀的话（总体信息），"魔术师抛了10次硬币，结果向上都为正面"这个事件（或者样本）发生的概率。该概率计算如下，即

$$P = \left(\frac{1}{2}\right)^{10} = \frac{1}{1\,024} \approx 0.001$$

这个概率和我们要做的假设检验问题有什么关系呢？

要弄清楚这两者之间的关系，我们得明白一个"小概率原理"，所谓"小概率原理"就是说一个概率很小的事件，在一次特定的抽样试验中几乎是不可能发生的。这个原理很好理解，因为概率从本质上说就是对事件发生可能性程度的一种度量，既然一个事件发生的概率很小，当然发生的可能性程度就很小，换句话说就是，在一次特定的抽样试验中几乎是不可能发生的。

在小概率原理中有一个问题（当然不止这一个问题，我们在这里只关心这一个问题）：一个事件的概率要多小才算小概率事件呢？这个问题的答案就比较主观了，每个人的看法不一定相同。但是，统计学一般规定以0.05为界来划定小概率事件，也就是说，一个事件发生的概率不大于0.05，则称为小概率事件。为什么会选0.05为划界标准呢？这是因为提出这个标准的费希尔是一位伟大的统计学家，大家都认同了。

好了，现在我们将小概率原理运用到这个假设检验问题中，刚才得到：如果硬币是均匀的话（总体信息），"魔术师抛了10次硬币，结果向上都为正面"这个事件（或者样本）发生的概率大约为0.001。

很明显，"魔术师抛了10次硬币，结果向上都为正面"这个事件是小概率事件。按照小概率原理，小概率事件在一次特定的抽样试验中是几乎不可能发生的，但是，我们又确确实实观察到了"魔术师抛了10次硬币，结果向上都为正面"这个事件，也就是说这一事件发生了。这之间无疑存在着矛盾！

如何来解释这个矛盾呢？第一种解释是，我们有关硬币是均匀的假设是正确的，这个小概率事件在特定抽样试验中发生了，我们只能说这个魔术师的"运气好"；另一种解释是，既然这个事件发生了，就不太可能是小概率事件，也就是说它发生的概率不应该这么小，既然我们算出这么小的概率是基于"硬币是均匀的"这个假设，那么就倒推出"硬币是均匀的"这个假设应该是错误的。

选哪一种解释比较合理呢？无疑第二种解释具有较强的说服力。因为如果是第一种解释的话，那么1 000个人都来"抛10次硬币"，才可能有1个人抛出"10次硬币都正面朝上"的结果。而魔术师就恰好有这么好的运气，这一事实无疑与我们的常识相反。

所以，我们可以判定"硬币是均匀的"这一假设几乎就是错误的，也就是说，硬币不太可能是均匀的。

从这个引例，我们看出统计学的假设检验包括这么一些基本要素：
● 假设——"硬币是均匀的"；
● 小概率原理；
● 假设检验的几个步骤——先提出假设，再计算一个支持原假设的概率值和做出相应判断。

我们下面对这些基本要素进行分析。

一、假设检验的基本概念

(一) 假设

一般意义上的假设是指对有关事物状态和性质的一种判断性陈述。统计学中的假设主要是指对总体参数或总体分布形式的一种判断性陈述。

假设是假设检验的前提，假设检验是对提出的假设进行检验。

如果是对有关总体参数的假设进行检验，我们称之为参数检验；如果是对有关总体分布形式的假设进行检验，我们称之为非参数检验。我们的引例 5-3 其实是非参数检验问题。

假设检验是事先对总体参数或总体分布形式作出一个假设，然后通过样本信息与这种假设是否有显著差异来判断这种假设是否合理，从而以一定的把握程度接受或拒绝这种假设。

在提出假设的时候，我们往往对母体参数提出两个互斥的假设。

一个为零假设(null hypothesis)，用 H_0 表示。零假设的"零"表示没有任何事情发生。一般来说包括这样一些具体含义：事物状态前后没有发生变化、事物之间没有差异，或者变量之间没有关系。例如引例 5-3 中的"硬币是均匀的"就是我们的零假设。

另一个为备择假设(alternative hypothesis)，用 H_1 表示，表示发生了某些事情。它是和零假设相对立的一个假设。具体含义一般包括：状态前后发生了变化、事物之间有差异、变量之间存在关系等。例如引例 5-3 中的备择假设就是"硬币不是均匀的"。

我们的检验结果必须在零假设和备择假设中取其一。那么把哪一个陈述设置为零假设，把哪一个陈述设置为备择假设呢？

对于初学者来说，以下三个设置假设的简单原则非常有用：

● 将你想要拒绝的假设拟定为零假设，而将你想要证明的假设拟定为备择假设；

● 在原有状况下的参数可能值拟定为零假设，而将某种情况下参数所产生的改变拟定为备择假设；

● 将等号放在零假设。

一般情况下，不同的统计假设所对应的统计检验问题是不同的，不同检验问题的统计假设也是不同的。统计假设通常有以下三种形式。

1. 双侧检验

$$H_0: \theta = \theta_0, \quad H_1: \theta \neq \theta_0$$

其中 θ 是待检验的参数，例如均值、比例或方差，θ_0 是给定的常数。

这种形式的假设检验称为双侧检验，因为这是需要同时对总体参数偏大和偏小的情况进行检验，只要 $\theta < \theta_0$ 或 $\theta > \theta_0$ 其中有一个成立，就可以否定原假设。

2. 左单侧检验

$$H_0: \theta = \theta_0, \quad H_1: \theta < \theta_0 \quad 或 \quad H_0: \theta \geq \theta_0, \quad H_1: \theta < \theta_0$$

这种形式的假设检验称为左单侧检验，因为这时只需要对总体参数是否小于 θ_0 的情况进行检验，即只要 $\theta < \theta_0$ 成立，就可以否定 $H_0: \theta \geq \theta_0$。

3. 右单侧检验

$$H_0: \theta = \theta_0, \quad H_1: \theta > \theta_0 \quad 或 \quad H_0: \theta \leq \theta_0, \quad H_1: \theta > \theta_0$$

这种形式的假设检验称为右单侧检验,因为这时只需要对总体参数是否大于 θ_0 的情况进行检验,即只要 $\theta>\theta_0$ 成立,就可以否定 $H_0:\theta\leqslant\theta_0$。

(二)小概率原理

假设检验的基本依据是小概率原理,即概率很小的事件在一次抽样试验中几乎是不可能出现的。

在这里值得注意的是,小概率原理表述中的用词。我们说的是"几乎是不可能出现的",并没有说小概率事件在一次抽样试验中"肯定"不可能出现。所以,我们利用小概率原理来进行假设检验推论的时候,是有可能犯错误的。例如引例 5-3,计算出支持零假设 H_0 的事件发生的概率为 0.001,按照小概率原理,我们拒绝了 H_0,但是 H_0 很可能是正确的,也就是说,该魔术师就是运气好得不得了,偏偏这个小概率事件就发生在他身上了。

我们按照 H_0 的真实情况(当然我们并不知道 H_0 是否为真),就可以将我们的错误划分为两类,表 5-1 显示了这种情况。

表 5-1 假设检验的两类错误

实际情况 \ 决策结果	接受 H_0	拒绝 H_0
H_0 为真	正确决策	第一类错误
H_0 不为真	第二类错误	正确决策

当 H_0 为真时而拒绝 H_0 的错误称为第一类错误(type Ⅰ error),简称为"弃真"错误。犯这类错误的概率为 α,即

$$\alpha = P(拒绝\ H_0\mid H_0\ 为真)$$

当 H_0 不真时而接受 H_0 的错误称为第二类错误(type Ⅱ error),简称为"存伪"错误。犯这类错误的概率为 β,即

$$\beta = P(接受\ H_0\mid H_0\ 为伪)$$

当进行任何决策的时候,都是冒着风险的,无非是这个风险值不值得我们冒。这就有两个问题需要我们去思考:第一,既然做决策都有可能犯两类错误,那么我们愿意少犯哪一类错误,也就是说愿意在哪一类错误上少冒风险?第二,如果确定了少犯哪一类错误,那么多大的风险我们是可以冒的,也就是必须规定一个风险的阈值,高于这个水平就不冒风险了,而低于这个水平就值得去冒险。

对于第一个问题来说,要解释起来比较麻烦,但是我们可以用一个例子来说明。

假设在无罪推定的司法系统中,一个法官判一个人有无罪的时候,他的零假设 H_0 当然是"被告是无罪的",备择假设 H_1 为"被告是有罪的"。读者可以结合我们前面提出的设置假设的三个原则来回答为什么要这样设置零假设。

如果将一个事实上无罪的人判了有罪,那么就犯了第一类错误;如果将一个事实上有罪的人判成无罪的话,就犯了第二类的错误。也就是说

$$\alpha = P(判有罪\mid 此人无罪)$$
$$\beta = P(判无罪\mid 此人有罪)$$

可以明显看出,犯第一类错误的严重性程度要大于犯第二类错误的严重程度。所以,我们要少犯第一类错误,要控制犯第一类错误的概率,也就是说要控制 α。

值得说明的是,我们是不可能同时控制 α 和 β 的。试想,要想少犯第一类错误,那么一个极端就是所有嫌疑人都判无罪,当然 α 降低了,但是所有嫌疑人都判无罪了,我们也就增加了犯第二类错误(此人有罪,判其无罪的错误)的概率,也就说增加了 β。所以我们只能在 α 和 β 之间进行一个取舍,结合上面的分析,我们就只好选择控制 α。

对于第二个问题来说,其实答案很简单,就是小概率的阈值,一般为 0.05。只有当犯第一类错误的概率小于 0.05 的时候,我们才认为值得为拒绝 H_0 冒风险。这个特定的阈值,我们也称之为显著性水平(level of significance),也叫 α,一般为 0.05,更小的话为 0.01。为了区别显著性水平 α,前面说的犯第一类错误的概率称为 p 值,也称看得见的显著性水平。

(三)假设检验的一般步骤

根据引例 5-3 的分析过程,我们可以把假设检验的过程总结为如下的几个步骤。

步骤 1 根据所要检验的问题,提出原假设 H_0 和备择假设 H_1。

步骤 2 抽样,同时选取适当的显著性水平 α。

步骤 3 根据样本信息,计算出一个支持 H_0 的 p 值。

步骤 4 比较 p 值与显著性水平 α 的大小,进而作出判断:$p>\alpha$,不能拒绝(姑且认为等价于接受)H_0;$p<\alpha$,拒绝 H_0。

它们之间的关系如图 5-13 所示。

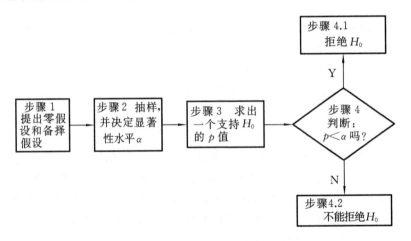

图 5-13 假设检验步骤

二、单个总体均值的假设检验

从这部分开始,我们结合假设检验流程对常见的参数检验方法进行详细的讨论。

(一)正态总体,方差 σ^2 已知

设某一总体 X 服从正态分布,即 $X \sim N(\mu, \sigma^2)$,均值 μ 是未知参数,方差 σ^2 已知。设从总体中随即抽取样本为 $X_1, X_2, \cdots, X_n$,根据抽样分布定理,样本均值 $\overline{X}$ 服从正态分布 $N\left(\mu, \dfrac{\sigma^2}{n}\right)$,即统计量

$$Z = \frac{\overline{X} - \mu}{\sigma/\sqrt{n}} \sim N(0,1)$$

根据统计量 Z，可以对总体均值 μ 的不同假设进行检验。

1. 双侧检验：$H_0: \mu = \mu_0$，$H_1: \mu \neq \mu_0$

我们已经提出假设

$$H_0: \mu = \mu_0, \qquad H_1: \mu \neq \mu_0$$

完成了步骤1。

抽取样本工作我们也已经完成了，得到样本的均值 $\overline{X}$，同时也选定了显著性水平 α。完成了步骤2。

现在要进行的是步骤3，计算出一个支持 H_0 的 p 值。如何计算呢？通常是要结合备择假设 H_1 来分析。我们知道 $\overline{X} \sim N\left(\mu, \frac{\sigma^2}{n}\right)$，$Z = \frac{\overline{X} - \mu}{\sigma/\sqrt{n}} \sim N(0,1)$。犯第一类错误的概率就是

当原假设 $H_0: \mu = \mu_0$ 成立时，则有

$$Z = \frac{\overline{X} - \mu_0}{\sigma/\sqrt{n}} \sim N(0,1)$$

对选定的显著性水平 α，有

$$P\{Z_{1-\frac{\alpha}{2}} < Z < Z_{\frac{\alpha}{2}}\} = 1 - \frac{\alpha}{2} - \frac{\alpha}{2} = 1 - \alpha$$

式中的 $Z_{1-\frac{\alpha}{2}}$，$Z_{\frac{\alpha}{2}}$ 可以查正态分布表。

这样，Z 统计量检验的准则是：若根据样本计算出的统计量 Z 落在 $Z < Z_{1-\frac{\alpha}{2}}$ 或 $Z > Z_{\frac{\alpha}{2}}$ 区域时，则拒绝原假设 $H_0: \mu = \mu_0$，接受备择假设 $H_1: \mu \neq \mu_0$；否则接受原假设 $H_0: \mu = \mu_0$。

【例 5-11】 某区进行数学统考，初二年级平均成绩为 75.6 分，标准差为 7.4 分，假设初二年级数学成绩服从正态分布。从该区某中学中抽取 50 位初二学生，测得平均数学统考成绩为 78 分，试问该中学初二的数学成绩与全区数学成绩有无显著差异？

设置假设为 $H_0: \mu = 75.6$，$H_1: \mu \neq 75.6$。则

$$Z = \frac{\overline{X} - u}{\sigma/\sqrt{n}} \sim N(0,1)$$

当取 $\alpha = 0.05$ 时，由 $P\{|Z| \geqslant Z_{\frac{\alpha}{2}}\} = 0.05$ 查表得 $Z_{\frac{0.05}{2}} = 1.96$。

将 $\mu = 75.6$，$\sigma = 7.4$，$n = 50$，$\overline{X} = 78$ 代入 $Z = \frac{\overline{X} - u}{\sigma/\sqrt{n}}$，得

$$Z = \frac{78 - 75.6}{7.4} \times \sqrt{50} \approx 2.29$$

因 $|Z| = 2.29 > 1.96$，故应拒绝 $H_0: \mu = 75.6$。

认为该中学初二数学成绩与全区成绩有显著差异。

2. 右单侧检验：$H_0: \mu = \mu_0 (\mu \leq \mu_0)$，$H_1: \mu > \mu_0$

当 $\mu = \mu_0$ 时，Z 统计量服从分布 $N(0,1)$，在给定显著性水平 α 下，有 $P\{Z > Z_\alpha\} = \alpha$，因此，若根据样本计算出的 Z 值满足 $Z > Z_\alpha$ 时，不难看出，$\mu = \mu_0$ 和 $\mu < \mu_0$ 均不可能成立，因而应拒绝原假设 $H_0: \mu \leq \mu_0$，接受备择假设 $H_1: \mu > \mu_0$；否则接受原假设 $H_0: \mu \leq \mu_0$。

【例 5-12】 设某厂生产的一种灯管的寿命 $\xi \sim N(\mu, 40\,000)$。从过去较长一段时间的生产情况来看，灯管的平均寿命 $\mu_0 = 1\,500$ h，现在采用新工艺后，在所生产的灯管中抽取 25 只，测得平均寿命 $\overline{X} = 1\,675$ h。问采用新工艺后，灯管寿命是否有显著提高？

我们先作待检假设为
$$H_0: \mu = 1\,500$$
$$H_1: \mu > 1\,500$$

若 H_0 为真，$\overline{X} \sim N(1\,500, \frac{\sigma^2}{n})$，将其标准化，则所得的统计量记为
$$Z = \frac{\overline{X} - 1\,500}{200} \times \sqrt{25} \sim N(0,1)$$

取 $\alpha = 0.05$，由 $P\{Z \geq Z_\alpha = Z_{0.05}\} = \alpha$，查表得
$$Z_{0.05} = 1.65$$

将 $\overline{X} = 1\,675$ 代入 $Z = \frac{\overline{X} - 1\,500}{200} \times \sqrt{25}$ 中算得
$$Z = 4.375 > 1.65$$

所以应拒绝 H_0，接受 H_1 认为采用新工艺后，灯泡平均寿命有显著提高。

3. 左单侧检验：$H_0: \mu = \mu_0 (\mu \geq \mu_0)$； $H_1: \mu < \mu_0$

左单侧检验与右单侧检验的方法基本相同，但拒绝区域是
$$Z < Z_{1-\frac{\alpha}{2}}$$

（二）正态总体，方差 σ^2 未知

当总体方差未知时，可以用总体方差的无偏估计量——样本方差 S^2 来代替总体的方差 σ^2，得到新的统计量 t，即
$$t = \frac{\overline{X} - \mu}{S/\sqrt{n}} \sim t(n-1)$$

根据统计量 t，可以对均值的假设进行检验。

1. 双侧检验：$H_0: \mu = \mu_0$， $H_1: \mu \neq \mu_0$

当原假设 $H_0: \mu = \mu_0$ 成立时，则有
$$t = \frac{\overline{X} - \mu}{S/\sqrt{n}} \sim t(n-1)$$

对选定的显著性水平 α，有
$$P\{t_{1-\frac{\alpha}{2}}(n-1) < t < t_{\frac{\alpha}{2}}(n-1)\} = 1 - \frac{\alpha}{2} - \frac{\alpha}{2} = 1 - \alpha$$

式中 $t_{1-\frac{\alpha}{2}}(n-1)$ 和 $t_{\frac{\alpha}{2}}(n-1)$ 可以查 t 分布表得到。这样,应用 t 统计量进行检验的准则是:若根据样本计算出的 t 值落在 $t<t_{1-\frac{\alpha}{2}}(n-1)$ 或 $t>t_{\frac{\alpha}{2}}(n-1)$ 区域时,则拒绝原假设 H_0,接受备择假设 H_1;否则接受原假设 H_0。

【例 5-13】 健康成年男子脉搏平均为 72 次/min,假设健康成年男子脉搏服从正态分布。高考体检时,某校参加体检的 26 名男生的脉搏平均为 74.2 次/min,标准差为 6.2 次/min,问此 26 名男生每分钟脉搏次数与一般成年男子有无显著差异?($\alpha=0.05$)

这个问题其实就是问 26 名男生是否来自 $\mu_0=72$ 的总体,由于总体方差未知,只能用 t 检验。

提出假设,即 $H_0:\mu=72,H_1:\mu\neq 72$,计算 t 值,有

$$t=\frac{\overline{X}-\mu_0}{S}\sqrt{n-1}=\frac{74.2-72}{6.2}\times\sqrt{26-1}=1.774$$

确定临界值,由 $t=\frac{\overline{X}-72}{S}\sqrt{n-1}\sim t(25)$($H_0$ 为真时),按 $P\{|t|>t_{\frac{\alpha}{2}}\}=\alpha=0.05$ 推出

$$t_{0.025}=2.06$$

由 $|1.774|<2.06$ 故接受 H_0,认为此 26 名男生每分钟脉搏次数与一般成年男子无显著差异。

2. 右单侧检验:$H_0:\mu=\mu_0(\mu\leqslant\mu_0)$, $H_1:\mu>\mu_0$

当 $\mu=\mu_0$ 时,根据式 $t=\frac{\overline{X}-\mu}{S/\sqrt{n}}\sim t(n-1)$,则 t 统计量服从自由度为 $(n-1)$ 的 t 分布,给定的显著性水平 α 时,有

$$P\{t>t_\alpha(n-1)\}=\alpha$$

若根据样本计算出 t 的值落在 $t>t_\alpha(n-1)$ 区域内,不仅 $\mu=\mu_0$ 不可能成立,$\mu<\mu_0$ 也不可能成立,因而应拒绝原假设 $H_0:\mu\leqslant\mu_0$,接受备择假设 $H_1:\mu>\mu_0$;否则接受原假设 $H_0:\mu\leqslant\mu_0$。

3. 左单侧检验:$H_0:\mu=\mu_0(\mu\geqslant\mu_0)$; $H_1:\mu<\mu_0$

左单侧检验与右单侧检验的方法基本相同,但拒绝区域是

$$t<t_{1-\alpha}(n-1)$$

【例 5-14】 已知某种元件的寿命服从正态分布,要求该元件的平均寿命不低于 1 000 h。现从这批元件中随机抽取 25 只,测得平均寿命 $\overline{X}=980$ h,样本方差 $S=65$ h。试在显著水平 $\alpha=0.05$ 下,确定这批元件是否合格。($t_{0.90}(24)=1.318,t_{0.95}(24)=1.171,t_{0.975}(24)=2.064$)

元件是否合格,应通过寿命低于 1 000 h 来判断(大于等于 1 000 h 都合格),这里对总体均值的单侧检验,σ^2 未知,用 t 检验法。

① 提出检验假设,有
$$H_0: \mu = \mu_0 = 1\,000, \qquad H_1: \mu < \mu_0 = 1\,000$$

② 选取统计量 $T = \dfrac{\overline{X} - \mu_0}{\dfrac{S}{\sqrt{n}}}$,当 H_0 成立时

$$T \sim t(n-1)$$

③ 由样本观测值,计算统计量所取的值。这里 $\overline{X} = 980, S = 65$ 得

$$t = \dfrac{980 - 1\,000}{\dfrac{65}{\sqrt{25}}} = -1.538$$

④ 对应于显著水平 $\alpha = 0.05$ 的拒绝域(临界域)为

$$t \leqslant -t_{1-\alpha}(n-1) = -t_{0.95}(24) = -1.711$$

因为 $t > -t_{0.95}(24) = -1.711$,未落入拒绝域,应接受 H_0,否定 H_1。即认为这批元件合格。

(三) 当总体分布未知,但只要是大样本($n \geqslant 30$)时

可以对总体均值的假设进行检验。检验的统计量近似为

$$Z = \dfrac{\overline{X} - \mu}{S/\sqrt{n}} \sim N(0,1)$$

判断准则与在正态总体以及方差已知情况下的检验完全相同。

三、单个总体比例的假设检验

设 P 为总体的比例,p 为样本比例,n 为样本容量,根据中心极限定理,在大样本的情况下,若 $np > 5, n(1-p) > 5$,则有

$$p \sim N\left(P, \dfrac{P(1-P)}{n}\right)$$

给定 P_0,当总体比例的假设 $H_0: P = P_0$ 成立时,近似可得

$$Z = \dfrac{p - P_0}{\sqrt{P_0(1-P_0)/n}} \sim N(0,1)$$

这样,对给定的显著性水平 α,就可以用 $Z = \dfrac{p - P_0}{\sqrt{P_0(1-P_0)/n}} \sim N(0,1)$ 的 Z 统计量对总体比例的假设进行检验。

【例 5-15】 某公司产品不合格率为 0.02,现从 5 批产品中抽取 500 件作为样本给订货者检验,检查出不合格率只有 0.01,在显著性水平 $\alpha = 0.05$ 下检验 $H_0: P = 0.02, H_1: P < 0.02$($Z_{0.05} = 1.64, Z_{0.025} = 1.96$)。

这是大样本的假设检验(一般在 $n > 30$)。

① 检验假设为

$$H_0: P = P_0 = 0.02, \qquad H_1: P < P_0 = 0.02$$

② 选用统计量 $Z = \dfrac{p - P_0}{\sqrt{P_0(1-P_0)/n}}$，当 H_0 成立时 $Z \sim N(0,1)$。

③ 显著性水平 $\alpha = 0.05$，由 $Z_{0.05} = 1.64$，确定临界域(即拒绝域)$(-\infty, -1.64)$。

④ 计算统计量 Z 的观察值，有

$$Z = \dfrac{500 \times 0.01 - 500 \times 0.02}{\sqrt{500 \times 0.02 \times 0.98}} = -1.597$$

由于 $Z = -1.597 > -1.64$，因此接受零假设 $H_0: P = P_0 = 0.02$，即该产品符合规定标准。

【例 5-16】 某工厂生产一批产品，要求当次品率 $P \leqslant 0.05$ 时，产品才能出厂。现从生产出的产品中随机抽查 100 件，发现 8 个次品，试问这批产品是否可以出厂？($\alpha = 0.05, Z_{0.05} = 1.64, Z_{0.025} = 1.96$)

这个问题是大样本的检验。

① 假设检验为

$$H_0: P = P_0 = 0.05, \qquad H_1: P > P_0 = 0.05$$

② 选用统计量 $Z = \dfrac{p - P_0}{\sqrt{P_0(1-P_0)/n}}$，当 H_0 成立时，$Z \sim N(0,1)$。

③ 显著性水平 $\alpha = 0.05$，由于 $Z_{0.05} = 1.64$，确定拒绝域为 $[1.64, +\infty]$

④ 计算统计量 Z 的观察值，有

$$Z = \dfrac{8 - 100 \times 0.05}{\sqrt{100 \times 0.05 \times 0.95}} = \dfrac{3}{\sqrt{4.75}} = 1.376$$

由于 $Z \notin [1.64, +\infty]$，因此接受零假设，即认为这批产品可以出厂。

四、单个正态总体方差的假设检验

设某一总体 X 服从正态分布，即 $X \sim N(\mu, \sigma^2)$，方差 σ^2 为未知参数，$X_1, X_2, \cdots, X_n$ 是来自总体的一个样本，$\overline{X}$ 和 S^2 分别是样本的均值和修正方差。样本统计量 $\chi^2 = \dfrac{(n-1)S^2}{\sigma^2}$ 服从自由度为 $n-1$ 的 χ^2 分布，即

$$\dfrac{(n-1)S^2}{\sigma^2} \sim \chi^2(n-1)$$

根据统计量 χ^2，采用 χ^2 检验法可以对正态总体方差的统计假设进行检验。

1. 双侧检验：$H_0: \sigma^2 = \sigma_0^2, \quad H_1: \sigma^2 \neq \sigma_0^2$

当原假设 $H_0: \sigma^2 = \sigma_0^2$ 成立时，有

$$\dfrac{(n-1)S^2}{\sigma_0^2} \sim \chi^2(n-1)$$

在给定的显著性水平 α 下，有

$$P\left\{ \chi^2_{1-\frac{\alpha}{2}}(n-1) < \dfrac{(n-1)S^2}{\sigma_0^2} < \chi^2_{\frac{\alpha}{2}}(n-1) \right\} = 1 - \alpha$$

查表可以确定 $\chi^2_{1-\frac{\alpha}{2}}(n-1)$ 和 $\chi^2_{\frac{\alpha}{2}}(n-1)$，如果统计量 χ^2 落在小于$\chi^2_{1-\frac{\alpha}{2}}(n-1)$或大于 $\chi^2_{\frac{\alpha}{2}}(n-1)$ 区域内，则拒绝原假设 H_0，接受备择假设 H_1；否则接受原假设 H_0。

【例 5-17】 某工厂生产的铜丝折断力（单位：kg）服从正态分布 $N(\mu, 8^2)$，某日随机抽取了 10 根进行折断力检验，测得平均折断力为 57.5 kg，样本方差为 68.16。在 $\alpha=0.05$ 下，检验 $H_0: \sigma^2=8^2$，$H_1: \sigma^2 \neq 8^2$。（$\chi^2_{0.975}(9)=2.7, \chi^2_{0.025}(9)=19.023$）

用 χ^2 检验法，检验统计量为 $\chi^2 = \dfrac{(n-1)S^2}{\sigma_0^2}$ 对 $n=10, \alpha=0.05$，拒绝域为

$$\chi^2 \geqslant \chi^2_{\frac{\alpha}{2}}(n-1) = \chi^2_{0.025}(9) = 19.023$$

或

$$\chi^2 < \chi^2_{1-\frac{\alpha}{2}}(n-1) = \chi^2_{0.975}(9) = 2.7$$

有样本观察值，计算得

$$\chi^2 = \frac{9 \times 68.16}{64} = 9.585$$

因为 $\chi^2 = 9.585 \in (\chi^2_{0.025}(9), \chi^2_{0.975}(9)) = (2.7, 19.023)$，所以接受 H_0。

2. 右单侧检验： $H_0: \sigma^2 \leqslant \sigma_0^2$，$H_1: \sigma^2 > \sigma_0^2$

当 $\sigma^2 = \sigma_0^2$ 时，统计量 χ^2 服从 $\chi^2(n-1)$ 分布，从而有

$$P\left\{\frac{(n-1)S^2}{\sigma_0^2} > \chi^2_\alpha(n-1)\right\} = \alpha$$

如果统计量 χ^2 落在 $\chi^2 > \chi^2_\alpha(n-1)$ 区域内，不仅 $\sigma^2 = \sigma_0^2$ 不可能成立，$\sigma^2 < \sigma_0^2$ 也不可能成立，因而应拒绝原假设 H_0，接受备择假设 H_1；否则接受原假设 H_0。

【例 5-18】 某种导线要求其电阻的标准差不得超过 0.005 Ω。今在生产的一批导线中取样品 9 根，测得 $S=0.007$ Ω，设总体为正态分布。问在水平 $\alpha=0.05$ 下能认为这种导线的标准差显著地偏大吗？（$\chi^2_{0.05}(8)=15.507$）

凡方差"大于"、"不低于"、"偏大"、"偏小"等问题，均属于方差的单侧检验问题。本例题用 χ^2 检验法。

① 检验假设 $H_0: \sigma^2 = \sigma_0^2 = 0.005^2$，$H_1: \sigma^2 > \sigma_0^2 = 0.005^2$

② 选用统计量 $\chi^2 = \dfrac{(n-1)S^2}{\sigma^2}$，当 H_0 成立时，$\chi^2 \sim \chi^2(n-1)$

③ 由样本观察值，计算统计量所取值

$$\chi^2 = \frac{(9-1) \times 0.007^2}{0.005^2} = 15.68$$

④ 对 $\alpha=0.05$，由已知 $\chi^2_{0.05}(8)=15.507$，拒绝域为

$$\chi^2 \geqslant \chi^2_\alpha(n-1) = \chi^2_{0.05}(8) = 15.507$$

这里 $\chi^2 = 15.68 > 15.507$，故拒绝 H_0，接受 H_1，即认为这批导线的标准差显著的偏大。

3. 左单侧检验：$H_0: \sigma^2 \geqslant \sigma_0^2$，$H_1: \sigma^2 < \sigma_0^2$

左单侧检验与右单侧检验的方法基本相同，但拒绝区域是 $\chi^2 < \chi^2_{1-\alpha}(n-1)$。当样本统计量 χ^2 落在拒绝区域之内，则应拒绝原假设 H_0，接受备择假设 H_1；否则接受原假设 H_0。

以上分析的参数假设检验方法只是对单样本的情况作了分析，对于双样本的假设检验，由于其原理一样，读者完全可以参阅前面有关两个总体均值之差的区间估计，结合假设检验步骤，推导出检验方法。在这里就不再讨论，只是举例来说明。

五、两个正态总体均值的比较

（一）已知 σ_1^2 及 σ_2^2，检验假设 $H_0: \mu_1 = \mu_2$

【例 5-19】 由累积资料得知，甲、乙两煤矿的煤含灰率分别服从 $X \sim N(\mu_1, 7.5)$，$Y \sim N(\mu_2, 2.6)$。现从两矿中各取几个煤样，其含灰率/(%)如下。

甲矿为 24.3　20.8　23.7　21.3　17.4；

乙矿为 18.2　16.9　20.2　16.7。

问：甲、乙两煤矿所采煤的含灰率的数学期望 μ_1 和 μ_2 有无显著性水平差异？（显著性水平 $\alpha = 0.1$，$Z_{0.1} = 1.28$，$Z_{0.05} = 1.64$）

已知 σ_1^2 及 σ_2^2，假设检验 $H_0: \mu_1 = \mu_2$，用 Z 检验法。

① 提出假设 $H_0: \mu_1 = \mu_2$，$H_1: \mu_1 \neq \mu_2$

② 选取统计量 $Z = \dfrac{\overline{X} - \overline{Y} - (\mu_1 - \mu_2)}{\sqrt{\dfrac{\sigma_1^2}{n_1} + \dfrac{\sigma_2^2}{n_2}}}$，当 H_0 成立时，$Z \sim N(0,1)$

③ 对显著性水平 $\alpha = 0.1$，由 $Z_{0.05} = 1.64$，确定临界域为

$$|Z| = Z_{\frac{\alpha}{2}} = 1.64$$

④ 计算统计量 Z 的观察值，由 $\overline{X} = 21.5$，$\overline{Y} = 18$，有

$$Z = \frac{\overline{X} - \overline{Y}}{\sqrt{\dfrac{\sigma_1^2}{n_1} + \dfrac{\sigma_2^2}{n_2}}} = \frac{21.5 - 18}{\sqrt{\dfrac{7.5}{5} + \dfrac{2.6}{4}}} = 2.39$$

由于 $|Z| = 2.39 > 1.64$，故拒绝 H_0，即可以认为 μ_1 和 μ_2 有显著性差异。

（二）方差未知，但 $\sigma_1^2 = \sigma_2^2$，假设检验 $H_0: \mu_1 = \mu_2$

【例 5-20】 某物品在处理前与处理后抽样分析含脂率/(%)如下。

处理前 x 为　0.19　0.18　0.21　0.30　0.41　0.12　0.17；

处理后 y 为　0.13　0.15　0.07　0.24　0.19　0.06　0.08　0.12。

设含脂率分别服从正态分布 $N(\mu_1, \sigma_1^2)$，$N(\mu_2, \sigma_2^2)$，显著性水平 $\alpha = 0.05$。

试问:处理前后的平均含脂率有无显著性差异? ($t_{0.025}(13)=2.160, t_{0.025}(14)=2.145$)

分析。首先需要 F 检验法验证两总体方差是否有显著性差异,在无显著性差异(视为相等)的条件下,然后利用 t 检验法在检验两总体均值是否有显著性差异。

(1) 利用 F 检验法检验两总体方差有无显著性差异。

① 检验假设 $H_0: \sigma_1^2 = \sigma_2^2, H_1: \sigma_1^2 \neq \sigma_2^2$

② 选用统计量 $F = \dfrac{\dfrac{S_1^2}{\sigma_1^2}}{\dfrac{S_2^2}{\sigma_2^2}}$,当 H_0 成立时,$F \sim F(n_1-1, n_2-1)$

③ 对给定显著性水平 $\alpha=0.05$,由 F 分布表得临界值

$$F_{\frac{\alpha}{2}}(6,7) = 5.12, \quad F_{1-\frac{\alpha}{2}}(6,7) = \frac{1}{F_{\frac{\alpha}{2}}(7,6)} = \frac{1}{5.70} = 0.175$$

④ 计算统计量 F 的样本观察值,有

$$\overline{X} = \frac{1}{n_1}\sum_{i=1}^{n_1} x_i = 0.24, \qquad \overline{Y} = \frac{1}{n_2}\sum_{i=1}^{n_2} y_i = 0.13$$

$$S_1^2 = \frac{1}{n_1-1}\sum_{i=1}^{n_1}(x_i-\overline{X})^2 = 7.58 \times 10^{-3}$$

$$S_2^2 = \frac{1}{n_2-1}\sum_{i=1}^{n_2}(y_i-\overline{Y})^2 = 3.9 \times 10^{-3}$$

故 $F = \dfrac{S_1^2}{S_2^2} = 1.93 \in (0.175, 5.12)$,接受 H_0,认为两总体方差无显著性差异。

(2) 利用 t 检验法检验两总体均值有无显著性差异。

① 检验假设 $H_0: \mu_1 = \mu_2, H_1: \mu_2 \neq \mu_2$

② 选取统计量 $t = \dfrac{\overline{X}-\overline{Y}-(\mu_1-\mu_2)}{\sqrt{(n_1-1)S_1^2 + (n_2-1)S_2^2}} \sqrt{\dfrac{n_1 n_2 (n_1+n_2-2)}{n_1+n_2}}$

H_0 成立时,$t \sim (n_1+n_2-2)$。

③ 对给定显著性水平 $\alpha=0.05$,拒绝域为

$$|t| \geqslant t_{0.025}(13) = 2.160$$

④ 计算统计量 t 的观测值,有

$$t = \frac{\overline{X}-\overline{Y}}{\sqrt{(n_1-1)S_1^2 + (n_2-1)S_2^2}} \sqrt{\frac{n_1 n_2 (n_1+n_2-2)}{n_1+n_2}}$$

$$= \frac{0.24 - 0.13}{\sqrt{6 \times 7.5 \times 10^{-3} + 7 \times 3.9 \times 10^{-3}}} \times \sqrt{\frac{7 \times 8 \times 13}{7+8}}$$

$$= \frac{0.11}{0.269} \times 6.967 = 2.849$$

由于 $|t| = 2.849 > t_{0.025}(13) = 2.160$,故拒绝 H_0,接受 H_1,即处理后含脂率有显著差异。

六、两个正态总体方差的比较

(一) 均值未知,检验假设 $H_0: \sigma_1^2 = \sigma_2^2$

【例 5-21】 某一橡胶配方中,ZnO 原用 5 g,现减为 1 g。若分别用两种配方的橡胶做一批实验:5 g 配方测 9 个值,得橡胶伸长率的样本差是 $S_1^2 = 63.86$;1 g 配方测 3 个值,橡胶伸长率的样本差是 $S_2^2 = 236.8$。设橡胶伸长率服从正态分布,问两种配方的伸长率的总体标准差有无显著差异?($\alpha = 0.1$,$F_{0.05}(8,9) = 3.23, F_{0.05}(9,8) = 3.39$)

两种配方的伸长率的总体标准差有无显著差异,是通过样本值去判断 $\sigma_1^2 = \sigma_2^2$ 是否成立,是均值未知的两个总体方差是否相等的检验,5 g 配方和 1 g 配方分别记为 $X \sim N(\mu_1, \sigma_1^2)$ 和 $Y \sim N(\mu_2, \sigma_2^2)$。

① 检验假设 $H_0: \sigma_1^2 = \sigma_2^2$,$H_1: \sigma_1^2 \neq \sigma_2^2$

② 选取统计量 $F = \dfrac{\dfrac{S_1^2}{\sigma_1^2}}{\dfrac{S_2^2}{\sigma_2^2}}$,当 H_0 成立时,有

$$F = \frac{S_1^2}{S_2^2} \sim F(n_1 - 1, n_2 - 1)$$

③ 对显著性水平 $\alpha = 0.1$,由题设,有

$$F_{0.05}(8,9) = 3.23, \quad F_{0.95}(8,9) = \frac{1}{F_{0.05}(9,8)} = \frac{1}{3.39} = 0.295$$

故拒绝域为

$$[0, 0.295] \cup [3.23, +\infty]$$

④ 计算统计量 F 的样本观察值,有

$$F = \frac{S_1^2}{S_2^2} = \frac{63.86}{236.8} = 0.269\ 7$$

由于 $F = 0.269\ 7 \notin (0.295, 3.23)$,即 F 落入拒绝域,应拒绝 H_0,接受 H_1,即在 $\alpha = 0.1$ 下,认为两个总体的方差是不等的。

(二) 均值未知,检验假设 $H_0: \sigma_1^2 \leqslant \sigma_2^2$

【例 5-22】 甲、乙两车床生产同一型号的滚珠。根据已有经验可以认为,这两台车床生产的滚珠都服从正态分布,问题是要比较两台车床生产的滚珠的直径的方差。现在从这两台车床的产品中分别抽取 8 个滚珠和 9 个滚珠,经计算得:$\overline{X}_甲 = 15.01, \overline{X}_乙 = 14.99, S_甲^2 = 0.095\ 5, S_乙^2 = 0.026\ 1$,显著性水平为 $\alpha = 0.05$,试问:乙车床产品的方差是否比甲车床的小?($F_{0.05}(7,8) = 3.50$,$F_{0.05}(8,7) = 3.73, F_{0.025}(7,8) = 4.53, F_{0.025}(8,7) = 4.90$)

由题意是验证 $\sigma_甲^2 < \sigma_乙^2$ 是否成立，而单边检验所提假设含等号，故此题可假设为 $H_0: \sigma_甲^2 \leq \sigma_乙^2$。

利用 F 检验法检验两总体方差比。

① 检验假设 $H_0: \sigma_甲^2 \leq \sigma_乙^2$，$H_1: \sigma_甲^2 \leq \sigma_乙^2$

② 选取统计量 $F = \dfrac{S_甲^2}{S_乙^2}$，服从第一自由度是 7，第二自由度是 8 的 F 分布。

③ 由题知 $F_{0.95}(7,8) = 3.50$，故拒绝域为
$$[3.50, +\infty)$$

④ 统计量 F 的样本观察值
$$F = \frac{S_甲^2}{S_乙^2} = \frac{0.0955}{0.0261} = 3.694$$

由于 $F = 3.659 > 3.50$，故应拒绝 H_0，接受 H_1，即乙车床产品的直径的方差比甲车床的小。

本章重要概念

估计（estimation）　　假设检验（hypothesis testing）　　总体（population）
样本（sample）　　估计量（estimator）　　检验量（tester）
抽样分布（sampling distribution）　　中心极限定理（the central limit theorem）
置信区间（confidence interval）　　置信度（level of confidence）
零假设（null hypothesis）　　备择假设（alternative hypothesis）
第一类错误（type Ⅰ error）　　第二类错误（type Ⅱ error）
显著性水平（level of significance）

本章思考与练习题

一、单项选择题

1. 设样本来自正态总体 $N(\mu, \sigma^2)$，其中 σ^2 未知，那么检验假设 $H_0: \mu = \mu_0$ 时，用的是（　　）。

    A. Z 检验法　　B. t 检验法　　C. χ^2 检验法　　D. F 检验法

2. 在假设检验中，由于抽样的偶然性，拒绝了实际上成立的 H_0 假设，则（　　）。

    A. 犯第一类错误　　　　　　　　B. 犯第二类错误
    C. 推断正确　　　　　　　　　　D. A、B 都有可能

3. 在假设检验中，由于抽样偶然性，接受了实际上不成立的 H_0 假设，则（　　）。

    A. 犯第一类错误　　　　　　　　B. 犯第二类错误
    C. 推断正确　　　　　　　　　　D. A、B 都有可能

4. 在假设检验中，接受了实际上成立的 H_0 假设，则（　　）。

    A. 犯第一类错误　　　　　　　　B. 犯第二类错误

C. 推断正确　　　　　　　　　　D. A、B 都有可能

5. 在假设检验中,拒绝实际上不成立的 H_0 假设是(　　)。
   A. 犯第一类错误　　　　　　　B. 犯第二类错误
   C. 推断正确　　　　　　　　　D. A、B 都有可能

6. $\alpha=0.05, t>t_{0.05}$,统计上可认为(　　)。
   A. 两总体均数差别无显著意义　　B. 两样本均数差别无显著意义
   C. 两总体均数差别有显著意义　　D. 两样本均数差别有显著意义

7. 假设检验时,是否拒绝 H_0,取决于(　　)。
   A. 被研究总体有无本质差别　　B. 选用 α 的大小
   C. 抽样误差的大小　　　　　　D. 以上都是

8. 设总体服从 $N(\mu,\sigma^2)$ 分布,σ^2 已知,若样本容量 n 和置信度 $1-\alpha$ 均保持不变,则对于不同的样本观测值,总体均值 μ 的置信区间长度(　　)。
   A. 变长　　　B. 变短　　　C. 不变　　　D. 不能确定

9. 假设检验中,显著性水平 α 表示(　　)。
   A. $P\{$接受 $H_0 | H_0$ 为假$\}$　　　B. $P\{$拒绝 $H_0 | H_0$ 为真$\}$
   C. 置信度为 α　　　　　　　　　D. 无具体含义

10. 机床厂某日从两台机器所加工的同一种零件中分别抽取两个样本,检验两台机床的加工精度是否相同,则提出假设(　　)。
    A. $H_0: \mu_1=\mu_2, H_1: \mu_1\neq\mu_2$　　B. $H_0: \sigma_1^2=\sigma_2^2, H_1: \sigma_1^2\neq\sigma_2^2$
    C. $H_0: \mu_1=\mu_2, H_1: \mu_1>\mu_2$　　D. $H_0: \sigma_1^2=\sigma_2^2, H_1: \sigma_1^2>\sigma_2^2$

11. 在对总体参数的假设检验中,若给定显著性水平 $\alpha(0<\alpha<1)$,则犯第一类错误的概率为(　　)。
    A. $1-\alpha$　　　B. α　　　C. $\dfrac{\alpha}{2}$　　　D. 不能确定

12. 对某批产品的合格率进行假设检验,如果在显著性水平 $\alpha=0.05$ 下接受了零假设,则在显著性水平 $\alpha=0.01$ 下(　　)。
    A. 必接受零假设　　　　　　　B. 必拒绝零假设
    C. 可能接受也可能拒绝零假设　　D. 不接受也不拒绝零假设

13. 假设检验时,若增大样本容量,则犯两类错误的概率(　　)。
    A. 都增大　　　　　　　　　　B. 都减小
    C. 都不变　　　　　　　　　　D. 一个增大一个减小

14. 在假设检验中,一般情况下(　　)。
    A. 只犯第一类错误　　　　　　B. 只犯第二类错误
    C. 既可能犯第一类错误也可能犯第二类错误
    D. 两类错误都不犯

15. 在假设检验中,若要减少 β,则(　　)。
    A. $\alpha\uparrow$　　　　　　　　　　　B. $1-\beta\uparrow$
    C. $\alpha\downarrow$　　　　　　　　　　D. A、B 同时存在

16. 自动包装机装出的每件物品的重量服从正态分布,规定每件物品重量的方差不超过 A。为了检查包装机的工作是否正常,对它生产的产品进行抽样检验,取零假设为 $\sigma^2 \leq A$,检验水平为 0.05,则下列陈述中,正确的是(   )。
    A. 如果生产正常,则检验结果也认为正常的概率为 95%
    B. 如果生产不正常,则检验结果也认为不正常的概率为 95%
    C. 如果检验的结果认为正常,则生产确实正常的概率为 95%
    D. 如果检验的结果认为不正常,则生产确实不正常的概率为 95%

17. 检验的显著性水平是(   )。
    A. 第一类错误概率   B. 第一类错误概率的上界
    C. 第二类错误概率   D. 第二类错误概率的上界

18. 从一批零件中抽出 100 个测量其直径,测得平均直径为 52 mm,标准差为 16 mm,想知道这批零件的直径是否服从标准直径 50 mm,因此采用 t 检验法,那么在显著性水平 α 下,接受域为(   )。
    A. $|t| < t_{\frac{\alpha}{2}}(99)$ B. $|t| < t_{\frac{\alpha}{2}}(100)$
    C. $|t| \geq t_{\frac{\alpha}{2}}(99)$ D. $|t| \leq t_{\frac{\alpha}{2}}(99)$

19. 对两个厂家的产品的满意度进行比较,进行了抽样调查,在检验水平 $\alpha = 0.01$ 时,否定了满意度相同的零假设,则应理解为(   )。
    A. 两个厂家的产品的满意度不可能相同
    B. 两个厂家的产品的满意度有可能相同
    C. 两个厂家的产品的满意度以 90% 的概率不同
    D. 在 100 次抽样中,恰有 10 次使满意度相同

20. 有矿砂的 5 个样品,测得其含铜量均值为 $\overline{X}$。设含铜量服从正态分布,方差 σ^2 未知,在 $\alpha = 0.01$ 下检验 $\mu = \mu_0$,则取统计量(   )。
    A. $Z = \sqrt{5}(\overline{X} - \mu_0)/\sigma$ B. $Z = \sqrt{5}(\overline{X} - \mu_0)/S$
    C. $Z = \sqrt{4}(\overline{X} - \mu_0)/S$ D. $Z = (\overline{X} - \mu_0)/\sigma$

二、多项选择题

1. 根据假设检验和区间估计的不同和联系,以下表述正确的是(   )。
    A. 都是对总体特征的推断,都是运用概率估计来得到自己的结论
    B. 前者要对总体参数做出某种假设,然后根据抽样分布规律确定可以接受的临界值
    C. 后者无须对总体参数做出假设,它根据抽样分布规律找出恰当的区间,并给出这一区间包含总体参数的概率
    D. 假设检验和区间估计都有两类错误

2. 在假设检验中,若要减少 β,则(   )。
    A. $\alpha \uparrow$ B. $1 - \beta \uparrow$ C. $\alpha \downarrow$ D. 以上都不对

3. 假设检验——利用样本的实际资料来检验事先对总体某些数量特征所作的假设——如果两者的差异很小,则有理由认为这种差异( )。
   A. 是由随机因素引起的(我们可以接受无差异的原假设)
   B. 是由随机因素引起,同时还存在条件变化的因素造成的(不能接受无差异的原假设)
   C. 表明原假设真实的可能性愈大
   D. 表明原假设真实的可能性愈小

4. 关于显著性水平,以下表述正确的是( )。
   A. 假设检验事先规定的小概率标准
   B. 取值愈大,则冒无显著性差异而被错判为显著性差异的风险也愈大
   C. 实际上是犯第一类错误的概率
   D. 就是临界值——检验接受域和拒绝域的分界点

5. 当我们根据样本资料对零假设做出接受或拒绝的决定时,可能出现的情况有( )。
   A. 当零假设为真时接受它
   B. 当零假设为假时接受它
   C. 当零假设为真时拒绝它
   D. 当零假设为假时拒绝它

6. 在样本容量 n 固定的条件下( )。
   A. 缩小显著性水平,就扩大了拒绝域,从而增加犯第一类错误的可能性
   B. 缩小显著性水平,可缩小拒绝域,从而减少犯第一类错误的可能性
   C. 缩小显著性水平,可缩小拒绝域,从而增加了犯第二类错误的可能性
   D. 要同时减少两类错误是不可能的

7. 犯第二类错误是( )。
   A. 在原假设不真实的条件下发生
   B. 在原假设真实的条件下发生
   C. 原假设与实际值差距越大,第二类错误被鉴别的概率越大,犯错率就越小
   D. 原假设与实际值差距越小,第二类错误被鉴别的概率越大,犯错率就越小

8. 对于原假设真实性的检验( )。
   A. 样本指标落在接受域内,就证明原假设一定是真实的
   B. 样本指标落在接受域内,并不证明原假设一定是真实的
   C. 样本指标落在拒绝域内,就证明原假设一定是假的
   D. 样本指标落在接拒绝内,并不证明原假设一定是假的

9. 提高 α,意味着( )。
   A. 对某一假设的拒绝域扩大
   B. 对某一假设的拒绝域缩小
   C. 对某一假设的拒绝域不变
   D. 对某一假设的接受域随之缩小

10. 以下问题可以用 Z 检验的有( )。
    A. 正态总体均值的检验,方差已知
    B. 正态总体均值的检验,方差未知
    C. 大样本下总体均值的检验
    D. 正态总体方差的检验

三、名词解释

1. 零假设与备择假设
2. 检验统计量
3. 拒绝域
4. 显著性水平
5. 检验的 p 值

四、简答题

1. 统计假设检验的基本原则是什么,你是怎样理解的?
2. 怎样确定假设检验问题的零假设和备择假设?
3. 假设检验中的两类错误是什么,对两类错误的概率大小你是怎么理解的?
4. 假设检验有哪些步骤?
5. 怎样理解假设检验问题的 p 值?它与显著性水平什么关系?

五、计算题

1. 某自动装配线预定的平均操作时间是 2.2 min,标准差为 0.2 min。因为完成时间对装配操作前后都会产生影响,将时间控制在 2.2 min 是很重要的。每隔一段时间工厂都要检验装配线工作是否正常。15 次装配的随机样本显示样本平均完成时间是 2.39 min。在 0.1 的显著性水平下检验平均操作完成时间是否是 2.2 min(装配线的操作时间服从正态分布)。

2. 某粮食加工厂用打包机包装大米,规定每袋的标准重量为 100 kg。设打包机包装的大米重量服从正态分布,由以往长期经验得知其标准差 $\sigma = 0.9$ kg。某天开工后,为了检验打包机工作是否正常,随机抽取该机所装的 9 袋,称得其净重/kg 为

   99.3、98.7、100.5、101.2、98.3、99.7、105.1、102.6、100.5。

   请检验该打包机的工作是否正常。

3. 2005 年 2 月,某航线来回机票的平均折扣费是 258 元。随机抽取 3 月份 15 个来回折扣机票的折扣费作为样本,结果得到如下数据:310、260、255、265、300、310、230、250、265、280、290、240、285、250、260。采用 $\alpha = 0.05$,检验 3 月份来回机票折扣费是否有显著增加。

4. 为了了解各个省份男女人口比例,某机构进行了一项调查。其中从云南省随机抽取了 4 000 人,结果男性比例为 0.52。请在 0.05 的显著性水平下检验云南省男性比例是否显著不等于 0.5。如果样本量为 2 000 人,结果仍为男性比例为 0.52,在同样的显著性水平下,你的检验结论又是什么?你是怎样理解 52∶48 这个男女比例的?

5. 北京市劳动和社会保障局公布的 2004 年的北京市职工年平均工资为 28 348 元。北京市某大学教师想检验自己学校具有讲师职称的老师的平均工资与北京市平均工资有无显著差别,他随机抽取了 36 名大学职称为讲师的老师的年工资作为样本。结果显示:36 人的年平均工资为 29 040 元,标准差为 2 300 元。请检验该大学具有讲师职称的教师的年平均工资与北京市职工年平均工资水平是否有显著差别。

6. 某类钢板的质量指标服从正态分布。它的制造规格规定,钢板质量的方差 σ_0^2 不得超过 $0.016\ \text{kg}^2$。现由 25 块钢板组成的一个随机样本给出的样本方差为 $0.025\ \text{kg}^2$,从这些数据能否得出钢板不合规格的结论?($\alpha=0.05, 0.01$)

7. 某机构对两个大城市居民的消费习惯差异感兴趣。为了了解各项指标的差异进行了抽样调查,其中一项指标是两个城市每天乘小汽车的里程数的差异。从城市 A 抽取 50 个居民构成一个简单随机样本,结果显示均值为每天 12.5 km,标准差为每天 4.3 km;从 B 城市抽取 100 个居民构成另一个简单随机样本,均值是每天 11.2 km,标准差是每天 3.8 km。请检验两个城市居民在使用小汽车方面是否有显著差异。

8. 有研究者想研究男女职员的工资水平是否有差异。抽取至少有 5 年工作经验的男性和女性职员的独立样本,结果为:24 个男性职员的每小时平均工资为 9.3 元,标准差为 1.2 元;20 个女性职员的每小时平均工资为 8.7 元,标准差 0.9 元。将零假设分别设为:男性员工的平均工资等于女性员工的平均工资;男性员工的平均工资小于等于女性员工的平均工资。你的结论是什么?

9. 某公司对本公司的产品在电视上播了一段时间的广告,管理者想知道广告是否有明显的效果。某市场研究公司对该问题进行了研究,公司调查了 10 个人在公告播出前后的购买潜力等级分值,分数越高(见下表)说明购买潜力越高。

个体	1	2	3	4	5	6	7	8	9	10
广告后	6	6	7	4	3	9	7	6	5	6
广告前	5	4	7	3	5	8	5	6	4	6

请建立该研究问题的零假设和备择假设,并对检验问题在 0.05 的显著性水平下进行检验。

六、综合应用题

1. 20 世纪 60 年代,美国提出了一种"负收入税",内容是对低收入者进行补助而不是向他们收税。这项福利计划会造成受益人不工作吗?在新泽西州的三个城市做了一项试验来寻求答案。指标母体由这些城市的 10 000 个低收入家庭组成。从这些家庭中随机选出 400 个家庭不实行负收入税,另外随机选出 225 个家庭实施负收入税。对所有 625 个家庭跟踪 3 年。

   (1) 不实行负收入税的家庭在 3 年期间平均受雇工作 7 000 h,他们的标准差为 3 900 h;实行负收入税的家庭则平均受雇工作 6 200 h,他们的标准差为 3 400 h。两个平均数之间的差异是统计显著的吗?

   (2) 在不实行负收入税的家庭中,88% 受雇,而实行负收入税的家庭 82% 受雇,该差异是统计显著的吗?

2. 在一项关于人们每天驾驶时间(单位:min)的研究中,得到下面的结果,这些值来自年龄 16~19 岁的男性和年龄为 65 岁及以上的男性。

	16～19 岁	65 岁及以上
样本量	50	60
样本均值	58.2	72.8
样本标准差	33.4	46.7

(1) 是否有显著的证据支持假设：两个总体均值不同。

(2) 给出两个总体差的 99% 的置信区间，这个区间的边界包含 0 吗？你怎样解释这个结果？

3. 1997 年，某城镇居民家庭平均每人每月生活费收入 280 元。根据抽样调查，1998 年该城镇 50 户居民家庭平均每人每月生活费收入如下。

367　322　294　273　237　398　327　298　276　246　355　240　275
368　296　352　324　382　229　264　288　271　291　319　360　226
369　262　286　329　212　257　281　303　332　309　222　260　343
370　217　259　283　303　253　281　301　284　304　400

试问该城镇居民家庭平均每人每月生活费收入 1998 年与 1997 年比较是否有明显提高？（利用 p 值进行检验）

4. 美国 6 次总统选举预测情况如下，其中括号内的数表示盖洛普在选举前对 1 500 位选民的民意调查结果（略去了第三党候选人）。

年　度	民　主　党	共　和　党
1960	肯尼迪(51%)	尼克松(49%)
1964	约翰逊(64%)	戈德沃特(36%)
1968	汉弗莱(50%)	尼克松(57%)
1972	麦戈文(38%)	尼克松(62%)
1976	卡特(51%)	福特(49%)
1980	卡特(48%)	里根(52%)

(1) 计算各年中民主党支持者总体比例的 95% 置信区间。

(2) 对照下面所给出的真正选举结果，对错误的置信区间（即没能把真正的比例 π 包括在内的）打上星号标志。

1960 年	肯尼迪	50.1%
1964 年	约翰逊	61.3%
1968 年	汉弗莱	49.7%
1972 年	麦戈文	38.2%
1976 年	卡　特	51.1%
1980 年	卡　特	44.7%

历年盖洛普对总统选举的调查结果($n=1\,500$)

年度	共和党	民主党	民主党候选人 $\dfrac{P(1-P)}{n}$	95%置信度总体比例的置信区间/%	实际选举结果/%
1960	尼克松 49%	肯尼迪 51%	0.000 166 6	51±2.529 8	肯尼迪 50.1
1964	戈德沃特 36%	约翰逊 64%	0.000 153 6	*64±2.429 1	约翰逊 61.3
1968	尼克松 57%	汉弗莱 50%	0.000 163 4	50±2.530 3	汉弗莱 49.7
1972	尼克松 62%	麦戈文 38%	0.000 157 1	38±2.456 4	麦戈文 38.2
1976	福 特 49%	卡 特 51%	0.000 166 6	51±2.529 8	卡 特 51.1
1980	里 根 52%	卡 特 48%	0.000 166 4	*48±2.528 3	卡 特 44.7

注*:实际选举结果证明错误的置信区间。

本章推荐阅读书目

贾俊平. 统计学[M]. 北京:清华大学出版社,2004.

第六章 回归分析

---**本章导言**---

在研究中,我们常常需要了解多个变量之间的相互关系,如年龄与血压,吸烟与肺癌,药物剂量与动物死亡率,环境介质中污染物浓度与污染源的距离等。回归是研究这种关系的主要统计方法。有人做了统计,发现其中有大约80%的项目研究使用的统计方法是回归分析(regression analysis),所以它是运用得最广的统计分析方法。本章只介绍回归中最简单、最基本的两个变量间呈直线关系的分析方法,也就是一元线性回归。对于多元回归本书不作介绍,有兴趣的读者可以参阅这方面的书籍。

第一节 回归的含义与作用

"回归"一词是由英国生物学家F. Galton在研究人体身高的遗传问题时首先提出的。根据遗传学的观点,子辈的身高受父辈影响,以X记父辈身高,Y记子辈身高。虽然子辈身高一般受父辈影响,但同样身高的父亲,其子身高与其并不一致,因此,X和Y之间存在一种相关关系。一般而言,父辈身高者,其子辈身高也,依此推论,祖祖辈辈遗传下来,人类身高必然向两极分化,而事实上并非如此。显然有一种力量将身高拉向中心,即子辈的身高有向中心回归的特点,"回归"一词即源于此。虽然这种向中心回归的现象只是特定领域里的结论,并不具有普遍性,但从它所描述的关于X为自变量,Y为不确定的因变量这种变量间的关系和我们现在的回归含义是相同的。不过,现代回归分析虽然沿用了"回归"一词,但内容已有很大变化,它是一种应用于许多领域的广泛的分析研究方法,在经济理论研究和实证研究中也发挥着重要的作用。

回归分析通过一个变量或一些变量的变化解释另一变量的变化。其主要内容和步骤是,首先根据理论和对问题的分析判断,将变量分为自变量和因变量;其次,设法找出合适的数学方程式(即回归模型)描述变量间的关系;由于涉及的变量具有不确定性,接着还要对回归模型进行统计检验;统计检验通过后,最后是利用回归模型,根据自变量去估计、预测因变量。

回归有不同种类:按照自变量的个数分,有一元回归和多元回归,只有一个自变量的叫一元回归,有两个或两个以上自变量的叫多元回归;按照回归曲线的形态分,有线性(直线)回归和非线性(曲线)回归。实际分析时应根据客观现象的性质、特点、研究目的和任务,选取合适的回归分析方法。

第二节 一元线性回归

一元线性回归就是指只涉及一个自变量(通常记为 X)和一个因变量(通常记为 Y)的回归分析。它是最简单的回归分析,但是对其加以推广,我们就可以得到相应的多元回归解决途径,所以对其理解透彻,能帮助我们很好的理解复杂的多元回归分析。

这一节的安排是这样的:首先介绍一元线性回归的基本假设,说明一元线性回归的模型;然后是资料收集和参数估计,说明如何运用所收集到的观测值估计一元线性回归模型中的未知参数;第三部分是统计性质,探讨我们估计出的回归所具备的统计性质,特别关注各统计量的抽样分布,为后续的检验与区间估计工作做准备;第四部分讨论如何评价回归模型的解释能力;第五部分探讨回归系数的检验与区间估计;第六部分是预测,探讨如何将估计所得的回归模型应用到预测中。以上内容如图 6-1 所示。

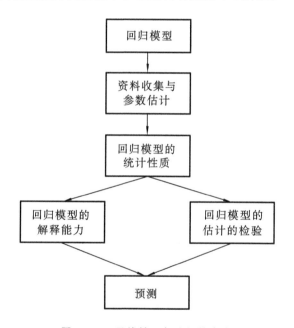

图 6-1 一元线性回归分析的内容

一、一元线性回归模型

每一种分析方法都有它的前提和限制,所以当我们进行一元线性回归分析的时候也要了解其基本假设,基本假设如下。

(1) 自变量 X 不被视为随机变量。为了简化分析,一般将自变量 X 看成为可控的变量,而不看成随机变量。

(2) 当自变量 X 为某特定值($X=x$)时,相应的因变量值 Y 的统计特征呈现一种正态分布,而且,这些正态分布都有相同的方差,这种关系见图 6-2。

(3) 假设因变量 Y 的期望值与自变量 X 之间呈线性关系。回归分析所要找的回归线信号不同自变量值($X=x$)与因变量 Y 的期望值($E(Y|X=x)$)所形成的关系式。一元

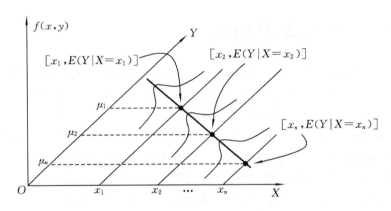

图 6-2 自变量和因变量之间的关系

线性回归是假定$(x, E(Y|X=x))$呈现线性关系。

回归线可以表示成

$$E(Y|X=x_i) = \beta_0 + \beta_1 x_i$$

其中：$E(Y|X=x_i)$表示自变量$X=x_i$时，因变量(Y)的条件期望值。

自变量和因变量的这种关系可以用图 6-2 所示曲线来表示。

了解了回归分析的基本假定后，我们可以将这些假定归纳为回归模型。

一元线性回归模型为

$$y_i = \beta_0 + \beta_1 x_i + \varepsilon_i, \quad i = 1, 2, \cdots, n$$

其中：

- y_i表示自变量$X=x_i$时因变量的值；
- $\beta_0 + \beta_1 x_i$表示自变量$X=x_i$时因变量的平均值；
- ε_i表示自变量$X=x_i$时因变量y_i的个别差异（或随机误差）；
- $\varepsilon_i \sim N(0, \sigma^2)$，同时假设，$\sigma_1^2 = \sigma_2^2 = \cdots = \sigma_n^2 = \sigma_{Y|X}^2$，且所有的$\varepsilon_i$之间相互独立；
- β_0、β_1分别为$(x_i, E(Y|X=x_i))$所形成的简单回归线的截距与斜率。

从回归模型我们可以发现以下一些事实。

首先，一元回归模型将因变量值y_i分解为两个部分：一个部分是平均项，另一部分为误差项，即 $y_i = $ 平均项$(\beta_0 + \beta_1 x_i) + $ 误差项(ε_i)。

其次，因变量值y_i的方差等于误差项的方差，即

$$D(y_i) = D(\beta_0 + \beta_1 x_i + \varepsilon_i) = D(\varepsilon_i) = \sigma_i^2 = \sigma_{Y|X}^2$$

这样就可以发现，虽然模型针对误差项做出了其方差同质性的假定，其实这也是假定了因变量的方差具有同质性。

■ 二、参数估计

从回归模型我们可以发现，一元线性回归的参数估计工作主要有两项：一是估计平均项中的两个未知参数β_0、β_1；二是估计误差项分布中的未知方差$\sigma_{Y|X}^2$。

□ 1. β_0、β_1的估计

最小二乘法是在估计β_0、β_1中常常使用到的一种方法，所以这里只介绍最小二乘法的思想。

假设我们最后估计出的回归线为
$$\hat{y}_i = \hat{\beta}_0 + \hat{\beta}_1 x_i$$
其中 $\hat{y}_i$、$\hat{\beta}_0$、$\hat{\beta}_1$ 分别是 y_i、β_0、β_1 的估计。

如何求得 $\hat{\beta}_0$、$\hat{\beta}_1$,这要看我们是用什么标准。最小二乘法的标准是希望估计出的 $\hat{\beta}_0$、$\hat{\beta}_1$ 使得 y_i 的估计 $\hat{y}_i$ 与自身相差最小,也就是使得残差平方和($\min \sum_{i=1}^{n}(y_i - \hat{y}_i)^2 = \sum_{i=1}^{n}(e_i)^2$)最小。

令 $L(\hat{\beta}_0, \hat{\beta}_1) = \sum_{i=1}^{n}(y_i - \hat{y}_i)^2 = \sum_{i=1}^{n}(y_i - \hat{\beta}_0 - \hat{\beta}_1 x_i)^2$,要求 $L(\hat{\beta}_0, \hat{\beta}_1)$ 的最小值,由二元函数求极值的一阶导数条件,可以知道

$$\frac{\partial L}{\partial \hat{\beta}_0} = -2\sum_{i=1}^{n}(y_i - \hat{\beta}_0 - \hat{\beta}_1 x_i) = 0$$

$$\frac{\partial L}{\partial \hat{\beta}_1} = -2\sum_{i=1}^{n}(y_i - \hat{\beta}_0 - \hat{\beta}_1 x_i)x_i = 0$$

解这个方程组,就可以得到

$$\hat{\beta}_1 = \frac{\sum_{i=1}^{n}[(x_i - \overline{X})(y_i - \overline{Y})]}{\sum_{i=1}^{n}(x_i - \overline{X})^2} = \frac{\sum_{i=1}^{n}(x_i y_i) - n\overline{X}\,\overline{Y}}{\sum_{i=1}^{n}x_i^2 - n\overline{X}^2}$$

$$= \frac{\sum_{i=1}^{n}(x_i y_i) - \dfrac{(\sum x_i)(\sum y_i)}{n}}{\sum_{i=1}^{n}x_i^2 - \dfrac{(\sum x_i)^2}{n}}$$

$$\hat{\beta}_0 = \overline{Y} - \hat{\beta}_1 \overline{X}$$

这就是所要求的 $\hat{\beta}_0$ 与 $\hat{\beta}_1$。

□2. 误差项分布中的未知方差 $\sigma^2_{Y|X}$ 的估计

在一元线性回归模型中,因变量的值 y_i 被表示成
$$y_i = \beta_0 + \beta_1 x_i + \varepsilon_i, \qquad i = 1, 2, \cdots, n$$

其中可以假定 $\varepsilon_i \sim N(0, \sigma^2_{Y|X})$,也就是说它服从正态分布,且它们有相同的方差 $\sigma^2_{Y|X}$。这个 $\sigma^2_{Y|X}$ 的估计非常重要,因为没有这个估计值,后面有关线性回归的统计推断将无法进行。

在回归分析中,我们用最小残差平方和除以其自由度后产生的最小残差均方和作为 $\sigma^2_{Y|X}$ 的估计量 ($\hat{\sigma}^2_{Y|X}$),并以符号 $S^2_{Y|X}$(或 MSE)表示,即

$$\hat{\sigma}^2_{Y|X} = S^2_{Y|X} = \frac{\sum_{i=1}^{n}(y_i - \hat{y}_i)^2}{n-2} = \frac{\sum_{i=1}^{n}(e_i)^2}{n-2} = \mathrm{MSE}$$

【例 6-1】 变量 X 和 Y 的 5 组观察值如下。

x_i	1	2	3	4	5
y_i	3	7	5	11	14

求出 x 对 y 的回归方程,计算 MSE。

首先做出 x 与 y 之间的散点图,如图 6-3 所示。

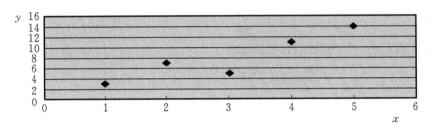

图 6-3 y 与 x 的散点图

可见两者之间存在线性关系。

从数据可以知道: $\sum x_i = 15, \sum y_i = 40, \overline{X} = 3, \overline{Y} = 8, \sum x_i^2 = 55, \sum x_i y_i = 146$

$$\hat{\beta}_1 = \frac{\sum_{i=1}^{n}[(x_i - \overline{X})(y_i - \overline{Y})]}{\sum_{i=1}^{n}(x_i - \overline{X})^2} = \frac{\sum_{i=1}^{n}(x_i y_i) - n\overline{X}\,\overline{Y}}{\sum_{i=1}^{n}x_i^2 - n\overline{X}^2} = \frac{146 - 5 \times 24}{55 - 5 \times 9} = 2.6$$

$\hat{\beta}_0 = \overline{Y} - \hat{\beta}_1 \overline{X} = 8 - 2.6 \times 3 = 0.2$

$\hat{y}_i = 0.2 + 2.6 x_i$

求出回归方程后,就可以得到表 6-1 中所示的数据。

表 6-1

x_i	y_i	$\hat{y}_i = 0.2 + 2.6 x_i$	e_i	e_i^2
1	3	2.8	0.2	0.04
2	7	5.4	1.6	2.56
3	5	8	−3	9
4	11	10.6	0.4	0.16
5	14	13.2	0.8	0.64

那么有 $\sum_{i=1}^{n}(e_i)^2 = 12.4$ 所以

$$\text{MSE} = \hat{\sigma}_{Y|X}^2 = S_{Y|X}^2 = \frac{\sum_{i=1}^{n}(e_i)^2}{n-2} = 4.133$$

三、统计性质

经过前面的参数估计,我们已经估计出了最小平方回归线。在这一部分,我们将就这条最小平方回归线所具备的统计性质做进一步的探讨,主要从以下三个方面来说明:
- 回归线的统计性质;
- 回归系数的统计性质;
- 平方和恒等式及方差分析表。

1. 回归线的统计性质

最小平方回归线 $\hat{y}_i = \hat{\beta}_0 + \hat{\beta}_1 x_i$ 有如下的一些重要性质:

- 最小平方回归线通过数据的中心点 $(\overline{X}, \overline{Y})$;

- 残差和等于 0,即 $\sum_{i=1}^{n} e_i = 0$;

- 残差与自变量乘积的和等于 0,即 $\sum_{i=1}^{n} e_i x_i = 0$;

- 残差与估计值乘积的和等于 0,即 $\sum_{i=1}^{n} e_i \hat{y}_i = 0$。

2. 回归系数的统计性质

经过最小二乘法估计出的回归系数 $\hat{\beta}_0$、$\hat{\beta}_1$ 的抽样分布是后面进行回归系数估计和假设检验的依据。下面分别对 $\hat{\beta}_0$、$\hat{\beta}_1$ 的抽样分布进行说明,注意我们只给出结论并不加以证明。

(1)回归线斜率 $\hat{\beta}_1$ 的抽样分布为

$$\hat{\beta}_1 \sim N\left(\beta_1, \frac{\sigma_{Y|X}^2}{\sum_{i=1}^{n}(x_i - \overline{X})^2}\right)$$

(2)回归线截距 $\hat{\beta}_0$ 的抽样分布为

$$\hat{\beta}_0 \sim N\left(\beta_0, \left[\frac{1}{n} + \frac{(\overline{X})^2}{\sum_{i=1}^{n}(x_i - \overline{X})^2}\right] \times \sigma_{Y|X}^2\right)$$

3. 平方和恒等式以及方差分析表

现在先看下面有关观察值 y_i 的分解图(见图 6-4)。

从图 6-4 中发现,可以将 y_i 分解为三个部分,即 $\overline{Y}$、$(\hat{y}_i - \overline{Y})$ 和 $(y_i - \hat{y}_i)$,也就是

$$y_i = \overline{Y} + (\hat{y}_i - \overline{Y}) + (y_i - \hat{y}_i)$$

该式子可以改写成

$$(y_i - \overline{Y}) = (\hat{y}_i - \overline{Y}) + (y_i - \hat{y}_i)$$

这个等式就是图 6-4 中表明的 3 条线段之间的关系。

我们可以发现,$(y_i - \overline{Y})$ 就是在没有任何其他相关信息的时候,我们对 y_i 进行估计所发生的误差。

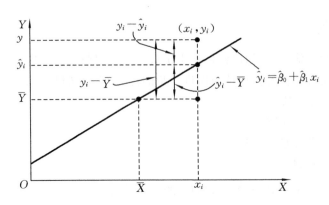

图 6-4 观察值 y_i 的分解

如果我们发现了一个与 y 相关的变量 x，这时候就对一个特定 y_i 进行估计，当然就应该利用 x 提供给我们的信息。这种利用的方法就是所讲的回归分析，此时利用了 x 提供的信息对 y_i 进行估计，相对没有利用 x 的信息对 y_i 进行估计所缩减的误差就为 $(\hat{y}_i - \overline{Y})$。这个缩减的误差部分就是 x 的信息所产生的作用，也就是我们估计的回归线的作用。

当然还有一部分，是即使我们利用了 x 提供的信息，也无法缩减的误差，这就是 $(y_i - \hat{y}_i)$。

值得注意的是，以上的各个误差是针对单个 x_i 与 y_i 来说的，如果我们要对整个数据集 (x, y) 各部分误差的情况进行评价，一个自然的想法就是将每一个特定的误差进行求和，也就是求出 $\sum(y_i - \overline{Y})$、$\sum(\hat{y}_i - \overline{Y})$ 和 $\sum(y_i - \hat{y}_i)$。

但是这样做的缺点是，各个部分和都为 0，因为求和过程中正负误差相互抵消掉了，这就失去了评估意义。那我们对其进行改进，换成 $\sum(y_i - \overline{Y})^2$、$\sum(\hat{y}_i - \overline{Y})^2$ 和 $\sum(y_i - \hat{y}_i)^2$，这样求和过程中就不存在误差抵消的情况了。但是这样做，我们要问一下自己：前面 y_i 分解的关系等式对 $\sum(y_i - \overline{Y})^2$、$\sum(\hat{y}_i - \overline{Y})^2$ 和 $\sum(y_i - \hat{y}_i)^2$ 还成立吗？也就是

$$\sum(y_i - \overline{Y})^2 = \sum(\hat{y}_i - \overline{Y})^2 + \sum(y_i - \hat{y}_i)^2$$

成不成立？毕竟原来是线段求和，现在在已经换成了平方项。

奇妙的是，经证明

$$\sum(y_i - \overline{Y})^2 = \sum(\hat{y}_i - \overline{Y})^2 + \sum(y_i - \hat{y}_i)^2$$

是成立的(证明过程这里就免了，有兴趣的读者可以试一下)。

$\sum(y_i - \overline{Y})^2 = \sum(\hat{y}_i - \overline{Y})^2 + \sum(y_i - \hat{y}_i)^2$ 这个等式就是回归分析中的平方和恒等式，这个恒等式由三部分构成。

(1) $\sum(y_i - \overline{Y})^2$，每一个 y 与全体平均值 $\overline{Y}$ 之差的平方和，也就是总误差项，简称为总平方和(total sum of square)，以符号 TSS 表示，其自由度为 $(n-1)$。

(2) $\sum(\hat{y}_i - \overline{Y})^2$，各个估计值 $\hat{y}$ 与全体平均值 $\overline{Y}$ 之差的平方和，构成回归平方和(regression sum of squares)，表示利用回归所能缩减的误差部分，用 RSS 表示，其自由度为回归方程中自变量的个数。在一元线性回归中当然就等于 1。另外，我们记

$$\text{MSR} = \frac{\text{RSS}}{k} \quad (k \text{ 为自由度,此时 } k=1)$$

也就是回归均方和(regression mean square)。

(3) $\sum_i (y_i - \hat{y}_i)^2$,就是最小残差平方和,简称为误差平方和(error sum of square),用 ESS 表示,其自由度为 $(n-2)$。另外,我们记

$$\text{MSE} = \frac{\text{ESS}}{n-2}$$

也就是误差均方和(error mean square)。

所以,一元线性回归的平方和恒等式及自由度恒等式可以表示为

平方和恒等式

$$\text{TSS} = \text{RSS} + \text{ESS}$$

自由度恒等式

$$(n-1) = 1 + (n-2)$$

这样,我们就可以构成一元线性回归的方差分析表(见表 6-2)。

表 6-2

方差来源	平方和	自由度	均方和	F 值
回归	RSS=$\sum (y_i - \overline{Y})^2$	1	MSR	
误差	ESS=$\sum (y_i - \hat{y}_i)^2$	$n-2$	MSE	$F=\dfrac{\text{MSR}}{\text{MSE}}$
总和	TSS=$\sum (y_i - \overline{Y})^2$	$n-1$		

其中,值得说明的是,$F=\dfrac{\text{MSR}}{\text{MSE}}$ 服从自由度为 $(1, n-2)$ 的 F 分布。

【例 6-2】 对例 6-1 的线性回归进行方差分析。

分析结果见表 6-3。

表 6-3 方差分析

方差来源	自由度	平方和	均方和	F 值	p 值
回归分析	1	67.6	67.6	16.354 84	
残差	3	12.4	4.13		0.027 215
总计	4	80			

四、回归线的解释能力

回归线的解释能力(explanatory power)是指用估计出的回归线进行预测,其预测的准确度如何。如何用一个定量的指标来表征回归线的解释能力呢?

从前面有关平方和恒等式的讨论,我们发现总误差项可以分解为两个部分:一部分是回归所能缩减的误差部分;另一部分是残差项。那么我们就可以推断,如果估计出的回归

线能缩减的误差部分越大,那么用这条回归线去作预测就会越准。所以,我们就可以用回归平方和与总平方和的比作为表征回归线解释能力的指标,这个指标我们称为判定系数(coefficient of determination),常常记为 r^2,且

$$r^2 = \frac{\text{RSS}}{\text{TSS}} = 1 - \frac{\text{ESS}}{\text{TSS}}$$

当回归线所能缩减的误差部分越大,表明其解释能力就越强,也就是说判定系数 r^2 越大,回归线的解释能力越强。

研究显示,判定系数可能会高估了回归线的解释能力,这个现象在多元回归的时候尤为严重,因此需要对判定系数进行修正。修正的方法是将各个平方和的自由度考虑进去,我们将修正后的判定系数(adjusted r^2)记为 $\text{Adj}r^2$,且

$$\text{Adj}r^2 = 1 - \frac{\text{ESS}/(n-2)}{\text{TSS}/(n-1)} = 1 - \frac{n-1}{n-2} \times \frac{\text{ESS}}{\text{TSS}}$$

可以看出,$\text{Adj}r^2$ 与 r^2 的功能相同,都是其值越大,表明回归线的解释能力越强。

【例 6-3】 计算例 6-1 回归的判定系数。

判定系数 $r^2 = \dfrac{\text{RSS}}{\text{TSS}} = \dfrac{67.6}{80} = 0.845$

■ 五、回归系数的检验与区间估计

我们现在基于回归系数的统计性质的知识来解决两个问题:
- 回归系数的假设检验;
- 回归系数的区间估计。

□ 1. 回归系数的假设检验

这里的假设检验是指依据 $\hat{\beta}_0$、$\hat{\beta}_1$ 的抽样分布,对回归分析中的 β_0、β_1 是否异于 0 进行检验。

在回归系数 β_0、β_1 是否异于 0 的假设检验中,我们更加关注 β_1 是否异于 0 的检验。设想如果经过假设检验 β_1 与 0 没有显著性差异,这表明因变量 y 根本不受自变量 x 变动的影响,那么我们所设想的回归线就没有意义。

对于 β_1 是否异于 0 有两种检验方法,一种为 t 检验,另一种为 F 检验。

1) t 检验

t 检验的步骤如下。

步骤 1 提出假设,即

$$H_0: \beta_1 = 0$$
$$H_1: \beta_1 \neq 0$$

步骤 2 依据事先给定的显著性水平 α,以及 $\hat{\beta}_1$ 的抽样分布确定拒绝域。

由于 $\hat{\beta}_1 \sim N\left(\beta_1, \dfrac{\sigma_{Y|X}^2}{\sum\limits_{i=1}^{n}(x_i - \overline{X})^2}\right)$,所以

$$\frac{\hat{\beta}_1 - \beta_1}{\left(\sigma_{Y|X} \Big/ \sqrt{\sum_{i=1}^{n}(x_i - \overline{X})^2}\right)} \sim N(0,1)$$

由于 $\sigma_{Y|X}$ 我们并不知道，所以一个自然的想法是用

$$\hat{\sigma}_{Y|X} = \sqrt{S_{Y|X}^2} = \sqrt{\frac{\sum_{i=1}^{n}(y_i - \hat{y}_i)^2}{n-2}} = \sqrt{\frac{\sum_{i=1}^{n}(e_i)^2}{n-2}} = \sqrt{\text{MSE}}$$

来代替。当我们用 $\hat{\sigma}_{Y|X}$ 来代替 $\sigma_{Y|X}$ 的时候，

$$\frac{\hat{\beta}_1 - \beta_1}{\left(\hat{\sigma}_{Y|X} \Big/ \sqrt{\sum_{i=1}^{n}(x_i - \overline{X})^2}\right)}$$

就已经不服从标准正态分布了，而服从自由度为 $(n-2)$ 的 t 分布，也就是说

$$\frac{\hat{\beta}_1 - \beta_1}{\left(\hat{\sigma}_{Y|X} \Big/ \sqrt{\sum_{i=1}^{n}(x_i - \overline{X})^2}\right)} \sim t(n-2)$$

在假设 H_0 成立的条件下，依据事先给定的显著性水平 α，我们可以确定拒绝域（见图 6-5）为

$$R = \left\{ \hat{\beta}_1 \ \Bigg| \ \left| \frac{\hat{\beta}_1}{\hat{\sigma}_{Y|X} \Big/ \sqrt{\sum_{i=1}^{n}(x_i - \overline{X})^2}} \right| > t_{\frac{\alpha}{2}}(n-2) \right\}$$

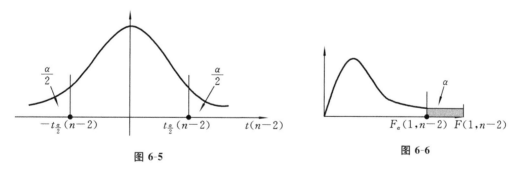

图 6-5　　　　　　　　　　　　　　图 6-6

2) F 检验

F 检验其实就是方差分析的思想，我们欲通过检验回归缩减的误差是否与残差具有显著的差异，来判别我们确立的回归线是否有意义。如果我们确立的回归线是有意义的，那么回归所缩减的误差部分就应该与残差项具有显著的差异。F 检验的步骤如下。

步骤 1　设立假设，即

$$H_0: \beta_1 = 0$$
$$H_1: \beta_1 \neq 0$$

步骤 2　依据事先给定的显著性水平 α，以及 F 统计量确定拒绝域。根据我们前面的一元线性回归方差分析表可以得到

$$F = \frac{\text{MSR}}{\text{MSE}} \sim F(1, n-2)$$

所以我们可以推定拒绝域为

$$R = \left\{ \frac{\text{MSR}}{\text{MSE}} \middle| \frac{\text{MSR}}{\text{MSE}} > F_\alpha(1, n-2) \right\}$$

其示意图如图 6-6 所示。值得指出的是,这两种方法是等价的,在实际检验中任选其中一种即可。

2. 总体回归系数 β_1 的区间估计

有了 $\hat{\beta}_1$ 的抽样分布,确定 β_1 的 $100 \times (1-\alpha)\%$ 置信区间就比较简单了。我们这里直接写出结论。

β_1 的 $100(1-\alpha)\%$ 的置信区间为

$$\left[\hat{\beta}_1 - t_{\frac{\alpha}{2}}(n-2) \times \frac{\hat{\sigma}_{Y|X}}{\sqrt{\sum_i (x_i - \overline{X})^2}},\ \hat{\beta}_1 + t_{\frac{\alpha}{2}}(n-2) \times \frac{\hat{\sigma}_{Y|X}}{\sqrt{\sum_i (x_i - \overline{X})^2}} \right]$$

六、预 测

样本回归线构建完成了,并且检验也比较满意后,我们就可以用这条样本回归线进行预测。预测是回归模型在统计中的重要应用。预测分为两种情况:一种是预测 $X = x_0$ 时,Y 的平均反应(mean response);另一种是预测 $X = x_0$ 时,Y 的个别反应(individual response)。

1. 预测 $X = x_0$ 时 Y 的平均反应 $E(Y|X=x_0)$

在样本回归线 $\hat{y}_i = \hat{\beta}_0 + \hat{\beta}_1 x_i$ 求出后,预测 $X = x_0$ 时 Y 的平均反应,仍然是一个估计问题,所以就有点估计和区间估计这两种情况。

1) 点估计

直接将 $X = x_0$ 代入样本回归式 $\hat{y}_i = \hat{\beta}_0 + \hat{\beta}_1 x_i$ 就可以了,也就是

$$\hat{y}_0 = \hat{\beta}_0 + \hat{\beta}_1 x_0$$

就为 $X = x_0$ 时 Y 的平均反应的点估计量。

2) 区间估计

借助 $\hat{y}_0 = \hat{\beta}_0 + \hat{\beta}_1 x_0$ 的抽样分布,在这里我们直接写出 $\hat{y}_0 = \hat{\beta}_0 + \hat{\beta}_1 x_0$ 的抽样分布,而不加以证明。

$$\hat{y}_0 \sim N\left\{ \beta_0 + \beta_1 x_0,\ \sigma_{Y|X}^2 \left[\frac{1}{n} + \frac{(x_0 - \overline{X})^2}{\sum_{i=1}^n (x_i - \overline{X})^2} \right] \right\}$$

利用这一抽样分布,我们就能得到当 $X = x_0$ 时 Y 的平均反应 $E(Y|X=x_0)$ 的 $100 \times (1-\alpha)\%$ 置信区间,其中下限 L 和上限 U 分别为

$$L = (\hat{\beta}_0 + \hat{\beta}_1 x_0) - t_{\frac{\alpha}{2}}(n-2) \hat{\sigma}_{Y|X} \sqrt{\frac{1}{n} + \frac{(x_0 - \overline{X})^2}{\sum_{i=1}^n (x_i - \overline{X})^2}}$$

$$U = (\hat{\beta}_0 + \hat{\beta}_1 x_0) + t_{\frac{\alpha}{2}}(n-2)\hat{\sigma}_{Y|X} \sqrt{\left[\frac{1}{n} + \frac{(x_0 - \overline{X})^2}{\sum_{i=1}^{n}(x_i - \overline{X})^2}\right]}$$

2. 预测 $X = x_0$ 时 Y 的个别反应 y_0

个别反应 y_0 就是平均反应 $E(Y|X=x_0)$ 加上个别差异，即

$$y_0 = E(Y | X = x_0) + \varepsilon_0$$

我们预测个别反应,需要利用到 $\hat{y}_0 + \varepsilon_0$ 的抽样分布,$\hat{y}_0 + \varepsilon_0$ 也属于正态分布,其中期望和方差有

$$E(\hat{y}_0 + \varepsilon_0) = E(\hat{y}_0) + E(\varepsilon_0) = \beta_0 + \beta_1 x_0$$

$$D(\hat{y}_0 + \varepsilon_0) = D(\hat{y}_0) + D(\varepsilon_0) = \sigma_{Y|X}^2 \left[\frac{1}{n} + \frac{(x_0 - \overline{X})^2}{\sum_{i=1}^{n}(x_i - \overline{X})^2}\right] + \sigma_{Y|X}^2$$

当我们用 $\hat{\sigma}_{Y|X}$ 来代替 $\sigma_{Y|X}$ 的时候,就使得个别反应 y_0 的 $100 \times (1-\alpha)\%$ 置信区间的下限 L 和上限 U 为

$$L = (\hat{\beta}_0 + \hat{\beta}_1 x_0) - t_{\frac{\alpha}{2}}(n-2)\hat{\sigma}_{Y|X} \sqrt{\left[1 + \frac{1}{n} + \frac{(x_0 - \overline{X})^2}{\sum_{i=1}^{n}(x_i - \overline{X})^2}\right]}$$

$$U = (\hat{\beta}_0 + \hat{\beta}_1 x_0) + t_{\frac{\alpha}{2}}(n-2)\hat{\sigma}_{Y|X} \sqrt{\left[1 + \frac{1}{n} + \frac{(x_0 - \overline{X})^2}{Σ_{i=1}^{n}(x_i - \overline{X})^2}\right]}$$

本章重要概念

回归（regression）　　判定系数（coefficient of determination）

本章思考与练习题

一、选择题

1. 下列（　　）式可出现负值。
   A. $\sum(x - \overline{X})^2$ 　　　　　　　　B. $\sum y^2 - (\sum y)^2 / n$
   C. $\sum(y - \overline{Y})^2$ 　　　　　　　　D. $\sum(x - \overline{X})(y - \overline{Y})$

2. $Y = 14 + 4X$ 是 1~7 岁儿童以年龄（岁）估计体重（市斤）的回归方程,若体重换成国际单位 kg,则此方程（　　）。

A. 截距改变 B. 回归系数改变
C. 两者都改变 D. 两者都不改变

3. 用最小二乘法确定直线回归方程的原则是各观察点（　　）。

A. 距直线的纵向距离相等

B. 距直线的纵向距离的平方和最小

C. 与直线的垂直距离相等

D. 与直线的垂直距离的平方和最小

二、计算题

1. 零售商为了解每周的广告费与销售额之间的关系，记录了如下统计资料。

广告费/万　40　20　25　20　30　50　40　20　50　40　25　50

销售额/(百万)　385　400　395　365　475　440　490　420　560　525
　　　　　　　480　510

问题：

（1）画出散点图，并在销售额对每周的广告费回归为线性的假定下，用最小二乘法算出一元回归方程。并且解释回归系数的含义。

（2）对回归模型作显著性检验。

（3）对回归系数作显著性检验。

（4）假设广告费用为 45 万元，请预测销售情况。

2. 某单位研究代乳粉营养价值时，用大白鼠做实验，得到大白鼠进食量和增加体重的数据见表 6-4。

表 6-4　8 只大白鼠的进食量和体重增加量/g

鼠号	1	2	3	4	5	6	7	8
进食量	800	780	720	867	690	787	934	750
增量	185	158	130	180	134	167	186	133

问题：

（1）求直线回归方程并对回归系数作假设检验。

（2）试估计进食量为 900 g 时，大白鼠的体重平均增加多少，计算其 95% 的可信区间，并说明其含义。

（3）求进食量为 900 g 时，个体 Y 值的 95% 容许区间，并解释其意义。

本章推荐阅读书目

吴冬友，杨玉坤. 统计学[M]. 北京：中国税务出版社，2005.

第七章

图与网络分析方法

---**本章导言**---

图论是应用十分广泛的运筹学分支,它可以用来求解一些需要复杂运算才能求解的定量分析的问题。例如,在奥运会的场馆筹建过程中,为完成某个比赛场馆的建设任务,各部门之间的工作应怎样衔接才能使任务完成得既快又好;一个邮递员送信,要走完他所负责投递的全部街道,完成任务后回到邮局,应该按照怎样的路线走所走的路程最短,应用图论的方法求解都很简便。在实际生活、生产和科学研究中,图论给我们求解问题提供了一种简洁、迅速、直观的理论和方法。

读者通过阅读本章,要理解图的基本概念,掌握最短路径和网络最大流问题的求解方法,理解网络图的时间参数,掌握网络优化的一般方法。

第一节 图的基本概念

一、图与有向图

在1736年,欧拉证明了一个著名的哥尼斯堡七桥问题,这是古典图论中的一个经典问题。哥尼斯堡城中有一条河叫普雷格尔河,河中有两座岛,河上有七座桥,如图7-1(a)所示。

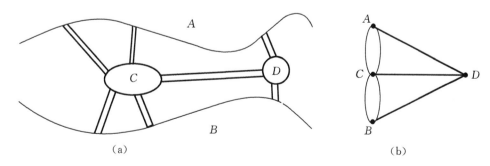

(a) (b)

图7-1 哥尼斯堡七桥问题

当时那里的居民热衷于讨论这样的问题:一个散步者能否走过七座桥,且每座桥只走过一次,最后回到出发点。

欧拉将此问题归结为如图7-1(b)所示图形的一笔画问题,即能否从某一点开始,不重复地一笔画出这个图形,最后回到出发点。欧拉证明这是不可能的。因为图 7-1(b)中的每个点都只与奇数条线相关联,不可能将这个图不重复地一笔画成。

随着科学技术的发展以及电子计算机的出现与广泛应用,20 世纪 50 年代,图论得到进一步发展。将庞大复杂的工程系统和管理问题用图描述,可以解决很多工程设计和管理决策领域的最优化问题。例如,完成工程任务的时间最少、距离最短、费用最省等。图论受到数学、工程技术及经营管理等各个方面越来越广泛的重视。

在实际生活中,人们为了反映一些对象之间的关系,常常在纸上用点和线画出各种各样的示意图。

【例 7-1】 图 7-2 所示为我国北京、上海等 10 座城市间的铁路交通图,反映了这 10 座城市间的铁路分布情况。

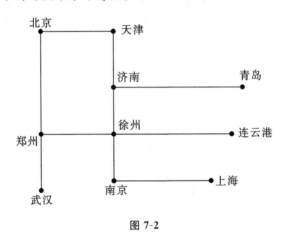

图 7-2

这里用点代表城市,用点和点之间的连线代表两座城市之间的铁路线。诸如此类的还有电话线分布图、煤气管道图、航空线路图等。

【例 7-2】 有甲、乙、丙、丁、戊 5 支球队,它们之间比赛的情况可以用图表示出来。

已知甲队和其他各队都比赛过一次,乙队和甲、丙队比赛过,丙队和甲、乙、丁队比赛过,丁队和甲、丙、戊队比赛过,戊队和甲、丁队比赛过。为了反映这个情况,可以用点 v_1、v_2、v_3、v_4、v_5 分别代表这 5 支队,某两支队之间比赛过,就在这两支队所对应的点之间连一条线,这条线不过其他的点,如图 7-3 所示。

从以上几个例子可见,可以用由点与点的连线所构成的图,去反映实际生活中某些对象之间的某个特定的关系。通常用点代表研究的对象(如城市、球队),用点与点的连线表示这两个对象之间有特定的关系(如两个城市间有铁路线、两支球队比赛过等)。

因此,可以说图是反映对象之间关系的一种工具。在一般情况下,图中点的相对位置如何,点与点之间连线的长短曲直,对于反映对象的关系并不重要。如图 7-3,也可以用

图 7-4 所示的图去反映这 5 支球队的比赛情况，这与图 7-3 没有本质的区别。所以，图论中的图与几何图、工程图是不同的。

前面几个例子中涉及的对象之间"关系"具有"对称性"，就是说，如果甲与乙有这种关系，那么同时乙与甲也有这种关系。例如，拿两种药品来说，甲药品不能和乙药品放在一起，那么乙药品当然也不能和甲药品放在一起。在实际生活中，有许多关系不具有这种对称性。比如人们之间的认识的关系，甲认识乙并不意味着乙也认识甲。比赛中的胜负关系也

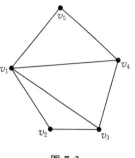

图 7-3

是这样，甲胜乙和乙胜甲是不同的。反映这种非对称的关系，只用一条连线就不行了。如例 7-2，如果人们关心的是 5 支球队比赛的胜负情况，那么从图 7-3 中就看不出来了。为了反映这样一类关系，可以用一条带箭头的连线表示。例如球队 v_1 胜了球队 v_2，可以从 v_1 引一条带箭头的连线表示到 v_2。图 7-5 反映了 5 支球队比赛的胜负情况，可见 v_1 3 胜 1 负，v_4 打了 3 场球，全负等。类似胜负这种非对称性关系，在工作和生活中是常见的，如交通运输中的"单行线"，部门之间的领导与被领导的关系，一项工程中各工序之间的先后关系等。

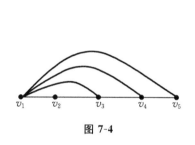

图 7-4

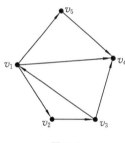

图 7-5

综上所述，一个图是由一些点及一些点之间的连线（不带箭头或带箭头）所组成的。为了区别起见，把两点之间的不带箭头的连线称为边，带箭头的连线称为弧。

如果一个图 G 是由点及边所构成的，则称为无向图（也简称为图），记为 $G=(V,E)$，式中 V、E 分别是图 G 的点集合和边集合。一条连接点 $v_i,v_j \in V$ 的边记为 $[v_i,v_j]$（或 $[v_j,v_i]$）。

如果一个图 D 是由点及弧所构成的，则称为有向图，记为 $D=(V,A)$，式中 V、A 分别表示图 D 的点集合和弧集合。一条方向从 v_i 指向 v_j 的弧记为 (v_i,v_j)。

图 7-6 所示为一个无向图。
$$V=\{v_1,v_2,v_3,v_4\}, \quad E=\{e_1,e_2,e_3,e_4,e_5,e_6,e_7\}$$
其中：
$$e_1=[v_1,v_2], \quad e_2=[v_1,v_2], \quad e_3=[v_2,v_3], \quad e_4=[v_3,v_4]$$
$$e_5=[v_1,v_4], \quad e_6=[v_1,v_3], \quad e_7=[v_4,v_4]$$

图 7-7 所示为一个有向图。
$$V=\{v_1,\cdots,v_7\}, \quad A=\{a_1,\cdots,a_{11}\}$$
其中：
$$a_1=(v_1,v_2), \quad a_2=(v_1,v_3), \quad a_3=(v_3,v_2), \quad a_4=(v_3,v_4)$$

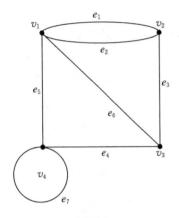
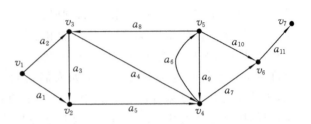

图 7-6　　　　　　　　　　　　　　图 7-7

$a_5=(v_2,v_4)$,　$a_6=(v_4,v_5)$,　$a_7=(v_4,v_6)$,　$a_8=(v_5,v_3)$
$a_9=(v_5,v_4)$,　$a_{10}=(v_5,v_6)$,　$a_{11}=(v_6,v_7)$

图 G 或 D 点数记为 $p(G)$ 或 $p(D)$,边或弧数记为 $q(G)$ 或 $q(D)$。在不会引起混淆的情况下,也分别简记为 p 或 q。

下面介绍常用的一些名词或记号,先考虑无向图 $G=(V,E)$。

若图 G 中,某个边 e 的两个端点相同,则称 e 是环(如图 7-6 中的 e_7),若两个点之间的边多于一条,称这些边为多重边(如图 7-6 中的 e_1、e_2)。一个无环,无多重边的图称为简单图

给定一个图 $G=(V,E)$,一个点、边的交错序列 $(v_{i1},e_{i1},v_{i2},e_{i2},\cdots,v_{i(k-1)},e_{i(k-1)},v_{ik},e_{ik})$,如果满足 $e_{it}=(v_{it},v_{i(t+1)})$,$t=1,2,\cdots,k-1$,则称为一条连接 v_{i1} 和 v_{ik} 的链,记为 $(v_{i1},v_{i2},\cdots,v_{ik})$。

链 $(v_{i1},v_{i2},\cdots,v_{ik})$ 中,若 $v_{i1}=v_{ik}$,则称为一个圈,记为 $(v_{i1},v_{i2},\cdots,v_{i(k-1)},v_{i1})$,若链中 $(v_{i1},v_{i2},\cdots,v_{ik})$ 都是不同的,则称为初等链;若圈 $(v_{i1},v_{i2},\cdots,v_{i(k-1)},v_{i1})$ 链中的点 v_{i1},$v_{i2},\cdots,v_{i(k-1)}$ 各不相同,则称为初等圈;若链(圈)中含的边均不相同,则称为简单圈。

在图 7-8 中,链 $(v_1,v_2,v_3,v_4,v_5,v_3,v_6,v_7)$ 中由于 v_3 重复两次,所以不是初等链,(v_1,v_2,v_3,v_6,v_7) 是一条初等链。这个图中,不存在连接 v_1 和 v_9 的链,(v_1,v_2,v_3,v_4,v_1) 是一个初等圈。图 G 中,若任何两个点之间,至少有一条链,则称 G 为连通图,否则称为不连通图。若 G 不是连通图,它的每个连通的部分称为 G 的一个连通分图。如图 7-8 所示,其为一个不连通图,但它有两个连通分图。

二、树

(一) 树及其性质

在各式各样的图中,有一类图是极其简单,然而却是很有用的,这就是树。一个无圈的连通图便称为树。

【例 7-3】 已知有 5 座城市,要在它们之间架设电话线,要求任何两个城市都可以互相通话(允许通过其他城市),并且电话线的根数最少。

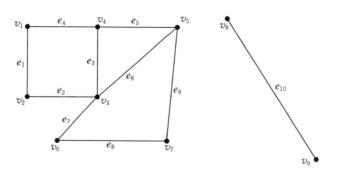

图 7-8

用 5 个点 v_1、v_2、v_3、v_4、v_5 代表 5 座城市,如果在某两座城市之间架设电线,则在相应的两个点之间连一条边,这样一个电话线网就可以用一个图来表示。为了使任何两座城市都可以通话,这样的图必须是连通的。其次,若图中有圈的话,任意去掉一条边,余下的图仍是连通的,这样则可以省去一根电话线。因而,满足要求的电话线网所对应的图必定是不含圈的连通图。图 7-9 所示图形代表了满足要求的一个电话线网。

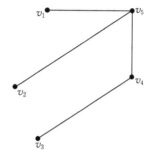

图 7-9

 【例 7-4】 某学校的组织机构如图 7-10 所示。

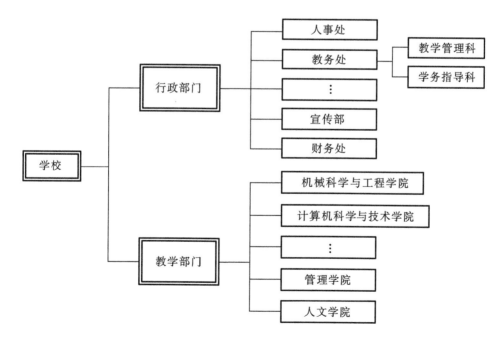

图 7-10

图 $G(V,E)$ 是一个树的充分必要条件是 G 不含圈,且恰有 $p-1$ 条边。

树有如下性质。

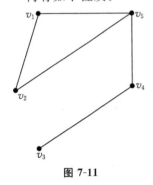

图 7-11

第一,从一棵树中去掉任意一条边,则余下的图是不连通的。由此可知,在点集合相同的所有图中,树是含边数最少的连通图。这样,例 7-3 要求的电话线网就是以这 5 座城市为点的一棵树。

第二,在树中不相邻的两个点间添加一条边,则恰好得到一个圈。进一步地说,如果再从这个圈上任意去掉一条边,可以得到一棵树。

若在图 7-9 中添加 $[v_2,v_1]$,则可得到一个圈 (v_1,v_2,v_5,v_1),如图 7-11 所示,如果从这个圈中去掉一条边 $[v_1,v_2]$,就得到如图 7-9 所示的树。

(二) 图的支撑树

设图 $T=(V,E')$ 是图 $G=(V,E)$ 的支撑子图,如果图 $T=(V,E')$ 是一棵树,则称 T 是 G 的一棵支撑树。

图 7-12(b) 就是 7-12(a) 的一棵支撑树。

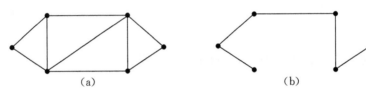

图 7-12

若 $T=(V,E')$ 是图 $G=(V,E)$ 的支撑树,则显然树 T 中边的数量是 $p(G)-1$,G 中不属于树 T 的边数是 $q(G)-p(G)+1$。

图 G 有支撑树的充分必要条件是图 G 是连通的。设图 G 是连通图,如果 G 不含圈,那么 G 本身是一棵树,从而 G 是它自身的一棵支撑树。现设 G 含圈,任取一个圈,从圈中任意去掉一条边,得到图 G 的一个支撑子图 G_1。如果 G_1 不含圈,那么 G_1 是 G 的一棵支撑树(因为易见 G_1 是连通的);如果 G_1 仍含圈,那么从 G_1 中任取一个圈,从圈中再任意去掉一条边,得到图 G 的一个支撑子图 G_2,如此重复,最终可以得到 G 的一个支撑子图 G_k,它不含圈,于是 G_k 是 G 的一棵支撑树。

上面提供了一个寻求连通图支撑树的方法,这就是任取一个圈,从圈中去掉一边,对余下的图重复这个步骤,直到不含圈时为止,即得到一棵支撑树,这种方法被称为"破圈法"。

【例 7-5】 在图 7-13(a) 中用破圈法求出图的一棵支撑树。

取一个圈 (v_1,v_2,v_3,v_1),从这个圈中去掉边 $e_1=[v_2,v_1]$,如图 7-13(b) 所示;再取一个圈 (v_2,v_3,v_4,v_2),去掉边 $e_4=[v_2,v_4]$,如图 7-13(c) 所示;在余下的图中从圈 $(v_2,v_3,$

v_4,v_5,v_2)中去掉边 $e_8=[v_2,v_5]$,如图 7-13(d)所示;再从圈(v_3,v_5,v_4,v_3),去掉边 $e_7=[v_4,v_5]$。这时剩余的图中就不含圈了,于是得到一棵支撑树,即如图 7-13(e)所示。

求此类问题还有一种方法,称为"避圈法",稍后将在下面介绍。

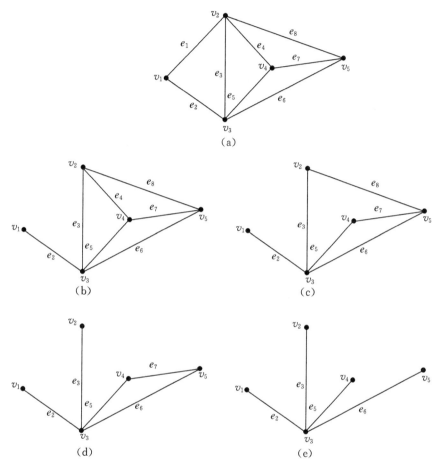

图 7-13

(三) 最小支撑树问题

有图 $G=(V,E)$,对 G 中的每一条边$[v_i,v_j]$相应有一个数 ω_{ij},称这样的图 G 为赋权图,ω_{ij} 称为边$[v_i,v_j]$上的权。

这里所说的"权"是指与边有关的数量指标。根据实际问题的需要,可以赋予它不同的含义,例如表示距离、时间、费用等。

赋权图在图的理论及其应用方面有着重要的地位。赋权图不仅指出各个点之间的邻接关系,而且同时也表示出各点之间的数量关系。所以,赋权图被广泛地应用于解决工程技术及科学生产管理等领域的最优化问题。最小支撑树问题就是赋权图上的最优化问题之一。

假设给定一些城市,已知每对城市间交通线的建造费用。要求建造一个连接这些城市的交通网,使总的建造费用最小,这个问题就是赋权图上的最小树问题。

【例 7-6】 某城市内连接 6 个区域的道路网如图 7-14(a)所示。已知每条道路的长,要求沿道路架设连接 6 个区域的电话线网,使电话线的总长最小。

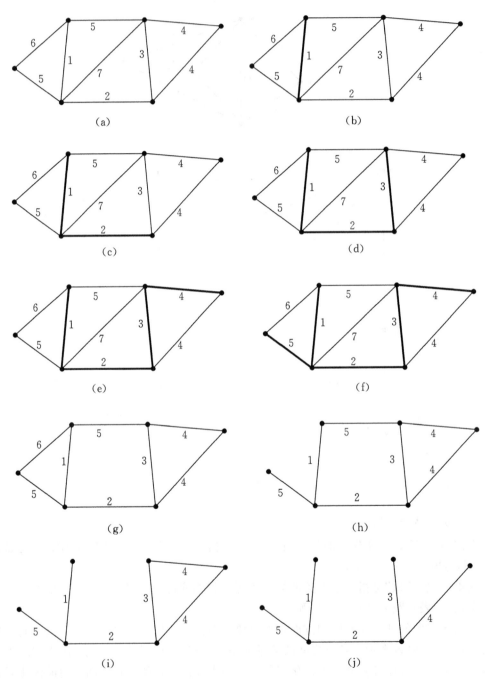

图 7-14

可以用两种方法来求解此问题。

方法 1 避圈法。

开始选一条最小权的边,以后在每一步中,再从与已选边不构成圈的那些未选中的边中,选择一条权最小的边,直到连接所有的点(每一步中,如果有两条或两条以上的边都是权最小的边,则从中任选一条)。具体步骤如图 7-14(b)～图 7-14(e)所示,直到得到结果(见图 7-14(f))。

方法 2 破圈法。

任取一个圈(见图 7-14(a)),从圈中去掉一条权最大的边(如果有两条或两条以上的边都是权最大的边,则任意去掉其中一条)。在余下的图中,重复这个步骤,直至得到一个不含圈的图为止,这时的图便是最小树。其过程如图 7-14(g)～图 7-14(i)所示,最后结果如图 7-14(j)所示。

第二节 最短路问题

一、引例

【例 7-7】 已知如图 7-15 所示的单行线交通网,每弧旁的数字表示通过这条单行线所需要的费用。现在某人要从 v_1 出发,通过这个交通网到 v_8 去,求使总费用最小的旅行路线。

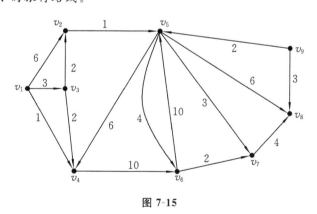

图 7-15

可见,从 v_1 到 v_8 的旅行路线是很多的,例如可以从 v_1 出发,依次经过 v_2、v_5,然后到 v_8;也可以从 v_1 出发,依次经过 v_3、v_4、v_6、v_7,然后到 v_8 等。不同的路线,所需要的总费用是不同的。比如,按前一条路线,总费用是 $6+1+6=13$ 单位;按后一条路线,总费用是 $3+2+10+2+4=21$ 单位。不难看到,用图的语言来描述,从 v_1 到 v_8 的旅行路线与有向图中从 v_1 到 v_8 的路径是一一对应的,一条旅行路线的总费用就是相应从 v_1 到 v_8 的路中所有弧旁数字之和。当然,这里说到的路可以不是初等路。例如某人从 v_1 到 v_8 旅行路线可以是从 v_1 出发,依次经过 v_3、v_4、v_6、v_5、v_4、v_6、v_7,最后到达 v_8。这条路线相应的路径

是 $(v_1, v_3, v_4, v_6, v_5, v_4, v_6, v_7, v_8)$，总费用是 47 单位。

从这个例子可以引出一般的最短路问题。给定一个赋权有向图，即给了一个有向图 $D=(V,A)$，对每一个弧 $a=(v_i, v_j)$，相应的有权 $w(a)=w_{ij}$，又给定 D 中的两个顶点 v_s、v_t。设 P 是 D 中从 v_s 到 v_t 的一条路，定义路 P 的权是 P 中所有弧的权之和，记为 $w(P)$。最短路问题就是要在所有从 v_s 到 v_t 的路中，求一条权最小的路，即求一条从 v_s 到 v_t 的路 P_0，使

$$w(P_0) = \min_P w(P)$$

式中对 D 中所有从 v_s 到 v_t 的路 P 取最小，称 P_0 是从 v_s 到 v_t 的最短路。

最短路问题是最重要的优化问题之一，它不仅可以直接应用于解决实际工作和生活的许多问题，如管道铺设、线路安排、厂区布局、设备更新等，而且经常被作为一个基本工具，用于解决其他的优化问题。

二、最短路算法

下面介绍在一个赋权有向图中求解最短路的方法，这种方法实际上求出了从一个给定点 v_s 到任意一个点 v_j 的最短路。

如下事实是经常要利用的，如果 P 是 D 中从 v_s 到 v_j 的最短路，v_i 是 P 中的一个点，那么，从 v_s 沿 P 到 v_i 的路是从 v_s 到 v_i 的最短路。事实上，我们可以用反证法来说明：如果这个结论不成立，设 Q 是从 v_s 到 v_i 的最短路，令 P' 是从 v_s 沿 Q 到 v_i，再从 v_i 沿 P 到达 v_j 的路，那么 P' 的权就要比 P 的权小，这与 P 是从 v_s 到 v_j 的最短路相矛盾。

这里只介绍所有 $w_{ij} \geq 0$ 的情形下，求最短路的方法。当所有的 $w_{ij} \geq 0$ 时，目前公认的最好方法是由 Dijkstra 于 1959 年提出的。

(一) 算法思想

Dijkstra 方法的基本思想是从 v_s 出发，逐步向外探寻最短路。在执行过程中，给每个点予以标号：P 标号表示从 v_s 到该点的最短路的权，也称为永久标号，即一旦某点 v_s 得到 P 标号，其值在整个求解过程中不再改变；T 标号表示从 v_s 到该点的最短路的权的上界，也称为临时性标号或试探性标号，因为 T 标号的值会随着求解过程而改变。Dijkstra 方法的每一步是去修改 T 标号，并且把某一个 T 标号的点改变为具有 P 标号的点，从而使 D 中具有 P 标号的顶点数多一个，这样至多经过 $n-1$ 步（n 为图 D 中的顶点数），就可以求出从 v_s 到各点的最短路。

在下述 Dijkstra 方法具体步骤中，用 P、T 分别表示某个点的 P 标号、T 标号，S_i 表示第 i 步时，具有 P 标号点的集合。为了在求出从 v_s 到各点的最短距离的同时，也求出从 v_s 到各点的最短路，给每个点 v_i 以一个 λ 值。算法终止时，如果 $\lambda(v_i)=m$，表示从 v_s 到 v_i 的最短路上，v_i 的前一个点是 v_m；如果 $\lambda(v)=M$，则表示 D 中不含从 v_s 到 v_i 的路；$\lambda(v)=0$ 表示 $v=v_s$。

(二) 算法步骤

应用 Dijkstra 方法的步骤如图 7-16 所示。

步骤 1 给起始点 v_1 标上 P 标号，$P(v_1)=0$，即 $d(v_1, v_1)=0$；其余点标上 T 标号，$T(v_i)=+\infty$，S 为已经标号的点集合，即 $S=\{v_1\}$，$\bar{S}=\{v_2, v_3, v_4, \cdots, v_n\}$，$\lambda(v_i)=m$。

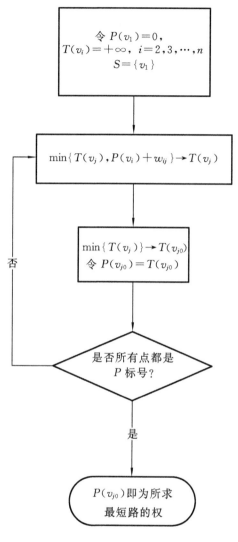

图 7-16 算法步骤

步骤 2 设点 v_i 为刚刚得到 P 标号的点,考虑所有与 v_i 相邻的点 v_j(其为 T 标号的点),修改 v_j 的 T 标号使得 $T(v_j)=\min\{T(v_j),P(v_i)+w_{ij}\}$;对于所有与 v_i 不相邻的点 v_j,T 标号不变。

步骤 3 若图 D 中没有 T 标号的点,则算法终止,即已求得从起始点 v_1 到各点的最短路径的权。否则,$T(v_{j0})=\min\{T(v_j)\}$;若有多个 $T(v_j)$ 最小,则任取其一,然后将 v_{j0} 的 T 标号修改为 P 标号,转入步骤 2。

现在用 Dijkstra 方法求例 7-7 中从 v_1 到 v_8 的最短距离。

(1) 首先给起始点标上标号 $P(v_1)=0,d(v_1,v_1)=0,S=\{v_1\}$,其余点标上 T 标号,$T(v_i)=+\infty,\overline{S}=\{v_2,v_3,v_4,\cdots,v_9\},\lambda(v_1)=0$。

(2) v_1 刚刚得到 P 标号,考虑所有与 v_1 相邻的点 v_2、v_3、v_4,修改其 T 标号。$T(v_2)$ = $\min\{T(v_2), d(v_1,v_1)+w_{12}\}$ = $\min\{+\infty, 6\}$ = 6, $T(v_3)$ = $\min\{T(v_3), d(v_1,v_1)+w_{13}\}$ = $\min\{+\infty, 3\}$ = 3, $T(v_4)$ = $\min\{T(v_4), d(v_1,v_1)+w_{14}\}$ = $\min\{+\infty, 1\}$ = 1。在所有的 T 标号中,$T(v_4)=1$ 最小,所以将其改为 P 标号,即 $P(v_4)=1$,此时 $S=\{v_1, v_4\}$,$\lambda(v_4)=1$。

(3) v_4 刚刚得到 P 标号,考虑从 v_4 出发,与 v_4 相邻且还未得到 P 标号的点 v_6,修改其 T 标号。$T(v_6)$ = $\min\{T(v_4), P(v_4)+w_{46}\}$ = $\min\{+\infty, 1+10\}$ = 11。此时所有的 T 标号中,$T(v_3)=3$ 最小,所以将其改为 P 标号,即 $P(v_3)=3$,此时 $S=\{v_1, v_4, v_3\}$,$\lambda(v_3)=1$。

(4) v_3 刚刚得到 P 标号,考虑从 v_3 出发,与 v_3 相邻的且还未得到 P 标号的点只有 v_2,修改其 T 标号。$T(v_2)$ = $\min\{T(v_2), P(v_3)+w_{32}\}$ = $\min\{6, 3+2\}$ = 5。此时所有的 T 标号中,$T(v_2)=5$ 最小,所以将其改为 P 标号,即 $P(v_2)=5$,此时 $S=\{v_1, v_4, v_3, v_2\}$,$\lambda(v_2)=3$。

(5) v_2 刚刚得到 P 标号,考虑从 v_2 出发,与 v_2 相邻的且还未得到 P 标号的点 v_5,修改其 T 标号。$T(v_5)$ = $\min\{T(v_2), P(v_2)+w_{25}\}$ = $\min\{+\infty, 5+1\}$ = 6。此时所有的 T 标号中,$T(v_5)=6$ 最小,所以将其改为 P 标号,即 $P(v_5)=6$,此时 $S=\{v_1, v_4, v_3, v_2, v_5\}$,$\lambda(v_5)=2$。

(6) v_5 刚刚得到 P 标号,考虑从 v_5 出发,与 v_5 相邻的且还未得到 P 标号的点 v_6,v_7,v_8,修改其 T 标号。$T(v_6)$ = $\min\{T(v_6), P(v_5)+w_{56}\}$ = $\min\{11, 6+4\}$ = 10, $T(v_7)$ = $\min\{T(v_7), P(v_5)+w_{57}\}$ = $\min\{+\infty, 6+3\}$ = 9, $T(v_8)$ = $\min\{T(v_8), P(v_5)+w_{58}\}$ = $\min\{+\infty, 6+6\}$ = 12。此时所有的 T 标号中,$T(v_7)=9$ 最小,所以将其改为 P 标号,即 $P(v_7)=9$,此时 $S=\{v_1, v_4, v_3, v_2, v_5, v_7\}$,$\lambda(v_7)=5$。

(7) v_7 刚刚得到 P 标号,考虑从 v_7 出发,与 v_7 相邻的且还未得到 P 标号的点 v_8,修改其 T 标号。$T(v_8)$ = $\min\{T(v_8), P(v_7)+w_{78}\}$ = $\min\{12, 9+4\}$ = 12。此时所有的 T 标号中,$T(v_6)=10$ 最小,所以将其改为 P 标号,即 $P(v_6)=10$,此时 $S=\{v_1, v_4, v_3, v_2, v_5, v_7, v_6\}$,$\lambda(v_6)=5$。

(8) v_6 刚刚得到 P 标号,考虑从 v_6 出发,与 v_6 相邻的点都是 P 标号,所以直接寻找 T 标号最小的点。这时只剩下 v_8、v_9,$T(v_8)=12$ 为最小。所以将其改为 P 标号,即 $P(v_8)=12$,此时 $S=\{v_1, v_4, v_3, v_2, v_5, v_7, v_6, v_8\}$,$\lambda(v_8)=5$。

(9) $T(v_9)=+\infty$,由于不存在指向 v_9 出发的弧,所以算法结束。

这表示从 v_1 到 v_9 不存在路,根据 λ 值可以求出 v_1 到任意点 v_i 的最短路。

例如为了求从 v_1 到 v_8 的最短路,考查 $\lambda(v_8)$,因 $\lambda(v_8)=5$,故最短路包含弧 (v_5, v_8);再考查 $\lambda(v_5)$,因 $\lambda(v_5)=2$,故最短路包含弧 (v_2, v_5);以此类推,$\lambda(v_2)=3$,$\lambda(v_3)=1$,于是最短路包含弧 (v_3, v_2) 及 (v_1, v_3),这样从 v_1 到 v_8 的最短路是 $(v_1, v_3, v_2, v_5, v_8)$。探索过程如图 7-17 所示。

Dijkstra 算法只适用于所有 $w_{ij} \geqslant 0$ 的情形,当赋权有向图中存在负权时,则算法失效。

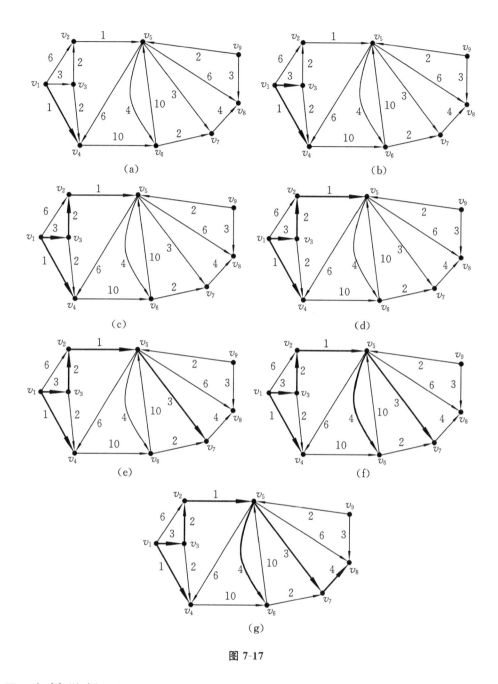

图 7-17

三、应用举例

【例 7-8】 某学校使用一台设备,在每年年初,学校领导部门就要考虑是购置新的,还是继续使用旧的。若购置新设备,就要支付一定单位的购置费用,若继续使用旧设备,则需支付一定单位的维修费用。现在的问题是如何制订一个几年之内的设备更新计划,使得总的支付费用最少。我们用一个5年之内要更新某种设备的计划为例,若已知该设备在各年年初的价格见表 7-1。

表 7-1 该设备在各年年初的价格

第 1 年	第 2 年	第 3 年	第 4 年	第 5 年
11	11	12	12	13

还已知使用不同时间(年)的设备所需的维修费用见表 7-2。

表 7-2 设备使用年数及所需的维修费用

使用年数	0～1	1～2	2～3	3～4	4～5
维修费用	5	6	8	11	18

可供选择的设备更新方案显然是很多的。例如,每年都购置一台新设备,则其购置费用为 11+11+12+12+13=59,而每年支付的维修费用为 5,5 年合计为 25。于是 5 年总的支付费用为 59+25=84。

又如决定在第 1、3、5 年各购进一台,这个方案的设备购置费用为 11+12+13=36,维修费用为 5+6+5+6+5=27。5 年总的支付费用为 63。

如何制订使得总的支付费用最少的设备更新计划呢?可以把这个问题化为最短路问题,如图 7-18 所示。

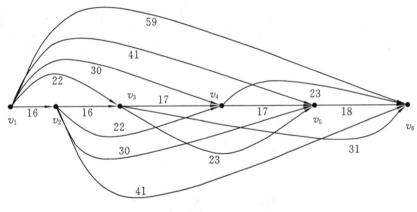

图 7-18

用点 v_i 代表"第 i 年年初购进一台新设备"这种状态(加设一点 v_6,可以理解为第 5 年年底)。从 v_i 到 $v_{i+1}, \cdots, v_6$ 各画一条弧。弧 (v_i, v_j) 表示在第 i 年年初购进的设备,一直使用到第 j 年年初(即第 $j-1$ 年年底)。

每条弧的权可按已知资料计算出来。例如,(v_1, v_4) 是第 1 年年初购进一台新设备(支付购置费 11),一直使用到第 3 年年底(支付维修费用 5+6+8=19),故 (v_1, v_4) 上的权为 30。

这样一来,制订一个最优的设备更新计划就等价于寻求从 v_1 到 v_6 的最短路的问题。

按求解最短路的计算方法,(v_1, v_3, v_6) 及 (v_1, v_4, v_6) 均为最短路,即有两个最优方案。一个方案是在第 1 年、第 3 年各购置一台新设备;另一个方案是在第 1 年、第 4 年各购置一台新设备。5 年总的支付费用均为 53。

第三节 网络最大流问题

许多系统包含了流量问题。例如,公路系统中有车辆流,控制系统中有信息流,互联网中有信息流,金融系统中有现金流等。

图 7-19 所示为连接某产品产地 v_1 和销售地 v_6 的物流网,每一弧 (v_i,v_j) 代表从 v_i 到 v_j 的运输线,产品经这条弧由 v_i 输送到 v_j,弧旁的数字表示这条运输线的最大通过能力。产品经过物流网从 v_1 输送到 v_6。现在要求制订一个运输方案,使从 v_1 输送到 v_6 的产品数量最多。

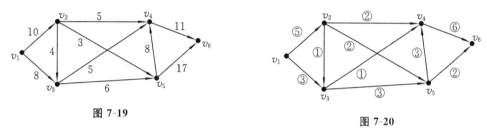

图 7-19 图 7-20

图 7-20 所示为一个运输方案,每条弧旁的数字表示在这个方案中每条运输线上的运输数量。这个方案各单位的产品从 v_1 运到 v_6,在这个物流网上输送量是否还可以增多,或者说这个物流网络中,从 v_1 到 v_6 的最大输送量是多少呢?本节就是要研究类似这样的问题。

一、基本概念与基本定理

(一)网络与流

给定一个有向图 $D=(V,A)$,在 V 中指定了一点称为发点(记为 v_s),指定为另一点称为收点(记为 v_t),其余的点叫做中间点。对于每一个弧 $(v_i,v_j)\in A$,对应有一个 $c(v_i,v_j)\geq 0$(或简称为 c_{ij}),称为弧的容量。通常我们把这样的有向图 D 叫做一个网络,记作

$$D=(V,A,C)$$

所谓网络上的流是指定义在弧集合 A 上的一个函数 $f=\{f(v_i,v_j)\}$,并称 $f(v_i,v_j)$ 为弧 (v_i,v_j) 上的流量(有时也简记作 f_{ij})。

例如图 7-19 所示就是一个网络,指定 v_1 是发点,v_6 是收点,其他的点是中间点,弧旁的数字为 c_{ij}。

图 7-20 所示的运输方案就可看做是这个网络上的一个流,每个弧上的运输量就是该弧上的流量,即 $f_{12}=5, f_{24}=2, f_{13}=3, f_{34}=1$ 等。

(二)可行流与最大流

在图 7-20 所示的物流网络的实际问题中可以看出,对于流有两个明显要求:一是每个弧上的流量不能超过该弧的最大通过能力(即弧的容量);二是中间点的流量为零(对于每个点来说,运出这个点的产品总量与运进这个点的产品总量之差是这个点的净输出量,简称为这一点的流量),由于中间点只起转运作用,所以中间点的流量必为零。发点的净

定量分析方法

流出量和收点的净流入量必相等,也是这个方案的总输送量。因此,满足下述条件的流 f 称为可行流。

- 容量限制条件。对每一弧 $(v_i, v_j) \in A$ 弧,有
$$0 \leq f_{ij} \leq c_{ij}$$

- 平衡条件。对于中间点,流出量等于流入量,即对于每个 $i(i \neq s$ 或 $t)$ 有
$$\sum_{(v_i, v_j) \in A} f_{ij} - \sum_{(v_j, v_i) \in A} f_{ji} = 0$$

对于出发点 v_s,记为
$$\sum_{(v_s, v_j) \in A} f_{sj} - \sum_{(v_j, v_s) \in A} f_{js} = v(f)$$

对于收点 v_t,记为
$$\sum_{(v_t, v_j) \in A} f_{tj} - \sum_{(v_j, v_t) \in A} f_{jt} = -v(f)$$

式中 $v(f)$ 称为这个可行流的流量,即发点的净输出量(或收点的净输入量)。可行流总是存在的,比如令所有弧的流量 $f_{ij}=0$,就得到一个可行流(称为零流),其流量 $v(f)=0$。

最大流问题就是求一个流 $\{f_{ij}\}$,使其流量 $v(f)$ 达到最大,并满足

- $0 \leq f_{ij} \leq c_{ij}$, $(v_i, v_j) \in A$

- $\sum f_{ij} - \sum f_{ji} = \begin{cases} v(f), & i=s \\ 0, & i \neq s,t \\ -v(f), & i=t \end{cases}$

最大流问题是一个特殊的线性规划问题,即求一组 $\{f_{ij}\}$,在满足上述条件下使 $v(f)$ 达到极大。利用图的特点,解决这个问题的方法较之线性规划的一般方法要方便、直观得多。

(三) 增广链

先介绍一下弧的相关术语。

若给一个可行流 $f=\{f_{ij}\}$,则我们把网络中使 $f_{ij}=c_{ij}$ 的弧称为饱和弧;使 $f_{ij}<c_{ij}$ 的弧称为非饱和弧;使 $f_{ij}=0$ 的弧称为零流弧;使 $f_{ij}>0$ 的弧称为非零流弧。

在图 7-20 中,(v_5, v_4) 是饱和弧,其他的弧为非饱和弧,所有的弧都是非零流弧。

若 μ 是网络中连接发点 v_s 和收点 v_t 的一条链,我们定义链的方向是从 v_s 到 v_t,则链上的弧被分为两类:一类是弧的方向与链的方向一致,称为前向弧,前向弧的全体记为 μ^+;另一类弧同链的方向相反,称为后向弧,后向弧的全体记为 μ^-。

在图 7-20 中,在链 $\mu=(v_1, v_2, v_3, v_4, v_5, v_6)$ 上
$$\mu^+ = \{(v_1,v_2),(v_2,v_3),(v_3,v_4),(v_5,v_6)\}$$
$$\mu^- = \{(v_5,v_4)\}$$

设 f 是一个可行流,μ 是从 v_s 到 v_t 的一条链,若 μ 满足下述条件,称为(关于可行流 f 的)增广链。

- 在弧 $(v_i, v_j) \in \mu^+$ 上,$0 \leq f_{ij} < c_{ij}$,即 μ^+ 中每一条弧是非饱和弧。
- 在弧 $(v_i, v_j) \in \mu^-$ 上,$0 < f_{ij} \leq c_{ij}$,即 μ^- 中每一条弧是非零流弧。

在图 7-20 中,链 $\mu=(v_1, v_2, v_3, v_4, v_5, v_6)$ 是一条增广链。因为 μ^+ 和 μ^- 中的弧满足增广链的条件,比如

$$(v_1, v_2) \in \mu^+, \quad f_{12} = 5 < c_{12} = 10$$
$$(v_5, v_4) \in \mu^-, \quad f_{54} = 3 > 0$$

(四) 截集与截量

给定网络 $D=(V,A,C)$，若点集 V 被剖分为两个非空集合 $V_1, \overline{V}_1 (V_1 \cap \overline{V}_1 = \varnothing)$，且其中 $v_s \in V_1, v_t \in \overline{V}_1$，则把弧集 $(V_1, \overline{V}_1)$（即始点在 V_1，而终点在 $\overline{V}_1$ 的所有弧构成的集合）称为是分离 v_s, v_t 的截集。

给定一截集 $(V_1, \overline{V}_1)$，截集 $(V_1, \overline{V}_1)$ 中所有弧的容量之和称为此截集的容量（简称为截量），记为 $c(V_1, \overline{V}_1)$，即

$$c(V_1, \overline{V}_1) = \sum_{(v_i, v_j) \in (V_1, \overline{V}_1)} c_{ij}$$

例如在图 7-19 中，令 $V_1 = \{v_1, v_2\}, \overline{V}_1 = \{v_3, v_4, v_5, v_6\}$，相应的有

截集 $(V_1, \overline{V}_1) = \{(v_1, v_3), (v_2, v_3), (v_2, v_5), (v_2, v_4)\}$

截量 $c(V_1, \overline{V}_1) = 8 + 4 + 3 + 5 = 20$

值得注意的是，一个网络流图有多个截集，截集的个数为 2^n，n 为中间点的个数。不同的截集有不同的截量。

若把某一截集的弧从网络中去掉，则 v_s 到 v_t 便不存在通路。所以，直观上说，截集是从 v_s 到 v_t 的必经之路。

不难想象，任何一个可行流的流量 $v(f)$ 都不会超过任一截集的容量。即

$$v(f) \leqslant c(V_1, \overline{V}_1)$$

因此，若对于一个可行流 f^*，网络中有一个截集 $c(V_1^*, \overline{V}_1^*)$，使得 $v(f^*) = c(V_1^*, \overline{V}_1^*)$，则 f^* 必是最大流，而 $(V_1^*, \overline{V}_1^*)$ 必定是 D 的所有截集中容量最小的一个，即最小截集，并且不存在关于 f^* 的增广链。

最大流量最小截量定理指出，在任一网络 D 中，从 v_s 到 v_t 的最大流量等于分离 v_s、v_t 的最小截集的容量。这就为我们提供了寻求网络中最大流的一个方法。若给定了一个可行流 f，只要判断 D 中有无关于 f 的增广链。如果有关 f 的增广链就可求出使流量增大的新的可行流。如果没有增广链，则已经得到最大流。

二、寻求最大流的标号法

从一个可行流出发（若网络中没有给定 f，则可以设 f 是零流），寻求最大流要经过标号过程与调整过程。

(一) 标号过程

在这个过程中，网络中的点或者是标号点（又分为已检查和未检查两种），或者是未标号点。每一个标号都包含两部分：第一个标号表明它的标号是从哪一点得到的，以便找出增广链；第二个标号是为确定增广链的调整量 θ 用的。

步骤1 标号过程开始，总是先给 v_s 标上 $(0, +\infty)$，这时 v_s 是标号而未检查的点，其余都是未标号的点。

步骤2 取一个有标号而未检查的点 v_i，对一切未标号 v_j，按以下规则处理：

(1) 若在弧 (v_i, v_j) 上，v_j 未标号，且 $f_{ij} < c_{ij}$，则给 v_j 标号 $(v_i, l(v_j))$，这里 $l(v_j) = $

$\min[l(v_j), c_{ij} - f_{ij}]$。这时点 v_j 成为标号而未检查的点；

(2) 若在弧 (v_j, v_i) 上，v_j 未标号，且 $f_{ij} > 0$，则给 v_j 标号 $(-v_i, l(v_j))$，这里 $l(v_j) = \min[l(v_i), f_{ij}]$。这时点 v_j 成为标号而未检查的点。

于是 v_i 成为标号且已检查过的点。

步骤 3 重复上述步骤，一旦 v_t 被标上号，则表明得到一条从 v_s 到 v_t 的增广链 μ，转入调整过程。若所有标号都是已检查过的，而标号过程进行不下去时，则算法结束，这时的可行流就是最大流，与此同时，也得到一个最小截集 $(V_1^*, \overline{V_1^*})$，其中 V_1^* 为标号点的集合，$\overline{V_1^*}$ 为未标号点的集合。

(二) 调整过程

步骤 1 按 v_t 及其他点的第一个标号，利用"反向追踪"的办法，找出增广链 μ。例如设 v_t 的第一个标号为 v_k（或 $-v_k$），则弧 (v_t, v_k)（或相应的 (v_k, v_t)）是 μ 上的弧。接下来检查 v_k 的第一个标号，若为 v_i（或 $-v_i$），则找出 (v_i, v_k)（或相应的 (v_k, v_i)）。再检查 v_i 的第一个标号，依次下去直到 v_s 为止。这时被找出的弧就构成了增广链 μ。

步骤 2 调整增广链 μ 上的流量。令调整量 θ 为 $l(v_t)$，即 v_t 的第二个标号，令

$$f'_{ij} = \begin{cases} f_{ij} + \theta, & (v_i, v_j) \in \mu^+ \\ f_{ij} - \theta, & (v_i, v_j) \in \mu^- \\ f_{ij}, & (v_i, v_j) \notin \mu \end{cases}$$

得到新的流 $\{f'_{ij}\}$。

步骤 3 去掉所有的标号，对新的可行流 $f' = \{f'_{ij}\}$，重新进入标号过程。

【例 7-9】 用标号法求图 7-21 所示网络的最大流。弧旁的数是 (c_{ij}, f_{ij})。

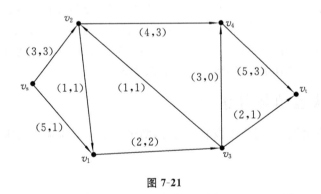

图 7-21

求解例 7-9 的过程如下。

1. 标号过程

(1) 首先给 v_s 标上 $(0, +\infty)$，v_s 成为已标号而未检查的点。

(2) 在弧 (v_s, v_2) 上，$f_{s2} = c_{s2} = 3$，不满足标号条件。弧 (v_s, v_1) 上，$f_{s1} = 1$，$c_{s1} = 5$，$f_{s1} < c_{s1}$，则 v_1 的标号为 $(v_s, l(v_1))$，其中

$$l(v_1) = \min[l(v_s), (c_{s1} - f_{s1})] = \min[+\infty, +5-1] = 4$$

这样，v_1 的标号为 $(v_s, 4)$；v_s 为标号且已检查过的点，v_1 为标号未检查过的点。

（3）检查 v_1，在弧 (v_1, v_3) 上，$f_{13} = 2$，$c_{13} = 2$，不满足标号条件。在弧 (v_2, v_1) 上，$f_{21} = 1 > 0$，则 v_2 的标号为 $(-v_1, l(v_2))$，这里

$$l(v_2) = \min[l(v_1), f_{21}] = \min[4, 1] = 1$$

v_1 为标号且已检查过的点，v_2 为标号未检查过的点。

（4）检查 v_2，在弧 (v_2, v_4) 上，$f_{24} = 3$，$c_{24} = 4$，$f_{24} < c_{24}$，则给 v_4 标号 $(v_2, l(v_4))$，这里

$$l(v_4) = \min[l(v_2), (c_{24} - f_{24})] = \min[1, 1] = 1$$

在弧 (v_3, v_2) 上 $f_{32} = 1 > 0$，则 v_3 的标号为 $(-v_2, l(v_3))$，这里

$$l(v_3) = \min[l(v_2), f_{32}] = \min[1, 1] = 1$$

v_2 为标号且已检查过的点，v_4，v_3 为标号未检查过的点。

（5）在 v_3，v_4 中任选一个进行检查。例如，在弧 (v_3, v_t) 上，$f_{3t} = 1$，$c_{3t} = 2$，$f_{3t} < c_{3t}$，则 v_t 的标号为 $(v_3, l(v_t))$，这里

$$l(v_t) = \min[l(v_3), (c_{3t} - f_{3t})] = \min[1, 1] = 1$$

因 v_t 有了标号，表示已得到一条从 v_s 到 v_t 的增广链 μ，标号如图 7-22 所示，可转入调整过程。

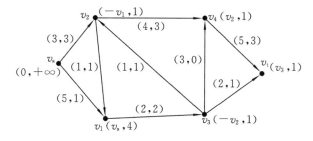

图 7-22

2. 调整过程

首先，按点 v_t 及其他点的第一个标号，利用"反向追踪法"找到一条增广链，如图 7-23 中的双线所示，$\mu = (v_s, v_1, v_2, v_3, v_t)$。

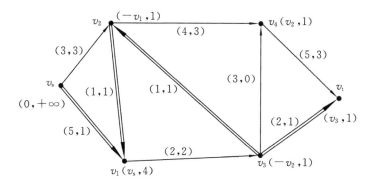

图 7-23

易见
$$\mu^+ = \{(v_s, v_1), (v_3, v_t)\}$$
$$\mu^- = \{(v_2, v_1), (v_3, v_2)\}$$

$\theta = l(v_t) = 1$,在 μ 上调整 f。

在 μ^+ 上,有
$$f_{s1} + \theta = 1 + 1 = 2$$
$$f_{3t} + \theta = 1 + 1 = 2$$

在 μ^- 上,有
$$f_{21} - \theta = 1 - 1 = 0$$
$$f_{32} - \theta = 1 - 1 = 0$$

其余的 f_{ij} 不变。

调整后得如图 7-24 所示的可行流,对这个可行流进入标号过程,寻找增广链。

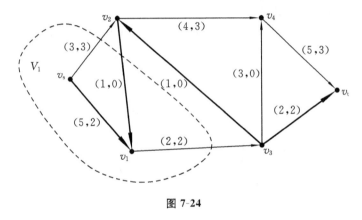

图 7-24

开始给 v_s 标以 $(0, +\infty)$,检查 v_s,给 v_1 标以 $(v_s, 3)$,检查 v_1,在弧 (v_s, v_1) 上,$f_{s1} = 2 < c_{s1} = 5$,所以 v_1 成为标号而未检查的点;在弧 (v_s, v_2) 上,$f_{s2} = 0$,不符合标号条件。检查 v_1,在弧 (v_1, v_3) 上,$f_{13} = c_{13}$,弧 (v_2, v_1) 上,$f_{12} = 0$,均不符合标号条件,标号过程无法继续下去,算法结束。

这时的可行流(见图 7-24)即为所求最大流。最大流量为
$$v(f) = f_{s1} + f_{s2} = f_{4t} + f_{3t} = 5$$

与此同时可找到最小截集 $(V_1, \overline{V}_1)$,其中 V_1 为标号点集合,$\overline{V}_1$ 为未标号点集合。弧集合 $(V_1, \overline{V}_1)$ 即为最小截集。

在例 7-10 中,$V_1 = \{v_s, v_1\}$,$\overline{V}_1 = \{v_2, v_3, v_4, v_t\}$,于是 $(V_1, \overline{V}_1) = \{(v_s, v_2), (v_1, v_3)\}$ 是最小截集。最小截集容量的大小影响总的输送量。因此,为提高总的输送量,必须首先改善最小截集中各弧的输送状况,提高它们的通过能力。反过来说,一旦最小截集中弧的通过能力降低,就会使总的输送量减少。

第四节 网络计划评审技术

当前,世界上工业发达国家都非常重视网络计划技术在现代管理中的应用,它已被许

多国家公认为当前最为行之有效的管理方法之一。国外多年实践证明，应用网络计划技术组织与管理项目一般能缩短工期20%左右，降低成本10%左右。

早在20世纪50年代，西方发达国家就开展了这方面的研究工作。1956年，美国杜邦公司研究设计了一种运用网络图制订计划的方法，它不仅仅能表示出任务和时间，而且还能表明它们之间的相互关系，这种方法称为"关键路径法"（critical path method），简称CPM。

20世纪50年代后期，美国海军武器规划局特别规划室感到各种管理工具不能适应现成武器研究的需要，特别是在开发空间武器中急需寻找一种新的科学管理办法。经过各方面探讨和研究，终于在1958年提出了一种以数理统计为基础，以网络分析为主要内容，以电子计算机为手段的新型计划管理办法，称为"计划评审技术"（program evaluation and review technique），简称PERT。美国海军应用这种办法，在发展与建造北极星导弹潜艇计划时获得巨大成功。当时承包与转包该工程的厂商达10 000多家，把这10 000多家厂商组织起来进行协调工作，有条不紊地如期完成计划，的确是一项十分细致、复杂的工作，非一般计划方法所能完成。但采用了计划评审技术后，不但有效地进行了计划控制，而且还提前两年完成了任务。这一成就引起了各方面的重视，使PERT陆续应用到其他各行各业，并取得显著成就。后来又采用这种方法组织"阿波罗"载人登月计划获得成功。

尽管CPM和PERT是彼此独立和先后发展起来的两种方法，但它们的基本原理是一致的。其区别在于CPM是以经验数据来确定工序时间的，而PERT则没有经验数据可循，一般根据三种估计时间来确定工序时间。因此，有人把CPM称为肯定型网络计划法，把PERT称为非肯定型网络计划法。后来又在这两种方法的基础上发展了概率型网络计划法，即图解评审法（GERT）、决策关键路径法（DCPM）等，形成一类网络计划管理的现代方法。

随后这些方法在世界很多国家如英国、法国、德国、瑞士、加拿大、日本等得到广泛应用，并获得良好评价。

我国是在20世纪60年代初，由钱学森教授倡导，首先在国防科学研究项目中使用网络计划方法。后来由华罗庚教授结合我国的实际条件，将这些方法统一命名为"统筹法"，并在全国范围内宣传推广，取得了很大的进展。现在这一方法已广泛应用于我国国民经济的各个部门和各个领域的计划管理中。

本节主要以CPM为例，介绍网络图的绘制、时间参数的计算、关键路径的确立，以及网络优化等内容。

一、网络计划图

网络计划图的基本思想是，应用网络计划图来表示项目中计划要完成的各项工序，各项工序之间必然存在先后顺序及其相互依赖的逻辑关系，这些关系用节点、箭线（带箭头的线段）来构成网络图。网络图由左向右绘制，表示工序进程，并标注工序名称、代号和工序持续时间等必要信息。通过对网络计划图进行时间参数的计算，找出计划中的关键工序和关键线路，通过不断改进网络计划，寻求最优方案，以求在计划执行过程中对计划进行有效的控制与监督，保证合理地使用人力、物力和财力，以最小的消耗取得最大的经济

（一）基本概念

网络计划图是在网络上标注时标和时间参数的进度计划图，实质上是有时序的有向赋权图。关键路线法（CPM）和计划评审技术（PERT）的网络计划图没有本质的区别，它们的结构和术语是一样的。仅前者的时间参数是确定型的，而后者的时间参数是不确定型的。为方便起见，统一给出一套专用的术语和符号。

（1）节点、箭线是网络计划图的基本组成元素。箭线是一段带箭头的实线（用"→"表示），节点是箭线两端的连接点（用"□"或"○"表示）。

（2）工序也称工作、活动、作业，它是将整个项目按需要的粗细程度分解成若干需要耗费时间或需要耗费其他资源的子项目或子单元。它们是网络计划图的基本组成部分。

（3）线路是指在网络图中从起始节点事件开始，顺着箭头所指方向，通过一系列的事件和箭线连续不断到达终点事件的一条通路。线路的总长度就是这条路线中各项工序所需时间的总和。

（二）网络计划图

网络计划图有两种表述的方式：双代号网络计划图和单代号网络计划图。

在双代号网络计划图中，用箭线表示工序，箭尾的节点表示工序的开始点，箭头的节点表示工序的完成点。用 i、j 两个代号及箭线表示一项工序，在箭线上标记必需的信息，如图 7-25 所示。箭线之间的连接顺序表示工序之间的先后的逻辑关系。

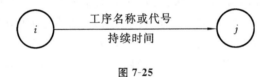

图 7-25

在单代号网络计划图中，用节点表示工序，箭线表示工序之间的先完成与后完成的关系为逻辑关系。在节点中标记必需的信息，如图 7-26 所示。

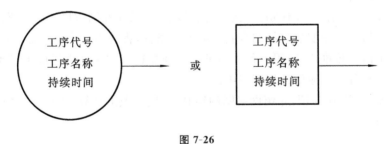

图 7-26

（三）网络图的绘制

【例 7-10】 某政府要举办一次博览会，需要完成的工序和先后关系，各项工序需要的时间汇总在逻辑关系表中，见表 7-3。要求编制该博览会的网络计划图和计算有关参数，根据表 7-3 中数据绘制网络图。

表 7-3

序 号	工序名称	工序代号	工序持续时间/日	紧后工序
1	博览会方案设计	A	60	B、C、D、E
2	准备文艺演出	B	45	L
3	聘请知名人士	C	10	F
4	准备场馆	D	20	G、H
5	招聘工作人员	E	40	H
6	筹划知名人士活动	F	18	L
7	联系参展单位	G	30	K
8	培训工作人员	H	15	L
9	布置参展产品	K	25	L
10	召开博览会	L	35	—

为了正确表述项目各个工序的相互连接关系和正确绘制网络计划图,应遵循以下规则和术语。

1. 网络计划图的方向、时序和节点编号

网络计划图是有向、有序的赋权图,按项目的工序流程自左向右地绘制。在时序上反映完成各项工序的先后顺序;节点编号必须按箭尾节点的编号小于箭头节点编号来标记;在网络图中只能有一个起始节点,表示工程项目的开始;一个终点节点,表示工程项目的完成。

2. 紧前工序、紧后工序和平行工序

紧前工序指紧排在本工序之前的工序,紧后工序是指紧排在本工序之后的工序。如在例 7-10 中,只有工序 A 完成后,工序 B、C、D、E 才能开始,工序 A 是 B、C、D、E 的紧前工序,工序 B、C、D、E 则是工序 A 的紧后工序。从起始节点至本工序之前在同一线路的所有工序,称为先行工序;自本工序到终点节点在同一线路的所有工序,称为后继工序。工序 G 的先行工序有工序 A、D;工序 K、L 是工序 G 的后继工序。平行工序是指可与本工序同时进行的工序。

3. 虚工序

虚工序是指只表示相邻工序之间的逻辑关系,不占用时间和不消耗人力、资金等的虚设的工序。虚工序用虚箭线表示。虚工序在网络图中有非常重要意义,有了它才能清晰的表示出相邻工序的逻辑关系。

4. 相邻两点之间只能有一条箭线连接,否则将造成逻辑上的混乱

如图 7-27(a)是错误的画法,为了使两点之间只有一条箭线,可增加一个节点,并增加一项虚工序。图 7-27(b)是正确的画法。

5. 网络计划图中不能有回路和缺口

在网络计划图中严禁出现从一个节点出发,顺箭线方向又回到原出发节点,形成回

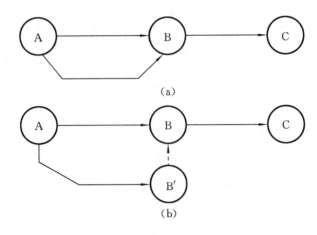

图 7-27

路。回路将表示这些工序永远不能完成。网络计划图中出现缺口,表示这些工序永远达不到终点,项目无法完成。

6. 起始节点与终点节点

在网络计划图中只能有一个起始节和一个终点。当工程开始或完成时存在几个平行工序时,可以用虚工序将它们与起始节点或终点连接起来。

有了上面的规则,我们就可以轻松画出例 7-11 的网络图,见图 7-28。网络图中从起始节点沿箭线方向顺序通过一系列箭线与节点,最后到达终点的通路我们称为线路。例 7-11 中有 5 条线路,并可以计算出各线路的持续时间,见表 7-4。

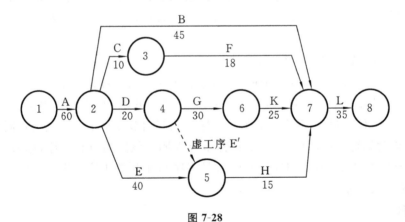

图 7-28

表 7-4

线　路	线路的组成	各工序的持续时间之和/日
1	①→②→⑦→⑧	60+45+35=140
2	①→②→③→⑦→⑧	60+10+18+35=123
3	①→②→④→⑥→⑦→⑧	60+20+30+25+35=170
4	①→②→④→⑤→⑦→⑧	60+20+15+35=130
5	①→②→⑤→⑦→⑧	60+40+15+35=150

从网络图中可以计算出各线路的持续时间,其中持续时间最长的线路是关键路线,或称为主要矛盾线。关键路线上的各工序为关键工序。关键路线的持续时间决定了整个项目的工期。关键路线的特征将在下面进一步阐述。

网络图的绘制一般可以分为任务分解、作网络图和节点编号三个步骤。

网络图的分解与综合可以根据网络图的不同需要,一个工序所包括的工作内容可多可少(取决于工序综合程度高或低)。一般情况下,上级部门制订的网络计划是工序综合程度较高的网络图(母网络图);下一级部门根据综合程度高的网络图的要求,绘制本部门的工序综合程度较低的网络图(子网络图)。将母网络分解为若干个子网络,称为网络图的分解;将若干个子网络综合为一个母网络,则称为网络图的综合。若将图 7-28 视为一个母网络,它可以分解为工序 A,工序 B、C、D、E、F、G、H、K 及工序 L 三个子网络,工序 A 和工序 L 都可以再分解为综合程度较低的若干个工序。在网络图中,尽可能将关键路线布置在中心位置,并尽量将联系紧密的工作布置在相近的位置。为使网络图清楚和便于在图上填写有关的时间数据与其他数据,弧线尽量用水平线或具有一段水平线的折线。网络图也可以附有时间进度,必要时也可以按完成各工序的工作单位布置网络图。

接下来就是根据各工序之间的逻辑关系绘制草图,最后就是整理草图绘制正式的网络,并给节点编号。

二、时间参数及其估计

网络计划技术的最终目标是编排一个合理的、可行的、每道工序均有明确开工时间和完工时间的计划日程表,计算出完成整个项目所需要的工期。因此,绘制网络图以后,就需要进行网络时间的计算。

(一) 工序时间

完成一道工序 (i,j) 所需的时间称为作业时间或工期,用 $T(i,j)$ 表示。确定工序时间主要有以下两种方法。

1. 一点时间估计法

在确定工序时间时,只给出一个时间值。在具备劳动定额资料的条件下,或者具有类似作业时间消耗的历史统计资料或经验数据时,利用这些资料,用分析对比的方法确定作业时间。估计时,应以完成工序可能性最大的时间为准。利用这种作业时间编制网络计划,一般称为肯定型网络计划。

2. 三点时间估计法

在不具备工时定额和时间消耗统计资料,且未知和不确定因素较多的情况下,如科研项目、新产品的试制项目等,可以用三点时间估计法来估计工序时间。

三点时间估计法就是对某项目作业时间先作出三种可能估计,然后估算作业的平均时间作为该工序的作业时间。这三种时间包括以下方面。

(1) 最乐观时间。指在顺利的情况下,完成工序所需要的最少时间,用符号 a 表示。

(2) 最可能时间。指在正常的情况下,完成工序所需要的时间,用符号 m 表示。

(3) 最悲观时间。指在不利的情况下,完成工序所需要的最长时间,用符号 b 表示。

显然,上述三种情况发生都具有一定的概率,根据经验,这些时间的概率分布认为是正态分布。一般情况下,通过专家估计,给出三点的估计数据。可以认为工序出现最顺利

和最不顺利的情况较少,比较多的是出现正常情况。按平均意义可用以下公式计算工序持续时间值,即

$$T(i,j) = \frac{a+4m+b}{6}$$

方差为

$$\sigma^2 = \left(\frac{b-a}{6}\right)^2$$

■ (二) 时间参数的计算

事件本身不占时间,它只表示项目工序应开始或结束的时间点。计算网络图中有关的时间参数,主要目的是找出关键路线,为网络计划的优化、调整和执行提供明确的时间概念。

□ **1. 事项的最早时间 $T_E(j)$**

若事项为某一工序的箭尾事项时,则事项最早时间为各工序的最早可能开始时间;若事项为某一或若干工序的箭头事项时,事项最早时间为各工序的最早可能结束时间。通常是按箭头事项计算事项最早时间,用 $T_E(j)$ 表示,它等于从始点事项起到本事项最长路线的时间长度。

计算事项最早时间是从始点事项开始,自左向右逐个事件向前计算。假定始点事项的最早时间等于零,即 $T_E(1)=0$。箭头事项的最早时间等于箭尾事项最早时间加上作业时间。当同时有两个或若干个箭线指向箭头事项时,选择各相关工序的箭尾事项最早时间与各自工序作业时间之和的最大值作为该箭头事项的最早时间,即

$$\begin{cases} T_E(1) = 0 \\ T_E(j) = \max\{T_E(i) + T(i,j)\}, \quad j=2,3,\cdots,n \end{cases}$$

式中:$T_E(j)$ 为箭尾事项的最早时间;$T_E(i)$ 为与事项 j 相关的箭头事项的最早时间。

例如,在图 7-28 所示的网络中,各事项的最早时间为

$T_E(1) = 0$

$T_E(2) = T_E(1) + T(1,2) = 0 + 60 = 60$

$T_E(3) = T_E(2) + T(2,3) = 60 + 10 = 70$

$T_E(4) = T_E(2) + T(2,4) = 60 + 20 = 80$

$T_E(5) = \max\{T_E(2) + T(2,5), T_E(4) + T(4,5)\}$
$\quad = \max\{60+40, 80+0\} = 100$

$T_E(6) = T_E(4) + T(4,6) = 80 + 30 = 110$

$T_E(7) = \max\{T_E(2) + T(2,7), T_E(3) + T(3,7), T_E(6) + T(6,7),$
$\quad T_E(5) + T(5,7)\}$
$\quad = \max\{60+45, 70+18, 110+25, 100+15\} = 135$

$T_E(8) = T_E(7) + T(7,8) = 135 + 35 = 170$

□ **2. 事项的最迟时间 $T_L(j)$**

事件的最迟时间是指在不影响整个工期完工的情况下,事件 i 最迟必须结束的时间。即箭头事项各工序的最迟必须结束时间,或箭尾事项各工序的最迟必须开始时间。为了尽量缩短工程的完工时间,把终点事项的最早时间,即工程的最早结束时间作为终点事项

的最迟时间。事项最迟时间通常按箭尾事项的最迟时间计算，从右向左逆序进行。箭尾事项的最迟时间等于箭头事项的最迟时间减去该工序的作业时间。当箭尾事项同时引出两条以上箭线时，该箭尾事项的最迟时间必须同时满足这些工序的最迟必须开始时间，所以在这些工序的最迟必须开始时间中选一个最早(时间值最小)的时间，即

$$\begin{cases} T_L(n) = T_E(n) \\ T_L(n) = \min\{T_L(j) - T(i,j)\}, \quad i = n-1,\cdots,2,1 \end{cases}$$

式中：n 为终点事项，$T_L(i)$ 为箭尾事项的最迟时间；$T_L(j)$ 为箭头事项的最迟时间。

例如，在网络图 7-28 中，各事项的最迟时间为

$T_L(8) = T_E(8) = 170$

$T_L(7) = T_L(8) - T(7,8) = 170 - 35 = 135$

$T_L(6) = T_L(7) - T(6,7) = 135 - 25 = 110$

$T_L(5) = T_L(7) - T(5,7) = 135 - 15 = 120$

$T_L(4) = \min\{T_L(6) - T(4,6), T_L(5) - T(4,5)\}$
$\quad\quad = \min\{110 - 30, 120 - 0\} = 80$

$T_L(3) = T_L(7) - T(3,7) = 135 - 18 = 117$

$T_L(2) = \min\{T_L(7) - T(2,7), T_L(3) - T(2,3), T_L(4) - T(2,4),$
$\quad\quad\quad T_L(5) - T(2,5)\}$
$\quad\quad = \min\{135 - 45, 117 - 10, 80 - 20, 120 - 40\} = 60$

$T_L(1) = T_L(2) - T(1,2) = 60 - 60 = 0$

3. 工序总时差 $R(i,j)$

在不影响整个工程总完工期的条件下，各工序最早开始(或结束)时间可以推迟的时间间隔称为该工序的总时差。时差越大，机动时间越多，工作的潜力就越大，说明计划安排越不紧凑，可以在一定范围内将该工序的人力、物力资源调整到关键工序上去，以达到缩短工程时间的目的。工序总时差为

$$R(i,j) = T_L(j) - T_L(i) - T(i,j)$$

在网络图 7-28 中，各事项的工序总时差为

$R(7,8) = 170 - 135 - 35 = 0$

$R(6,7) = 135 - 110 - 25 = 0$

$R(5,7) = 135 - 100 - 15 = 20$

$R(3,7) = 135 - 70 - 18 = 47$

$R(2,7) = 135 - 60 - 45 = 30$

$R(4,6) = 110 - 80 - 30 = 0$

$R(2,5) = 120 - 60 - 40 = 20$

$R(2,4) = 80 - 60 - 20 = 0$

$R(2,3) = 117 - 60 - 10 = 47$

$R(1,2) = 60 - 60 - 0 = 0$

4. 工序单时差 $r(i,j)$

在不影响紧后工序最早开始时间的条件下，工序最早结束时间可以推迟的时间，称为该工序的单时差(或称单时差)，即

$$r(i,j) = T_E(j) - T_E(i) - T(i,j)$$

值得注意的是,工序单时差是以不影响紧后工序的最早开始时间为前提条件的。当工序单时差 $r(i,j)=0$ 时,只说明这道工序的推迟会影响到其紧后工序的开工和完工,但不一定会影响整个工程的进度。显然有

$$0 \leqslant r(i,j) \leqslant R(i,j)$$

在网络图 7-28 中,各事项的单时差为

$r(7,8)=170-135-35=0$

$r(6,7)=135-110-25=0$

$r(5,7)=135-100-15=20$

$r(3,7)=135-70-18=47$

$r(2,7)=135-60-45=30$

$r(4,6)=110-80-30=0$

$r(2,5)=100-60-40=0$

$r(2,4)=80-60-20=0$

$r(2,3)=70-60-10=0$

$r(1,2)=60-60-0=0$

(三) 关键路线的确定

在网络图中,将所需时间最长的路线称为关键路线,其他路线称为非关键路线。关键路线上的工序称为关键工序,否则,称为非关键工序。在一项工程的网络图中,关键路线可以不是唯一的。关键路线的确定对于工程管理具有非常重要的意义。对各关键工序,要优先安排人力、物力,挖掘潜力,采取有效措施,缩短工序时间;对于非关键工序,只要在不影响工程按时完工的前提下,可适当延长完工时间,并抽出部分人力、物力,支援关键工序,以达到缩短工期的目的。

总时差为零的工序,开始和结束的时间没有一点机动的余地。由这些工序所组成的路线就是网络中的关键路线。这些工序就是关键工序,用计算工序总时差的方法确定网络中的关键路线是最常用的方法。

在图 7-28 中,工序 A、D、G、K、L 的总时差为零,由这些工序组成的路线就是网络图的关键路线。

三、网络优化

在前面讨论中,通过绘制网络图、计算网络时间和确定关键路线,可得到一个初始的计划方案。但通常还要对初始计划方案进行调整和完善,根据计划的要求,综合考虑进度、资源利用和降低费用等目标,即进行网络优化。最优的计划方案一般是根据具体的要求确定的。比如,对时间的最优、时间-资源最优、时间-费用最优等,下面分别讨论。

(一) 时间优化

时间的调整与优化是指在资源允许的条件下,采取各种有效措施,缩短关键工序的工期,提高工作效率,寻求最短的整个计划的完工周期,以满足目标工期的要求。

主要采用的方法有以下两个方面。

(1) 采取技术措施,缩短关键工序的作业时间。技术措施是指采用新工艺、新技术,

或者投入更多的人力、物力、设备等。

(2) 采取组织措施,充分利用非关键工序的总时差,合理调配技术力量及人、财、物等资源,缩短关键工序的作业时间。

(二) 时间-资源的优化

时间-资源优化是指在编制网络计划安排工程进度时,要考虑尽量合理地利用现有资源,并缩短工程周期。但通常一项工程所包含的工作项目繁多,涉及的资源利用情况很复杂,往往不可能在编制网络计划时,一次性地将进度和资源利用等都作出合理的安排,常需要进行几次综合平衡之后,才能得到在时间进度及资源利用等方面都比较合理的计划方案。在编制网络计划过程中,研究如何使得工程完工时间短、资源利用率高,或者在保证既定的工程完工时间的条件下,资源利用率最高,或者在有资源限制的条件下,工程完工时间最短等,这都是时间-资源优化所要研究和解决的问题。

具体的要求和做法如下。

(1) 优先安排关键工序所需要的资源。

(2) 利用非关键工序的总时差,错开各工序的开始时间,拉平资源需求的高峰。

(3) 在确实受到资源限制,或者在考虑综合经济效益的条件下,也可以适当的推迟工程完工时间。

下面列举一个拉平资源需求高峰的实例。在例 7-10 中,若完成工序 D、F、G、H、K 的人员数为 65 人,并假定这些人可完成其中任何一个工序,寻求一个时间-资源优化方案。有关 D、F、G、H、K 工序所需人数、所需时间及总时差如表 7-5 所示。

表 7-5

工 序	需要的人员数量	所需时间	时 差
D	58	20	0
F	22	18	47
G	42	30	0
H	39	15	20
K	26	25	0

若上述各工序都按最早开始时间安排,则从第 60 天至第 135 天的 75 天里,所需人数如图 7-29 所示。这样的图称为资源负荷图。

从图 7-29 中看出,在完成各关键工序的 75 天工期中,有 10 天需要 80 人,还有 10 天需要 81 人,超过了博览会现有员工数的上限,但大部分时段所需人数远远少于现有人数。这说明这种安排负荷不均匀,因此不合理,应该优先安排关键工序所需人数,利用非关键工序的时差,错开各工序开始时间,从而拉平人员需求量的高峰。

我们可以进行如下调整:以虚线表示的非关键路线上的非关键工序 F、H 有机动时间,若将工序 F 延迟 10 天开始,就可以解决第 70~80 天的超负荷问题,若将工序 H 延迟 10 天开始,就可以解决第 100~110 天的超负荷问题。如图 7-30 所示,在不增加员工的情况下保证了工程按期完成。

(三) 时间-费用优化

在编制网络计划过程中,研究如何使完工时间短、费用少,或者在保证既定完工时间

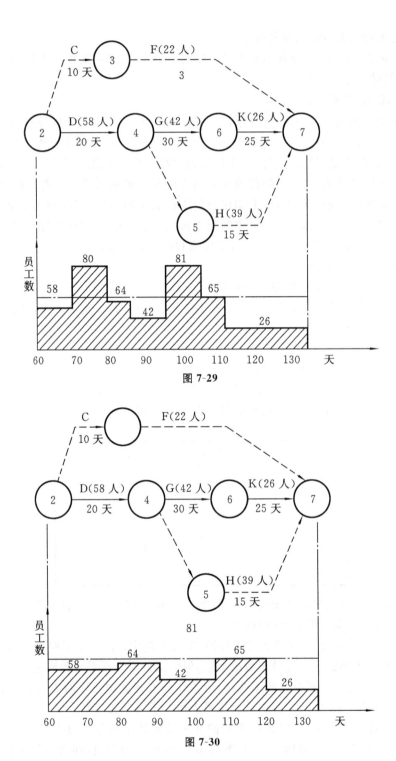

图 7-29

图 7-30

的条件下,所需要的费用最少,或者在限制费用的条件下,完工时间最短等,这就是时间-费用优化所要研究和解决的问题。

为完成一个项目,所需要的费用可分为两大类。

1. 直接费用

直接费用包括所需人员的工资及附加费、设备、能源、工具及材料消耗等直接与工序相关的费用。

为缩短工序的作业时间，需要采取一定的技术组织措施，则需相应增加一部分直接费用。因而在一定条件和范围内，工序的作业时间越短，直接费用越高。

2. 间接费用

间接费用包括管理人员的工资、办公费用、场地设备租用费等。

单位时间的间接费用一般是常数。间接费用通常按照工期的长短分摊，在一定条件和范围内，工序的作业时间越短，分摊的间接费用就越少。

完成项目的直接费用、间接费用、总费用与工期时间的关系如图 7-31 所示。

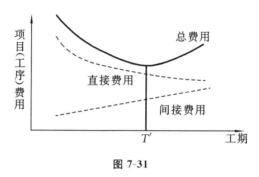

图 7-31

在通常情况下，由于直接费用随工期缩短而增加，间接费用随工期缩短而减少，可知必有一个总费用最少的工期。我们需要计算在采取各种技术组织措施之后，项目不同的完工时间所对应的工序总费用，使得项目费用最低的完工时间称为最低成本日程（T'），这就是费用优化所要寻求的目标。

在进行时间-费用优化时，编制网络计划，无论是以降低费用为主要目标，还是以尽量缩短工程完工时间为主要目标，都要计算最低成本日程，从而提出时间-费用的优化方案。下面举例说明计算最低成本日程的一种直观判断方法。

【例 7-11】 在例 7-10 中，各道工序正常情况下的作业时间和极限时间，以及对应于正常时间、极限时间各工序所需要的直接费用和每缩短一天工期需要增加的直接费用见表 7-6。表中，g 为费用变化率，表示缩短一天工期增加的直接费用，它是一个平均数，即

$$g = \frac{\text{极限时间的工序直接费用} - \text{正常时间的工序直接费用}}{\text{正常时间} - \text{极限时间}}$$

这里所说的极限时间是指最大限度缩短工期后的作业时间。

表 7-6

工序	正常情况下		采取各种措施后		g/(元/天)
	正常时间/天	直接费用/元	极限时间/天	直接费用/元	
A	60	10 000	60	10 000	—

续表

工序	正常情况下		采取各种措施后		g/(元/天)
	正常时间/天	直接费用/元	极限时间/天	直接费用/元	
B	45	4 500	30	6 300	120
C	10	2 800	5	4 300	300
D	20	7 000	10	11 000	400
E	40	10 000	35	12 500	500
F	18	3 600	10	5 440	230
G	30	9 000	20	12 500	350
H	15	3 750	10	5 750	400
K	25	6 250	15	9 150	290
L	35	12 000	35	12 000	—

工序 A 由于某种原因（人员、场地负荷已饱满，为保证质量不宜缩短时间等），正常时间不能缩短。它们不存在直接费用变动，又已知博览会每天的间接费用为 400 元，工程工期为 170 天，则博览会的直接费用（各工序直接费用之和）为 68 900 元，间接费用为 170 天×400 元/天＝68 000 元，总费用为 136 900 元。把这个按正常时间进行的方案作为第一方案。

如果要缩短第一方案的完工时间。首先要缩短关键路线上直接费用变动率最低的工序的作业时间。例如，在第一方案的关键工序 A、D、G、K、L 中，工序 G、K 的直接费用变动率最低。已知这两个工序的作业时间分别都只能缩短 10 天，则总工期可以缩短到 150 天。这时的各工序的直接费用为第一方案中的直接费用（68 900 元）再加上由于缩短工程周期而增加的直接费用，即 68 900 元＋(290 元/天×10 天＋350 元/天×10 天)＝75 300 元，间接费用为第一方案的间接费用减去由于缩短工期而节省的间接费用，即(170×400)元－(20×400)元＝68 000 元－8 000 元＝60 000 元。总费用为 75 300 元＋60 000 元＝135 300 元。工期为 150 天，把这个方案作为第二方案。它比第一方案的工期缩短 20 天，总费用节省 1 600 元(136 900－135 300)。显然第二方案比第一方案经济效果好。但在第二方案中已有两条关键路线（工期均为 150 天）①→②→④→⑥→⑦→⑧与①→②→⑤→⑦→⑧（见图 7-28），如果再缩短工程周期，工序直接费用将大幅度增加。例如，若在第二方案的基础上再缩短工程工期 10 天时，则 D 工序需缩短 10 天，而 H 工序需缩短 5 天（只能缩短 5 天），E 工序缩短 5 天，则工序的直接费用为(75 300＋400×10＋400×5＋500×5)元＝83 800 元，间接费用为(60 000－400×10)元＝56 000 元，总费用为 83 800 元＋56 000 元＝139 800元。这个方案的总费用高于第二、第一两个方案的总费用。

第二方案为最优方案，其工程周期 150 天，即为最低成本日程。

本章重要概念

树(tree)　　网络(network)　　支撑树(spanning tree)
最短路径(shortest path)　　网络最大流(the maximumflow in the network)
关键路线(critical path)
计划评审技术(programe evaluation and review technique)
总时差(total float time)　　自由时差(free float time)
网络优化(network optimization)

本章思考与练习题

1. 图论中的图与一般的几何图有什么根本区别?
2. 什么样的图是可以一笔画出的?
3. 试述 Dijkstra 方法的基本思想和基本步骤。
4. 一个可行流 f^* 是网络中最大流的条件是什么?
5. 用"破圈法"求图题 5 的树。

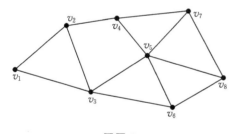

图题 5

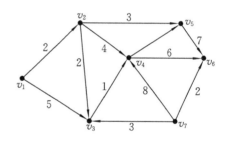

图题 6

6. 在图题 6 中求 v_1 到 v_6 的最短路径。
7. 某网络如图题 7,求从 v_s 到 v_t 的最大流,弧旁的数是 c_{ij}。
8. 工序的网络计划图如图题 8 所示,找出其中的关键路径。

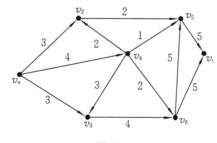

图题 7

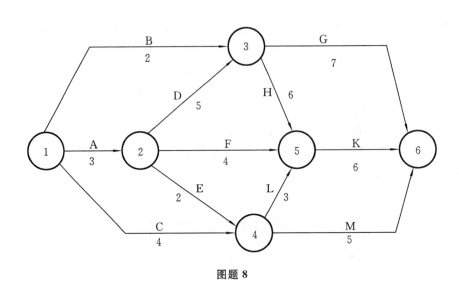

图题 8

本章推荐阅读书目

1. 卢开澄. 图论及其应用[M]. 北京:清华大学出版社,1984.
2. J. A. 邦迪. 图论及其应用[M]. 吴望名,李念祖,译. 北京:科学出版社,1984.
3. 钱颂迪等. 运筹学[M]. 北京:清华大学出版社,1990.
4. 韩大卫. 管理运筹学[M]. 大连:大连理工大学出版社,1998.
5. 徐俊明. 图论及其应用(第二版)[M]. 北京:中国科学技术出版社,2004.

第八章 系统分析方法

——本章导言——

系统科学是20世纪40年代以后迅速发展起来的一个横跨各个学科的新的科学领域,系统分析方法来源于系统科学。系统分析方法是将对象放在系统的形式中加以考虑的一种方法。具体来说,从系统的观点出发,着重从整体与部分(要素)之间,以及整体与外部环境的相互联系、相互作用、相互制约的关系中综合地、精确地考察对象,以达到最优地处理问题的一种方法。它的特点是整体性、综合性、最优化。它为我们分析问题提供了一种很好的思路。

通过本章学习,要了解经济分析方法、多目标评价、数据包络分析的相关概念,掌握盈亏平衡分析、投资回收期法等经济分析方法,掌握加权和法、TOPSIS法等常用的多目标评价方法。

第一节 经济分析方法

一、盈亏平衡分析

盈亏平衡分析是一种研究产品产销量、成本与利润之间关系的技术经济分析方法,也可应用于各种项目的投资分析。当成本与产量、收入与产量的函数关系为线性时,盈亏平衡分析为线性分析;当成本与产量、收入与产量的函数关系为非线性时,盈亏平衡分析为非线性分析。两者的基本原理相同,但非线性分析的计算较为复杂,这里只对线性盈亏平衡模型予以介绍。

设某产品销售收入为 R,单价为 P,产销量为 Q(假定产销平衡),销售总利润为 I,总成本为 C,固定成本总额为 F,可变成本总额为 V,单位产品可变成本为 v。

根据产品产销量、成本与利润的关系有

$$R = PQ$$
$$C = F + V$$
$$V = vQ$$
$$I = R - C = PQ - (F + V) = PQ - F - vQ$$

在产销平衡条件下,若利润为零(即盈亏平衡)时,产品的产销量(即盈亏平衡产销量)为

$$Q^* = \frac{F}{P - v}$$

当实际产销量大于盈亏平衡产销量（即 $Q_0 > Q^*$）时，企业可获利；相反（即 $Q_0 < Q^*$），企业就会亏损。若需盈利 I 元，则产销量应为

$$Q = \frac{F+I}{P-v}$$

产品产销量 Q 及成本与利润的关系如图 8-1 所示。

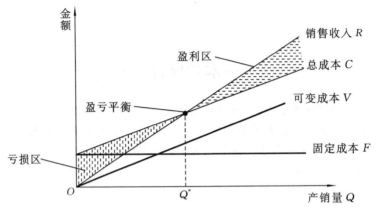

图 8-1　线性盈亏平衡图

以上两个产销量公式是盈亏平衡分析的主要公式，通过式中价格 P、可变成本 V 的变化来分析盈利与盈亏平衡产销量的关系，从而进行产品产销量的决策。

假设投资项目 1、投资项目 2 的固定费用分别为 F_1、F_2，单位产品的可变成本分别为 V_1、V_2，当 $F_1 > F_2$、$V_1 > V_2$ 时，显然应选择总成本小的投资项目 2，但当 $F_1 > F_2$、$V_1 < V_2$ 时，两个项目就存在相对最优"产销量"区域。通常采用

$$Q^* = \frac{F_1 - F_2}{V_2 - V_1}$$

来衡量。

当产销量 Q 小于盈亏平衡点产销量 Q^* 时，选择投资项目 2 较优；当产销量 Q 大于盈亏平衡点产销量 Q^* 时，则应选投资项目 1 较优（见图 8-2）。

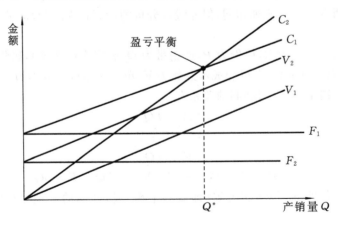

图 8-2　两方案盈亏平衡图

【例 8-1】 某市市政公司准备改造排水系统。排水系统每年运行时间取决于使用地区的降雨量。现有两个驱动方案：电动机驱动和柴油机驱动。方案寿命周期分别为 4 年和 3 年。其他资料见表 8-1。试比较这两个驱动方案的经济性。

表 8-1 排水系统费用表

驱动方案	投资	运行费用	维修费用	看管工资
电动机	1 400 元	电费：0.87 元/h	120 元/年	0
柴油机	510 元	油费：0.80 元/h	0.15 元/h	0.42 元/h

设年运行时间为 t，电动机方案的年费用为 C_1，柴油机方案的年费用为 C_2，则有

C_1 ＝年度投资＋年度维修费用＋年度电费
　　＝1 400/4＋120＋0.87t
　　＝350＋120＋0.87t
　　＝470＋0.87t

C_2 ＝年度投资＋年度运行费用＋年度维修费用＋年度看管工资
　　＝510/3＋0.8t＋0.15t＋0.42t
　　＝170＋1.37t

令 $C_1 = C_2$，得

$$470 + 0.87t = 170 + 1.37t$$
$$t = 600 \text{ h}$$

即当年运行时间为 600 h 时，使用两种方案的费用是相等的；当年运行时间大于 600 h 时，电动机方案费用较少；当年运行时间小于 600 h 时，柴油机方案费用较少。

二、技术经济评价方法

在选择投资方案时，一般采用技术经济评价方法。与其他方法相比，技术经济评价方法在选择方案时，在内容上不仅要考虑经济性，还要考虑技术的可行性。并且，在经济性评价中资金的时间价值是一个重要的内容。

（一）投资回收期法

投资回收期是指项目投产后以净利润回收全部投资所需的时间。投资回收期的计算方法一般有两种。

当项目投产后每年净利润相等时，投资回收期由

$$T = \frac{K}{P}$$

决定。

式中：T 为投资回收期；K 为项目投资总额；P 为项目投产后年净利润额。

若项目投产后每年净利润不相等时，投资回收期由

$$\sum P_i \geqslant K, \quad i = 1, 2, \cdots, T$$

决定。

式中:P_i 为项目投产后的第 i 年净利润额。

项目的投资回收期为满足上述公式的最小值。

运用投资回收期法进行决策时,将计算求得的投资回收期 T 与标准投资回收期 T^* 相比较,若 $T < T^*$ 则方案可取,反之则方案不可取。

【例 8-2】 某电力公司准备架设一条线路,通过分析有甲、乙两种方案可选,有关资料见表 8-2。已知标准投资回收期为 3 年,试评价方案。

表 8-2 线路架设方案指标

方案	年份	投资/万元	经营费用/万元	总收入/万元	净收益/万元	投资回收期/年
甲	0	240				
	1		30	150	120	
	2		40	180	140	2
	3		60	200	140	
	4		80	200	120	
乙	0	350				
	1		60	230	170	
	2		80	280	200	2
	3		100	320	220	
	4		100	360	260	

由此例可以看出,投资回收期主要反映投资偿还的速度,该指标是从加速资金周转、发挥资金效益的角度出发而设立的。但是,投资回收期法存在以下几个显著缺陷。

(1) 仅仅考虑各方案的投资回收速度,没有考虑各方案投资回收后的收益情况。在例 8-2 中,方案甲和方案乙的投资回收期均为 2 年,但两者的总收益分别为 520 万元和 850 万元。

(2) 投资回收期法没有考虑资金的时间价值。在例 8-2 中,方案乙比方案甲具有较大的早期收益。

(3) 投资回收期法没有考虑各方案的投资风险。在例 8-2 中,方案乙的投资大,一旦失误,损失也大。

(二) 追加投资回收期法

在实际决策中,往往遇到几种方案相互排斥的情况,即投资大的方案其经营费用(或生产成本)较低;投资小的方案其经营费用(或生产成本)较高。对于这种互斥性方案运用投资回收期法难以判定,追加投资回收期法是一种对互斥方案进行科学评价的方法。

假设某大学扩招,现有食堂满足不了学生需求,有两个方案可供选择:新建一食堂(方案 1)和对老食堂进行改扩建(方案 2)。两方案的基本投资分别为 K_1 和 K_2,食堂建好后年经营费用(设备维修、保养费用以及平时经营品的总成本等)分别为 C_1 和 C_2。当对两方案进行比较时会产生以下三种情况：

若 $K_1 > K_2$，同时 $C_1 > C_2$，显然方案 1 的总费用高于方案 2，应选方案 2；

若 $K_1 < K_2$，同时 $C_1 < C_2$，显然方案 2 的总费用高于方案 1，应选方案 1；

若 $K_1 > K_2$，然而 $C_1 < C_2$，即方案 1 投资大但年经营费用较小，而方案 2 投资小但经营费用大，此时究竟选哪一种方案？追加投资回收期法是对这类问题(即互斥问题)进行评价的方法。

追加投资是指投资大的方案比投资小的方案多投资的那一部分费用。追加投资回收期则是指投资大的方案用该方案每年经营费用的节约额回收其追加投资所需的年限，即

$$T = \frac{K_1 - K_2}{C_2 - C_1}$$

当追加投资回收期小于标准回收期时，投资大的方案较优；当追加投资回收期大于标准回收期时，应取投资小的方案。

(三) 贴现回收期法

贴现回收期法是一种考虑了货币时间价值的投资回收期方法。其基本思想是运用资金贴现原理，把各方案在不同年份的资金流量换算到同一年份(一般为投资期第一年年初)再进行方案比较的方法。常用的一次性支付系列贴现公式为

$$P = F(1+r)^{-n}$$

式中：P 为资金现值；F 为第 n 年末资金终值；r 为复利率。

贴现回收期法是采用贴现基本公式来进行计算和比较各方案的投资效果，即对各个比较方案在其投资发生后，分别将以后各年所收入的利润折合成现值，并逐年累计，直到累计总值与初期投资额相等时(设为第 n 年)为止，n 为该项投资的动态投资回收期。然后计算、比较各投资方案回收期的长短，以回收期最短的方案为最佳方案。贴现回收期法的回收期计算公式为

$$\sum F_i(1+r)^{-i} \geq K, \qquad i = 1,2,\cdots,T$$

式中：T 为投资回收期；K 为项目投资总额；F_i 为项目投产后第 i 年净利润额。

贴现回收期法的优点在于：该方法依据贴现率计算项目的投资回收期，考虑了投资的风险问题。对风险较大的投资方案可以采用较高的贴现率，而对于风险较小的投资方案则可以采用较低的贴现率。这样一来，使得具有不同风险的投资方案具有可比性，便于更合理地选择投资方案。但是，贴现回收期法仍然没有考虑各方案投资回收以后的情况。因为，各方案的使用年限有长有短，而且各方案在整个使用年限内的总收益会有显著的差别，而各方案的总收益理应是方案选择的重要条件之一，这在贴现回收期法中没有反映。

第二节 多目标评价的概念与准备工作

一、多目标评价及其特点

通常讨论的决策问题只涉及单个目标，但是在现实生活和实际工作中遇到的更普遍的问题常常会有多个目标。多目标评价是多目标决策问题中的关键一环。在下面的例子

中常要涉及多目标评价。

(1) 综合水利工程通常要在适当地点修建一个水坝,并具有下述效益:形成高水头以便发电,拦蓄洪水以防下游洪涝灾害,水库蓄水位提高后有利上游段的航运等,同时,工程建设也要大量投资,会有淹没损失,需要安置移民。在选择水库库容(即确定坝高)的时候,就应综合考察发电、防洪、淹没(移民)、投资等多个目标。

(2) 某地区现有的若干所学校已无法完全容纳该地区的适龄儿童,需要扩建其中的一所,在扩建时,既要满足学生上质量较高的学校且就近入学的要求,又要使扩建费用尽可能小。

(3) 在若干候选人中选择一位担任某个职务时,年龄和健康状况、工作作风、品德、才能等都是重要的评价因素。

(4) 学生毕业后的择业,通常要考虑收入、工作强度、发展潜力、学术性、社会地位、地理位置等因素,因此评价一个可能的就业职位优劣的问题也是典型的多目标评价问题。

(5) 即使是购物,比如买衣服,总希望价廉、物美(尺寸合适、款式新颖、颜色中意、面料结实、加工质量高)。

综上所述,多目标评价问题具有如下三个特点。

● 目标多于一个。

● 目标间不可公度(non-commeasurable),即各目标没有统一的衡量标准或计量单位,因而难以进行比较。

例如,水利工程建设问题中的发电这一目标可以用年发电量(kWh/年)或装机容量(kW)来描述,而防洪效益只能用下游免遭洪涝灾害的面积(公顷)来表征,淹没损失用水库建成后淹没的耕地、山林面积和淹没地区需要移民的数量来说明,投资则应该用货币(万元)表示。又如选拔干部时,候选人的健康状况、工作作风、品德、才能等不但没有统一的计量单位,甚至连应该如何衡量各目标的达到程度都难以确定。

● 各目标间的矛盾性。

如果多目标评价问题中存在某个备选方案它能使所有目标都达到最优,即存在最优解,那么目标间的不可公度性倒也不成问题了,只是这种情况很少出现。绝大部分问题的各个备选方案在各目标之间存在某种矛盾,即如果采用一种方案去改进某一目标的值,很可能会使另一目标的值偏离。例如,综合水利工程建设问题,想要提高发电和防洪效益,就要提高水头,增加大坝高度,但是同时也需要增加投资,加大淹没损失和移民数量。又如选拔干部时,往往金无足赤,人无完人,各候选人的健康状况、工作作风、品德、才能之间等很可能出现矛盾。

由于多个目标之间的矛盾性和不可公度性,不能把多个目标简单地归并为单个目标,因此不能用求解单目标问题的方法求解多目标问题。

多目标决策问题一般分为两类,一类是多属性决策问题,这类决策问题的决策变量是离散的,其中的备选方案为有限个,因此,也称之为有限方案多目标决策问题。这类问题求解的核心是对备选方案进行排序,然后从中选优。另一类问题是多目标决策问题,这类决策问题的决策变量是连续型的,备选方案有无限多个,因此,也被称之为无限方案多目标决策问题。前面讨论的线性规划问题就是这类问题。下面主要讨论多属性决策问题。

二、多属性决策问题的准备工作

（一）决策矩阵

设一个多目标评价问题记作 MA，可供选择的方案集为 $X=\{x_1,x_2,\cdots,x_m\}$；用行向量 $Y=\{y_{i1},y_{i2},\cdots,y_{in}\}$ 表示方案 x_i 的 n 个属性值，其中 y_{ij} 是第 i 个方案的第 j 个属性的值；当目标函数为 f_j 时，$y_{ij}=f_j(x_i)$，$i=1,2,\cdots,m;j=1,2,\cdots,n$。各方案的属性值可列成决策矩阵（或称为属性矩阵、属性值表），如表 8-3 所示。

表 8-3 决策矩阵

	y_1	$\cdots$	y_j	$\cdots$	y_n
x_1	y_{11}	$\cdots$	y_{1j}	$\cdots$	y_{1n}
$\vdots$	$\vdots$	$\vdots$	$\vdots$	$\vdots$	$\vdots$
x_i	y_{i1}	$\cdots$	y_{ij}	$\cdots$	y_{in}
$\vdots$	$\vdots$	$\vdots$	$\vdots$	$\vdots$	$\vdots$
x_m	y_{m1}	$\cdots$	y_{mj}	$\cdots$	y_{mn}

该矩阵提供了分析问题所需的基本信息，各种数据的预处理和求解方法都将以它作为分析的基础。

【例 8-3】 学校扩建问题。设某地区现有 6 所学校，由于无法完全容纳该地区适龄儿童，需要扩建其中的一所。在扩建时既要满足学生就近入学的要求，又要使扩建的费用尽可能小（扩建学校的教学质量我们稍后再考虑）。经过调研，获得如表 8-4 所示的决策表。

表 8-4 学校扩建问题的决策表

学校序号	费用/万元	平均就读距离/km
1	60	1.0
2	50	0.8
3	44	1.2
4	36	2.0
5	44	1.5
6	30	2.4

【例 8-4】 为了客观地评价我国研究生教育的实际状况和各研究生院的教学质量，国务院学位委员会办公室组织过一次研究生院的评估。为了取得经验，先选 5 所研究生院，收集有关数据资料进行了试评估。表 8-5 中给出的是为了介绍各种数据预处理方法的需要而选择的几种典型属性和经过调整的数据。

表 8-5 研究生院试评估的部分数据

j \ i	人均专著 y_1 /(本/人)	生师比 y_2	科研经费 y_3 /(万元/年)	逾期毕业率 y_4 /(%)
1	0.1	5	5 000	4.7
2	0.2	7	4 000	2.2
3	0.6	10	1 260	3.0
4	0.3	4	3 000	3.9
5	2.8	2	284	1.2

(二) 数据预处理

数据的预处理又称属性值的规范化,主要有如下三个作用。

(1) 处理属性值的多种类型。有些指标的属性值越大越好,如科研成果数、科研经费等,称作效益型指标;有些指标的属性值越小越好,如扩建学校的费用、平均就读距离等,称作成本型指标。另有一些指标的属性值既非效益型又非成本型,例如表 8-5 研究生院评估中的生师比,一个指导教师指导 4~6 名研究生既可保证教师满工作量,又能使导师有充分的科研时间和研究生的指导时间;生师比值过高,学生的培养质量就难以保证;比值过低,教师的工作量不饱满。不同类属性放在同一个表中不便于直接从数值大小判断方案的优劣,也不便于进一步的运算,因此需要对决策矩阵中的数据进行预处理,使表中数据在任一属性下,性能越优的方案变换后的属性值越大。

(2) 非量纲化。多目标评价的困难之一是目标间的不可公度性,即在属性值表中的每一列数具有不同的单位(量纲)。即使对同一属性,采用不同的计量单位,表中的数据也不同。在用各种多目标评价方法进行分析评价时,需要排除量纲的选用对决策或评估结果的影响,这就是非量纲化,亦即设法消去(而不是简单删除)量纲,仅用数值的大小来反映属性值的优劣。

(3) 归一化。原属性值表中不同指标的属性值的数值大小差别很大,如总经费即使以万元为单位,其数量级往往是千、万,而在校期间生均发表的论文、获奖成果的数量级是个位数或小数。为了直观,更为了便于采用各种多目标评估方法进行比较,需要把属性值表中的数值归一化,即把表中数均变换到 [0,1] 区间上。

此外,还可在数据预处理时用非线性变换或其他办法,来解决或部分解决某些目标的达到程度与属性值之间的非线性关系,以及目标间的不完全补偿性。

在大部分情况下,数据预处理的本质是要给出某个指标的属性值的实际价值。常用的数据预处理方法有以下几种。

1. 线性变换

原始的决策矩阵为 $Y=\{y_{ij}\}$,变换后的决策矩阵记为 $Z=\{z_{ij}\}$,$i=1,2,\cdots,m$;$j=1,2,\cdots,n$。设 $y_j^{\max}$ 是决策矩阵第 j 列中的最大值,$y_j^{\min}$ 是决策矩阵第 j 列中的最小值。若 j 为效益型属性,则

$$z_{ij} = \frac{y_{ij}}{y_j^{\max}} \qquad (8-1)$$

采用上式进行变换后,最差属性值不一定为 0,最佳属性值为 1。

若 j 为成本型属性,可以令

$$z_{ij} = 1 - \frac{y_{ij}}{y_j^{\max}} \tag{8-2}$$

经式(8-2)变换后的最佳属性值不一定为 1,最差为 0。成本型属性也可以用下式进行变换,即

$$z'_{ij} = \frac{y_j^{\min}}{y_{ij}} \tag{8-2'}$$

用式(8-2')变换后数据的最差属性值不一定为 0,最佳为 1,且是非线性变换。表 8-5 所示的属性值表经线性变换后所得的属性值表为表 8-6,其中不包括属性 2(y_2),属性 2 的变换稍后另行讨论。表 8-6 中数据的属性值显然符合预处理的三个要求。

表 8-6　表 8-5 经线性变换后的属性值表

j \ i	$z_1(y_1)$	$z_3(y_3)$	$z_4(y_4)$	$z'_4(y_4)$
1	0.035 7	1.000 0	0.000 0	0.255 3
2	0.071 4	0.800 0	0.531 9	0.545 5
3	0.214 3	0.252 0	0.361 7	0.400 0
4	0.107 1	0.600 0	0.170 2	0.307 7
5	1.000 0	0.056 8	0.744 7	1.000 0

2. 标准 0-1 变换

从表 8-6 可知,属性值进行线性变换后,若属性 j 的最优值为 1,则最差值不为 0;若最差值为 0,最优值往往不为 1。为了使每个属性变换后的最优值为 1 且最差值为 0,可以进行标准 0-1 变换。j 为效益型属性时,令

$$z_{ij} = \frac{y_{ij} - y_j^{\min}}{y_j^{\max} - y_j^{\min}} \tag{8-3}$$

j 为成本型属性时,令

$$z_{ij} = \frac{y_j^{\max} - y_{ij}}{y_j^{\max} - y_j^{\min}} \tag{8-4}$$

表 8-5 所示的属性值表经标准 0-1 变换后所得的属性值表见表 8-7。其中每一属性最佳值为 1,最差值为 0,而且这种变换是线性的。

表 8-7　表 8-5 经标准 0-1 变换后的属性值

j \ i	$z_1(y_1)$	$z_3(y_3)$	$z_4(y_4)$
1	0.000 0	1.000 0	0.000 0
2	0.037 0	0.788 0	0.714 2
3	0.185 2	0.207 0	0.485 7
4	0.074 1	0.575 9	0.228 6
5	1.000 0	0.000 0	1.000 0

3. 最优值为给定区间时的变换

前面提到,有些属性既非效益型又非成本型,如生师比。显然这种属性不能采用前面介绍的两种方法处理。

设给定的最优属性区间为$[y_j^0, y_j^*]$,y_j'为无法容忍下限,y_j''为无法容忍上限,则

$$z_{ij} = \begin{cases} 1-(y_j^0-y_{ij})/(y_j^0-y_j'), & 若 y_j'<y_{ij}<y_j^0 \\ 1, & 若 y_j^0 \leqslant y_{ij} \leqslant y_j^* \\ 1-(y_{ij}-y_j^*)/(y_j''-y_j^*), & 若 y_j''>y_{ij}>y_j^* \\ 0, & 其他 \end{cases} \quad (8\text{-}5)$$

变换后的属性值z_{ij}与原属性值y_{ij}之间的函数图形一般为梯形。例如,设研究生院的生师比最佳区间为$[5,6]$,$y_j'=2$,$y_j''=12$,则函数图形如图 8-3 所示。

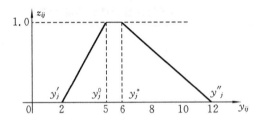

图 8-3 最优属性为区间时的数据处理

当属性值最优区间的上下限相等时,最优区间退化为一个点,函数图形为三角形。

表 8-5 中属性 $2(y_2)$ 的数据经过式(8-5)变换后的结果如表 8-8 所示。

表 8-8 表 8-5 之属性 $2(y_2)$ 的数据处理

i \ j	生师比 y_2	z_2
1	5	1.000 0
2	7	0.833 3
3	10	0.333 3
4	4	0.666 6
5	2	0.000 0

4. 向量规范化

无论成本型属性还是效益型属性,向量规范化均用下式进行变换,即

$$z_{ij} = \frac{y_{ij}}{\sqrt{\sum_{i=1}^{m} y_{ij}^2}} \quad (8\text{-}6)$$

这种变换也是线性的,但是它与前面介绍的几种变换不同,从变换后属性值的大小上无法分辨属性值的优劣。它的最大特点是,规范化后,各方案的同一属性值的平方和为 1。因此常用于计算各方案与某种虚拟方案(如理想点或负理想点)的欧氏距离的场合。

表 8-5 中各属性值经向量规范化后的值见表 8-9。表中最右一列是属性 $2(y_2)$ 经式(8-5)变换后的值再进行向量规范化的结果。

表 8-9　表 8-5 经向量规范化后的属性值

j i	$z_1(y_1)$	$z_3(y_3)$	$z_4(y_4)$	$z_2'(y_2)$
1	0.034 6	0.695 6	0.648 2	0.666 6
2	0.069 3	0.556 5	0.303 4	0.555 5
3	0.207 8	0.175 3	0.413 7	0.222 2
4	0.103 9	0.417 4	0.537 8	0.444 4
5	0.969 5	0.039 8	0.165 5	0.000 0

5. 原始数据的统计处理

若某个目标的各方案属性值相差极大,或者由于某种特殊原因只有某个方案特别突出,如果按一般方法对这些数据进行预处理,则该属性在评价中的作用将被不适当地夸大。例如表 8-5 所示的评估问题,方案 5 的第一个属性值(即人均专著)远大于其他方案。若不对其作适当处理,会使整个评估结果发生严重扭曲。

为此可以采用类似于评分法的统计平均方法。具体的做法有多种方式,其中之一是设定一个百分制平均值 M,将方案集 X 中各方案该属性的均值定位于 M,再用下式进行变换,即

$$z_{ij} = \frac{y_{ij} - \overline{y_j}}{y_j^{\max} - \overline{y_j}}(1.00 - M) + M \tag{8-7}$$

式中:$\overline{y_j} = \frac{1}{m}\sum_{i=1}^{m} y_{ij}$ 为各方案属性 j 的均值;m 为方案个数;M 的取值可在 $0.5 \sim 0.75$ 之间。

式(8-7)可以有多种变形,例如

$$z_{ij}' = \frac{0.1(y_{ij} - \overline{y_j})}{\sigma_j + 0.75} \tag{8-7'}$$

式中:σ_j 为方案集 X 中各方案关于指标 j 的属性值的均方差。

采用式(8-7')时,当高端均方差大于 $2.5\sigma_j$ 时,变换后的值均为 1.00。这种变换的结果与专家打分的结果比较符合。表 8-5 中的属性 1(y_1)用线性变换和式(8-7)及式(8-7')等不同方法处理的结果见表 8-10。显然,用式(8-7)和式(8-7')进行变换后,方案集 X 中各方案的规范化属性值之间的差距远小于线性变换的差距。

表 8-10　表 8-5 之属性 1 用不同方法处理结果的比较

j i	人均专著 y_1 /(本/人)	线性变换	用式(8-7), $M=0.7$	用式(8-7')
1	0.1	0.035 7	0.595 0	0.662 5
2	0.2	0.071 4	0.610 0	0.675 0
3	0.6	0.214 3	0.670 0	0.725 0
4	0.3	0.107 1	0.625 0	0.687 5
5	2.8	1.000 0	1.000 0	1.000 0

6. 专家打分数据的预处理

有时,某些性能指标很难或根本不能用适当的统计数据来衡量其优劣。例如,研究生学位论文的质量就必须依靠专家的判断。为了使评价尽可能客观、公正,通常要请若干个同行专家对被评价对象按指标打分,再用各专家打分的平均值作为相应指标的属性,并据此确定被评价对象的优劣。假设被邀请的各位专家意见的重要性相同,则每个专家在评价中理应发挥同样的作用。但是,对同一批被评价对象的同一指标,由于不同专家的打分习惯不同,所给分值所在区间往往会有很大差别。比如,专家甲的打分范围在 50~95 之间,专家乙的打分范围在 75~90 之间。如果不对专家所给出的原始分值进行处理而直接计算平均值,则专家甲在评价中所起的实际作用将是专家乙的 3 倍(专家甲的分差为 95－50＝45,专家乙的分差为 90－75＝15,专家甲认为最好的与最差的差是专家乙的 3 倍)。为了改变这种无形中造成的各专家意见重要性不同的状况,使各位专家的意见在评价中起同样重要的作用,应该把所有专家的打分值规范化到相同的分值区间 $[M^0, M^*]$。M^0 和 M^* 的选值不同对评价结果并无影响,只要所有专家的打分值都规范到该区间就行。具体算法为

$$z_{ij} = M^0 + (M^* - M^0) \frac{y_{ij} - y_j^{\min}}{y_j^{\max} - y_j^{\min}}$$

若选 $M^0=0, M^*=1$,该式就与式(8-3)的效益型属性的标准 0-1 变换相同。

(三) 方案筛选

当方案集 X 中方案的数量太多时,在使用多目标评价方法进行正式评价之前,应当尽可能筛除一些性能较差的方案,以减少评价的工作量。常用的方案预筛选方法有如下三种。

1. 选优法

选优法(dominance)又称优势法,是利用非劣解的概念(亦即优势原则)去淘汰一批劣解。

若方案集 X 中方案 x_i 与方案 x_k 相比时,方案 x_i 至少有一个属性值严格优于方案 x_k,而且方案 x_i 的其余所有属性值均不劣于方案 x_k,则称方案 x_i 比方案 x_k 占优势,或称方案 x_k 与方案 x_i 相比处于劣势;处于劣势的方案 x_k 可以从方案集 X 中删除。在从大批方案中选取少量方案时,可以用选优法淘汰掉全部劣解。

用 $x_i \succ_{(j)} x_k$ 表示根据属性 y_j 方案 x_i 严格优于方案 x_k,$x_i \succsim_{(j)} x_k$ 表示根据属性 y_j 方案 x_i 不劣于方案 x_k;$J=\{1,2,\cdots,n\}$ 为属性序号集。选优法可以用符号表述如下,即

$x_i, x_k \in X$,若 $x_i \succsim_{(j)} x_k, \forall j \in J$ 且 $\exists j \in J$,有 $x_i \succsim_{(j)} x_k$,则可删除 x_k。

在用选优法淘汰劣解时,不必在各目标或属性之间进行权衡,不用对各方案的属性值进行预处理,也不必考虑各属性的权重。

2. 满意值法

满意值法(conjunctive)又称逻辑乘法(即与门)。不失一般性,设各属性均为效益型。这种方法对每个属性都提供一个能够被接受的最低值,称为切除值,记作 $y_j^0 (j=1,2,\cdots, n)$。只有当方案 x_i 的各属性值 y_{ij} 均不低于相应的切除值时,即 $y_{ij} \geqslant y_j^0, j=1, j=2, \cdots, j=n$ 均满足时,方案 x_i 才被保留;只要有一个属性值 $y_{ij} < y_j^0$,方案 x_i 就被删除。

这种方案筛选方法的用途很广,例如在 20 世纪 90 年代初,我国大学申报硕士点的条

件之一是至少要有一正三副四个 60 岁以下的高级职称人员,若某个申报单位不具备这一条件,则其他条件再好也不予考虑,在预选时即可将它删除。又如在研究生录取时,教育部规定了总分和单科分数线,任何一项达不到分数线的考生都将在预选时被淘汰。

使用该法的关键在于切除值的确定。切除值太高,可能被淘汰的方案太多;切除值太低,又会保留太多的方案。这种方法的主要缺点是,属性之间完全不能补偿,一个方案的某个属性值只要稍稍低于切除值,其他属性值再好,它也会被删除。

3. 逻辑和法

逻辑和法(disjunctive)意为"或门",这种方法与满意值法的思路正好相反,它为每个属性规定一个阈值 y_j^*($j=1,2,\cdots,n$),方案 x_i 只要有某一个属性的值 y_{ij} 优于阈值 y_j^*,即 $y_{ij} \geqslant y_j^*$,$j=1$ 或 2 或 $\cdots$ 或 n 时,方案 x_i 就被保留。显然这种方法不利于各属性都不错但没有特长的方案,但是可以用来保留某个方面特别出色的方案。逻辑和法往往作为满意值法的补充,两者结合使用。例如先用满意值法删除一批方案,在被删除的方案中再用逻辑和法挑选出若干方案参加综合评价。

上面介绍的这些方法可以用于初始方案过的预选,但是都不能用于方案排序,因为它们都无法量化方案的优先程度。

第三节 多目标评价常用的方法

一、确定权的常用方法

多目标评价的特点,也是求解问题的难点在于目标间的矛盾性和各目标的属性值不可公度,求解多目标评价问题同样需要解决这两个难点。其中不可公度性可通过属性矩阵的规范化得到部分解决,但这些规范化方法无法反映目标的重要性。解决各目标之间的矛盾性靠的是权(weight)。权是目标重要性的度量,即衡量目标重要性的手段。权这一概念包含并反映下列几重因素:

(1) 评价人对目标的重视程度;
(2) 各目标属性值的差异程度;
(3) 各目标属性值的可靠程度。

权应当综合反映三种因素的作用,而且引入权,可以通过各种方法将多目标评价问题化为单目标问题求解。

权是目标重要性的数量化表示,但在目标较多时,对该问题进行评价的人往往难于直接确定每个目标的权重。因此,通常的做法是让对该问题进行评价的人首先把各目标作成对比较,这种比较可能不准确,也可能不一致。例如,评价人虽然认为第一个目标的重要性是第二个目标重要性的 3 倍,第二个目标的重要性是第三个目标重要性的 2 倍,但他并不认为第一个目标的重要性是第三个目标重要性的 6 倍。因此,需要把目标间的成对比较结果用如下方法聚合起来确定一组权。

(一) 本征向量法

首先把目标的重要性作成对比较,设有 n 个目标,则需比较 $C_n^2 = \dfrac{1}{2}n(n-1)$ 次。把第

i 个目标对第 j 个目标的相对重要性记为 a_{ij}，并认为这就是属性 i 的权 w_i 和属性 j 的权 w_j 之比的近似值，$a_{ij} \approx w_i / w_j$，n 个目标成对比较的结果为矩阵 A，且

$$A = \begin{bmatrix} a_{11} & a_{12} & \cdots & a_{1n} \\ a_{21} & a_{22} & \cdots & a_{2n} \\ \vdots & \vdots & & \vdots \\ a_{n1} & a_{n2} & \cdots & a_{nn} \end{bmatrix} \approx \begin{bmatrix} w_1/w_1 & w_1/w_2 & \cdots & w_1/w_n \\ w_2/w_1 & w_2/w_2 & \cdots & w_2/w_n \\ \vdots & \vdots & & \vdots \\ w_n/w_1 & w_n/w_2 & \cdots & w_n/w_n \end{bmatrix} \tag{8-8}$$

若能够准确估计 $a_{ij}(i,j \in J)$，则有

$$a_{ij} = \frac{1}{a_{ji}}$$
$$a_{ij} = a_{ik} a_{kj}, \quad \forall i,j,k \in J \tag{8-9}$$
$$a_{ii} = 1$$

且

$$\sum_{i=1}^{n} a_{ij} = \frac{\sum_{i=1}^{n} w_i}{w_j} \tag{8-10}$$

当

$$\sum_{i=1}^{n} w_i = 1, \quad w_j = \frac{1}{\sum_{i=1}^{n} a_{ij}} \tag{8-11}$$

时，由式(8-8)得

$$AW = \begin{bmatrix} w_1/w_1 & w_1/w_2 & \cdots & w_1/w_n \\ w_2/w_1 & w_2/w_2 & \cdots & w_2/w_n \\ \vdots & \vdots & & \vdots \\ w_n/w_1 & w_n/w_2 & \cdots & w_n/w_n \end{bmatrix} \begin{bmatrix} w_1 \\ w_2 \\ \vdots \\ w_n \end{bmatrix} = n \begin{bmatrix} w_1 \\ w_2 \\ \vdots \\ w_n \end{bmatrix}$$

即

$$(A - nI)W = 0$$

式中：I 为单位矩阵。

如果目标重要性判断矩阵 A 中的值估计准确，上式严格等于 $\mathbf{0}$（n 维 $\mathbf{0}$ 向量），如果 A 的估计不够准确，则 A 中元素的小的摄动意味着本征值的小的摄动，从而有

$$AW = \lambda_{\max} W \tag{8-12}$$

式中：$\lambda_{\max}$ 是矩阵 A 的最大本征值。

由式(8-12)可以求得权向量 $W = [w_1 \ w_2 \ \cdots \ w_n]^T$，这种方法称为本征向量法。

使用这种方法需要求得矩阵 A。为了便于比较第 i 个目标对第 j 个目标的相对重要性，即给出 a_{ij} 的值，根据一般人的认知习惯和判断能力给出了属性间相对重要性等级表，见表 8-11，利用该表取 a_{ij} 的值。该方法虽然粗略，但有一定的实用价值。

表 8-11 目标重要性判断矩阵 A 中元素的取值

相对重要程度	定 义	说 明
1	同等重要	两个目标同样重要

续表

相对重要程度	定 义	说 明
3	略微重要	由经验或判断,认为一个目标比另一个略微重要些
5	相当重要	由经验或判断,认为一个目标比另一个重要
7	明显重要	深感一个目标比另一个重要,且这种重要性已有实践证明
9	绝对重要	强烈地感到一个目标比另一个重要得多
2,4,6,8	两个相邻判断的中间值	需要折中时采用

在用该法确定权时,可以用 $\lambda_{\max} - n$ 来度量 A 中各元素 $a_{ij}(i,j=1,2,\cdots,n)$ 的估计的一致性。为此引入一致性指标 CI(consistence index),即

$$CI = \frac{\lambda_{\max} - n}{n-1} \tag{8-13}$$

CI 与表 8-12 所给同阶矩阵的随机指标 RI(random index)之比称为一致性比率 CR(consistence rate),即

$$CR = \frac{CI}{RI} \tag{8-14}$$

表 8-12　n 阶矩阵的随机指标 RI 和相应的临界本征值 $\lambda'_{\max}$

n	2	3	4	5	6	7	8	9	10
RI	0.00	0.58	0.90	1.12	1.24	1.32	1.41	1.45	1.49
$\lambda'_{\max}$	—	3.116	4.07	5.45	6.62	7.79	8.99	10.16	11.34

比率 CR 可以用来判定矩阵 A 能否被接受。若 $CR>0.1$,说明 A 中各元素 a_{ij} 的估计一致性太差,应重新估计。若 $CR<0.1$,则可认为 A 中 a_{ij} 的估计基本一致,这时可以用式(8-12)求得 W,作为 n 个目标的权。由 $CR=0.1$ 和表 8-10 中的 RI 值,用式(8-13)和式(8-14),可以求得与 n 相应的临界本征值,即

$$\lambda'_{\max} = CI(n-1) + n = CR \times RI \times (n-1) + n = 0.1 \times RI \times (n-1) + n$$

由上式算得的 $\lambda'_{\max}$ 见表 8-12。一旦从矩阵 A 求得最大本征值 $\lambda_{\max}$ 大于 $\lambda'_{\max}$,说明所给出的矩阵 A 中各元素 a_{ij} 的一致性太差,不能通过一致性检验,还需要仔细斟酌,调整矩阵 A 中元素 a_{ij} 的值后重新计算 $\lambda_{\max}$,直到 $\lambda_{\max}$ 小于 $\lambda'_{\max}$ 为止。

(二) 最低层目标权重的计算

比较复杂的多目标评价问题往往具有层次结构。根据不同层次的目标间的关系,可以把多层次的目标体系分成两类。一种是树状结构,如图 8-4(a)所示,其中较低层次的目标只与上一层各目标中的一个相关联。另一种是网状结构,如图 8-4(b)所示,其中较低层次的某些目标与上一层次的一个以上的目标相关。下面分别介绍这两种结构的最低层权重的设定方法。

1. 树状结构

对于树状结构的目标体系,只要自上而下,即由树干向树梢,求树权各枝相对于树权的权。如图 8-4(a)所示的系统,首先用上面介绍的方法确定第 2 层中的 3 个目标 B、C、D 相

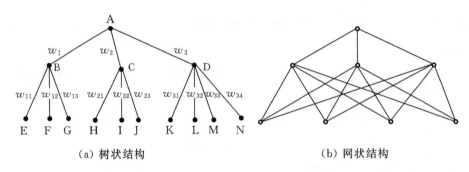

(a) 树状结构　　　　　　　　　(b) 网状结构

图 8-4　目标层次结构的两种不同形势

对总目标 A 的权 (w_1, w_2, w_3),且使 $w_1 + w_2 + w_3 = 1$。其次确定与第 2 层各目标相关联的第 3 层目标的权,共 3 组,使 $\sum w_{ij} = 1 (i=1,2,3)$,直到最低层目标相对上一层次目标的各组权全部设定为止。

在求出上述各组权后,只要将上一层次目标的权与该目标相关的下一层目标的权相乘即得下一层目标关于总目标的权,例如目标 H 关于总目标的权 $w_H = w_2 \cdot w_{21}$,这样依次进行,即可获得最低层各目标相对于总目标的权。

2. 网状结构

对网状结构的目标体系,可用下述递推方法求最低层次各目标的权。

设多目标决策问题的目标共有 $k+1$ 级,其中第 $k-1$、第 k 和第 $k+1$ 级如图 8-5 所示,构造一个"第 $k+1$ 级的某个元素 x_i 对 $k-1$ 级的某个元素 z 的优先函数"(优先函数表示第 $k+1$ 级中各元素 $x_1, x_2, \cdots, x_i, \cdots, x_s$ 对第 $k-1$ 级中的元素 z 的相对的重要即优先性),通常将此函数记作 w,则有

$$w(x_i) = \sum_{j=1}^{r} w_{yj}(x_i) \cdot w_z(y_j), \quad i=1,2,\cdots,s$$

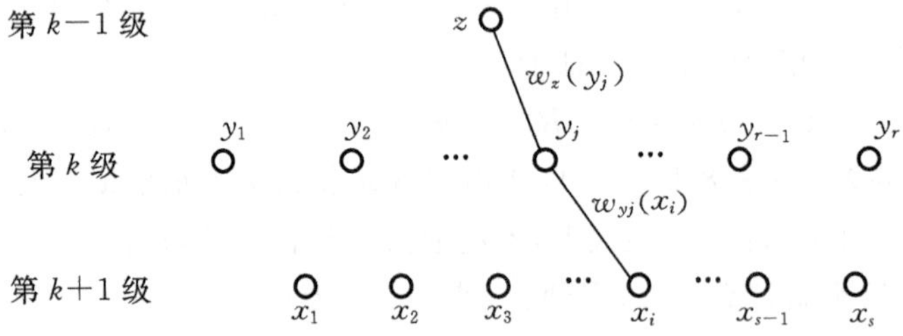

图 8-5　各层目标间的权重关系

二、多目标评价的方法

(一) 加权和法

1. 一般加权和法

加权和法的求解步骤很简单,步骤如下。

(1) 属性表规范化,得 z_{ij}　$i=1,2,\cdots,m; j=1,2,\cdots,n$。

(2) 确定各指标的权系数 w_j　$j=1,2,\cdots,n$。

(3) 令

$$C_i = \sum_{j=1}^{n} w_j z_{ij} \tag{8-15}$$

根据指标 C_i 的大小排出方案 $i(i=1,2,\cdots,m)$ 的优劣。

【例 8-5】 用加权和法求解例 8-4。

对例 8-4 中的属性值表(表 8-5)中的属性 $2(y_2)$ 用式(8-5)进行数据预处理,其他属性用线性变换作数据预处理;设定的各属性权重分别为 0.2、0.3、0.4、0.1;则可得各属性的处理结果及加权和 $C_i = \sum_{j=1}^{n} w_j z_{ij}$,如表 8-13(a)所示。

表 8-13(a) 加权和法的求解结果之一

j \ i	$z_1(y_1)$	z_2	$z_3(y_3)$	$z_4(y_4)$	C_i
1	0.035 7	1.000 0	1.000 0	0.000 0	0.707 4
2	0.071 4	0.833 3	0.800 0	0.531 9	0.637 5
3	0.214 3	0.333 3	0.252 0	0.361 7	0.287 1
4	0.107 1	0.666 6	0.600 0	0.170 2	0.478 4
5	1.000 0	0.000 0	0.056 8	0.744 7	0.297 2

由表 8-13(a)可知,方案集 **X** 中各方案的排序为:$x_1 > x_2 > x_4 > x_5 > x_3$。而方案 x_5 之所以能比 x_3 优,是因为属性 1 远比方案 x_3 优;若用式(8-7)对属性 1 作处理,所得结果见表 8-13(b),这时方案 x_3 比方案 x_5 优。

表 8-13(b) 加权和法的求解结果之二

j \ i	用式(8-7),$M=0.7$	z_2	$z_3(y_3)$	$z_4(y_4)$	C_i
1	0.595 0	1.000 0	1.000 0	0.000 0	0.819 0
2	0.610 0	0.833 3	0.800 0	0.531 9	0.745 2
3	0.670 0	0.333 3	0.252 0	0.361 7	0.378 2
4	0.625 0	0.666 6	0.600 0	0.170 2	0.582 0
5	1.000 0	0.000 0	0.056 8	0.744 7	0.297 2

加权和法,包括评分打点,由于其简单、明了、直观,是人们最经常使用的多目标评价方法。采用加权和法的关键在于确定指标体系并设定各最低层指标的权系数:有了指标体系就可以设法利用统计数据或专家打分给出属性值表;有了权系数,具体的计算和排序就十分简单了。正因为如此,以往的各种实际评估过程中,总要把相当大的精力和时间用在确定指标体系和设定权上。

加权和法常常被人们不适当地使用,这是因为许多人并不清楚:使用加权和法意味着承认如下假设:

● 指标体系为树状结构,即每个下级指标只与一个上级指标相关联;

● 每个属性的边际价值是线性的(优劣与属性值大小成比例),每两个属性都是相互价值独立的;

● 属性间的完全可补偿性,这是指一个方案的某属性无论多差都可用其他属性来补偿。

事实上,这些假设往往都不成立。首先,指标体系通常是网状的,即至少有一个下级指标同时与两个或两个以上的上级指标相关联,也就是说某个属性可同时反映两个上级目标达到的程度。其次,属性的边际价值的线性常常是局部的,甚至有最优值为给定区间或点的情况存在;属性间的价值独立性条件也极难满足,至少是极难验证其满足。至于属性间的可补偿性通常只是部分的、有条件的。因此,使用加权和法要十分小心。不过,对网状指标体系,可以用层次分析法中的权重设定和网状指标的权重递推法设定最低层权重;当属性的边际价值函数为非线性时,可以用适当的数学方法进行数据预处理;属性间的不完全补偿性也可通过适当处理,例如用逻辑乘法预先删除具有不可补偿属性的方案等。只要认识到加权和法本身存在的种种局限性并采取相应的补救措施,则加权和法仍不失为一种简明而有效的多目标评价方法。

(二) 字典序法

字典序法是在 $w_1 \gg w_2 \gg w_3 \gg \cdots \gg w_n$(符号"$\gg$"表示远远大于)时的加权和法,即某个目标特别重要,它与重要性处于第二位的目标相比重要得多;重要性处于第二位的目标又比重要性处于第三位的目标重要得多,……。实质上,字典序法是单目标决策,首先只根据最重要目标的属性值的优劣来判断方案集 X 中各方案的优劣;只有当两个或多个方案的最重要目标的属性值相同时,再比较它们的第二重要的目标的属性值;如此继续,直到排定所有方案的优劣次序为止。

这种评价方法虽然看起来并无道理,但是它与实际生活中某些人的决策方式很接近,因为有些人倾向于在最重要的目标得到满足之后再去考虑重要性较差的目标,例如许多家庭主妇在选购家用电器时用的就是字典序法。

显然,这种方法不适于重大问题的决策。

(三) 层次分析法

层次分析法(analytic hierarchy process)的求解步骤如下。

步骤1 由决策人利用表 8-11 构造矩阵 A。

步骤2 用本征向量法求 $\lambda_{\max}$ 和 w。

步骤3 矩阵 A 的一致性检验:若最大本征值 $\lambda_{\max}$ 大于表 8-12 中给出的同阶矩阵相应的 $\lambda'_{\max}$,则不能通过一致性检验,应该重新估计矩阵 A,直到 $\lambda_{\max}$ 小于 $\lambda'_{\max}$ 通过一致性检验时,求得的 w 有效。

步骤4 方案排序。

(1) 各备选方案在各目标下属性值已知时,可以根据指标 $C_i = \sum_{j=1}^{n} w_j z_{ij}$ 的大小排出方案 $i(i = 1, 2, \cdots, m)$ 的优劣。

(2) 各备选方案在各目标下属性值难以量化时,可以通过在各目标下优劣的两两比较(仍利用表 8-11)求得每个目标下各方案的优先性(亦即权重),再计算各方案的总体优先性(即总权重),根据总体优先性的大小排出方案的优劣。

【**例 8-6**】 设某高校拟从三个候选人中选一人担任中层领导。候选人的优劣用 6 个属性去衡量,这 6 个属性是:

(1) 健康状况;

(2) 业务知识;

(3) 书面表达能力;

(4) 口才;

(5) 道德水平;

(6) 工作作风。

关于这 6 个属性的重要性,有关部门设定的属性重要性矩阵 $\boldsymbol{A}$ 为

	(1)	(2)	(3)	(4)	(5)	(6)
(1)	1	1	1	4	1	$\frac{1}{2}$
(2)	1	1	2	4	1	$\frac{1}{2}$
(3)	1	$\frac{1}{2}$	1	5	3	$\frac{1}{2}$
(4)	$\frac{1}{4}$	$\frac{1}{4}$	$\frac{1}{5}$	1	$\frac{1}{3}$	$\frac{1}{3}$
(5)	1	1	$\frac{1}{3}$	3	1	1
(6)	2	2	2	3	1	1

用本征向量法可以求得矩阵 $\boldsymbol{A}$ 的最大本征值 $\lambda_{\max}$。但是,求 λ 要解 n 次方程,当 $n \geqslant 3$ 时计算比较麻烦,可以用近似算法。求 $\lambda_{\max}$ 的近似算法步骤如下。

步骤 1 矩阵 $\boldsymbol{A}$ 中每行元素连乘并开 n 次方,即

$$w_i^* = \sqrt[n]{\prod_{j=1}^{n} a_{ij}}, \quad i = 1, 2, \cdots, n$$

步骤 2 求权重,有

$$w_i = \frac{w_i^*}{\sum_{i=1}^{n} w_i^*}, \quad i = 1, 2, \cdots, n$$

步骤 3 矩阵 $\boldsymbol{A}$ 中每列元素求和,有

$$S_j = \sum_{i=1}^{n} a_{ij}, \quad j = 1, 2, \cdots, n$$

计算 $\lambda_{\max}$ 的值,即

$$\lambda_{\max} = \sum_{i=1}^{n} w_i S_i$$

用上述近似算法求得例 8-5 中矩阵 $\boldsymbol{A}$ 的 $\lambda_{\max} = 6.4203$,小于 6 阶矩阵的临界值 $\lambda'_{\max}$(为 6.62),可以通过一致性检验,这时的权向量为

$$\boldsymbol{B}_2 = [0.1685 \quad 0.1891 \quad 0.1871 \quad 0.0501 \quad 0.1501 \quad 0.2550]^\mathrm{T}$$

定量分析方法

由于在本例中,每个候选人的属性值无法量化,只能采用上述方案排序法;通过在各属性下各方案对优劣的比较求得每个属性下各方案的权。三个候选人分别记作 X、Y、Z;设在各属性下比较的结果(称为比较矩阵)如下。

(1) 健康状况

候选人	X	Y	Z
X	1	$\frac{1}{4}$	$\frac{1}{2}$
Y	4	1	3
Z	2	$\frac{1}{3}$	1

(2) 业务知识

候选人	X	Y	Z
X	1	$\frac{1}{4}$	$\frac{1}{5}$
Y	4	1	$\frac{1}{2}$
Z	5	2	1

(3) 书面表达能力

候选人	X	Y	Z
X	1	3	$\frac{1}{3}$
Y	$\frac{1}{3}$	1	1
Z	3	1	1

(4) 口才

候选人	X	Y	Z
X	1	$\frac{1}{3}$	5
Y	3	1	7
Z	$\frac{1}{5}$	$\frac{1}{7}$	1

(5) 道德水平

候选人	X	Y	Z
X	1	1	7
Y	1	1	7
Z	$\frac{1}{7}$	$\frac{1}{7}$	1

(6) 工作作风

候选人	X	Y	Z
X	1	7	9
Y	$\frac{1}{7}$	1	5
Z	$\frac{1}{9}$	$\frac{1}{5}$	1

由上述各表可以求各属性下的最大本征值 λ_{max} 和权向量,各属性下的最大本征值 λ_{max} 见表 8-14。

表 8-14 各属性下的最大本征值 λ_{max}

	健康状况	业务知识	书面表达能力	口才	道德水平	工作作风
λ_{max}	3.019 3	3.025 8	3.560 7	3.065 1	3.00	3.207 4

三阶矩阵的 $\lambda'_{max} = 3.116$,由表 8-14 可知,书面表达能力和工作作风这两个属性的比较矩阵不能通过一致性检验。由决策部门讨论后调整如下,有

(3) 书面表达能力

候选人	X	Y	Z
X	1	3	$\frac{1}{3}$
Y	$\frac{1}{3}$	1	$\frac{1}{5}$
Z	3	5	1

(6) 工作作风

候选人	X	Y	Z
X	1	7	9
Y	$\frac{1}{7}$	1	2
Z	$\frac{1}{9}$	$\frac{1}{2}$	1

这两个新的比较矩阵的最大本征值 λ_{max} 分别为 3.032 8 和 3.021 3,均小于 3.116,通过一致性检验。6 个属性的本征向量构成如下的决策矩阵。

$$\boldsymbol{B}_3 = \begin{array}{c} X \\ Y \\ Z \end{array} \begin{bmatrix} \text{健康状况} & \text{业务知识} & \text{书面表达能力} & \text{口才} & \text{道德水平} & \text{工作作风} \\ 0.142\ 9 & 0.097\ 4 & 0.258\ 3 & 0.279\ 0 & 0.466\ 7 & 0.792\ 8 \\ 0.571\ 4 & 0.333\ 1 & 0.104\ 7 & 0.649\ 1 & 0.466\ 7 & 0.131\ 2 \\ 0.285\ 7 & 0.569\ 5 & 0.637\ 0 & 0.071\ 9 & 0.066\ 7 & 0.076\ 0 \end{bmatrix}$$

由 $\boldsymbol{W}^3 = \boldsymbol{B}_3 \boldsymbol{B}_2 = [\ 0.377\ 1\quad 0.314\ 8\quad 0.308\ 1\ ]^T$ 可知，$X \succ Y \succ Z$，应选择候选人 X 担任该职务。

（四）TOPSIS 法

1. TOPSIS 法的求解思路

TOPSIS 是逼近理想解的排序方法（technique for order preference by similarity to ideal solution）的英文缩略。它借助多属性问题的理想解和负理想解给方案集 $\boldsymbol{X}$ 中各方案排序。

设一个多目标评价问题的备选方案集为 $\boldsymbol{X} = \{x_1, x_2, \cdots, x_m\}$，衡量方案优劣的属性向量为 $\boldsymbol{Y} = \{y_1\quad y_2\quad \cdots\quad y_n\}$；这时方案集 $\boldsymbol{X}$ 中的每个方案 $x_i (i=1, 2, \cdots, m)$ 的 n 个属性值构成的向量 $\boldsymbol{Y}_i = \{y_{i1}\quad y_{i2}\quad \cdots\quad y_{in}\}$，它作为 n 维空间中的一个点能唯一地表征方案 x_i。

理想解 x^* 是一个方案集 $\boldsymbol{X}$ 中并不存在的虚拟的最佳方案，它的每个属性值都是决策矩阵中该属性的最好的值；而负理想解 x^0 则是虚拟的最差方案，它的每个属性值都是决策矩阵中该属性的最差的值。在 n 维空间中，将方案集 $\boldsymbol{X}$ 中的各备选方案 x_i 与理想解 x^* 和负理想解 x^0 的距离进行比较，既靠近理想解又远离负理想解的方案就是方案集 $\boldsymbol{X}$ 中的最佳方案，并可以据此排定方案集 $\boldsymbol{X}$ 中各备选方案的优先序。

用理想解求解多目标评价问题的概念简单，只要在属性空间定义适当的距离测度就能计算备选方案与理想解。TOPSIS 法所用的是欧氏距离。至于既用理想解又用负理想解，是因为在仅仅使用理想解时有时会出现某两个备选方案与理想解的距离相同的情况，为了区分这两个方案的优劣，引入负理想解并计算这两个方案与负理想解的距离，与理想解的距离相同的方案离负理想解远者为优。TOPSIS 法的思路可以用图 8-6 来说明。图 8-6 表示两个属性的评价问题，f_1 和 f_2 为加权的规范化属性，均为效益型；方案集 $\boldsymbol{X}$ 中的 6 个方案 $x_1 \sim x_6$，根据它们的加权规范化属性值标出了在图中的位置，并确定理想解 x^* 和负理想解 x^0。图中的 x_4 与 x_5 与理想解 x^* 的距离相同，引入它们与负理想解 x^0 的距离后，由于 x_4 比 x_5 离负理想解 x^0 远，就可以区分两者的优劣了。

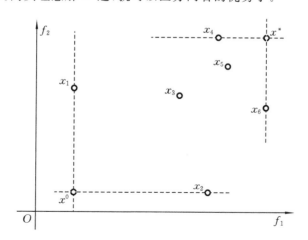

图 8-6 理想解和负理想解示意图

2. TOPSIS 法的算法步骤

TOPSIS 法的具体运用步骤如下。

步骤 1 用向量规范法求得规范决策矩阵。

设多目标评价问题的决策矩阵为 $Y=\{y_{ij}\}$，规范化决策矩阵为 $Z=\{z_{ij}\}$，则

$$z_{ij} = \frac{y_{ij}}{\sqrt{\sum_{i=1}^{m} y_{ij}}}, \quad i=1,2,\cdots,m; j=1,2,\cdots,n$$

步骤 2 构成加权规范矩阵 $X=\{x_{ij}\}$。

设给定 $W=\{w_1, w_2, \cdots, w_n\}$，则

$$x_{ij} = w_j \cdot z_{ij}, \quad i=1,2,\cdots,m; \quad j=1,2,\cdots,n$$

步骤 3 确定理想解 x^* 和负理想解 x^0。

设理想解 x^* 的第 j 个属性值为 x_j^*，负理想解 x^0 第 j 个属性值为 x_j^0，则

$$\text{理想解 } x_j^* = \begin{cases} \max_i x_{ij}, & j \text{ 为效益型属性}, \\ \min_i x_{ij}, & j \text{ 为成本型属性}, \end{cases} \quad j=1,2,\cdots,n$$

$$\text{负理想解 } x_j^0 = \begin{cases} \max_i x_{ij}, & j \text{ 为成本型属性}, \\ \min_i x_{ij}, & j \text{ 为效益型属性}, \end{cases} \quad j=1,2,\cdots,n$$

步骤 4 计算各方案到理想解与负理想解的距离。

备选方案 x_i 到理想解的距离为

$$d_i^* = \sqrt{\sum_{j=1}^{n}(x_{ij}-x_j^*)^2}, \quad i=1,2,\cdots,m$$

备选方案 x_i 到负理想解的距离为

$$d_i^0 = \sqrt{\sum_{j=1}^{n}(x_{ij}-x_j^0)^2}, \quad i=1,2,\cdots,m$$

步骤 5 计算各方案的排队指示值（即综合评价指数）。

$$C_i^* = \frac{d_i^0}{d_i^0 + d_i^*}, \quad i=1,2,\cdots,m$$

步骤 6 按 C_i^* 由大到小排列方案的优劣次序。

3. 示例

用 TOPSIS 法求解例 8-3。

步骤 1 对表属性值向量规范化，所得属性矩阵见表 8-9。

步骤 2 设权向量仍为 $W=\{0.2 \quad 0.3 \quad 0.4 \quad 0.1\}$，得加权的向量规范化属性矩阵如表 8-15 所示。

步骤 3 由表 8-15 得知，有

理想解 x^* 为 (0.193 9 0.200 0 0.278 2 0.016 55)

负理想解 x^0 为 (0.006 92 0.000 0 0.015 92 0.064 82)

表 8-15

j i	z^1	z^2	z^3	z^4
1	0.006 92	0.200 00	0.278 24	0.064 82
2	0.013 86	0.166 67	0.222 60	0.030 34
3	0.041 56	0.066 667	0.070 12	0.041 37
4	0.020 79	0.133 33	0.166 96	0.053 78
5	0.193 90	0.000 0	0.015 920	0.016 55

步骤 4 求各方案到理想点的距离 d_i^* 和负理想点的距离 d_i^0（见表8-16）。

表 8-16

	d_i^*	d_i^0	C_i^*
1	0.193 1	0.654 3	0.772 1
2	0.191 8	0.435 4	0.657 7
3	0.219 4	0.252 8	0.529 7
4	0.219 7	0.202 2	0.479 3
5	0.654 3	0.193 1	0.225 4

步骤 5 计算排队指示值 C_i^*，由 C_i^* 值的大小可确定各方案的排序为

$$x_1 > x_2 > x_3 > x_4 > x_5$$

与加权和法相比，方案 x_3 与 x_4 的排序有较大不同。

三、各种多目标评价问题求解方法的简单评述

上面介绍了若干种求解多目标评价问题的方法，在介绍这些方法的同时，已经对各自的特点作了简单评述和说明。为了对这些方法有一个较全面的了解并对它们进行相互比较，我们来讨论衡量多目标评价问题求解方法优劣的标准，这些标准应当包括以下一些内容。

1. 基础数据容易获得，允许使用定性属性

进行多目标评价问题的一般流程是根据实际问题的需要建立模型，在建立模型时，很重要的任务是确定目标的层次结构，即指标体系，然后根据指标体系确定属性集；再根据属性集采集基础数据，选用适当的方法进行评价。在这过程中，常常会遇到底层目标找不到适当的属性，甚至连定量的代用属性都没有，只有定性的属性或代用属性。因此，我们希望多目标评价方法所需要的基础数据容易获得，并允许使用定性属性。

2. 对权重的敏感性低

求解多目标评价问题时，必须对各目标或属性的重要性加以权衡，也就是设定权重。对目标或属性的重要性的价值判断是能够明确感知却难以准确量化的。如果某种评价方法对权重的敏感性太高，则评价结果的可靠性反而无法保证。好的评价方法应当使评价

人比较容易提供必要的信息,应该对权重的变化敏感性较小。

3. 无关方案独立性

在实际的多目标评价问题过程中生成备选方案集时,经常会由于某种原因增加或删除某个或某些方案,如果增删某个方案甚至是最劣的方案(例如用选优法淘汰的劣势方案)会影响最终的评价结果,这显然不是我们所希望的。

4. 属性值的标度无关性

有许多属性可以用不同的标度(计量单位)来度量,用任何数据预处理方法及多目标评价方法求解的结果都应该与度量属性所使用的标度无关。

5. 有定量的评价结果

为了使评价者能够在抉择各备选方案时对它们的优劣有定量的评价依据,所使用的方法最好能提供定量的评价结果。

6. 计算方便且结果容易理解

根据各种多目标评价问题求解方法的特点,并按上述各条评价标准衡量,可以确定各种方法的大致适用范围。结合面临的多目标评价问题的特点及各种方法的大致适用范围,就可以选择适当的求解方法。

四、统一解题步骤

求解多目标评价问题的方法很多,从上面的讨论可知,没有哪种方法是十全十美的;而且,对同一个问题,采用不同的方法求解往往会得到不同的结果。这就产生了选用哪种方法,采用哪个结果的问题。比较可靠的办法是多用几种方法求解,并综合比较所得到的各种结果,以获得结论性的方案排序。

在方案筛选过程中,要用一些简单的方法,如选优法、满意值法、逻辑和法去删除明显处于劣势的和不可接受的方案,使后面的计算简化。

在对方案集 X 中的备选方案排序过程中,为了使评价结果更可靠,可以根据问题的特点,在本章介绍的简单加权和法、层次分析法(AHP)、TOPSIS 法等方法中同时选用几种适当的多目标评价问题方法求解,获得几种可能相同也可能不同的排序。

如果所获得的方案集 X 中各备选方案的几种排序相同,则问题求解到此为止。更一般的情况是,不同方法的求解结果会有差别,这时需要对产生差别的原因进行分析,排除数据预处理不当和方法选用不当等情况。

第四节 数据包络分析

本节内容是与数据包分析(data envelopment analysis,DEA)相关的内容。

一、DEA 模型的基本概念

在生产活动和社会活动中经常会遇到这样的问题:在经过一段时间后,需要对同类的部门或单位进行评价。评价的依据有两类指标:一类是它在活动中需要耗费的量,所谓输入指标;另一类是表明该活动的成效的量,所谓输出指标。例如,公交总公司要对下属若干个分公司效益进行评价,每个分公司就是一个决策单元,输入指标是:全年总经费、全部职工人数、公交车数量等。输出指标是：全年乘客总人数、乘客满意度等。根据多个输入指标和多个输出指标的数据，要评价对于所给的决策单元的优劣，这就是评价决策单元间的相对有效性。

1978年，由著名的运筹学家A. Charnes、W. W. Cooper和E. Rhodes提出的第一个DEA模型，命名为C^2R模型，用来评价决策单元间的相对有效性。1985年，由A. Charnes、W. W. Cooper、B. Golany、L. Seiford和J. Stutz给出了另一个DEA模型，称为C^2GS^2模型，用来确定对应点位于生产函数图像上的决策单元。上述两个模型就是本书所要介绍的DEA模型。此外，还有新的模型在产生和发展。

（一）决策单元

一个经济系统或一个生产过程可以看作是一个人（一个单元）在一定可能范围内，通过投入一定数量的生产要素，并产生出一定数量的"产品"的活动。虽然这种活动的具体内容各不相同，但其目的都是尽可能取得最大收益。由于"投入"到"产出"需要经过一系列决策才能实现，或者说，由于"产出"是决策的结果，所以这样的人（单元）被称为决策单元（decision making units，DMU）。因此，可以这样认为，每个DMU（第i个DMU通常被记作DMU_i）都代表或表现出一定的经济意义，它的基本特点是具有一定的输入或输出，并且在将输入转化成输出的过程中，努力实现自身的决策目标。

DMU的概念是广义的，它可以是一个学校，这时投入为校舍、资金、教师与管理人员等，产出为学生。

按照系统的语言，"投入"常被称为"输入"，"产出"常被称为"输出"。这样，一个DMU就是一个将一定"输入"转化为一定"输出"的实体。

在许多情况下，我们对多个同类型的DMU更感兴趣，同类型的DMU是指具有以下3个特征的DMU的集合。

● 具有相同的目标和任务。
● 有相同的外部环境。
● 具有相同的输入和输出指标。

根据这3个特征，我们就不能把工厂与学校看为同类型的DMU，也不能把大学和中学视为同类型的DMU。但是，在外部环境和内部结构没有多大变化的情况下，同一个DMU的不同时段可视为同类型的DMU。例如，一个企业四个季度的生产活动可以看作四个同类型的DMU。另外，上述特征中并没有关于DMU规模的要求。因此，一个10 000人的大学和一个1 000人的大学也可看作同一类型的DMU。

最后，还要指出一点，由于我们研究的目的不同，即使对同一个DMU，它的"输入"和"输出"有时也会有所不同。例如，为了对一个学校的办学效益进行评价，"教师人数"应视为输入，但为了研究学校的发展，则"教师人数"应作为"输出"。这就告诉我们，DMU的输入、输出要根据具体情况来确定，并非随意的。

（二）生产可能集

设某个DMU在一项经济（生产）活动中的输入向量$x=(x_1 \quad x_2 \quad \cdots \quad x_m)^T$，输出向量为$y=(y_1 \quad y_2 \quad \cdots \quad y_s)^T$，于是，我们可以简单地用$(x,y)$来表示整个DMU的生产活动。

我们称$T=\{(x,y)|$产出y能用输入x生产出来$\}$为所有可能的生产活动构成的生产

可能集。

设有 n 个 DMU，DMU_j 对应的输入、输出分别为
$$x_j = (x_{1j} \quad x_{2j} \quad \cdots \quad x_{mj})^T$$
$$y_j = (y_{1j} \quad y_{2j} \quad \cdots \quad y_{sj})^T$$
$$j = 1, 2, \cdots, n$$

由于 (x_j, y_j) 是实际观测到的生产活动，因此有
$$(x_j, y_j) \in T, j = 1, 2, \cdots, n$$

另外，通常称由 $(x_j, y_j) \in T, j = 1, 2, \cdots, n$ 组成的集合 $\hat{T} = \{(x_1, y_1), (x_2, y_2), \cdots, (x_n, y_n)\}$ 为参考集。

(三) 生产函数与规模收益

设 $L(y) = \{x | (x, y) \in T\}$ 为对于 y 的输入可能集；设 $P(x) = \{y | (x, y) \in T\}$ 为对 x 的输出可能集，其中 T 为生产可能集。

不难看出，对固定的 y_0，如果 $x_0 \in L(y_0)$ 且在"≥"意义下是 $L(y_0)$ 中最小的，则表明任何再减少投入并保持产出不变的企图都是无法实现的，换言之，相应的 y_0 已是最理性的产出。

生产函数是在一定时期内，技术水平不变条件下，任何一组投入量与最大产出之间的函数关系，由于生产可能集具有无效性，即允许生产中存在浪费现象，所以生产函数中 y 是关于 x 的增函数。

增函数的概念仅粗略地反映出不减性的程度。例如投入增量相对百分比与对应的产出增量相对百分比究竟哪个大？如果前者大于后者，表明投入规模的增加并未获得"理想"的产出效益，最好不要继续投入，我们称之为规模效益递减（见图 8-7(a)）。反之，则表明产出效益相对增加大于投入规模相对增加，还可以继续投入，我们称之为规模效益递增（见图 8-7(b)）。如果两者相等，则表明产出效益相对增加与投入规模相对增加是"同步"的，称之为规模效益不变（见图 8-7(c)）。

(四) 输入、输出的可处理性

在一般常见的生产过程中，任何输入量的增加都不会引起输出量的减少，我们称这种情况为输入的"可自由处理"。这时的输入可能集 L 一般如图 8-8 所示，图中的边界为所谓输入等面(线)，即面(线)上任意输入点对应的最大输出量都是相等的（它实际上是等输出面与生产函数曲面的交线在输出空间上的投影）。

但是在实际中，输入与输入之间的关系并非都是如此。例如，对有的生产过程来说，输出并不都是随着输入的增加而增加，甚至有时还会输入的增加而减少。如增加在公路上从事某项运输任务汽车数量，单位时间内的出货量（输出）会增加。但是，增加的数目过多，超过公路所能承受的极限，就会增加道路拥挤，甚至道路堵塞，车辆只好缓慢行使或者停驶，则相应的输出量反而减少。又例如，在一块农田增加化肥的施肥量，往往会使作物的产量提高，但施肥施到一定程度后，即发生所谓的饱和现象，这时再增加施肥量，反而会使作物死掉，总产量这一输出也就减少了。

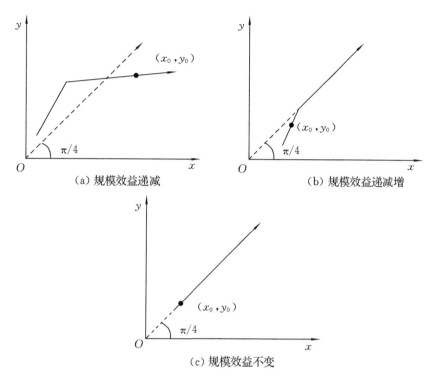

(a) 规模效益递减　　(b) 规模效益递减增

(c) 规模效益不变

图 8-7　规模效益比较

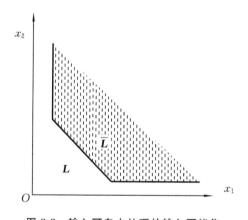

图 8-8　输入可自由处理的输入可能集

■ 二、DEA 方法的基本思路

下面介绍一个简单的例子来定量说明 DMU 有效性的概念，直观地给出一种判断 DMU 是否为有效的度量方法，并将这一方法理论化，得到一个在多维情况下判断 DMU 有效性的线性规划模型。这正是 DEA 方法的基本思路。

【例 8-7】　设有 7 个任务相同的方案，每个方案有两种投入，一种产出，各自的投入、产出情况如表 8-17 所示,现在提一个问题,怎样对 7 个方案的优劣进行评价?

表 8-17

DMU_j	1	2	3	4	5	6	7
投入 1	19	1	1	2	10	5	8
投入 2	10	1	6	15	17	1	1
产出	120	8	24	40	120	20	24

首先,为了便于比较,我们对各方案的投入产出以相同的比例扩大并把每个方案的产出均变为 120,这样就得到表 8-18。

表 8-18

DMU_j	1	2	3	4	5	6	7
投入 1	19	15	5	6	10	30	40
投入 2	10	15	30	45	17	6	5
产出	120	120	120	120	120	120	120

现在以投入 1、投入 2 与产出量为坐标,在投入-产出空间中标出这 7 个点,再将它们投影到平面上,如图 8-9 所示。

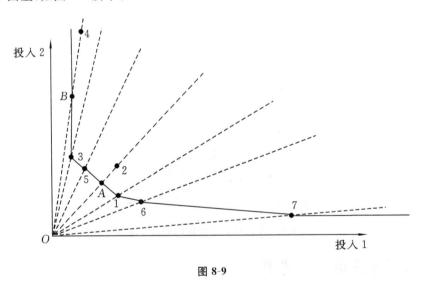

图 8-9

现在把点 $DMU_j (j=3,5,1,6,7)$ 连接起来,再加上从 DMU_3、DMU_7 引出竖直线、水平线,我们得到一个由部分 DMU 构成的分段线上的"最小凸包",而 DMU_j 都位于这个最小凸包的右上方。下一步,我们再把这 7 个点与原点 O 连接起来,由于点 O 与 DMU_2 的连线与凸包交点 A 在 DMU_1 与 DMU_5 的线段上,经过简单计算,可认为 DMU_A 由 0.438 DMU_1 与 0.562 DMU_5 组合而成,并且对 DMU_A 来说,投入 1 为 13.937,投入 2 也为 13.937,而产出亦为 120。反过来,既然 DMU_A 的产出为 120,那么根据 DMU_2 的实际投

入,它的产出应该为

$$120 \times \frac{15}{13.937} = 129.15$$

但实际产出只有120,这说明DMU_2的生产过程相对来说不是有效的。并且,如果DMU_2(在与原点O连线意义下)距最小包越远,则它的有效性越差。因此,我们不妨可以用比值$\frac{OA}{O2}$来评价(度量)DMU_2的有效性。例如,在这里DMU_2的有效性为

$$\frac{OA}{O2} = \frac{13.937}{15} = 0.929 < 1$$

同样,DMU_4也不是有效的,因为至少存在O与DMU_4的连线与最小包的交点B,它的投入分别是5和36,均小于DMU_4的投入量,但同样能得到120的产出量,此时,DMU_4的有效性为

$$\frac{OB}{O4} = 0.833 < 1$$

通过上面这个简单的例子,不难得出以下结论。

(1) 如图8-9所示分段线性的"最小凸包"是在有限多个实际生产观测基础上构成的输入可能集的最理想(最前沿)的边界线。如果实际观测值足够多,那么我们不仅能得到这样的折线,而且能够得到更为光滑的曲线边界。这样,原来位于边界上的5个点有可能不全在曲线上,即不再都是有效的。因此,运用上述办法来判断某个DMU是否有效,是相对于这一组观测值而言的。换句话说,我们说的有效性是某种意义下的相对有效性。

(2) 要具体地判断个别DMU的相对有效性,需构造具有一定经济含义的度量方法。例如我们以某个DMU与最小凸包的"相对距离"(实际上就是两个点与原点的距离之比)来判断DMU是否是有效的。

(3) 由于实际上存在的多输入、多输出的生产过程,因此还必须把上面简单情形向较为一般的多维情形推广。

三、DEA的基本模型——C^2R

下面将要通过比较严密的数学语言介绍最基本的DEA模型C^2R模型。

设有n个$DMU_j(1 \leq j \leq n)$的输入、输出向量分别为

$$\boldsymbol{x}_j = (x_{1j} \quad x_{2j} \quad \cdots \quad x_{mj})^T > 0, \quad j = 1, 2, \cdots, n$$
$$\boldsymbol{y}_j = (y_{1j} \quad y_{2j} \quad \cdots \quad y_{sj})^T > 0, \quad j = 1, 2, \cdots, n$$

由于在生产过程中,各种输入和输出的地位与作用不同,因此,要对DMU进行评价,需要对它的输入、输出进行"综合",即把它们看成只有一个总体输入和一个总体输出的生产过程,这样就需要赋予每个输入、输出恰当的权重,例如x_i的权重为v_i,y_k的权重为$u_k(1 \leq i, k \leq n)$。

问题是,由于在一般情况下对输入、输出量之间的信息结构了解甚少,或者它们之间的相互替代性比较复杂,也由于想尽量避免分析者主观意志的影响,因此,我们准备并不事先给定输入、输出权向量,即

$$\boldsymbol{v} = (v_1 \quad v_2 \quad \cdots \quad v_m)^T$$
$$\boldsymbol{u} = (u_1 \quad u_2 \quad \cdots \quad u_s)^T$$

而是先把它们看做是变向量,然后在分析过程中再根据某种原则来确定它们。

下面是一个直观的定义,称

$$h_j \sim \frac{\boldsymbol{u}^{\mathrm{T}} \boldsymbol{y}_j}{\boldsymbol{v}^{\mathrm{T}} \boldsymbol{x}_j} = \frac{\sum_{k=1}^{s} u_k y_{kj}}{\sum_{i=1}^{m} v_i x_{ij}}, \quad j = 1, 2, \cdots, n$$

为第 j 个决策单位 DMU_j 的效率评价指数。

在这个定义中,可以总结出以下方面。

(1) 总可以适当地选取 u 和 v,使 $h_j \leqslant 1$。

(2) 粗略地说,h_{j_0} 越大,表明 DMU_{j_0} 能够用相对较少的输入而得到相对较多的输出。因此,如果想要了解 DMU_{j_0} 在这 n 个 DMU 中相对来说是不是"最优"的,我们可以考察:当尽可能地变化 u 和 v 时,h_{j_0} 的最大值究竟为多少?这样,如果要对 DMU_{j_0} 进行评价,就可以构造下面所谓的 $\mathrm{C}^2\mathrm{R}$ 模型,即

$$(\overline{P}) \begin{cases} \max \dfrac{\sum_{k=1}^{s} u_k y_{kj_0}}{\sum_{i=1}^{m} v_i x_{ij_0}} = V_{\overline{P}} \\ \text{s.t.} \quad \dfrac{\sum_{k=1}^{s} u_k y_{kj}}{\sum_{i=1}^{m} v_i x_{ij}} \leqslant 1, \quad j = 1, 2, \cdots, n \\ \quad u_k \geqslant 0, \quad k = 1, 2, \cdots, s \\ \quad v_i \geqslant 0, \quad i = 1, 2, \cdots, m \end{cases} \tag{8-16}$$

这是一个分式规划问题,若令

$$\begin{cases} t = \dfrac{1}{\boldsymbol{v}^{\mathrm{T}} \boldsymbol{x}_0} \\ \boldsymbol{\omega} = t\boldsymbol{v} \\ \boldsymbol{\mu} = t\boldsymbol{u} \end{cases}$$

则有

$$\begin{cases} \boldsymbol{\mu}^{\mathrm{T}} \boldsymbol{y}_0 = \dfrac{\boldsymbol{u}^{\mathrm{T}} \boldsymbol{y}_0}{\boldsymbol{v} \boldsymbol{x}_0^{\mathrm{T}}} \\ \dfrac{\boldsymbol{\mu}^{\mathrm{T}} \boldsymbol{y}_j}{\boldsymbol{\omega}^{\mathrm{T}} \boldsymbol{x}_j} = \dfrac{\boldsymbol{u}^{\mathrm{T}} \boldsymbol{y}_j}{\boldsymbol{v}^{\mathrm{T}} \boldsymbol{x}_j} \leqslant 1 \\ \boldsymbol{\omega}^{\mathrm{T}} \boldsymbol{x}_0 = 1 \\ \boldsymbol{\omega} \geqslant \boldsymbol{0}, \boldsymbol{\mu} \geqslant \boldsymbol{0} \end{cases}$$

于是式(8-16)可变为下面的线性规划模型,即

$$(P) \begin{cases} \max \boldsymbol{\mu}^{\mathrm{T}} \boldsymbol{y}_0 = \overline{V}_P \\ \text{s.t.} \quad \boldsymbol{\omega}^{\mathrm{T}} \boldsymbol{x}_j - \boldsymbol{\mu}^{\mathrm{T}} \boldsymbol{y}_j \geqslant 0, \quad j = 1, 2, \cdots, n \\ \quad \boldsymbol{\omega}^{\mathrm{T}} \boldsymbol{x}_0 = 1 \\ \quad \boldsymbol{\omega} \geqslant \boldsymbol{0}, \boldsymbol{\mu} \geqslant \boldsymbol{0} \end{cases}$$

由于(P)可以表示成

$$(P)\begin{cases} \max(\boldsymbol{\omega}^T,\boldsymbol{\mu}^T)\begin{pmatrix}\mathbf{0}\\\boldsymbol{y}_0\end{pmatrix}=\boldsymbol{V}_P\\ \text{s.t.}\begin{cases}\boldsymbol{\omega}^T x_1-\boldsymbol{\mu}^T y_1\geqslant 0\\ \boldsymbol{\omega}^T x_2-\boldsymbol{\mu}^T y_2\geqslant 0\\ \quad\vdots\\ \boldsymbol{\omega}^T x_n-\boldsymbol{\mu}^T y_n\geqslant 0\\ \boldsymbol{\omega}^T x_0=1\\ \boldsymbol{\omega}\geqslant 0,\boldsymbol{\mu}\geqslant 0\end{cases}\end{cases}$$

故根据线性规划对偶理论知,(P)的对偶规划模型为

$$(D')\begin{cases}\min(\lambda'_1,\lambda'_2,\cdots,\lambda'_n,\theta)\begin{pmatrix}0\\\vdots\\0\\1\end{pmatrix}=\boldsymbol{V}_D\\ \text{s.t.}\begin{cases}\sum_{j=1}^n\lambda'_j x_j+\theta x_0\geqslant 0\\ -\sum_{j=1}^n\lambda'_j y_j\geqslant y_0\\ \lambda'_j\leqslant 0,\ \theta\text{无符号限制}\end{cases}\end{cases}$$

引入新的变量 s^+、$s^-\geqslant 0$,并令$-\lambda'_j=\lambda_j$可将(D')表示成

$$(D)\begin{cases}\min\boldsymbol{\theta}\\ \text{s.t.}\begin{cases}\sum_{j=1}^n\lambda'_j x_j+s^-=\theta x_0\\ \sum_{j=1}^n\lambda_j y_j-s^+=y_0\\ \boldsymbol{\lambda}_j\geqslant 0,\quad j=1,2,\cdots,n\\ s^+\geqslant 0,\quad s^-\geqslant 0\end{cases}\end{cases}$$

并直接称(D)为(P)的对偶规划。

下面是要用到的几个结论。

● 规划(D)和(P)均存在解,并且最优值$V_D=V_P\leqslant 1$。

● 若线性规划(P)的解$\boldsymbol{\omega}^*$、$\boldsymbol{\mu}^*$满足$V_P=\boldsymbol{\mu}^{*T}\boldsymbol{y}_0=1$,则称$DMU_{j0}$为弱DEA有效($C^2R$)的。其充分必要条件是:规划$(D)$的最优值$V_D=1$。

● 若线性规划(P)的解$\boldsymbol{\omega}^*>0,\boldsymbol{\mu}^*>0$,并且$V_P=\boldsymbol{\mu}^{*T}\boldsymbol{y}_0=1$,则称$DMU_{j0}$为DEA有效($C^2R$)的。其充分必要条件是:规划$(D)$的最优值$V_D=1$,并且它的每个最优解$\boldsymbol{\lambda}^*$、$s^{*-}$、$s^{*+}$、$\theta^*$都有$s^{*-}=0,s^{*+}=0$。

【例8-8】 设有3个决策单元的单输入/单输出如表8-19所示。

表 8-19

DMU$_i$	1	2	3
输入	2	4	5
输出	2	1	3.5

试用 C^2R 模型分析各决策单元的 DEA 有效性。

事实上，对 DMU_1，规划模型 (P) 为

$$(P)\begin{cases} \max 2\mu = V_P \\ \text{s.t.} \begin{array}{l} 2\omega_1 - 2\mu_1 \geqslant 0 \\ 4\omega_1 - \mu_1 \geqslant 0 \\ 5\omega_1 - 3.5\mu_1 \geqslant 0 \\ 2\omega_1 = 1 \\ \omega_1 \geqslant 0, \mu_1 \geqslant 0 \end{array} \end{cases}$$

其最优解为

$$V_P = 1, \quad \omega_1^* = 0.5 > 0, \quad \mu_1^* = 0.5 > 0$$

故 DMU_1 为 DEA 有效 (C^2R)。

这个解包含着一种意义：在 DMU_1 与 DMU_2 和 DMU_3 的比较过程中，它可以按照自己的价值观设置输入和输出的权重，力求使自己的效益指标最大；如果效益值可以达到1，则它证明了自己是有效的（哪怕 DMU_2 和 DMU_3 并不认可它的价值观）；如果效益值无论如何也达不到1，则无法证明自己是有效的。从这里可以看出，DEA 是一种充分尊重被评对象(DMU)价值观的评价方法。

对 DMU_2，(P) 的对偶规划问题 (D) 为

$$(D)\begin{cases} \min \theta = V_D \\ \text{s.t.} \begin{array}{l} 2\lambda_1 + 4\lambda_2 + 5\lambda_3 \leqslant 4\theta \\ 2\lambda_1 + \lambda_2 + 3.5\lambda_3 \geqslant 1 \\ \lambda_1 \geqslant 0, \lambda_2 \geqslant 0, \lambda_3 \geqslant 0 \end{array} \end{cases}$$

其最优解为

$$\boldsymbol{\lambda}^* = (0.5 \quad 0 \quad 0)^T, \quad \theta^* = 0.25 < 1$$

故 DMU_2 为非 DEA 有效 (C^2R)。

类似地，由于 DMU_3 对应的对偶规划问题 (D) 为

$$(D) = \begin{cases} \min \theta = V_D \\ \text{s.t.} \begin{array}{l} 2\lambda_1 + 4\lambda_2 + 5\lambda_3 \leqslant 5\theta \\ 2\lambda_1 + \lambda_2 + 3.5\lambda_3 \geqslant 3.5 \\ \lambda_1 \geqslant 0, \lambda_2 \geqslant 0, \lambda_3 \geqslant 0 \end{array} \end{cases}$$

其最优解为

$$\boldsymbol{\lambda}^* = \left(\frac{7}{4} \quad 0 \quad 0\right)^T, \quad \theta^* = \frac{7}{10} < 1$$

故 DMU_3 为非 DEA 有效 (C^2R)。

DEA 有效性(C^2R)的经济含义为:在保持产出 y_0 不变的前提下,将投入量 x_0 的各个分量按同一比例 $\theta(\leqslant 1)$ 减少。如果这一点能够实现,则表明可以用比 DMU_{j_0} 更少的投入而使产出不变,这正好说明此时的 DMU_{j_0} 不是有效的生产活动;反之,则表明 DMU_{j_0} 是有效的生产活动。

四、偏好强度可调的 DEA 模型及其应用

DEA 是一种评价同类 DMU(决策单元)相对效率的方法。它的特点是从最有利于 DMU 的角度进行评价,评价结果充分体现了被评对象的个性,但忽略了被评群体的共性。

利用公共权重值对(个性)偏好权重值进行约束,构建了一种偏好强度可调的 DEA 模型,将被评群体的共性在 DEA 中反映出来,并对被评对象 DMU 的个性偏好进行约束,从而实现个性和共性的统一。

1. 偏好强度可调的 DEA 模型

对一个多目标问题而言,被评群体一致认可的(输入、输出)指标权重向量反映了该群体的共性,称之为公共权重值。对 DEA 方法而言,各个 DMU 所选择的有利于自身的(输入、输出)指标权重向量反映了被评个体的个性,称之为(个性)偏好权重值。若在 DEA 方法中用公共权重值对(个性)偏好权重值进行约束,则 DMU 的个性将受到共性的限制,从而实现个性与共性的统一。基于上述思路,我们来构建一个偏好强度受限制的 DEA 模型。设公共权重为 $\overline{\omega}、\overline{\mu}$。

构造约束条件如下,即

$$\omega_i \geqslant \frac{\rho \overline{\omega}_i}{\sum\limits_{i=1}^{m} \overline{\omega}_i} \sim \sum_{i=1}^{m} \omega_i, \quad i = 1, 2, \cdots, m$$

$$\mu_k \geqslant \frac{\rho \overline{\mu}_k}{\sum\limits_{i=1}^{s} \overline{\mu}_k} \sim \sum_{i=1}^{m} \mu_k, \quad k = 1, 2, \cdots, s$$

式中:$0 \leqslant \rho \leqslant 1$ 为常数;$\omega_i、\mu_k$ 分别为 DEA 模型中的输入、输出权重值。

然后将传统的 C^2R-P 模型

$$\begin{cases} \max \boldsymbol{\mu}^T \boldsymbol{Y}_0 = \boldsymbol{V}_P \\ \text{s. t.} \begin{cases} \boldsymbol{\mu}^T \boldsymbol{Y}_j - \boldsymbol{\omega}^T \boldsymbol{x}_j \leqslant 0 \\ \boldsymbol{\omega}^T \boldsymbol{x}_0 = 1 \\ \boldsymbol{\omega} \geqslant 0, \boldsymbol{\mu} \geqslant 0 \end{cases} \end{cases}$$

改造为

$$\begin{cases} \max \boldsymbol{\mu}^T \boldsymbol{Y}_0 = \boldsymbol{V}_P \\ \text{s. t.} \quad \boldsymbol{\mu}^T \boldsymbol{Y}_j - \boldsymbol{\omega}^T \boldsymbol{x}_j \leqslant 0; \boldsymbol{\omega}^T \boldsymbol{x}_0 = 1 \\ \omega_i \geqslant \frac{\rho \overline{\omega}_i}{\sum\limits_{i=1}^{m} \overline{\omega}_i} \sim \sum_{i=1}^{m} \omega_i, \mu_k = \frac{\rho \overline{\mu}_k}{\sum\limits_{i=1}^{s} \overline{\mu}_k} \sim \sum_{i=1}^{m} \mu_k \end{cases}$$

显然,当 $\rho = 0$ 时,改造后的模型变成无约束的原模型。当 $\rho = 1$ 时,改造后的模型的

权重关系与公共权重关系相同,输入、输出指标可采用公共权重加权求和,那么改造后模型就变成一维输入一维输出的模型。这是一种绝对约束的情况。当 $1>\rho>0$ 时,改造后的模型处于区间约束之中。可见,改造后的模型综合了无约束、区间无约束和绝对约束3种情况。鉴于此,称 ρ 为偏好强度调节系数,称改造后的模型为偏好强度可调的 DEA 模型。

2. 偏好强度可调的 DEA 模型的应用

为了比较偏好强度可调的 DEA 模型分别在无约束、区间约束和绝对约束下的评价结果,下面以高校效率评价为例建立实际模型。

被评群体选取 12 所理工类重点高校,数据取自中华人民共和国教育部发展规划司 1999 年公布的《中国教育事业发展统计简况》。考虑到评价结果可能影响学校的声誉,因此略去它们的校名,而采用 $DMU_j(j=1,2,\cdots,12)$ 来代替。关于输入、输出指标体系,根据高校的投入、产出特点,以及 DEA 方法对数据的要求,确定高校的主要输入为:总资产 X_1,教师数 X_2,当年主要教学经费 X_3。确定高校的主要输出为:学生总的当量数 Y_1,科研总经费 Y_2,科研论文数 Y_3。由此建立了针对 12 个同类 DMU 的 3 个输入、3 个输出的 DEA 模型。

数据整理后如表 8-20 所示。其中 x_{1j}、x_{2j}、x_{3j} 分别为第 j 所学校当年的总资产、教师数和主要教学经费,y_{1j}、y_{2j}、y_{3j} 分别为第 j 所学校当年的学生当量数、科研总经费和当年科研论文数。

表 8-20 12 所重点高校输入、输出指标数据表

指标	x_{1j}/万元	x_{2j}/人	x_{3j}/万元	y_{1j}/人	y_{2j}/万元	y_{3j}/篇
DMU_1	35 165.0	2 140	1 490.6	23 602	30 232.7	6 074
DMU_2	17 195.5	1 686	1 088.7	13 567	17 245.0	1 063
DMU_3	16 199.0	1 353	1 000.9	12 593	11 046.5	1 910
DMU_4	21 980.0	2 207	1 472.0	18 649	15 727.0	1 616
DMU_5	24 227.8	1 863	1 297.0	17 382	23 084.4	2 072
DMU_6	8 776.4	1 481	1 079.4	9 247	7 670.3	1 316
DMU_7	12 935.0	1 341	925.9	12 793	10 391.5	2 404
DMU_8	20 523.5	1 868	1 228.3	17 559	27 237.4	3 427
DMU_9	19 037.0	2 576	1 599.2	17 024	11 403.4	2 335
DMU_{10}	12 906.6	1 840	1 564.6	14 425	5 807.5	2 298
DMU_{11}	10 353.0	1 356	955.5	11 855	5 872.6	1 430
DMU_{12}	19 024.0	1 750	1 244.3	17 680	8 610.1	2 058

下面分别计算在无约束、绝对约束和区间约束等情况下的 DMU_j 的效率。

(1) 采用无约束的 C^2R-P 模型对 DMU_j 进行评价,运用 Matlab 软件中的线性规划工具 LP 进行计算,解上述问题所得结果见表 8-21。

表 8-21 12 所重点高校 C^2R-P 模型计算值

DMU_j	$\omega^{*T}/10^{-4}$	$\mu^{*T}/10^{-4}$	$\mu^{*T}y_j$
DMU_1	(0.261 0.384 ε)	(ε 0.042 1.435)	1
DMU_2	(0.154 0 6.753)	(0.636 0.011 0)	0.881

续表

DMU_j	$\boldsymbol{\omega}^{*T}/10^{-4}$	$\boldsymbol{\mu}^{*T}/10^{-4}$	$\boldsymbol{\mu}^* y_j$
DMU_3	(0.198 5.021 0)	(0.685 0.051 0)	0.919
DMU_4	(0.116 0 5.068)	(0.477 0.008 0)	0.902
DMU_5	(0.141 3.532 0)	(0.482 0.038 0)	0.925
DMU_6	(1.103 0.141 0.099)	(0.810 0.313 0.089)	1
DMU_7	(0.749 0.162 0.100)	(0.511 0.152 0.782)	1
DMU_8	(0.482 0.043 8 0.029)	(0.165 0.257 0.032)	1
DMU_9	(0.289 0 2.818)	(0.453 0.052 0)	0.831
DMU_{10}	(0.746 0.201 0)	(0.504 0.143 0.825)	1
DMU_{11}	(0.924 0.208 0.156)	(0.710 0.241 0.082)	1
DMU_{12}	(0.238 3.132 ε)	(0.561 0.009 ε)	1

需要说明的是，ε 为正无穷小量。因为对于 DEA 有效（C^2R）而非弱有效的 DMU，存在 $\omega^* > 0, \mu^* > 0$，但在实际计算中，有些数值太小，采用 ε 来代替，这样并不影响计算结果。

下面以 DMU_1 为例，说明解的意义。DMU_1 认为该校的师资队伍发挥了很好的效益（$\omega_2^* = 0.384 \times 10^{-4}$），总资产发挥的作用也较好（$\omega_1^* = 0.261 \times 10^{-4}$），而对教学经费的投入则不计成本（$\omega_3^* = \varepsilon$）；同时，该校重视科研论文的数量即科研质量（$\mu_3^* = 1.435 \times 10^{-4}$），也关注科研总经费（$\mu_2^* = 0.042 \times 10^{-4}$），而对在校学生的数量不太介意（$\mu_1^* = \varepsilon$）。可见 DMU_1 是一个以科研为主的大学。

从总体上看，DMU_1、DMU_6、DMU_7、DMU_8、DMU_{10}、DMU_{11}、DMU_{12} 相对有效，处于有效前沿面；而 DMU_2、DMU_3、DMU_4、DMU_5、DMU_9 的效益有待提高。

(2) 在公共权重下评价 12 所重点高校的效率采用等权重加权求和的方法获得公共权重，即对同类 DMU 的 DEA 输入、输出权重值取平均值。用这种方法进行折中，一般可获得被评群体的认可。即

$$\overline{\omega}_i = \frac{1}{12} \sum_{j=1}^{12} \omega_{ij}, \quad i = 1, 2, 3; \quad j = 1, 2, \cdots, 12$$

$$\overline{\mu}_k = \frac{1}{12} \sum_{j=1}^{12} \mu_{kj}, \quad k = 1, 2, 3; \quad j = 1, 2, \cdots, 12$$

由于 DEA 模型不受量纲约束，因此其输入、输出权重值大小不一。在进行等权重求和之前必须对 DMU_j 的权重进行规范化处理，处理办法如下。

$$\omega_{ij} = \frac{\omega_{ij}^*}{\omega_{1j}^* + \omega_{2j}^* + \omega_{3j}^*}, \quad i = 1, 2, 3; \quad j = 1, 2, \cdots, 12$$

$$\mu_{ij} = \frac{\mu_{ij}^*}{\mu_{1j}^* + \mu_{2j}^* + \mu_{3j}^*}, \quad i = 1, 2, 3; \quad j = 1, 2, \cdots, 12$$

将表 8-21 中的输入、输出权重数据代入上述公式，求得公共权重为

$$\overline{\omega}_1 = 0.385\ 5, \quad \overline{\omega}_2 = 0.347\ 2, \quad \overline{\omega}_3 = 0.267\ 3$$

$$\overline{\mu}_1 = 0.676\ 3, \quad \overline{\mu}_2 = 0.132\ 4, \quad \overline{\mu}_3 = 0.191\ 3$$

利用公共权重值 $\overline{\boldsymbol{\omega}} = (0.385\ 5 \quad 0.347\ 2 \quad 0.267\ 3)^T, \overline{\boldsymbol{\mu}} = (0.676\ 3 \quad 0.132\ 4 \quad 0.191\ 3)^T$ 对 DMU_j 的输入和输出进行综合，把 DMU_j "变成"只有一个"总体"输入（$\overline{X}_j$）和一个"总

体"输出($\overline{Y}_j$)的决策单元。在这种情况下,可以计算效率指数

$$\overline{h}_j = \frac{\overline{Y}_j}{\overline{X}}$$

计算结果如表 8-22 所示。

表 8-22 基于公共权重的"总体"输入和"总体"输出的计算表

DMU_1	DMU_2	DMU_3	DMU_4	DMU_5	DMU_6	DMU_7	DMU_8	DMU_9	DMU_{10}	DMU_{11}	DMU_{12}
1.437	1.553 8	1.481	1.557 5	1.471 8	1.796 7	1.840 1	1.815 4	1.555 3	1.817 5	1.922 4	1.630 5

依据计算结果对 DMU_j 的效率从大到小进行排序。从表 8-22 中看出,在无约束情况下,相对有效的 DMU_{11} 排在第 1 位;在无约束情况下,同样相对有效的 DMU_7、DMU_{10}、DMU_8、DMU_6、DMU_{12} 分别排在第 2 位~第 6 位;而在无约束情况下相对有效的 DMU_1 排在了最后 1 位,其他非有效 DMU 分别排在第 7 位~第 11 位。可见,有的决策单元(如 DMU_1)按照自己的价值观判断是有效的,而用公共价值观判断则是非有效的,甚至是最差的。

(3) 在区间的约束下评价12所重点高校的效率取 $\rho=0.5$,将 $\overline{\boldsymbol{\omega}}=(0.385\ 5\quad 0.347\ 2\quad 0.267\ 3)^T$,$\overline{\boldsymbol{\mu}}=(0.676\ 3\quad 0.132\ 4\quad 0.191\ 3)^T$ 代入改造后的模型可得

$$\omega_1 \geqslant 0.192\ 8(\omega_1+\omega_2+\omega_3), \quad \mu_1 \geqslant 0.338\ 2(\mu_1+\mu_2+\mu_3)$$
$$\omega_2 \geqslant 0.173\ 6(\omega_1+\omega_2+\omega_3), \quad \mu_2 \geqslant 0.066\ 2(\mu_1+\mu_2+\mu_3)$$
$$\omega_3 \geqslant 0.133\ 6(\omega_1+\omega_2+\omega_3), \quad \mu_3 \geqslant 0.095\ 6(\mu_1+\mu_2+\mu_3)$$

下面利用偏好强度可调的 C^2R 模型对 DMU_j 进行再评价。计算结果见表 8-23。

表 8-23 偏好强度可调的 C^2R 模型计算值

DMU_j	V_{p1}	$\boldsymbol{\omega}^{*T}/10^{-4}$			$\boldsymbol{\mu}^{*T}/10^{-4}$		
DMU_1	0.884 9	(0.229 0	0.800 0	0.158 7)	(0.217 8	0.046 3	0.379 9)
DMU_2	0.860 3	(0.448 6	0.403 9	1.474 2)	(0.498 0	0.103 2	0.063 5)
DMU_3	0.830 0	(0.462 5	1.616 0	0.320 5)	(0.540 0	0.099 0	0.212 1)
DMU_4	0.853 6	(0.325 6	1.137 6	0.225 6)	(0.388 7	0.076 8	0.049 2)
DMU_5	0.837 9	(0.316 1	1.310 4	0.219 0)	(0.377 4	0.074 5	0.047 8)
DMU_6	0.997 8	(1.068 9	0.267 8	0.206 1)	(0.824 5	0.286 8	0.117 5)
DMU_7	1.000 0	(0.743 5	0.186 3	0.143 4)	(0.514 8	0.151 1	0.766 9)
DMU_8	1.000 0	(0.471 1	0.118 0	0.090 8)	(0.164 0	0.255 6	0.044 4)
DMU_9	0.826 1	(0.500 2	0.125 4	0.096 5)	(0.346 4	0.101 7	0.516 0)
DMU_{10}	1.000 0	(0.731 6	0.183 3	0.141 1)	(0.505 0	0.123 6	0.865 8)
DMU_{11}	1.000 0	(0.919 4	0.230 4	0.177 3)	(0.709 2	0.246 7	0.101 0)
DMU_{12}	0.902 6	(0.384 6	1.343 7	0.266 5)	(0.485 0	0.038 3	0.055 4)

从计算结果可以看出,对输入、输出权重施加约束后,DEA 有效单元只剩下 4 个,即 DMU_7、DMU_8、DMU_{10}、DMU_{11}。对照 C^2R-P 模型计算的计算结果,发现它们在权重不加约束时是 DEA 有效的,这说明他们的"个性"表现是优秀的;在公共权重约束下这些 DMU 的效率超过其他 DMU,是名列前茅的,说明它们的"共性"表现也是优秀的。从这里可以看出,偏好强度可调的 DEA 模型的确较好地实现了个性和共性的统一。

□3. 结语

从增加约束(公共权重)的思路出发,提出了将无约束、区间约束和绝对约束等多种约

束情况综合起来的DEA模型,可以证明,随着偏好强度调节系数 $\rho(0\leqslant\rho\leqslant1)$ 的逐渐增大,DEA模型的约束逐渐增强,同类DMU的个性受到约束,共性得到加强,DEA有效的DMU逐渐减少(当然至少存在1个DEA有效的DMU),非有效DMU逐渐增加。

结合高等学校的办学实际,可以发现:如果评价者不施加约束,则各高等学校会按照自己的思路办学,但有可能放弃重点大学的基本职能——教学科研并重,导致学校的畸形发展。如果评价者约束太强,提出了一套统一的价值观,则各高等学校的效率可在这套价值观下估算出来,并可建立"序"的关系,但有可能抹杀学校的个性,阻碍学校办出特色。因此,提出一种约束适中的价值观,既可保持高校特有的规定性,又可促进学校办出特色。

如果读者感兴趣,可以自行阅读相关文章。

本章重要概念

盈亏平衡分析(profit and loss equilibrium analysis)
投资回收期(investing profit period)　　加权和(weighted sum)
层次分析法(analytic hierarchy process)
本征向量法(technique of eigenvector)
逼近理想解的排序方法(technique for order preference by similarity to ideal solution)
数据包络分析(data envelopment analysis)
决策单元(decision making units)

本章思考与练习题

1. 设某产品的年设计生产力为10 000台,每件产品销售价格6 000元,该项目投产后年固定成本总额为600万元,单位产品变动成本为2 500元,单位产品所负担的销售税金为500元,若产销率为100%,试对该项目进行盈亏平衡分析。

2. 已知某固定资产项目相关资料如下。

年数	0	1	2	3	4	5
年现金流量/万元	500	200	100	100	200	100

计算该项目的投资回收期。

3. 多目标决策问题有何特点?
4. 在求解多属性决策问题时,决策矩阵的规范化有何作用?有哪些规范化方法?
5. 有哪些用于方案筛选的方法?这些方法各适用于哪些场合?
6. 比较加权和法与层次分析法的异同。

7. 现拟在 6 所学校中扩建一所,通过调研和分析,得到两个目标的属性值表如下。(费用和学生平均就读距离均愈小愈好)

方案序号	1	2	3	4	5	6
费用/万元	60	50	44	36	44	30
就读距离/km	1.0	0.8	1.2	2.0	1.5	2.4

设 $w_1=2w_2$,用 TOPSIS 法求解。

本章推荐阅读书目

1. 岳超源. 决策理论与方法[M]. 北京:科学出版社,2003.
2. 陈珽. 决策分析[M]. 北京:科学出版社,1984.
3. 盛昭瀚,等. DEA 理论、方法与应用[M]. 北京:科学出版社,1996.
4. 许晓东. 偏好强度可调的 DEA 模型及其应用[J]. 武汉理工大学学报,2005(5):86-89.

第九章 决策分析方法

── **本章导言** ──

　　任何个人、企业、事业单位和政府机构都离不开决策。个人决策关系到个人的成败得失,组织决策关系到组织的生死存亡,国家决策关系到国家的兴衰荣辱。例如,诸葛亮的一篇《隆中对》为刘备中兴汉室、成就霸业提出了思路,描绘了蓝图,成为决策史上的不朽之作。然而,一个人或一个组织的决策后果完全符合预期情况的很少,总是或多或少地会偏离原先期望,甚至截然相反。缩小这种偏离正是决策研究的效果和潜力之所在。

　　本章介绍决策的基本分析方法和有关的基础理论。目前已经提出了很多种分析方法,这里只选择了较有实用价值的随机性决策分析方法进行介绍,包括确定型决策、风险型决策、非确定型决策和贝叶斯分析,这些都是要求理解和掌握的。

第一节 决策的基本概念与原理

一、决策与决策分析的定义

"决策"一词经常出现在各种出版物和人们的口语中,不同的人在使用这个词的时候对它的理解也不尽一致。在我们开始讨论决策分析方法之前,还是先探究一下决策和决策理论(决策论)的确切含义。

□ 1. 决策的定义

(1)"决策"一词在英语中是 decision,它在《牛津词典》中有如下解释:

the act of deciding——做决定的行动;

a conclusive judgment——最终判决,结论性的判断;

the conclusion arrived at——得出的结论。

(2)《中国大百科全书·自动控制与系统工程卷》对"决策"的解释是:为最优地达到目标,对若干个备选行动方案进行的选择。

(3)《苏联大百科全书》对"决策"的解释是:"决策是自由意志行动的必要元素……和实现自由意志行动的手段。自由意志行动要求先有目的和行动的手段,在体力动作之前完成智力行动,要考虑完成或反对这次行动的理由等,而这一智力行动以制定一项决策而告终。"

在这个解释中,有两点是前面的定义中没有强调的,即
- 决策是智力行动;
- 决策是意志行动。

因此,决策与人的意志、主观愿望和价值判断有关,即决策的结果因人而异,不是唯一的。

(4)《大英百科全书》对"决策"的解释是:"社会科学中用来描述人类进行选择的过程的术语。"这一定义强调了"决策"的社会科学属性。

(5)"哈佛管理丛书"对"决策"的解释是:"决策是指考虑策略(或办法)来解决目前或未来问题的智力活动。"这一定义突出了决策的目的性和目标(为了解决问题),同时也说明决策是智力活动。

按照以上解释,决策是进行选择的行动或行动的结果,并有作决策,即制定决策的过程的含义。

2. 决策论和决策分析的定义

决策论(decision theory)和决策分析(decision analysis)有下列定义。

(1)《中国大百科全书·自动控制与系统工程卷》认为,"决策论:根据系统的状态信号和评价准则选择最优策略的数学理论。""决策分析:研究不确定性决策问题的一种系统分析方法,其目的是改进决策过程,从一系列备选方案中找出一个能满足一定目标的合适方案。"

(2)《美国大百科全书》的"Decision Theory"条:"所谓作决策,就是在若干个可能的备选方案中进行选择。决策论则是为了对制定决策的过程进行描述并使之合理化而发展起来的范围很广的概念和方法。"

"广义的决策理论可以分为两种:①Prescriptive decision theory(规定性决策理论),规定应当如何作决策;②Descriptive D. T.(描述性决策理论),研究人们实际上是如何作决策的。"

"行为科学家、社会科学家和哲学家力图找到决策过程的更精细的描述性模型,以便为数学家、经济学家、战略分析家、商业管理人员和其他人员提供更高级的规定性决策过程。"

(3)《大英百科全书》的"Decision Theory"条:"在统计学中探讨用公式表示并求解一般决策问题的理论和方法。"

(4)《认知科学百科全书》"Decision Making"条:"决策是从一集备选方案中选择所偏爱的方案或行动路线的过程,它渗透到生活的各个方面,包括买什么,选举时投谁的票,找什么工作,等等。决策通常涉及外部世界的不确定性(例如,天气会怎么样)及与个人偏好的冲突(例如,应该获取更高的薪金还是更多的闲暇),决策过程常常从信息的集聚开始,通过似然率(主观概率)的估计和审议直到选定最终行动……"

我们还可以继续列举决策、决策论和决策分析的有关定义,但是从上面给出的各种定义已经不难看出,所谓决策,狭义上是指要从若干可能的方案中,按某种标准(准则)选择一个,而这种标准可以是:最优,满意,合理,等等;广义上相当于决策分析,是人们为了达到某个目标,从一些可能的方案(途径)中进行选择的分析过程,是对影响决策的诸因素作逻辑判断与权衡。

当然,决策一词还有其他含义。例如,决策的政治含义是指政策的制定过程。

古代的田忌与齐王赛马,严格讲是对策(博弈)问题,但也是广义的决策问题。作为科学的决策论的产生则与赌博有关。在 16~17 世纪,法国宫廷设有赌博顾问,他们是研究概率论、对策论的先驱。到了 20 世纪 20 年代以后,决策论才从对策论中分离出来,并各有方向:对策论是研究人与智能的对手(人)之间的对抗;而决策论则是处理与非智能对手即自然界之间的关系。到目前为止,关于决策理论的研究大致遵循着从理性决策到行为决策、从个体决策到群决策的发展过程。从另一个角度看,也可以认为,决策理论走过了从狭义决策研究到广义决策研究的发展道路。

决策理论是社会科学研究与自然科学研究的交叉研究结果,是典型的软科学。我们知道,自然科学研究的是客观世界中的事实元素,使用的研究方法以定量为主,自然科学的研究成果有客观的衡量标准。社会科学主要研究由人组成的社会、社会中的人,以及人际关系,其核心是价值元素,关键在于价值判断,使用的研究方法以定性为主。软科学主要是用定量方法研究价值元素。决策理论正是大量采用定量化的方法来处理决策人的价值判断,当然也不排斥使用定性的研究方法。

决策科学又是一门综合性的学科。不同的学科从不同的角度发展了决策理论。哲学家研究人如何决定什么是有价值的;行政管理人员关心人们如何使一个组织为其目标服务;经济学家力图回答人如何在不同方案中抉择,使自己尽量满足,心理学家则探索何为满足和人如何动脑筋解决问题;数学家尽力提供各种数学模型帮助解决这些问题;至于决策的程序化、民主化则是政治问题,要由政治家来解决。由此形成了决策科学丰富的理论。

半个多世纪以来,决策论的大部分内容与规范性决策论有关。由于经济学家,数学家及系统科学家的努力,决策分析日益广泛地用于商业、经济、实用统计、法律、医学、政治等各方面;行为科学家对描述性决策和效用的测度等问题的研究,使排序、有界区间的度量技术等获得发展。

在第二次世界大战中发展起来的运筹学在决策论的概念、方案的优化、统计决策理论、决策方法中有着坚实的基础。使决策理论成为运筹学中的一支。

从 20 世纪 70 年代开始,决策分析已经成了工业、商业、政府部门制定决策所使用的一种重要方法。一些规范性的决策方法,如成本效益分析、资源分配、计划评审技术(PERT)、关键路径法(CPM)等的应用得到普及。

计算机的飞速发展与普及,以及信息处理、数据存储与检索手段的进步,加上决策理论的进展(程序化决策方法能解决问题日益增加,非程序化决策方法研究深入),导致统计数据、研究资料迅速更新(决策矩阵的迅速更新)和决策模型的日臻完善,以及人工智能的发展、知识库的形成,使得根据新信息及时乃至自动修改策略成为可能。决策支持系统的产生和发展,不仅为决策人提供问题求解所需的相关信息和适当的模型,也使某些常规性问题有可能自动求解。

二、决策问题的要素、特点与步骤

(一)决策要素

无论是个人,还是企业和政府部门,无论在日常生活中,还是在经营、管理过程中,都会遇到各种各样的需要人们作判断和选择的问题,这些问题都是决策问题。但是在有些决策问题中,所有与问题有关的事实和因素都是事先确切知道的,我们称之为确定条件下的决策,这时决策失误的原因除了考虑不周之外,就是问题的计算过于复杂。还有一类不确定条件下的决策。我们先来看几个随机性决策问题的例子。

【例 9-1】 火灾保险问题。

一个商店的负责人考虑是否购买火灾保险。在保险期内商店可能遇上火灾,设商店在保险期内发生火灾的可能性为 p,也可能不发生火灾(可能性是 $1-p$);买火灾保险要花一笔保险费,通常保险费是资产总额 G 的一定比例 r,若不买保险则一旦发生火灾损失就太大了。

【例 9-2】 出门带伞问题。

晴雨未卜,出门是否带伞。如果不下雨,带伞是个累赘;如果下雨,不带伞就要淋雨。

【例 9-3】 进货问题。

某个零售商准备进一批不易保存的农产品,进了货若不能在当天内售完,则货物就会腐败变质,造成损失。零售商并不知道当天顾客对这种商品的需求量,进货多了卖不掉是损失;进货太少满足不了顾客需求,不但钱少赚了,还影响顾客的回头率。但是无论如何,他必须事先确定进货的数量。

卖报人从批发商处拿多少当天报纸也与此类似,报纸的销售量与天气、报纸内容有关,卖报人必须事先确定进货的数量。

【例 9-4】 加工方法问题。

机械零件制造商承接了一份加工新产品的订单,为此要安排加工设备。新产品的加工有两种方法,一种是用现成的通用设备,加工能力较差且劳务成本较高;一种是购置专用设备,加工能力较强且劳务成本低。若今后新产品的需求量大,购置专用设备比采用通用设备好,需求量小时采用通用设备比购置专用设备好。问题是,新产品在今后的加工量现在并不清楚,但是制造商需要在专用设备和通用设备中选择一种进行生产安排,并按时交货。

【例 9-5】 项目申请问题。

课题组的负责人获悉,某单位有一科研项目准备招标,他感到课题组有能力承接该项目,因为研究方向相符,并已经有一定的研究基础;但是,其他几个单位也准备投标,而且不乏有力竞争者。若参加投标,则要耗费相当数量的人力和费用,投标后有中标的可能性,只要能中标总会有效益;投标后不能中标的可能性也很大,不能中标则投入的人力和费用就没有回报。不参加投标,既没有耗费又没有收益。他必须决定是否参加投标。

上面所举的例子都是简化了的决策问题,实际的决策问题远比它们复杂。以项目申请问题为例,课题组的负责人在考虑这一问题时至少还会涉及下述因素:按期完成项目的可能性有多大;根据本课题组现有的研究力量与在研项目的情况来确定争取项目的紧迫性,若该课题组的任务不足,应该尽力争取,志在必得,若任务饱满则另当别论;了解其他投标者的情况,分析各投标方的实力,判断本单位中标的可能性;由于中标的可能性还与投标时的报价有关,因此在实际的决策问题中,如果参加投标,则应该怎样报价就成了关键;作为科研项目,完成研究所需的人、财、物的消耗与工程项目有关,也有较高的不确定性。决策人必须确定如何收集相关的信息,以及如何根据所收集到的信息作出合理决策。

从以上的讨论可知,要能全面表述一个决策问题,需要给出下列要素。

1. 行动集

行动集亦称方案集,记作 $A=\{a_1,\cdots,a_m\}$,用来表示决策人可能采用的所有行动的集合,在有观测值时亦称策略集或策略空间,记作 Δ 或 D。在简化的火灾保险问题中 $A=\{a_1,a_2\}$,其中 a_1 表示购买火灾保险,a_2 表示不买火灾保险。

2. 自然状态集

自然状态集或称状态空间、参数空间,用来表示所有可能的自然状态,记作 $\Theta=\{\theta_1,\theta_2,\cdots,\theta_n\}$(亦可记作 S 或 Ω)。在火灾保险问题中,$\Theta=\{\theta_1,\theta_2\}$,其中 θ_1 表示在保险有效期内发生火灾,θ_2 表示在保险有效期内不发生火灾。

3. 后果集

后果集记作 $C=\{c_{ij}\}$,表示决策问题的各种可能的后果 $c_{ij}(i=1,2,\cdots,m;j=1,2,\cdots,n)$ 的集合,c_{ij} 用来表示决策人在真实的自然状态为 θ_j 时采取行动 a_i 的后果,即 $c_{ij}=c(a_i,\theta_j)$。例如,在火灾保险问题中 c_{11} 表示购买了火灾保险,在保险有效期内发生火灾时的后果。

需要说明的是,在有些决策问题中的后果是数字量,即 c_{ij} 是具体带有单位的数值,比如说,购买火灾保险问题中的后果。有的决策问题中的后果就只能用语言或文字描述,像下雨带伞问题中的后果。有时既有数字又有语言或文字,如这个例子(鸡蛋放久了总会有坏的):某人回到家时,他的妻子已经打了5个鸡蛋放在碗里;她由于某种原因要丈夫来做炒鸡蛋,还没有打破的第6个鸡蛋还放在碗旁;他要么把第6个蛋加进去,做成6个蛋的炒蛋,或者把第6个蛋扔掉。这时他要决定怎么办。对此可以先做一点简化,他面临三种选择:把第6个蛋打破放进已经盛有5个蛋的碗里;把蛋打破放到碟子里观察一下;不管鸡蛋是好是坏,把它扔掉。这三个行动的相应后果与鸡蛋的状态有关,见表9-1。

表 9-1

行　　动	第6个鸡蛋是好的	第6个鸡蛋是臭蛋
直接打入碗内	炒6个鸡蛋	连同5个好鸡蛋全部扔掉

续表

行　　动	第 6 个鸡蛋是好的	第 6 个鸡蛋是臭蛋
打破放入碟子	炒 6 个鸡蛋、洗碟子	炒 5 个鸡蛋、洗碟子
扔掉	扔掉后炒 5 个鸡蛋	炒 5 个鸡蛋

在这个例子中,后果既有数字,又有文字。而在下雨打伞问题中,后果就只能全部用文字来表述了。

通常,方案、自然状态和后果三个要素是决策问题的基本元素。在有些决策问题中还有另一个重要因素,这就是信息。

4. 信息集 X

信息集亦称样本空间(或观测空间、测度空间)。在决策时,为了获取与自然状态 θ 有关的信息以减少其不确定性,往往需要进行调查研究,调查所得的结果是随机变量,记作 x;如果是随机向量则用黑体 $\boldsymbol{x}$ 表示,信息集 $\boldsymbol{X}=\{x_i\}, i=1,2,\cdots,n$。

(二) 决策问题的特点

从上面的例子可以看出,决策人可以在各种可能的行动中进行选择,但是有些因素是决策人无法控制的。我们把决策问题中决策人无法控制的所有因素,即凡是能够引起决策问题的不确定性的因素,统称作自然状态。这里的自然状态(简称状态)是广义的,在下雨带伞问题中的下不下雨是自然状态,在购买火灾保险中的保险期内是否发生火灾,加工方法问题中的订货数量多少,加工过程中报废零件的数量都是自然状态。由于未来自然状态的不确定性,决策人无论采取什么行动,都会因为自然状态的不同而出现不同的后果(或者称为结果、结局)。这时的决策人实际上是被迫进行赌博,只要他采取行动,就已经处于参与赌博的位置上。他希望能赢,但也可能会输。

由此可知,决策问题具有如下特点:
- 决策人面临选择,可以采取的行动(即备选方案)不唯一;
- 自然状态存在不确定性,而自然状态的不确定性导致后果不确定;
- 后果的价值待定。

(三) 决策的方法与步骤

前面列举的各种决策问题可以用一种称作决策树的树状图方便而又直观地表示出来。图 9-1 所示为决策人面临两种备选方案、有两种可能的自然状态的决策树。其中最左侧的小方框称为决策点,表示决策人面临一个决策问题。从决策点向右发出的枝叫决策枝,每一枝代表决策人可能采取的一种行动(或方案)并在该决策枝上作相应的标记 a_i $(i=1,2,\cdots,m)$;决策人必须从这些决策枝中选一枝继续向前。决策枝的终点是小圆点,称为机会点。从机会点向右发出的枝称为机会枝,每一机会枝代表一种自然状态,有几种可能的自然状态就有几条机会枝;在各机会枝上可以标注自然状态的记号 $\theta_j (j=1,2,\cdots,n)$ 或该状态出现的概率 $\pi(\theta_j)$;决策人在机会点处无法控制沿哪条机会枝继续向前。机会枝的终点是小三角形的点,称为后果点,可以用 c_{ij} 表示决策人采用某种行动 a_i、出现某种真实的自然状态 θ_j 时决策人面临的后果;为了表述简单,也可以用 $c_k (k=1,2,\cdots,r; r=m\cdot n)$ 表示后果。具体的后果,无论是数值还是文字型后果,都标在后果点

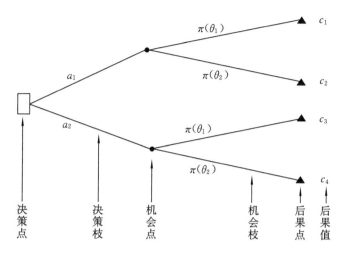

图 9-1 决策树

右侧。

根据以上说明,我们可以作出有关问题的决策树。

下面我们对例 9-1 作出决策树。

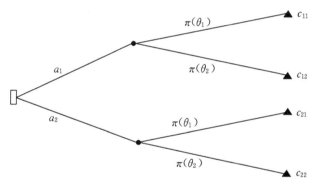

图 9-2 火灾保险问题的决策树

在图 9-2 中,a_1 为购买保险,a_2 为不购买保险;

θ_1 为保险期内发生火灾,发生火灾的可能性是 $\pi(\theta_1)=p$;θ_2 为无火灾,保险期内不发生火灾的可能性是 $\pi(\theta_2)=1-p$。

在对例 9-2 出门带伞问题作出决策树时,只要令图 9-2 中的 a_1 为带伞,a_2 为不带伞;θ_1 为有雨,θ_2 为无雨。c_{ij} 表示相应的后果,其中 c_{11} 为带伞遇雨,c_{12} 为带伞无雨,c_{21} 为未带伞遇雨,c_{22} 为未带伞无雨。则图 9-2 所示的决策树也就是出门带伞问题的决策树。

决策树不仅可以表示单步决策问题,也可以用来表示复杂的序贯决策问题,例如油井钻探问题。某个公司拥有一块可能有油的土地,决策人可以在这块土地上钻井,也可以不钻井;如果钻井费用为 C,有油的可能性为 0.2,有油时的净收益为 B。该问题的决策树如图 9-3 的左半部分所示。如果第 1 次钻井后没有出油,决策人又面临是否还钻第 2 口井的决策。第 2 次决策的决策树如图 9-3 右半部分所示。

决策是一个不断发现问题并不断解决问题的过程,西蒙把决策过程分为情报活动、设

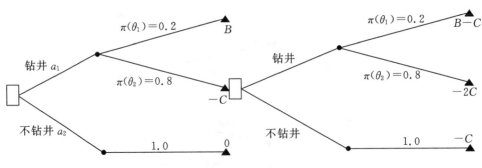

图 9-3 多级决策问题的决策树

计活动、抉择活动和实施活动四个阶段。

1. 情报活动

情报活动主要解决"做什么"的问题,是审时度势、确定决策问题和决策时机的阶段。决策者在决策过程中,首先要分辨在什么情况下需作出什么决策。这就要求决策者必须善于发现问题、抓住机遇、避免和克服危机。环境在不断变化,对新的情况作出正确反应是不容易的。决策者在某一时刻只能集中精力对付少数几个问题,很难了解所有情况。在实践中,不同组织都设立了一些专门化机构或部门,主要从事情报活动。如政府设立政策研究部门,主要了解内外部环境的发展变化态势,为政府提供战略性政策建议。

2. 设计活动

设计活动是寻求多种途径解决问题的过程,是行动方案的探求过程。设计活动强调多方案。因此,在设计过程中,决策者及其咨询人员必须多思路、多角度地挖掘、构想,形成多种方案。一般而言,只能提出单一方案的设计是不成功的。

3. 抉择活动

抉择活动是预估、评价和选择方案的过程,在预估和评价各方案后果的基础上选择出一种行动方案。方案后果的多样性、评价准则的多样性,以及抉择者个人主观因素等决定了抉择是十分困难的。

4. 实施活动

实施活动是执行、跟踪和纠正偏差的过程。决策方案一旦确定,并不是下达一些命令、指示就完成了决策,还必须制订详细的执行计划和资源预算计划,使组织成员深刻理解决策方案并努力实施,加强实施过程的监督和检查,发现偏差及时纠正。

三、决策的基本原则

要形成一个科学的决策,必须遵循正确的决策原则,并根据问题的性质运用合理的决策程序,还要使用正确的决策方法和充分发挥决策者的决策艺术才能。一般决策应遵循以下基本原则。

1. 系统原则

决策应坚持系统分析观点,从整体出发,对问题进行全面分析比较,确定目标和找出对策。既要把决策活动看成是决策要素组成的决策系统,又要把决策方案的基本构成视为相互联系、相互影响的有机整体,发挥其整体优势,力求避免浪费和损失。要运用现代化方法和手段,通过分析系统内各个要素和局部环节间的相关性、层次性和动态性,寻求最优和满意的方案,使决策问题在各种约束条件下达到合理、经济、有效。贯彻系统原则具体说来必须考虑以下三点:

- 内部条件和外部条件相结合;
- 局部利益与整体利益相结合;
- 当前利益与长远利益相结合。

2. 经济原则

决策本身要讲究效果与代价的关系,也就是要研究决策的收益和所花的代价。如果所花的代价太大,而取得的效益甚微,则应考虑该项决策有无必要,贯彻决策的经济性应从两个方面考虑。

1) 决策的必要性

决策来源于问题。无论是解决现实与要求的差距问题,还是利用新的市场机会问题,只有决策者认为值得付出代价去解决的才有必要进行决策。认识问题的本质是决策必要性的前提,同时还要认识决策活动付出的人、财、物和时间的代价与可能的经济成果,即研究决策效果与代价的关系。

2) 决策的形式、方法和手段

决策的形式、方法和手段要根据决策的重要性、数量化程度、计算与逻辑过程的复杂性,以及时间等来选择。如果只是例行问题和小问题,只要能在一定管理层次或个人职权范围内解决的,就采用个人决策,反之则需采用集体决策。一般来说,个人判断作出决策所花代价较小,而进行集体决策或需要试点后再作决策的,所花的时间长一些,代价也较高。对于运用定量分析方法进行决策,应尽量采用简便的数学模型和简单的运算方法。总之,就是以最少的人、财、物和时间耗费取得最大的效益。

3. 科学性原则

决策科学化是科学技术和社会生产力高度发展的产物,也是获得预期效果的重要条件。只有坚持科学决策,才能在错综复杂的环境中避免或减少决策失误。贯彻科学性原则要做到:确定决策目标具有科学依据和客观可能性,重视信息,切忌脱离实际;遵循科学的程序、步骤开展决策活动,避免决策过程的混乱;充分运用科学的决策方法,既不要只进行定性的分析而不进行定量的分析,又不要单纯依赖数学模型,应将定性分析与定量分析相结合;应坚持实事求是的态度,在决策实施过程中根据客观情况的变化,适时调整和修改决策目标和方案,使决策方案符合客观实际。

4. 民主化原则

决策问题涉及范围广,综合程度和复杂程度高,单凭决策者个人知识和能力很难作出有效决策。决策者必须充分发扬民主,善于集中和依靠集体的智慧和力量进行决策,据以弥补决策者知识和能力的不足,避免独断专行可能造成的失误,保证决策的正确性和有效性。贯彻民主化原则应做到:

- 要合理划分各管理层次的决策权限和决策范围,调动各级决策者和各类人员参与决策的积极性和主动性;
- 要悉心听取广大群众的意见和建议,在群众的参与和监督下完成决策工作;
- 要重视发挥智囊、参谋人员的作用,借用他们做好调查研究、咨询论证工作,尤其是

重大问题决策,要吸收有关方面专家的参加;

● 加强决策领导机构的建设,健全决策工作的民主化程序,对重大问题要坚持集体讨论,集体决策;

● 要将民主与集中妥善地结合起来。

5. 发展原则

决策作为对未来目标和行动方案的抉择活动,其形式和内容多种多样,随着环境的变化也在不停地发展变化,否则不能起到导向作用。决策遵循发展原则的基本要求有两点。

第一,决策的制定要立足现实,更要着眼于未来,要在调查和预测的基础上把握变化过程的规律,提出带有方向性和发展性的决策目标及选择方案。

第二,决策机制要不断发展进化,不能停留在现有水平上,要积极吸取当代科学技术发展的最新成果,不断更新观念,充实决策理论,改进决策方法和技术手段,调整决策组织,提高决策者的自身素质,完善决策信息管理和支持系统,只有这样,决策机制才能在发展中不断适应社会发展而趋于完善。

四、科学决策的标准

决策的实质是判断和抉择,是以事实认知为基础的价值判断和选择,它既包括对决策目标的判断和抉择,也包括对决策方案的判断和抉择。无论哪种判断和抉择,都有一个标准问题。决策的标准无外乎两种:其一,是非标准,即"对不对",如"目标对不对"、"方案对不对";其二,优劣标准,即"好不好",如"目标好不好"、"方案好不好"。决策的两种标准之间存在一定的关系,很显然,优的一定是对的,但对的不一定是优的。

不同学者对科学决策的标准有不同的论述。归纳起来,评价决策活动科学性的基本标准如下。

1. 目标合理

任何决策都是为了实现特定目标,工程师解决工程问题、医生为病人诊病开药方都是如此,不存在"无目标的决策"。决策目标是判断和抉择的前提,决策目标的合理与否直接决定着决策的质量,一旦目标不合理,即使所抉择的方案再好也不一定有理想的结果;相反,按错误的目标所作出的"最好"决策,其结果只能最糟。西蒙认为,经济组织是一个多功能的复杂系统,各种关系错综复杂,加之人的理性的"有限性",使得经济组织中的大量决策实际上不存在"最优"的结果,只能以"合理"或"满意"为目标。

2. 方案可行

在决策目标确定以后,方案的可行性尤为重要。可以肯定,与决策目标背道而驰的方案是错误的;不痛不痒或隔靴搔痒的方案尽管不会坏事,但因其不能有效实现决策目标,故也被认为是不可行的;只有对症下药的方案才被认为是可行的。在我国古代北宋徽宗年间,皇宫失火后由丁渭领旨重建。针对当时交通不便、时间紧迫、运输任务繁重的情况,丁渭经过大量调查和反复论证,制定了从皇宫旧址前开凿大沟,用开凿的土烧砖瓦,然后将大沟注满水形成运河,运走废料、垃圾,运进木料,完工后用工程废弃物填平,修成街道的省工、省时的方案。这就是可行方案。

3. 代价最小

任何方案的实施都要花费人力、财力、物力、时间、信息等代价。在决策过程中,能实现既定目标的方案往往不是唯一的,不同方案的代价也不尽相同,甚至相差甚远。因此,科学决策要求必须对多种可行方案进行评价和选择,从而保证决策方案的代价最小。代价最小原则要求决策方案或者以最小的代价实现既定目标,或者使同样的代价产生最大效果,最好是争取以最小的代价取得最大的效果。

4. 副作用最小

在决策实践中往往会遇到这样的问题,各种可行方案在实现既定目标的同时可能会对其他方面产生不同程度的不良影响,有些方案在实现既定目标的效率方面十分突出,同样,该方案在实施过程中对其他方面产生的不良影响也十分突出。超音速飞机无疑是提高空中运输效率的新型运输工具,但有专家测算,如果地球表面每天有500架超音速飞机同时起飞或降落,可使地球表面平均温度上升2℃,从而使地球两极的冰山融化,世界上大部分城市被水淹没;飞机释放的大量废气污染环境,提高人类皮肤癌变的发病率;这将是人类的一场大灾难。

有些方案的副作用是直接的,有些则是间接的。能否充分估计某些方案可能产生的副作用并采取防范措施,努力使决策方案的副作用最小则成为决策英明与否的标志。这就要求决策者既要谋得深,又要虑得远。在许多发展中国家,经济发展与环境污染往往并存,带来的教训也是深刻的,这种例子不胜枚举。可持续发展的理念已成为当今世界的共识。

五、决策的主体与类型

(一)决策的主体

决策主体可以是个体,也可以是群体。决策主体受社会、政治、经济、文化、科学等因素的影响,具有特定的知识结构和心理结构,决策主体的知识、经验、判断力、个性、价值观,甚至个人感情等都直接影响决策的质量。

1. 个体决策行为

对决策主体的认识,在古典经济理论中有"理性人"的假设。它们是:人类行为是理性的、合乎逻辑的;决策者的目标是做出具有最高价值的选择,以使满足程度的最大化。那么在什么条件下,管理者才可能以理性的行为和最大化的方式进行决策呢?

首先,对任何决策而言,决策者要了解全部的选择方案及这些选择的结果,这是非常必要的。但实际上,在处理大多数决策时,人们的知识和能力通常是有限的,而且,所做出的某种选择的结果也可能是无法预知的,即使在可以预测结果的情况下,它们也通常是以概率而非确定的形式表示出来的。因此,实践中决策者的有限知识使完全理性流于空谈。其次,为了实现最大化,必须存在某种机制,使决策者对可能结果的好处或价值进行排序,以反映决策者的真实偏好,即具备进行完全判断的能力。实际上这也是难以成立的,个人或组织的目标很少是单一的、互不相关的、明确定义的,相反,它们通常是复杂的目标系统或目标集,满足某个特定目标会与满足其他目标相冲突。组织的目标又是组织内利益相关者(管理者、职员、顾客等)目标的结合,不同成员的目标所占的权重是不可能相同的,甚至在特定的环境和时刻,它们是互不相容的。因此,认为结果的满意度要根据不同的个人或组织的利益进行评价,这种观点表明:决策实际上是满足最低可接受要求的过程,而非一个产生最大化收益的过程。在有限信息的基础上,西蒙将这种足够好的解决方案称为满意行为。

如上所述,决策行为包含有限的理性和满意度,而非实现满意最大化。要接受这个现实,我们必然要放弃古典决策理论的完全信息和完全判断的观点,确立"管理人"的观点,即价值观、价值体系与决策过程。价值观在决策行为中处于中心位置。个人、团体和组织一起构建并维持着价值体系,并利用它对不同的行为进行评价,但在许多组织中,这种价值体系并不总是相适合的。比如说,在一个雄心勃勃的校长的领导下,教务处长不得不在校长的要求和教师的工作习惯之间寻求平衡。

管理者如何解决这些冲突呢?最好的方法是运用满意化行为机制。如果某个管理者要求实现个人目标或价值观方面的最优化决策,那冲突就无法解决。如果组织的价值观已经内化为管理者的观念,管理者就可能采取满意化的行为,在组织目标的基础上去实现其个人目标。

关于价值观和个人决策过程的关系,可总结如下。

1) 价值观能够在信息选择上发挥作用

大多数人并未意识到自己的行为中所表现出来的价值观。在对决策情况进行说明的时候,也没有意识到这是在作价值判断,即使那些自称对情况进行了冷静客观分析的管理者,实际上他们对信息的评估也是基于特定的价值取向的。信息的取舍可能是无意识发生的,决策者并没有意识到在进行选择。我们有时根本没有注意到某个特定的信号或信息,这是因为我们的价值体系已将它们排除在有意识的思考之外,这是一种"无意识"的价值判断。即使对信息进行了有意识的分析和了解,我们也有可能把它当成与当前决策无关的信息。尽管有些想法挤进了意识范围之内,但可能未经任何考虑就把它们放弃了,这是一种"下意识"的价值判断。

因此,决策者的价值体系,不管是无意识的还是下意识的,都会限制头脑中信息的数量和种类,并进一步弱化了理性决策者所要求的完全信息这一先决条件。

2) 对方案选择造成影响的价值观

在对不同方案进行比较判断时,是根据它们在决策者眼中效用和价值的大小做出的。甚至在组织的决策已经形成的情况下,对价值的评估在一定程度上也是根据决策者个人的价值观做出的,这就难以与组织利益最大化的目标相一致。例如,政府部门在对即将出台的政策进行专家咨询时,往往会更多地邀请首都研究机构的专家,而非本政策领域最权威的专家,因为他要在工作方便与政策完善之间取得平衡。即使有人提出其他的观念,决策者通常会认为自己的价值观才是正常的或正确的。

3) 价值体系的一致性

在对不同方案的价值进行判断时,很少有人会坚守不变的价值观。特定的刺激会激发不同的价值观念,一个方案可能根据决策者价值体系的一个子集进行判断,而另一个方案则可能根据另一个不同的子集进行评估。例如一项分配政策,在决策之前,决策者所持的价值观为"多劳多得",但经过多方讨论之后,决策者的价值观改为"利益平衡"和"吃大锅饭"。不同时候的价值观是不同的,或者说有着不同的权重。这种不一致性使得在评估不同的行为方案时无法进行完全判断。

2. 不确定条件下的决策行为

在现实生活中,我们不可能总是在对结果完全了解的情况下,对某个可能结果的价值进行评估,然后决定怎样选择。选择过程一般要求不仅要对某个特定结果的价值进行评价,还要对该结果实际发生的可能性进行判断。例如,一个运动员在决定是否放弃某项工作去参加奥运会的训练时,他要考虑的不仅是参加奥运会对他个人而言是多么重要,还要考虑他被选中的机会有多大。因此,在最大化、满意化的争论中,决策者准确判断概率和价值的能力将是非常重要的。

1) 对概率的估计

概率是某件事情发生的可能性。在此,我们要区分客观概率和主观概率。客观概率要求存在某种客观的相对独立的基准,以评价事件发生的可能性。比如,当我们向上投掷硬币时,出现正面或反面的概率是由硬币的性质决定的。

对某个事件发生可能性的主观认识及其概率分布就是主观概率,它用来表述个人对某一特定事件发生的可能程度的看法。赌博就是一种要求人们对某事件发生的可能性进行主观判断的活动。如果在公平的条件下,每次轮盘机转起来后,其参与者都有相同的获胜机会。然而,赌博者常常这样想,由于某个数字很久没有出现了,它肯定很快就会出现,这个数字应该有更多的获胜机会。人们习惯于根据记忆中的相关经验来估计概率,其中必然会包含决策者的价值观。

2) 风险承受能力

考虑如下问题。你获得了一张奖票,凭此可立即获得 10 元的奖金。另外,如果不要奖金的话,你也可以用它参加第二阶段的抽彩,其中 10 张中有 1 张将获得 100 元,其余 9 张则一无所获。你将做何选择呢?你是要 10 元呢?还是冒着一无所获的风险去争取 100 元呢?如果奖金马上增到 1 000 元,或是以十分之一的概率得到 10 000 元,这时,你还会作出同样的决策吗?为了得到 100 元,大多数人可能会放弃 10 元立即兑现的机会去赌一把。但是,如果确定的奖金涨到 1 000 元,有更多的人会不选择冒险,而是接受立即兑现的 1 000 元!

那么,为什么我们对不同抽奖法的态度会发生变化呢?答案就在于每种情况下作为赌注的货币数量的效用不同。对于正常的收入水平,10 元是个小数目,其效用不大,失去它的风险也相应较小。而对大多数人而言,1 000 元的效用就较大,虽然赌中的概率没变,隐含的损失却增加了。所以,某种结果的效用会因个人每时每刻的特定情况而变化。

因此,理解决策行为的第一阶段就是区分客观的结果与效用的概念,后者将结果与具体的环境、决策者的要求和目标联系起来了。第二阶段就是将对主观概率的理解融入效用的概念中去。决策者对每种结果效用的评估与它发生的可能性构成了在不确定性情况下决策行为的基础。当然,在不确定的情况下进行决策时,很多人不可能每次都进行数学计算,他们更有可能采用一种更加定性化的方式进行估算。

(二) 决策类型

从不同的角度研究决策,可将决策分为不同的类型。

1. 按决策者职能划分

按决策者职能划分,可以把决策分为专业决策、社会决策和管理决策。

1) 专业决策

专业决策也称为专家决策,是指各类专业人员在职业标准的范围内,根据自己或别人提供的经验和专门知识所进行的判断和抉择。如水利工程师设计水坝、教师安排教材教学方法、医师给病人诊病开药等都属于专业决策。专业决策的基本特点是：
- 专业决策与专业标准密切相关，且相辅相成；
- 在专业决策中，专业人员善于"批量"地处理问题；
- 专业决策的知识和能力有很强的专业领域限制，在某领域是高明专家，在其他领域不一定是内行。

2）社会决策

社会决策也称为公共决策，是指国家、行政管理机构和社会团体对如国家安全、国际关系、社会就业、公共福利等所进行的决策。公共决策的特点如下。
- 决策问题的清晰度较差，决策的重点在于探究问题之所在。如对解决交通拥挤问题，是增加投资拓宽公路、建设立交桥，还是改善交通管理系统和调度方式等。
- 公共决策追求公众共识和舆论的可行性，而达成共识的标准往往是公平和效益。公共决策难以采用诸如技术效率、经济效益等明晰的准则推理评价，也不可能使各组织和团体都能获得绝对同等的满意，故只能以大多数组织和公众的满意为前提，造成共识局面，以保证决策方案的顺利实施。
- 公共决策的后果是公众关注的焦点。即使是那些能够用清晰准则进行评价的公共决策问题，公众也并不关心其决策方式和过程，而仅关心决策的结论和后果。

下面将详细介绍一下社会决策。

当今社会面临许多发展问题，诸如国际局势、国与国的冲突与协调、能源、环境、自然灾害和技术灾难、社会就业、国家安全、公共福利等。类似这些重大的社会问题的处理，关系到几乎每个人的利益，而利益相关者往往又无法直接影响这类决策，甚至不想介入与这类决策有关的活动，如选举。我们在谈到公共选择时曾提到这类问题，即在市场失灵的情况下，政府不得不扮演重要的角色，特别是对公共商品和那些小概率事件如水灾、地震、汽车事故的强迫性预防等。于是，社会决策问题不仅有特殊性，而且决策主体、决策过程和决策环境与一般的决策都有一定的差别，公共选择问题是很有代表性的一类社会决策。

（1）社会决策的主体。社会决策主体一般可分为两大类：一类是社会公众，他们要直接参与一些社会活动的决策，如是否参与选举投票，是否参加人寿保险、自然灾害保险，是否参与某种社会公益事业等；另一类是政府机构及其他一些代理机构，他们是大量社会决策的主要参与者。这类决策者实际上是广大公民的代理人和代理机构。虽然社会决策会涉及委托人（公民）的利益，但委托人的责任感往往被弱化，即不大关心代理人的决策。加上这种委托代理是多级的，监督环节太多，监督成本较高且作用也有限，所以委托人对代理人的监督也是有限的。就像国有资产管理一样，尽管人人有份，但很少人会真正像关心自己的财产那样关心国有资产的经营。于是具有社会决策权的决策主体往往也具有较大的权力，如果社会制度对其施加必要的激励和监督，社会决策的效果在一定程度上会得到保证；如果社会本身的激励和监督功能较差，社会决策的效果就很大程度上依赖于这些代理人的个人品德，而缺乏制度上的保证。如果人事制度比较完善和科学，可以使关心大众利益和有决策才能的人各得其位，也可在一定程度上避免灾难性的后果。如果这两方面都很差，公众利益可能会受到严重威胁。近些年我国国有资产的大量流失、腐败泛滥就是这种后果的一些表现。

（2）社会决策的目标。社会决策的另一个难题是目标的确定。例如政府制定税收政策时向哪个社会阶层倾斜,在制定投资政策时是考虑效率还是考虑公平,即决策时是以伦理道德作为评判标准还是以经济效益作为评判标准。有人可能会讲,社会决策应当以公共福利最大作为决策目标,但到目前为止,还没有一个可实际操作的公共福利函数可用于具体的决策中。这种决策目标上的不确定性的直接后果是任一决策总会有人反对,有人赞成,于是在决策选择时,不得不常采用多数通过的原则或直接的集权决策。

(3) 社会决策的信息。社会决策的信息也常存在系统的偏差,如要修一条公路,若让老百姓集资,大家可能会说这条路不重要,暂时还可以用旧路,这时需求信息会低于实际需要;如果是政府出资修建,大家可能就会说这条路如何重要,此时需求信息可能会大于实际需要。社会决策信息上的这种系统偏差可能会导致决策失误或资源的浪费。要得到比较客观的信息,必须设法设计社会激励机制,使私有信息在一定程度上释放出来,但到目前为止,还没有可投入实际运用的机制。由于信息和主观感觉上的原因,一般决策风险和后果在事先与事后估计的差距很大。决策实施过程和评价过程都会付出较大的代价。

(4) 社会决策的结果。社会决策的大部分结果表现为政策、法规等。但正如上面分析的,事前与事后的信息、判断上的差距、上有政策下有对策的作用,决策的实施效果常远不如预期的好。就像人们常说的,一项政策刚出来时还可以,几个月后就变样了。这就对社会决策提出了挑战,政策不能朝令夕改,但不改已难以按预期目标运转。比较可行的方法自然是事先尽可能得到比较真实的信息,尽可能预计到各种可能的反应和对策,这样才能使决策结果少走形或不走形。

(5) 社会决策的实施。社会决策的实施除了上有政策下有对策引起的变形之外,另一个重要的现象是"搭便车",即不愿付出只顾享受,或少付出多享受。这都会造成社会决策实施过程的扭曲。防止的办法除了加强决策过程的正确性外,还要加强实施过程的监控,随时了解情况、收集信息并作出评价,以便及时采取措施进行调整,亦即加强社会反馈系统的建立和完善,形成良性的社会反馈和控制机制。

3) 管理决策

管理决策是指企业、事业单位的管理者所进行的决策。如经营战略决策、营销决策、投资决策、人力资源管理决策、公共关系决策等。管理决策的基本特点是:

- 管理的艺术性决定了管理决策没有相同的标准和不变的准则;
- 管理的特殊性决定了管理者只能逐个解决问题;
- 管理决策是一种不停顿的滚动式决策。

管理者担负着多种角色,面对大量繁杂甚至是琐碎的问题;因此,要求管理者既要善于从整天的忙碌和处理琐事中发现和捕捉机会,又要避免过多地被日常事务所牵扯。

□ 2. 按决策问题的性质划分

按决策问题的性质,可以把决策问题分为程式决策和非程式决策。

1) 程式决策

程式决策也称为常规决策,是指那些经常重复出现的决策问题,如学校的课程安排、企业的订货决策、生产调度等。程式决策面对的是结构清晰的问题,不必要探求新的决策方法,可以在总结的基础上制定一套行之有效的程序和规则来处理。

2) 非程式决策

非程式决策也称为非常规决策,是指那些尚未发生过的、不容易重复出现的决策问题,如学校的新专业决策、企业的新产品开发、合资经营模式研究等。非程式决策问题比较复杂且结构不清晰,缺乏现成的解决办法,对决策者的主观性依赖很大。

3. 按决策环境划分

按决策环境的不同,决策问题可分为确定型决策、风险型决策和不确定型决策。

1) 确定型决策

确定型决策是指那些未来状态完全可以预测,有精确、可靠的数据资料支持的决策问题,如企业生产管理中的资源平衡问题等。

2) 风险型决策

风险型决策是指那些具有多种未来状态和相应后果,但只能得到各种状态发生的概率而难以获得充分可靠信息的决策问题,如企业在市场预测基础上,开发新产品决策问题等。

3) 不确定型决策

不确定型决策是指那些难以获得各种状态发生的概率,甚至对未来状态都难以把握的决策问题,如管理制度改革的决策等。

4. 按决策问题在组织中所处的地位划分

根据决策问题在组织中所处的地位来划分,可将决策分为战略决策、管理决策和业务决策。

1) 战略决策

战略决策研究的是组织的长期发展问题,决策的信息难以掌握和确定,决策过程没有一定的程序,一般采取分析的方法进行决策,决策的权力相对集中。

2) 管理决策

管理决策研究的是组织的中期管理问题,决策的信息较多但不完全,决策过程有一定的程序,一般采取分析和运筹学的方法进行决策。

3) 业务决策

业务决策研究的是组织的短期运行问题,决策的信息较为完全和确定,决策过程有比较确定的程序,一般采取运筹学等定量方法进行决策,决策的权力相对分散。

第二节 确定型决策

确定型决策面对的自然状态是确定的,决策问题的结构往往是比较清楚的,可以利用决策因素与决策结果之间的数量关系建立数学模型,并运用数学模型进行决策。因此,确定型决策的方法一般与决策问题的专业领域相关,且有较成熟的数学模型。这里介绍一般性的决策方法,如线性规划、非线性规划、动态规划。

对于管理上的很多问题,我们可以把它看作是在一定的限制条件下,寻求总体目标最优的一类问题。如政府投资兴建一项基础设施,其投入的资金、设备、劳动力等在一定时间限度内都是有限的,因而获得的收益也是有限度的。如何安排计划,使社会收益最大,这就是一个规划问题。这种问题可以用约束条件和目标函数表示出来,即

目标函数 $\max(\text{或 } \min)z = f(X)$

约束条件 $g(X) = (\text{或}<, \text{或}>)B$

式中：$X=\{x_1,x_2,\cdots,x_n\}$ 表示决策变量的集合；$B=\{b_1,b_2,\cdots,b_m\}$ 表示资源条件的约束限额。

当约束条件 $g(X)$ 与目标函数 $f(X)$ 均为线性函数时，该问题就是线性规划问题；若目标函数或约束条件为非线性函数时，该问题就是非线性规划问题；若目标函数与约束条件中引入了时间因素，从而使决策问题又可划分为若干阶段时，就是动态规划问题；当追求的目标有多个时，则为多目标规划问题。由于前面已经介绍过线性规划问题，所以这里就不再多说了。

1. 动态规划方法

动态规划是运筹学的一个分支，它是解决多阶段决策过程最优化的一种方法。1951年，美国数学家贝尔曼（R. Bellman）等人根据一类多阶段决策问题的特性，提出了解决这类问题的"最优化原理"，并研究了许多实际问题，于1957年出版了《动态规划》，从而创建了解决最优化问题的一般方法——动态规划。

多阶段决策问题的特点是，决策问题的特点决定了可将全部决策过程划分为若干个互相关联的阶段，在每一个阶段上，决策者都要作出相应决策，并且一个阶段的决策必然影响下一个阶段的决策，从而影响整个过程的活动路线。这样，各个阶段所作出的决策就构成了一个决策序列，通常称为策略。由于每一个阶段可供选择的方案往往不止一个，因而就形成许多可供选择的策略。每个策略都有可以度量的效果。策略不同，效果也不同。多阶段决策问题就是从可供选择的策略中选择一个最优策略，在预定的条件下使目标达到最好的效果。

2. 其他规划方法

规划方法还有许多。对于线性规划，若问题要求决策变量取整数值，则求解线性规划的过程要作相应调整，这就形成了整数规划。当线性规划的决策变量取值为 0 或 1 时，该规划就是 0-1 规划。当线性规划的目标函数、约束条件的表达式呈非线性时，就形成了非线性规划。一些较简单的非线性规划模型有成熟的求解方法，而大多数复杂的非线性规划问题尚无有效的求解方法。实际决策问题常常是追求多个目标，如经济发展常要考虑经济增长，还要考虑社会就业、环境保护等，这就形成了经济发展多目标决策。

第三节 不确定型决策

一、决策问题的表格表示——决策表

决策问题除了可以用决策树来描述以外，还可以用表格表示，这种表格叫做决策表，也叫决策矩阵。如果决策问题的后果是用损失表示的，亦可称作损失矩阵。

如前所述，决策人采取任何行动后的结果不仅仅由行动本身决定，而且也由大量外部不确定因素所决定，这些外部因素是决策人无法控制的，我们用自然状态（或者简称状态）作为所有外部因素的全面描述。我们假设，若决策人知道实际上出现的是哪一种自然状态，即知道外部因素的真实值，他就可以确定采取任何一种行动的后果。同时假设：虽然决策人并不知道自然界的真实状态，但他知道哪些状态可能出现。为了简单起见，假设只有有限种互不相容的可能的状态，并记为 $\Theta=\{\theta_1,\theta_2,\cdots,\theta_n\}$；同时假设只有有限种可行的

行动,即行动集 $A=\{a_1,a_2,\cdots,a_m\}$,决策人必须在这些行动中选一种也只能选一种。把采用行动 a_i,真实的状态为 θ_j 时的后果记为 x_{ij},就可以得到决策表,如表 9-2 所示。

表 9-2 决策表的一般形式

状态 \ 行动	θ_1	θ_2	⋯	θ_j	⋯	θ_n
a_1	x_{11}	x_{12}	⋯	x_{1j}	⋯	x_{1n}
a_2	x_{21}	x_{22}	⋯	x_{2j}	⋯	x_{2n}
⋮	⋮	⋮	⋮	⋮	⋮	⋮
a_i	x_{i1}	x_{i2}	⋯	x_{ij}	⋯	x_{in}
⋮	⋮	⋮	⋮	⋮	⋮	⋮
a_m	x_{m1}	x_{m2}	⋯	x_{mj}	⋯	x_{mn}

二、不确定型决策问题的决策规则

下面要讨论在严格不确定型情况下作决策的几种规则。严格不确定型的含义在前面作了介绍,是指决策问题可能出现的状态已知,但对各种自然状态发生的概率(可能性)的大小一无所知。

本节介绍四种可以用来求解严格不确定型问题的决策准则。虽然单独的准则都合理而实用,但是,有些问题用不同的准则求解会导致不同的选择,因此这四种准则不可能都是指导作决策(选择)的完美准则,有时需要深入讨论这些准则,以便确定何者最好。

(一) 乐观准则

乐观准则是假定各种状态中有益有利的情况必然发生,决策者在最好的情况下追求最大收益的相对冒险的决策准则,也称为"大中取大法"。乐观准则的基本思想可以表示为:只考虑行动 a_i 各种可能的后果中最好的(即损失最小的)后果,定义行动 a_i 的乐观主义水平 o_i 为

$$o_i = \max_{j=1}^{n}\{x_{ji}\}$$

o_i 是采用行动 a_i 时可能导致的最佳后果,于是乐观主义的准则是使收益极大化,即选择 a_k,使

$$o_k = \max_{i=1}^{m}\{o_i\} = \max_{i=1}^{m}\max_{j=1}^{n}\{x_{ij}\}$$

这种准则的实质是在收益值表中找出收益最大的元素 x_{hk},决策人选择 x_{hk} 所对应的行动 a_k。

其步骤如下。

步骤 1 确定每一种方案在各种自然状态下的最大收益值,即

$$\max\{x_{11},x_{21},\cdots,x_{m1}\} = k_1$$
$$\max\{x_{12},x_{22},\cdots,x_{m2}\} = k_2$$
$$\vdots$$
$$\max\{x_{1n},x_{2n},\cdots,x_{mn}\} = k_n$$

步骤 2 取各方案最大收益 $(k_1,k_2,\cdots,k_n)$ 的最大值所对应的方案为决策方案,即

$$\max\{k_1, k_2, \cdots, k_n\}$$

【例 9-6】 某政府卫生部门为了预防流感,准备从药厂订购一批疫苗。据预测分析,流感可分为三种状态:大暴发、一般、不暴发。订购疫苗有大批量、中批量与小批量三种方案,试用乐观准则进行决策选择。

各方案在各自然状态下收益可用数字所示(见表9-3)。

表 9-3 疫苗订购收益状况

方案＼状态	大暴发	一般	不暴发
大批订购	30	23	−15
中批订购	25	20	0
小批订购	12	12	12

按乐观准则,各方案的期望收益为

对大批订购,有 $\max\{30, 23, -15\} = 30$

对中批订购,有 $\max\{25, 20, 0\} = 25$

对小批订购,有 $\max\{12, 12, 12\} = 12$,即

最终决策为 $\max\{30, 25, 12\} = 30$。30 为大批订购的期望收益,故选择大批订购方案。

(二)悲观准则

采用该准则者极端保守,是悲观主义者,认为老天总跟自己作对,总是假设会发生最糟的情况并且被自己遇上。悲观准则是以各种状态中最不利的情况必然发生为前提,决策者在最不利的情况下追求最有利结果的相对保守的决策准则,也称为"小中取大法"。悲观准则的基本思想可表示为:决策人应选择行动 a_k 使最大的损失 s_i 尽可能小,即选择 a_k,使

$$s_k = \max_{i=1}^{m}\{s_i\} = \max_{i=1}^{m} \min_{j=1}^{n}\{x_{ij}\}$$

对例 9-6,若采用悲观准则,各方案的最小期望收益为

对大批订购,有 $\min\{30, 23, -15\} = -15$

对中批订购,有 $\min\{25, 20, 0\} = 0$

对小批订购,有 $\min\{12, 12, 12\} = 12$

最终决策方案的收益为 $\max\{-15, 0, 12\} = 12$,12 为小批订购方案的期望收益值,故最终选择方案为小批订购方案。

(三)折中准则

实际上,大多数人在决策时所持的态度处于乐观与悲观之间,有的偏向乐观,有的偏向悲观,但都不是完全的乐观,也不是完全的悲观。为此我们用一个系数以($0 \leq \lambda \leq 1$反映乐观与悲观的强度:当 $\lambda = 1$ 时,此人是一个乐观主义者;当 $\lambda = 0$ 时,此人为一个悲观主

义者。折中准则决策结果为用 λ、$(1-\lambda)$ 加权平均乐观与悲观准则结果的折中结果。方案 i 期望收益值的计算公式为

$$w_i = \lambda k_i + (1-\lambda) s_i$$

式中：W_i 为方案 i 的折中期望收益值；k_i 为方案 i 的乐观期望收益值；s_i 为方案 i 的悲观期望收益值；λ 为折中系数。

对例 9-6，若取折中系数 $\lambda=0.8$，则各方案的折中期望收益值为

对大批订购，有 $0.8 \times 30 + (1-0.8) \times (-15) = 21$

对中批订购，有 $0.8 \times 25 + (1-0.8) \times 0 = 20$

对小批订购，有 $0.8 \times 12 + (1-0.8) \times 12 = 12$

最终决策选择 $\max\{21, 20, 12\} = 21$，21 为大批订购方案的期望收益值，故应选择大批订购方案。

（四）最小后悔值准则

在决策实践中，由于决策者的选择与实际状态下的最好情况不符，决策者在心理上对不理想的选择必然产生自责，这就是后悔。最小后悔值准则就要把决策造成的这种自责减少到最小。后悔的实质是以某一自然状态为参照点，以该状态下能取得最大收益的方案的收益为目标，达到此目标则没有任何后悔，因为在此状态下，决策者达到了最理想的收益。若选择了其他方案，则由于未达到理想收益，就有一定程度的后悔，后悔的程度与实际收益和理想收益的差距成正比。最小后悔值准则也是一种非概率决策准则，其目标是使决策者的后悔程度达到最小。

应用最小后悔值准则时，是以某一自然状态为参照点，在此状态下各方案中最大收益为该状态下的理想收益，各方案在此状态下的收益与此状态下的理想收益的差额为各方案的后悔程度（后悔值），将各方案在各种状态下的后悔值构成后悔值表，确定各方案的最大后悔值，最后从各方案的最大后悔值中选择最小的所对应的方案。运用最小后悔值准则进行决策的基本思路为：定义一个后果的后悔值 r_{ij}，它是在状态 θ_j 采取行动 a_i 时的收益 x_{ij} 与在状态 θ_j 时采用不同的行动的最佳结果（最大收益）$\max\limits_{i=1}^{m}\{x_{ij}\}$ 之差，即

$$r_{ij} = x_{ij} - \max\limits_{i=1}^{m}\{x_{ij}\}$$

用由 r_{ij} 构成的后悔值表 $r_{ij\,m \times n}$ 取代由 x_{ij} 构成的决策表，再用的悲观主义方法求解。每种行动的优劣用最大后悔值 p_i 作为指标来衡量，即

$$p_i = \max\limits_{j=1}^{n}\{r_{ij}\}$$

p_i 即采取行动 a_i 时的最大后悔值，然后再选择使 p_i 极小化的行动。也就是说，选择 a_k，使

$$p_k = \min\limits_{i=1}^{m}\{p_i\} = \min\limits_{i=1}^{m}\{\max\limits_{j=1}^{m}\{r_{ij}\}\}$$

在例 9-6 中，在流感大暴发情况下，选取大批订购收益最大，故以大批订购的收益为该状态下的理想收益，则选择大批订购后悔值为 $0(30-30=0)$；选择中批订购则有后悔，其后悔值为 $5(30-25=5)$；小批订购也有后悔，后悔值为 $18(30-12=18)$。以此类推，各状态下各方案的后悔值都可以求出来，组成后悔值表，如表 9-4 所示。

表 9-4　疫苗定购后悔值表

状态 方案	大暴发	一般	不暴发	最大后悔值
大批订购	0	0	27	27
中批订购	5	3	12	12
小批订购	18	11	0	18

在列出后悔值表后，即可进行决策。要使最终的后悔值最小，则必须从最坏的情况出发，在最坏的情况下争取最好的结果。具体做法是，先确定各方案在各状态下的最大后悔值，然后选取各方案最大后悔值中最小的方案。据此，应选中批定购方案。

以上四种方法中的决策值表都采用收益值表，如果采用损失值表，只需将表中的元素取反，再按照上述规则求解即可。

第四节　风险型决策

一、风险型决策问题的特征

风险型决策问题具有明显的特征，请看下面的例子。

【例 9-7】 某地方政府投资兴建一座水库，要决定下月是否开工。如果开工后天气好，则可以按期完工，由于提早发电获得利润 50 000 元，但若开工后天降暴雨而发生山洪，则将造成 10 000 元的损失；假如不开工，则无论天气好坏都要支付窝工费 1 000 元。根据资料预测，下月该地区天气好的概率是 0.2，天降暴雨的概率是 0.8。决策者应如何选择？

这就是一个风险型决策问题。因为无论选择哪个方案，都会担当一定的风险：若开工可能遇到天降暴雨而发生山洪；若不开工，可能因天气好而白白造成窝工损失。由此可以看出，风险型决策问题具备以下基本特征。

● 存在着决策者要达到的一个明确目标。在例 9-7 中，目标是追求利润最大化。
● 存在着决策者可以选择的两个以上的行动方案。在例 9-7 中，行动方案是开工和不开工。
● 存在着不以决策者的意志为转移的两种以上的客观状态，也称为自然状态。在例 9-7 中的天气好与天降暴雨而发生山洪就属于自然状态。
● 不同行动方案在不同自然状态下的损益（损失或收益）可以计算出来。在例 9-7 中的 50 000 元、10 000 元、1 000 元等。
● 未来将出现哪种自然状态，决策者不能确定，但其出现的概率大致可以预先估计出来。

在现实问题决策中，要选择、评价方案首先必须对方案结果进行计量，计量的单位有两个标准：一是货币值，另一是效用值。货币值反映的是一个客观标准，即一个确定的结果对任一决策者而言都是相同的,如盈利1 000元就是1 000元,对谁都一样。效用值则是一个主观标准,它因人而异,如盈利1 000元对一个低收入水平的家庭而言,是一个较大的收入;但对一个百万富翁而言,则是微不足道的。因此,决策结果完全不同。依效用值进行的决策将在稍后介绍,这里仅介绍货币值标准。

由于决策者的经历及所处的地位不同,在决策中评价方案结果的出发点也就有差异。这些差异就构成了决策中方案评价的各种准则。

根据风险型决策问题的特征:决策人虽然无法确知将来的真实自然状态,但他不仅能给出各种可能出现的自然状态 $\theta_1, \theta_2, \cdots, \theta_n$,还可以给出各种状态出现的可能性,通过设定各种状态的(主观)概率 $\pi(\theta_1), \pi(\theta_2), \cdots, \pi(\theta_n)$ 来量化不确定性。在以损失表述后果时,这一类决策问题的决策表如表9-5所示。

表9-5 典型的风险型决策问题的决策表

		a_1	a_2	$\cdots$	a_i	$\cdots$	a_m
θ_1	$\pi(\theta_1)$	l_{11}	l_{12}	$\cdots$	l_{1i}	$\cdots$	l_{1m}
θ_2	$\pi(\theta_2)$	l_{21}	l_{22}	$\cdots$	l_{2i}	$\cdots$	l_{2m}
$\vdots$	$\vdots$	$\vdots$	$\vdots$	$\vdots$	$\vdots$	$\vdots$	$\vdots$
θ_j	$\pi(\theta_j)$	l_{j1}	l_{j2}	$\cdots$	l_{ji}	$\cdots$	l_{jm}
$\vdots$	$\vdots$	$\vdots$	$\vdots$	$\vdots$	$\vdots$	$\vdots$	$\vdots$
θ_n	$\pi(\theta_n)$	l_{n1}	l_{n2}	$\cdots$	l_{ni}	$\cdots$	l_{nm}

二、风险型决策问题的准则

(一) 期望收益最大(损失最小)准则

该评价标准从统计学的角度出发,用统计学的数学期望来权衡方案的各种可能结果,期望从多次的决策中取得的平均收益最大,计算公式为

$$E(y_i) = \sum x_{ij} P_j$$

式中:$E(y_i)$ 为方案 i 期望收益;x_{ij} 为方案 i 在状态 j 下的损益值;P_j 为状态 j 的概率。

在例9-7中,根据上式,得

开工方案的期望收益为

$$E(y_1) = 0.2 \times 50\,000 + 0.8 \times (-10\,000) = 2\,000(元)$$

不开工方案的期望收益为

$$E(y_2) = 0.2 \times (-1\,000) + 0.8 \times (-1\,000) = -1\,000(元)$$

按期望收益最大准则,该工程应该开工。

在风险型决策问题过程中,人们往往从多种可能的结果中权衡。这种综合权衡实际就是一种心理上的"平均",期望收益值最大准则正反映了这种心理。当然,这种期望从多次重复决策中取得平均收益最大的作法符合概率统计规律。但是,对于大量存在的那些短期内不重复出现的风险型决策问题则显得意义不大。

(二) 机会均等准则

机会均等准则反映了一种简化矛盾的心理,忽略了各种结果的概率差异。因为概率

本身只是一种主观估计，以算术平均值平衡各种可能结果，也是符合实际决策行为的。

在例 9-7 中，设天气好和天气不好的概率均为 0.5，则开工方案收益为
$$(50\,000 \times 0.5) + (-10\,000 \times 0.5) = 20\,000(元)$$
不开工方案收益为
$$(-1\,000 \times 0.5) + (-1\,000 \times 0.5) = -1\,000(元)$$
故选择开工方案。

（三）最小损失准则

在决策实践中，各种方案都存在一定的损失。这些损失可能是决策者选用收益最大的方案但不利状态发生所造成的，也可能是由于生产不足缺货造成的，也可能是兼而有之。究竟哪个方案损失最小？这就是按最小损失准则选择方案的依据。

最小损失准则以各种状态下最理想的选择为标准，求出最理想的期望收益，以此与各方案的期望收益比较，理想的期望收益与各方案的期望收益的差额就是各方案的期望损失，即
$$E(x_i) = E^*(y) - E(y_i)$$
式中：$E(x_i)$ 为方案 i 的期望损失；$E^*(y)$ 为项目的理想期望收益；$E(y_i)$ 为方案 i 的期望收益。

在例 9-7 中，最理想的选择是在天气好时选择开工，收益为 50 000 元；天气不好时选择不开工，收益为 −1 000 元。因此，项目的理想期望收益为
$$E^*(y) = 50\,000 \times 0.2 + 0.8 \times (-1\,000) = 9\,200(元)$$
已知 $E(y_1) = 2\,000(元)$，$E(y_2) = -1\,000(元)$，那么，开工方案的期望损失为
$$E(x_1) = E^*(y) - E(y_1) = 9\,200 - 2\,000 = 7\,200(元)$$
不开工方案的期望损失为
$$E(x_2) = E^*(y) - E(y_2) = 9\,200 - (-1\,000) = 10\,200(元)$$
因为开工方案损失最小，应该开工。

（四）最大可能准则

最大可能准则认为，实际情况总是概率大的状态必然发生，因而以概率最大的自然状态作为未来发生状态来评价各方案的收益值。在例 9-7 中，概率最大的自然状态为坏天气(0.8)。在坏天气的情况下，开工收益为 −10 000 元，不开工收益为 −1 000 元，因而选择不开工。

第五节　效用理论

效用理论是第二次世界大战后决策理论研究的热点，是决策理论发展的里程碑。效用理论以规范模型的形式用于决策分析，以预测模型的形式用于经济分析，以描述模型的形式用于心理学研究。

一、效用理论及其发展

（一）期望收益值准则的局限性

在本章第四节中介绍了期望收益值准则。运用期望收益值准则在处理风险型决策

(特别是时间跨度不大的连续性风险型决策问题)时无疑是合理的。然而,该准则在实际应用中的局限性较大,这主要表现在以下几个方面。

1. 难以全面评价具有多样化后果的决策问题

实践中的决策问题一般都具有多样化的后果。譬如,某产品工艺改革方案的后果可能包括了劳动生产率、产品质量、产品成本、劳动条件、环境保护等多样化后果,这些后果中有些是可以货币化的,有些是难以货币化的。期望收益值准则是一种典型的以货币指标作为后果值进行决策的方法,故也称为期望货币值准则,这就决定了该准则不能评价非货币指标后果。

2. 没有考虑决策者的主观因素

任何一个决策者的决策行为都不可避免地带有一定程度的主观性,如决策者的财富基础、价值观、个人偏好、对风险的态度等。期望收益值准则没有考虑这些因素。在该准则的运用中,只要方法运用得当,不同决策者对同一个决策问题的决策结果完全相同。

3. 不适合具有致命威胁后果的方案评价

例如在财产保险问题上,按照期望收益值准则,只有当财产丧失殆尽的概率高到一定程度时,人们才可能投保。实际上,人们为了确保长期辛苦积攒的财产,也愿意以一定代价投保。

综合所述,决策实践需要一种能表述人们主观价值的衡量指标,而且它能综合评价货币指标和非货币指标。该评价指标没有统一评定尺度,因人而异,视各人的经济、社会和心理条件而定。

(二) 圣·彼得堡悖论

1738 年,伯努利总结了著名的圣·彼得堡悖论。此悖论是由一场掷硬币的博弈所引起的,具体规则为:甲先支付一定量的赌金给乙,甲开始掷硬币。当硬币正面出现时,乙付给甲 2 元钱且甲继续掷硬币,直至硬币反面出现时结束。问题是甲愿意以多少钱为赌金参与一次博弈?

若按照期望收益值准则计算,甲的期望收益则为无穷大,即

$$2 \times \frac{1}{2} + 4 \times \frac{1}{4} + \cdots + 2^n \times \frac{1}{2^n} + \cdots = 1 + 1 + \cdots + 1 + \cdots = +\infty$$

由此看来,参赌人甲理应愿意支付较高的赌金参与这种博弈。而在实际中,人们只愿意付出较少的赌金参与。在这里,期望收益值准则与人们的决策实践相悖。

伯努利在解释该悖论中,提出了精神价值即效用值的概念。人们在拥有不同量财富的条件下,增加等量财富所感受到的效用值是不同的。随着财富量的增加,其效用值总是在增加,但效用值的增长速率是递减的(见图 9-4)。

据此,伯努利建议运用对数函数来衡量效用值,这时圣·彼得堡悖论的期望效用值表达式为

$$U = \lg(w+2) \times 1/2 + \lg(w+4) \times 1/4 + \lg(w+8) \times 1/8 \cdots = \lg A$$

式中:w 为现有财富;A 为愿意支付的最大可能赌金。

显然,上式之和不是无穷大,而是有限值。不过,伯努利的这种解释仍未能回答人们花很少的钱参与这种博弈的问题。尽管如此,伯努利在圣·彼得堡悖论中提出的效用值概念是现代效用理论的奠基石。200 多年来,效用值概念的重要意义得到了引证和不断

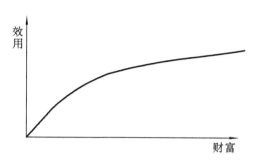

图 9-4　精神价值曲线

发展。

(三) 效用值及其特征

效用值是指某事物对决策者的作用程度与效果，是以决策者的现状为基础的精神感受值。在决策学中，效用值是指决策方案的后果对决策者的满足程度。把某方案的后果记为 x，那么，该方案的后果对于某决策者的效用值则记为 $u(x)$。效用值具有如下两重性。

1. 效用值的客观性

效用以决策者的现状为基础，符合人们决策的现实情况。例如，一个面包对某饥肠辘辘者来说有救人一命的效用，而对于一位刚刚饱餐离座的人来说可能是负担；同样，1 000 元人民币，对于一贫如洗者与腰缠万贯者的效用值的差别无疑是显著的。同样事物对不同决策者具有不同效用值，其差别无疑显著的。同样事情对不同决策者具有不同效用值的原因在于不同决策者的现状不同，也就是说，效用值以决策者的现状为基础。这是效用值的客观性表现。

2. 效用值的主观性

效用值是决策者的精神价值，取决于决策者的价值观及对待风险的态度。假设某企业有两种经营方案，方案 1 是继续生产老产品，每年可以稳定地收入 50 万元；方案 2 是生产新产品，预计有 0.5 的概率每年收入 100 万元，有 0.5 的概率每年无收入。某企业负责人决定采用方案 1，其他人则认为应启用方案 2。这说明两种方案对于不同的决策者具有不同的效用值。这是效用值的主观性表现。

关于效用值的概念，可以借助圆盘赌具(见图 9-5)为例做进一步说明。

圆盘赌的博弈规则是：参赌者支付一定量赌金后方可参加(输赢额相等)。任意转动圆盘上的指针，待指针停住后判定输赢。若指针停在白区则赢，若指针停在灰区则输。

按照期望收益值准则，在输赢额相等的条件下，只要赢区圆弧与圆周之比大于 50%，参赌者则应该接受博弈规则而参赌。事实上，决定人们是否参赌的因素有两种：其一，赌博金额大小，不同人愿意支付的赌金不同；其二，赢区圆弧与圆周之比大于 50% 的程度。这正是效用概念导致了期望收益值准则与人们实际行为不一致。

二、冯诺曼-摩根斯坦的期望效用值理论

(一) 基本定理

冯诺曼-摩根斯坦提出了效用理论的一些基本定理，这些定理意味着计量效用值的存

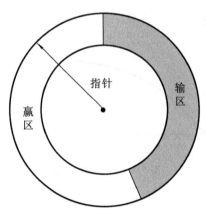

图 9-5 圆盘赌具

在,使得不同的选择能按期望效用值准则排出优先顺序,即期望效用值越大,则相应的优先度越高。

定理 9-1 (可比性和传递性)

设 L 为有待辨优的事件集合,且 $L_1,L_2,L_3 \in L$,

(1) 存在 $L_1 \geqslant L_2$ 或 $L_2 \geqslant L_1$,表示决策者愿意且可能对任何一对事件进行两两比较并排出优先顺序;

(2) 若 $L_1 \geqslant L_2, L_2 \geqslant L_3$,则 $L_1 \geqslant L_3$,表示事件优先顺序的可传递性,这是保证推理的一致性所必需的。

定理 9-2 (替代性和线形)

对于所有 $L_1,L_2,L_3 \in L$ 及 $P \in (0,1)$,若 $L_1 \geqslant L_2$ 意味着
$$PL_1+(1-p)L_3 \geqslant pL_2+(1-p)L_3$$

其含义为:对于两个复合事态 $L、L'$ 的辨优来说,即使发生概率为 $(1-p)$ 的事件 L_3,也不会影响决策者对事件的辨优。因为,决策者对事件 L_3 的感受是相同的。

定理 9-3 (连续性和等价性)

对于所有 $L_1,L_2,L_3, \in L$,若 $L_3 \geqslant L_2 \geqslant L_1$,则存在一个 p 值能使
$$pL_1+(1-p)L_3 \approx L_2$$

该定理说明,每个中间事件可以与一个较优和较次事件组成的事件等价,问题在于只需选择合适的 p 值。

比如,某公司若继续生产老产品,则每年可稳获得利润 100 万元;若转产某新产品,则随着市场需求的量的高低每年可能获利 350 万元,也可能亏损 40 万元。该决策的关键在于:转新产品年获利 350 万元的概率 p。

不难看出,当 $p=1$ 时,则转新产品;当 $p=0$ 时,则生产老产品;当 p 自 1 降至 0 时,决策者的选择发生变化。假设当 $p=p_0$ 时,决策者对继续生产老产品与转产新产品的方案同等看待(等价)。此时,有表达式
$$0.65U(350)+(1-0.65)U(-40) \approx U(100)$$

即以 0.65 的概率出现后果(350)和以 0.35 的概率出现后果(-40)的事件与以 1 的概率出现后果(100)的确定型事件等价。该确定型事件的后果值(此处为 100)称为等价确

定值。

定理 9-4 （简化性）

复合事件 $L=(p_1L_1,\cdots,p_iL_i,\cdots,p_mL_m)$，$\sum p_i=1$，可与一简单事件等价。后者的概率可以按照规范的概率计算规则算出。

若 $L_i=(q_{i1}X_1+q_{i2}X_2+\cdots+q_{im}X_m)$，$i=1,2,\cdots,m$，则事件的概率 p 为

$$p_j = p_1q_{1j}+p_2q_{2j}+\cdots+p_nq_{nj}, j=1,2,\cdots,n$$

简化性定理示意如图 9-6 所示，该图可说明计算过程，例如

$$p'_1 = p_1q_{11}+p_2q_{21}$$

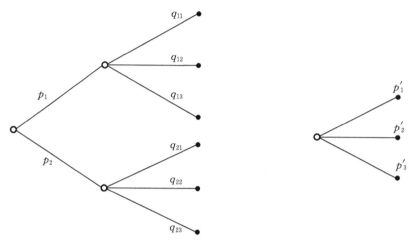

图 9-6 简化性定理示意图

（二）效用函数的性质

典型的效用函数曲线如图 9-7 所示。

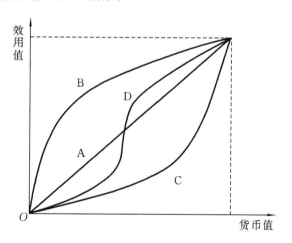

图 9-7 典型的效用函数曲线

曲线 A（中间型）：该效用函数与货币值呈线性关系，表示决策者对风险持中立态度，或是认为该决策的后果对大局没有重大影响，或是认为该决策可以重复进行，从而获得平均意义上的成果。因此，不必对决策的某项不利后果特别关注。由于该效用函数呈线性

关系,故效用函数曲线与期望货币值曲线重合。

曲线 B(稳妥型):随着货币量的增加效用值也递增,但递增速度随着货币量的增加而下降,表明决策者对亏损十分敏感,大额收益对其吸引力不大,即宁可不赚大钱,也不愿意承担大风险。

曲线 C(冒险型):随着货币量的增加效用值递增,且递增速度越来越大,表示决策者十分关注收益,不大顾及风险,为追求高收益而"孤注一掷"。

曲线 D(组合型):随着货币量的增加效用值递增,到一定程度则相反,表示决策者在货币量有限时敢冒风险,当货币量积累到一定程度后开始趋于稳妥。这种情况在实际生活中并非少见,当一个人处于较窘迫的情况下,为摆脱困境而不太顾及大风险,甘愿"铤而走险";一旦渡过困难获得成功后则逐步趋于稳健。

不同的效用函数曲线反映了决策者不同的财富基础及其对待风险的不同态度。

三、效用函数求解

效用函数求解又称标准赌术法。定理9-3指出,任何具有一定概率和一定损益值的事件,总可以找到一个具有一定损益值的确定型事件与之等价。标准赌术法的实质是采用问答方式对决策者进行一些心理测验,通过决策者的回答了解其对该事件与某确定型事件(假设的)在效用上的等价关系,从而刻画出效用曲线。

辨优提问模式如下。

在实际应用中,效用值的范围在 0~1 之间,即 $0 \leqslant U(x) \leqslant 1$。一般规定:$U(0)=0$,$U(m)=1$,其中 0、m 分别表示 x 的最小值和最大值(见图9-8)。于是,对于任意后果 x 的效用值可以通过下述辨优提问模式来估计:"若事件以 p 的概率出现后果 m,以 $(1-p)$ 的概率出现后果 0,当 p 为多少时才能认为此事件和确定事件(即以概率 1 出现后果 x)等价"?实际上这是一个等价确定值的估计问题。

一般先求 $\frac{m}{2}$ 的效用值,再求 $\frac{m}{4}$、$\frac{3m}{4}$ 的效用值。具体步骤如下。

步骤 1 提问:当 p 为多少时,以概率 p 获得 m 及以概率 $(1-p)$ 无获得与确定获得 $\frac{m}{2}$ 等价?假设对方回答:$p=0.8$,则

$$U(\frac{m}{2}) = pU(m) + (1-p)U(0) = 0.8 \times 1 + 0.2 \times 0 = 0.8$$

分别在图中 $(\frac{m}{2}, 0.8)$ 处作横、纵轴的平行线交于点③。

步骤 2 提问:当 p 为多少时,以概率 p 获得 $\frac{m}{2}$ 及以概率 $(1-p)$ 无获得与确定获得 $\frac{m}{4}$ 等价?假设对方回答:$p=0.5$,则

$$U(\frac{m}{4}) = pU(\frac{m}{2}) + (1-p)U(0) = 0.5 \times 0.8 + 0.5 \times 0 = 0.4$$

在图中 $(\frac{m}{4}, 0.4)$ 处作横、纵轴的平行线交于点④。

同样方法可以作出点⑤,连接各点则为该决策者的效用函数曲线(见图9-8)。

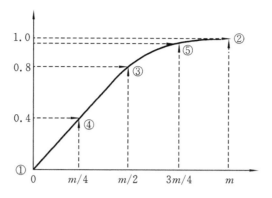

图 9-8 效用曲线求解示意图

【例 9-8】 当地政府准备开发矿产,有 A_1、A_2、A_3、A_4 四种方案,项目生命周期相同。其中,A_1 为出让采矿权,每年可获利 30 万元;A_2、A_3 是购买别的既可采矿也可以改装他用的设备自己开产,A_4 为购买专用采矿设备自己来开采。这四种方案的年获利能力与该矿区的矿藏量有关,具体资料见表 9-6。

表 9-6 四种方案的资料

概率损益值/万元 方案	自然状态概率 勘探结果		
	矿藏丰富	矿藏一般	没有矿藏
	0.3	0.5	0.2
A_1	30	30	30
A_2	50	46	15
A_3	60	42	20
A_4	120	38	−40

例 9-8 中最大后果值为 120 万元,最小后果值为 −40 万元,故设 $U(120)=1$,$U(-40)=0$,得到效用函数曲线上两个极端点,再运用标准赌术法确定另外几个点,便可绘出效用函数曲线。设想两个方案:B_1 为以 0.5 的概率获利 120 万元,以 0.5 的概率亏损 40 万元;B_2 为确定获利 x 万元。

请决策者感受,当 x 为何值时,方案 B_1 与方案 B_2 等价。或者先设定 $x=15$,请决策者对两个方案的效用值 $U(B_1)$、$U(B_2)$ 的关系进行判定,若 $U(B_1)>U(B_2)$,则增加 x;反过来,若 $U(B_1)<U(B_2)$,则减小 x,直至 $U(B_1)\approx U(B_2)$ 时所对应的 x 值,即第一个等价确定值,设该等价值为 20 万元,则有

$$U(20) = 0.5U(120) + 0.5U(-40)$$

已知 $U(120)=1$,$U(-40)=0$,则

$$U(20) = 0.5$$

这样,便得到效用函数曲线上的第 3 个点 (20,0.5),同理可以得到另外几个点。连点描图得效用函数曲线(见图 9-9)。

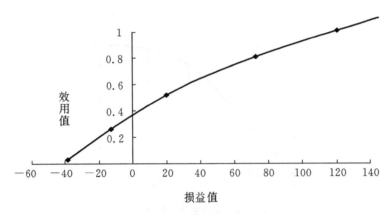

图 9-9　开发矿产的效用函数曲线

运用该曲线可以分别求出四种方案在不同状态下损益值的效用值(见表 9-7),通过

$$E(U) = \sum U(X)p(X)$$

可计算出各方案的期望效用值(见表 9-7)。不难看出,该政府应采用方案 A_3。

表 9-7　四个项目效用值表

自然状态概率 损益值 方案	勘 探 结 果			期望效用值
	矿藏丰富	矿藏一般	没有矿藏	
	0.3	0.5	0.2	
A_1	0.57	0.57	0.57	0.57
A_2	0.67	0.65	0.47	0.62
A_3	0.73	0.64	0.50	0.64
A_4	1.00	0.61	0.00	0.61

第六节　贝叶斯分析

一、贝叶斯决策分析的类型

为了改进决策过程,提高决策水平,就必须调查研究,以获得有价值的决策信息。但在实际决策过程中,既有未掌握必要信息就匆忙做出决策的现象发生,也有为一点小事而四处调研的情况存在。前者忽视了信息对决策的价值,后者又没有注意到获取信息本身也有个经济性问题。那么,如何权衡信息带来的价值是否能补偿为其支出的费用呢？贝叶斯(Bayes)决策原理为我们提供了解决这类问题的手段。贝叶斯决策分析涉及一系列逐步增进决策所需信息的决策步骤。为使大家有个直观的认识,我们来讨论一个假设的例子。

【例 9-9】　假定陈先生要买一台电冰箱。有一家商店正好有一台是他所需要的电冰箱,价格为 1 000 元,而当时市价为 1 100 元。

陈先生认为它比市价便宜 100 元,打算买下来。正待购买时,听到有顾客在议论,"这种冰箱有 70% 是老厂生产的,质量好;30% 是新厂生产的,质量不好",并进一步说明,这种冰箱共有 10 个部件,有压缩机、开关、箱体等。老厂生产的电冰箱中有 1 个部件有缺陷,而新厂生产的电冰箱有 6 个部件有缺陷。陈先生了解后本想不买,后来又想,还是了解清楚一些为好。结果了解到修理 1 个部件要花 40 元,修理 6 个部件要花 200 元,到底是买还是不买呢,如果决定买,可能碰上不同的结果,如果碰上老厂生产的电冰箱,仍可得到 60(100-40=60)元的收益;如碰上新厂生产的电冰箱就要吃亏 100(100-200=100)元。当然,如果不买,就不赢不亏,这个问题的决策树见图 9-10。

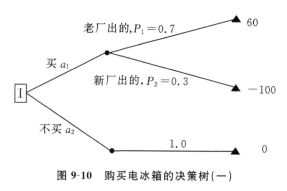

图 9-10 购买电冰箱的决策树(一)

陈先生希望得到增加受益的结果。但这并不完全取决于决策者,而要碰上"机会",故从期望值的角度来看,决定买还是合理的,此时可希望收益 $12(60 \times 0.7 - 100 \times 0.3 = 12)$ 元。

根据上述分析,陈先生虽然放弃取得 100 元的好念头,但又感到这 12 元的期望收益太低,希望另找办法。经过考虑后,他又向售货员提出,能否开保修单。售货员同意并说:"如果卖出去的电冰箱修理费超过 100 元时,可由商店支付全部修理费,否则,双方各支付一半,但保修单要加付 60 元。"

这样,决策结构又出现了新的形式(见图 9-11),增加了一个新方案 a_3,即买电冰箱并开保修单,用 60 元来防止购买不满意的电冰箱。这个方案的可能结果是:如买到老厂出

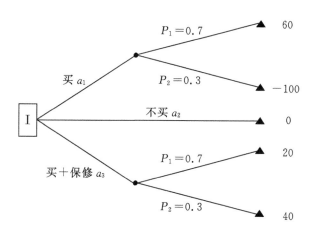

图 9-11 购买电冰箱的决策树(二)

的产品,除 60 元保修费外,还需要 20 元的修理费;如果买到新厂出的产品则除保修费外不用支付修理费。故条件收益为 26 元,显然,新方案 a_3 是合理的。因为期望收益比原决策方案 a_1 期望收益增加了 14 元。

现在陈先生的期望收益为 26 元了,他尝到了通过调查了解改变决策的甜头,因此,他又想有没有其他办法来获得更多的信息。他要求商店将电冰箱拿来试验检查,商店答应只准做两项检查。陈先生又了解到做这两项检查试验的费用共要 15 元,此时为决定是否要进行试验检查,陈先生进行了一系列的分析计算。

经过计算后,陈先生认为不必要做试验,当他正在犹豫时,旁边有一位钱某告诉他:"我在这个工厂工作过,知道哪些电冰箱是老厂出的,哪些电冰箱是新厂出的,不过你要付 20 元的酬金。"陈先生考虑了一会儿后,就答应了他的条件,请钱某来辨认,结果陈先生采用方案 a_1 购买了电冰箱且不保修。

在例 9-9 中,陈先生是怎么进行决策的分析计算的呢?最后他为什么宁愿花 20 元请钱某辨认,而不采用较小的代价来做实验检查的方案呢?事实上,他正是应用贝叶斯决策方案。通常贝叶斯决策分析涉及下述四种分析类型。

□ **1. 验前分析**

在验前分析中,决策者要详细列出各种状态(事件)及其概率,以及各种方案及其与状态组合的条件值,决策者根据这些结果对各个方案进行评价和选择。当事件、人力和财力不允许收集更完备的信息时,决策者就常常仅是进行验前分析。事实上,前面的风险型决策方法及其例子都是验前分析。

□ **2. 后验预分析**

有时,由于决策问题的重要性,并且时间许可,要求决策者在搜集和分析追加信息之前,暂缓作出决策。企业必须为这些信息付出代价,而这些信息又几乎不可能完全准确,决策者就必须权衡这些信息的费用及其对企业的价值。这种采取一些方法、途径和手段,获取新信息,对验前概率分布进行修正,其效果如何,是否值得的一系列分析,就称为后验预分析。如果获取信息的费用可以忽略不计,那么就可省去后验预分析这一步骤,直接进行调查,并根据调查结果进行验后分析。

□ **3. 验后分析**

一旦决策者做出调查的决定并据此获得决策所需要的追加信息,这就为进行验后分析做好了准备。验后分析是一种能用来把调查(如抽样)信息和验前信息结合起来以获得各个状态(事件)的修正概率的方法。这种修正方法同后验预分析的修正方法是一样的。但在后验预分析那里,我们对每个可能的调查结果计算其修正概率,而在验后分析中,我们则是对一个实际发生的调查结果计算其修正概率。这种根据新的信息修正验前概率的方法是贝叶斯分析的有力工具之一。

□ **4. 序贯分析**

含有多阶段信息搜集和数值计算的决策属于序贯分析的范围。它包括一系列的后验预分析的步骤,考虑各种可能行动的序列对企业的价值,如在某几段时间内分步搜集信息,作出各种决策。

在详细讨论贝叶斯决策的各种类型之前,我们将结合实际需要,先介绍著名的贝叶斯定理,因为它是贝叶斯决策分析的基本理论工具。

二、贝叶斯定理

贝叶斯定理亦称为贝叶斯公式,它是概率论中一个著名定理,也是贝叶斯决策分析方法名称的由来。为更好地理解和掌握贝叶斯定理及其应用,应该先弄清条件概率和全概率公式。它们在决策分析尤其是贝叶斯决策分析中都有着重要的意义和应用。

(一) 条件概率和乘法定理

如果我们在事件 B 已经发生的条件下计算事件 A 的概率,则这种概率就称为事件 A 在事件 B 已经发生的条件下的条件概率,记为 $P(A|B)$。

在例 9-9 中,已知这种电冰箱是由老厂和新厂共同生产的,并知道每台电冰箱共有 10 个部件,老厂出的电冰箱有 1 个部件容易出故障,而新厂出的电冰箱却有 6 个部件容易出故障。如果把老厂的或新厂的电冰箱出故障的情况都分别看做是可能事件,我们就能得到陈先生打算购买的那台电冰箱的 4 个条件概率。假定

θ_1 表示这台电冰箱是老厂出的;θ_2 表示这台电冰箱是新厂出的;z_1 表示这台电冰箱出故障;z_2 表示这台电冰箱不出故障。

那么,可以得到这台电冰箱在老厂出的(θ_1)条件下出故障(z_1)和不出故障(z_2)的条件概率分别为

$$P(z_1|\theta_1) = \frac{易出故障部件数}{部件总数} = \frac{1}{10} = 0.1$$

$$P(z_2|\theta_1) = \frac{不易出故障部件数}{部件总数} = \frac{10-1}{10} = 0.9$$

同理,这台电冰箱在是新厂出的(θ_2)条件下出故障(z_1)和不出故障(z_2)的条件概率分别为

$$P(z_1|\theta_2) = \frac{6}{10} = 0.6$$

$$P(z_2|\theta_2) = \frac{10-6}{10} = 0.4$$

下面来介绍乘法定理。

定理 9-5 两事件的联合概率等于其中一事件的概率与另一事件在前一事件已经发生的条件下概率的乘积,即

$$P(AB) = P(A)P(B|A) = P(B)P(A|B)$$

这里,联合概率 $P(AB)$ 表示事件 A 和事件 B 同时发生的概率。

在例 9-9 中,根据旁人提供的信息,陈先生知道这种电冰箱有 70% 是老厂出的,30% 是新厂出的,故 $P(\theta_1)=0.7, P(\theta_2)=0.3$。这样,根据乘法定理,可得这台电冰箱是老厂出的且出故障的概率,即联合概率为

$$P(\theta_1 z_1) = P(\theta_1)P(z_1|\theta_1) = 0.7 \times 0.1 = 0.07$$

同理,可分别求得

$$P(\theta_1 z_2) = P(\theta_1)P(z_2|\theta_1) = 0.7 \times 0.9 = 0.63$$

$$P(\theta_2 z_1) = P(\theta_2)P(z_1|\theta_2) = 0.3 \times 0.6 = 0.18$$

$$P(\theta_2 z_2) = P(\theta_2)P(z_2|\theta_2) = 0.3 \times 0.4 = 0.12$$

上述计算过程由图 9-12 看来就显得十分清楚。这种树枝状的图称为概率树。在实

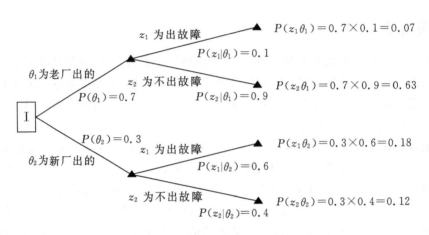

图 9-12 概率树

际应用中,由于概率树便于用来描述因多个事件的交互影响而出现的复杂情况,故它得到较为广泛的应用。

定理 9-6 有限个事件的联合概率等于这些事件的概率的乘积,其中每一事件的概率是在它前面的一切事件都已经发生的条件下的条件概率,即

$$P(A_1 A_2 \cdots A_n) = P(A_1) P(A_2 \mid A_1) P(A_3 \mid A_1 A_2) \cdots P(A_n \mid A_1 \cdots A_{n-1})$$

定理 9-6 实际上是定理 9-5 的推广。

介绍了乘法定理之后,我们引入一个独立事件的概率,并得出求独立事件联合概率的公式。

我们知道,条件概率的概念实际上是解决有交互影响事件的概率计算问题。因为 $P(B \mid A)$ 表示了事件 B 在事件 A 的影响下的概率。假定事件 A 对 B 不存在任何影响,也就是说

$$P(B) = P(B \mid A)$$

那么,定理 9-5 就成为

$$P(AB) = P(A) P(B)$$

这就是事件 A 和事件 B 是独立的数学定义。即如果上式成立,则 A 和 B 是独立事件。事实上,事件的独立性往往是人们根据常识或理性推断来判定的。它提供了求两个独立事件(即不存在交互影响)联合概率的计算方法。

同理,设 $A_1, A_2, \cdots, A_n$ 是 n 个两两独立事件,则它们的联合概率可按下式来进行计算,即

$$P(A_1 A_2 \cdots A_n) = P(A_1) P(A_2) \cdots P(A_n)$$

它们实际上就是定理 9-6 的特例。

(二) 全概率公式

设事件 A 仅当互斥的完备事件集 $B_1, B_2, \cdots, B_n$ 中的任一事件发生时才可能发生。已知事件 $B_i (i=1,2,\cdots,n)$ 的概率为 $P(B_i)$ 及事件 A 在事件 B_i 已发生的条件下的条件概率为 $P(A \mid B_i)$。我们可按下式来计算事件 A 的概率,即

$$P(A) = \sum_{i=1}^{n} P(AB_i) = \sum_{i=1}^{n} P(B_i) P(A \mid B_i)$$

这就是全概率公式,事件 A 的概率也称为边缘概率。

应用全概率公式时要注意 $B_i(i=1,2,\cdots,n)$ 是 n 个互斥的完备事件集这一条件。所谓完备事件集是指所有 B_i 都互不相容,而且一切 B_i 的总和恰好等于样本空间 Ω。例如在例 9-9 中,所有的这种电冰箱可当作样本空间 Ω,它恰好由两个互斥事件,即老厂出的和新厂出的电冰箱所构成。这就符合互斥的完备事件集的条件。推而广之,假定这种电冰箱是由 n 个厂生产的,则所有每一个厂出的电冰箱 $B_i(i=1,2,\cdots,n)$ 也构成了一个互斥的完备事件集。现在我们利用图 9-12 的计算结果和全概率公式先后进行 4 次计算,就可求出如表 9-8 所示的 4 个事件 z_1、z_2 和 θ_1、θ_2 的概率。其中,事件 θ_1 和事件 θ_2 的概率是已知的。这里对它们进行计算是为了进一步熟悉条件概率、联合和全概率公式的概念计算关系。

表 9-8　购买电冰箱例子的联合概率和边缘概率

联合概率 $P(\theta_j z_i)$　　　状态 θ_j 故障情况	老厂出的, $P(\theta_1)=0.70$	新厂出的, $P(\theta_2)=0.30$	边缘概率 $P(z_i)$, $i=1,2$
z_1(出故障)	0.07	0.18	0.25
z_2(不出故障)	0.63	0.12	0.75
边缘概率 $P(\theta_j),j=1,2$	0.70	0.30	1.00

注:① $P(\theta_j z_i)=P(\theta_j)P(z_i|\theta_j)$;② $P(z_i)=\sum_{j=1}^{2}P(\theta_j z_i)=\sum_{j=1}^{2}P(\theta_j)P(z_i|\theta_j)$;③ $P(\theta_j)=\sum_{i=1}^{2}P(z_i\theta_j)=\sum_{i=1}^{2}P(z_i)P(\theta_j|z_i)$。

(三) 贝叶斯定理

贝叶斯定理主要是用来研究事物发生的原因,即要知道在 A 发生的条件下,某个"原因"θ_1 发生的概率。这个概率又称验后概率。

设 $B_1,B_2,\cdots,B_n$ 是一组互斥的完备事件集,即所有的 B_i 互不相容和 $\sum_{i=1}^{n}B_i=\Omega$,并设 $P(B_i)>0$,则对任一事件 A,有

$$P(B_i/A)=\frac{P(B_iA)}{P(A)}=\frac{P(B_i)P(A|B_i)}{\sum_{i=1}^{n}P(B_i)P(A|B_i)},\quad i=1,2,\cdots,n$$

这就是贝叶斯定理。其中,由于 $P(B_i)$ 是试验前就已经知道了的概率,故习惯称为验前概率或先验概率;$P(A)$ 为边缘概率,它按全概率公式求得;而条件概率 $P(B_i|A)$ 是表示在试验发生以后,由于事件 A 的发生而引起事件 B_i 发生的条件概率,它是对验前概率 $P(B_i)$ 的一种修正,故称为验后概率或修正概率。

为说明贝叶斯定理,我们再回到例 9-9。这里,电冰箱是老厂出的概率 $P(\theta_1)=0.7$,电冰箱是新厂出的概率 $P(\theta_2)=0.3$ 就是该问题已知的验前概率。而旁人提供的关于"老厂出的电冰箱 10 个部件中有一个部件易出故障和新厂出的电冰箱则有 6 个部件易出故障",正是一种已经进行了的试验信息。如前面所假设的,z_1 为事件"这台电冰箱出故障",z_2 为事件"这台电冰箱不出故障"。我们已经求出了 4 个联合概率和 z_1 与 z_2 的概率,

即 $P(\theta_1 z_1)$、$P(\theta_2 z_1)$、$P(\theta_1 z_2)$、$P(\theta_2 z_2)$ 和边缘概率 $P(z_1)$ 和 $P(z_2)$。因此我们可以得到如图 9-13 所示的概率树,并根据贝叶斯定理,来修正验前概率,即求得验后概率为

$$P(\theta_1 \mid z_1) = \frac{P(\theta_1 z_1)}{P(z_1)} = \frac{0.07}{0.25} = 0.28$$

$$P(\theta_2 \mid z_1) = \frac{P(\theta_2 z_1)}{P(z_1)} = \frac{0.18}{0.25} = 0.72$$

(或 $P(\theta_2 \mid z_1) = 1 - P(\theta_1 \mid z_1) = 1 - 0.28 = 0.72$)

$$P(\theta_1 \mid z_2) = \frac{P(\theta_1 z_2)}{P(z_2)} = \frac{0.63}{0.75} = 0.84$$

$$P(\theta_2 \mid z_2) = \frac{P(\theta_2 z_2)}{P(z_2)} = \frac{0.12}{0.75} = 0.16$$

(或 $P(\theta_2 \mid z_2) = 1 - P(\theta_1 \mid z_2) = 1 - 0.84 = 0.16$)

计算结果表明,修正后的验后概率与验前概率有较大的差别。

上述计算原理和图 9-13 所示的计算结果是贝叶斯决策分析的核心部分。

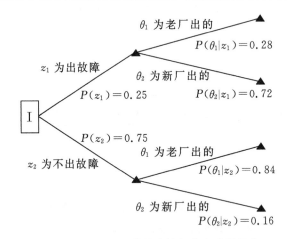

图 9-13 购买电冰箱的边缘概率和验后概率

下面我们就来系统地阐述贝叶斯分析过程。

三、贝叶斯分析过程

贝叶斯分析包括 4 种类型。但在实际的贝叶斯决策过程中,并不一定都要全部包括这 4 种类型的分析。一般说来,普遍的情况是进行验前分析,后验预分析和验后分析;如果样本费用(调查经费)可以忽略,则只需进行验前分析和验后分析;在时间、人力和财力不允许搜集更完备的信息或这种搜集没有必要时,还常常只进行验前分析;当然,有时也需要进行贝叶斯序贯分析,即在验前分析的基础上进行一系列的后验预分析或一系列的验后分析。

(一)验前分析

验前分析的原理已为大家所熟悉了,这里仅结合具体例子来叙述其结果,并说明几个决策的特征值的概念、计算及其作用,使读者对贝叶斯分析过程的完整性有所理解。

在例 9-9 中(见图 9-11),我们的决策结果是采取方案 a_3,即购买电冰箱并同时购买保

修单。这样陈先生可期望得到最大收益是 26 元。这个验前分析的最优方案的期望收益值是一个重要的特征值,记为 EMV_0^*。本例 $EMV_0^* = 26$ 元,根据图 9-11,决策收益表的矩阵形式(收益矩阵)U 为

$$U = \begin{matrix} & \theta_1 & \theta_2 \\ a_1 \\ a_2 \\ a_3 \end{matrix} \begin{bmatrix} 60^* & -100 \\ 0 & 0 \\ 20 & 40^* \end{bmatrix}$$

如果事先知道电冰箱是老厂出的(θ_1),那么陈先生必然采取方案 a_1,因为其收益值最大,为 60 元;如果电冰箱是新厂出的(θ_2),则他必采取方案 a_3,因为其收益也最大,为 40 元,如矩阵 U 中的"*"号所示。然而这种事先知道(即获取完全情报)的可能性(状态概率)分别是 0.7 和 0.3。因此在这种情况下的期望收益为

$$EPC = 0.7 \times 60 + 0.3 \times 40 = 54(元)$$

这里 EPC 称为必然期望收益,它表示在获得完全情报(完全信息)下的最优决策方案的期望收益。在这个例子中,钱某为陈先生提供的可能信息正是完全情报信息。EPC 的计算也可用决策树图表示(见图 9-14),计算过程从略。

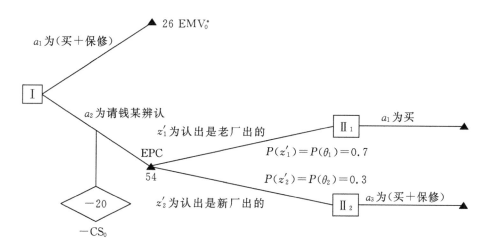

图 9-14 完全情报期望值计算的图示

通常,称 EMV_0^* 与 EPC 的差值为完全情报期望值,并记为 $EVPI_0$,即

$$EVPI_0 = EPC - EMV_0^*$$

完全情报期望值 $EVPI_0$ 表示在验前分析的最优决策基础上,如果获取完全情报时,能使决策结果的效益(完全情报下最优方案期望值)增加的绝对数额,即完全情报的毛价值。实际上由于获取完全情报几乎是不可能的事情,所以通常所支付的样本费用 CS 只能换取一定的非完全情报。故在验前分析中只要知道 $EVPI_0 \leqslant CS$ 即可否决该调查方案。也就是说,此时决策者将按验前分析进行决策或另拟合理的调查方案。

$EVPI_0$ 和 EPC 也是决策的重要特征值,在我们的假设中,由于

$$EVPI_0 = EPC - EMV_0^* = 54 - 26 = 28(元) > CS_0 = 20(元)$$

可见钱某虽然提供了完全情报,但他所要的情报报酬(CS_0)却比完全情报期望值还少了 8 元。这就是陈先生随即拍板请他辨别电冰箱的产地的理由。

必然期望收益 EPC 的一般计算方法可表示如下：设验前状态概率向量 $\boldsymbol{P}(\Theta) = (P_1 \quad P_2 \quad \cdots \quad P_n)$，收益矩阵 $\boldsymbol{U} = (u_{ij})_{m \times n}$，其必然条件收益向量记为

$$\boldsymbol{U}^* = (\max u_{ij}, j = 1, 2, \cdots, n)^T = (u_1^* \quad u_2^* \quad \cdots \quad u_n^*)^T, \quad 1 \leqslant i \leqslant m$$

那么，EPC 可按下式计算，即

$$\text{EPC} = \boldsymbol{P}(\Theta)\boldsymbol{U}^* = (P_1 \quad P_2 \quad \cdots \quad P_n)(u_1^* \quad u_2^* \quad \cdots \quad u_n^*)^T$$

例如上述计算 EPC 值的过程可表示为

$$\boldsymbol{U}^* = (\max u_{ij}, j = 1, 2)^T = (40 \quad 60)^T$$

而

$$\boldsymbol{P}(\Theta) = (P_1 \quad P_2) = (0.7 \quad 0.3)$$

故

$$\text{EPC} = (0.7 \quad 0.3) \times (60 \quad 40)^T = 54(元)$$

如果决策矩阵为损失矩阵 $\boldsymbol{L} = (l_{ij})_{m \times n}$，则必然条件损失向量可定义为

$$\boldsymbol{L}^* = (\min l_{ij}, j = 1, 2, \cdots, n)^T = (l_1^* \quad l_2^* \quad \cdots \quad l_n^*)^T, \quad 1 \leqslant j \leqslant n$$

并记必然期望损失为 ECC，它按下式计算，即

$$\text{ECC} = \boldsymbol{P}(\Theta)\boldsymbol{L}^* = (P_1 \quad P_2 \quad \cdots \quad P_n)(l_1^* \quad l_2^* \quad \cdots \quad l_n^*)^T$$

此时，如果验前分析最优方案的期望损失记为 EML_0^*，则完全情报值可按下式计算，即

$$\text{EVPI} = \text{EML}_0^* - \text{ECC}$$

类似地，如果决策矩阵为机会损失矩阵 $\boldsymbol{OL} = (ol)_{m \times n}$，则易知必然条件机会损失都是零，因而必然期望机会损失也是零。这时，如果验前分析最优方案的期望机会损失记为 EOL_0^*，则它也就是完全情报期望值了，即

$$\text{EVPI}_0 = \text{EOL}_0^*$$

如同 EMV_0^* 和 EPC 那样，EML_0^*、ECC、EOL_0^* 也都是验前分析中各种不同决策方法的重要特征值。对 EVPI_0 来说，它是在验前分析阶段决定是否进行调查或作后验预分析的一项十分重要的指标。它的作用体现在以下 3 个方面。

● 若 $\text{EVPI}_0 \leqslant \text{CS}$，则否决所拟定的调查方案。
● 若 $\text{EVPI}_0 > \text{CS}$，则一般可考虑作后验预分析。
● 若 $\text{EVPI}_0 \gg \text{CS}$，而且 CS 确实较小而可以忽略时，则可不作后验预分析而直接进行调查，以获取追加信息。

(二) 后验预分析

如前所述，后验预分析的目的，是要确定在采取最后行动之前是否值得去搜集附加信息（调查或抽样），具体步骤如下。

步骤 1 根据决策问题过去有关的资料或某些途径得到的类似资料，拟定搜集新信息的新决策方案。通常在验前分析结论的基础上，画出决策树图的新支路。

步骤 2 根据全概率公式求有关的边缘概率，并根据贝叶斯定理修正验前状态概率，由此得出的验后概率分布就是新决策支路的状态概率分布。

步骤 3 计算新决策支路的期望值，其计算方法与验前分析相同。

步骤 4 权衡新方案最终的期望值、验前分析结论（EMV_0^*）和搜集新信息所必须支出的费用（样本费 CS），再进行抉择，并得出结论。

现在,我们还是回到例 9-9,具体说明贝叶斯分析过程,并回答在陈先生购买电冰箱决策问题中最后留下的另一个问题。

首先,进行验前分析。现把结论写在图 9-15 中,便于比较分析。

其次,针对根据购买冰箱过程中得到的信息进一步提出的试验检查这台电冰箱的方案,作具体的延伸和完善,结果见图 9-15 所示的新决策支路。

第三,求边缘概率 $P(z_1)$ 和 $P(z_2)$,并根据贝叶斯定理修正验前概率。现仅把过程要点和结果归纳如下。

根据全概率公式,边缘概率为

$$P(z_1) = P(\theta_1 z_1) + P(\theta_2 z_1)$$
$$= 0.7 \times 0.1 + 0.3 \times 0.6$$
$$= 0.25$$
$$P(z_2) = P(\theta_1 z_2) + P(\theta_2 z_2)$$
$$= 0.7 \times 0.9 + 0.3 \times 0.4$$
$$= 0.75$$

根据贝叶斯定理,修正验前概率为

$$P(\theta_1 \mid z_1) = \frac{P(\theta_1 z_1)}{P(z_1)} = \frac{0.7 \times 0.1}{0.25} = 0.28$$

$$P(\theta_1 \mid z_2) = \frac{P(\theta_1 z_2)}{P(z_2)} = \frac{0.7 \times 0.9}{0.75} = 0.84$$

而

$$P(\theta_2 \mid z_1) = 1 - 0.28 = 0.72$$
$$P(\theta_2 \mid z_2) = 1 - 0.84 = 0.16$$

上述计算结果也填入图 9-15 中。

第四,计算期望值并作权衡分析。在对图 9-15 中点④和点⑤分别计算期望值后,选择了"购买电冰箱并保修"的方案,故决策点Ⅱ$_1$ 的期望值收益为 34.4 元。

同理,可算得决策点Ⅱ$_2$ 的期望收益也为 34.4 元。然后计算得点③的期望值收益为 34.4 元。它就是设法取得新信息(简称为"调查")的最优收益,记为 EMV_1^*,通常把"调查"的最优期望收益 EMV_1^* 与验前分析的最优期望收益 EMV_0^* 的差值称为"样本信息期望值",记为 EVSI,即

$$\mathrm{EVSI} = \mathrm{EMV}_1^* - \mathrm{EMV}_0^*$$

它表示情报信息的毛收益。对陈先生来说,他采用试验检查方案的 EVSI 为

$$\mathrm{EVSI} = \mathrm{EMV}_1^* - \mathrm{EMV}_0^* = 34.4 - 26 = 8.4(元)$$

一般说来,为获取新信息所付出的代价,即"调查经费"CS 不应超过样本信息期望值 EVSI,否则便会失去调查的意义。如果以 ENGS 表示"样本信息期望收益",它为样本信息期望值在扣除了调查经费之后的净值,即

$$\mathrm{ENGS} = \mathrm{EVSI} - \mathrm{CS} = \mathrm{EMV}_1^* - \mathrm{EMV}_0^* - \mathrm{CS}$$

对例 9-9,有

$$\mathrm{ENGS} = \mathrm{EVSI} - \mathrm{CS} = 8.4 - 15 = -6.6(元)$$

这就是说,从期望值观点上看,陈先生如采用试验检查方案(a_4)进行调查后再作决

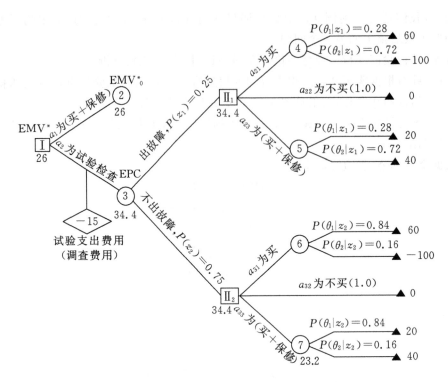

图 9-15 购买冰箱的贝叶斯分析

策,比不调查就进行决策(即采取验前分析的最优方案 a_3)还要少得 6.6 元的期望值收益。显然,这就是陈先生放弃检查方案的实质性原因。

◆ 本章重要概念

决策论(decision theory)　线性规划(linear programming)
非线性规划(nonlinear programming)　决策分析(decision analysis)
乐观系数法(optimistic coefficient method)　悲观准则(pessimistic criterion)
贝叶斯分析(Bayesian analysis)　不确定型决策(uncertain decision-making)
风险型决策(risk decision-making method)　效用理论(utility theory)

◆ 本章思考与练习题

1. 什么是决策?什么是决策分析?决策问题的特点是什么?决策问题有哪些要素?
2. 用决策树表示下列问题。
   (1) 火灾保险。
   (2) 易腐品进货问题。

3. 某人有资产1 000用于购买股票,A种股票有70%的机会增值一倍,30%的可能连本丢掉;B种股票有60%的机会增值一倍,40%的可能连本丢掉。设此人的效用U与收益X的函数关系是$U(x)=\ln(x+3\ 000)$,决策人用m购A股票,$1\ 000-m$购B股票,求m的值。
4. 风险型和不确定型决策问题的区别何在?各有哪些求解方法?
5. 什么是贝叶斯分析?
6. 不确定型决策问题的损失矩阵如下表。用乐观准则、悲观准则、折中准则、最小后悔值准则分别求解(在用折中准则原则求解时,讨论λ的取值对结果的影响)。

	a_1	a_2	a_3	a_4
θ_1	−4	−10	−12	−8
θ_2	−18	−24	−6	−13
θ_3	−6	0	−6	−10
θ_4	−14	−8	−10	−4

7. 某决策问题的收益矩阵如下表。试用几种准则($U=0.1C^2$)分别求解。

θ_i	θ_1	θ_2	θ_3	θ_4	θ_5	θ_6	θ_7
$\pi(\theta_i)$	0.1	0.2	0.3	0.1	0.1	0.1	0.1
a_1	2	3	7	6	1	2	1.5
a_2	4	8	6	9	3	4	2
a_3	6	4	3	10	12	6	5

8. 医生根据某病人的症状,初步诊断病人可能患A、B、C三种病之一,得这三种病的概率分别是0.4、0.3、0.3。为了取得进一步的信息,要求病人验血,结果血象偏高。得A、B、C三种病血象偏高的可能性分别是0.8、0.6、0.2。病人验血后,医生判断病人分别患A、B、C三种病的概率各是多少?

本章推荐阅读书目

1. 岳超源. 决策理论与方法[M]. 北京:科学出版社,2003.
2. 陈珽. 决策分析[M]. 北京:科学出版社,1984.
3. 卫民堂,王宏毅,梁磊. 决策理论与技术[M]. 西安:西安交通大学出版社,2000.
4. 蔡美德. 管理决策分析[M]. 广州:华南理工大学出版社,1995.

第十章 群体决策方法

——本章导言——

在现代社会,任何一种民主体制都应当尽可能地满足每一位成员的需求。然而,在一个社会群体中,由于各个成员对所考虑的事物总会存在着价值观上的差别和个人利益间的冲突,因而对于各种事物必然会具有不同的偏好态度。将众多不同的个体偏好汇集成一个群体偏好,据此对某类事物作出群体抉择,这就是群体决策问题。它是当今社会处理各种重大决策和分配问题的有效手段。

通过本章的学习,要了解群体决策的概念与分类、排序式与非排序式选举的选举方法、策略性投票的原因,要掌握完全信息静态博弈及纳什均衡的求解方法,了解其他三种博弈及其均衡。

第一节 群体决策的概念与分类

一、群体决策概论

以主观概率论和效用理论为两大支柱的统计决策理论,以及由此发展起来的决策分析方法在近几十年间发展十分迅速,应用日益广泛。统计决策的本质是从各种可行方案中选择一个以尽量满足决策人的愿望和要求,其中的决策人只有一个,或者是可以作为一个人来处理的、意见完全一致的集体,他的愿望和要求,他的价值观(即偏好)可以用数值——效用来度量,这就是在第九章所介绍的,我们研究的决策问题都是从有限个或无限个方案中选择某一个或若干个方案去满足决策人的愿望和要求。但是人总是生活在社会中,社会中每一个部门所制定的每一项决策,必然要影响到一群人,因此每一项决策都应当尽量满足受它影响的群众的愿望和要求。群众的要求通常是通过他们的代表去反映的,这些代表组成了各种各样的委员会(或领导班子)。如何集中各成员的意见,形成整体的意见是制定决策的一个非常重要的问题,这就是群体决策(也称群决策)问题。

群决策的研究和西方国家中福利经济学的发展有密切的关系。福利经济学研究的是整个社会的福利问题,为此需要考察整个社会的情况。社会中的成员是千差万别的,粗略地说,他们可以划分为阶级和阶层,更细致地说,几乎每个人在社会中所处的地位和他的性格、爱好等与其他的人都有差异,这就决定了他(们)对一项和他(们)的利害有关的方针或政策抱不完全相同的态度,也就是说,他(们)对待由一项方针或政策所造成的社会状况会有不同偏好。群决策希望解决的问题是集结一群人中每个人的偏好来形成群的偏好,然后根据群的偏好对一组方案(包括各种决策和由它们产生的后果)进行排队,从中选择群所最爱好的方案。因此,作为公正、民主的社会,每一项重要决策都应首先尽量满足受其影响的群众的愿望和要求。群众的愿望和要求是通过他们的代表去反映的,这些代表组成各种各样的代表大会和委员会,任何重要决策都应集中代表大会或委员会中各位成员的意见,并得到大会的批准。其次,各级行政管理部门中有各种领导班子,各部门的重大问题也应由领导班子集体讨论,制定决策,协调行动。而且,随着社会的发展与科技进步,新知识和新技术不断涌现,信息量在急剧增长,需要决策的问题愈来愈多,也愈来愈复杂,任何领导者单凭自己的经验和智慧都无法掌握所有必要的信息,难以应付面临的所有决策问题。于是产生了各种咨询机构和智囊团,以便把具有不同知识结构、不同经验的专家集中在一起,借助众人的智慧以弥补领导者个人才智、经验和精力的不足。这样做不仅仅是简单地增加几个头脑,而是建立了一个由不同知识结构组成的,运用科学理论方法和手段,可以互相启迪、具有丰富知识的信息综合体,来保证决策的科学化。无论代表大会,领导班子,还是咨询机构,在决策理论中都称为群(group),群所作的决策称为群决策(group decision making),或称多人决策。群中的成员各有其所长,也各有其偏好,如何集中群中各位成员的意见,充分利用众人的经验和智慧,发挥集体的优势,形成集体的意见,制定出符合广大群众利益的正确决策,这又涉及决策的民主化问题。因此,研究群决策是决策的科学化与民主化的需要。

二、群决策的分类

群决策所涉及的领域很广,有投票表决(选举)体制,社会选择理论,委员会理论,队论(team theory)与分散决策,递阶优化,专家评估,一般均衡理论,对策论,谈判与仲裁等。还有许多其他领域也与群决策有关,这里就不一一介绍了。

根据群中成员的行为,我们把群决策问题分为两大类。一大类是从伦理道德观念出发,追求群体的整体利益,它研究群中各成员之间不存在根本利害冲突的群决策问题;另一大类是群中成员追求自身利益与其他人对立的价值,即成员之间存在利益冲突的对策(或称博弈)问题。我们基本上按照这一分类来介绍群决策的主要内容。

在集体决策这一大类问题中,群的组织结构大致可以分为两种形式,一是委员会,一是递阶的权力结构。委员会的基本特点是群中各成员之间地位平等,原则上各成员的权力基本相同。根据委员会基本职能的不同,又可分为两种,一种是作为权力机构的委员会,一类是作为参谋班子或咨询机构的委员会。前一种委员会本身就是作决策的实体,其中不再存在有最后决策权的领导人,这种委员会的基本功能是要集结各成员的偏好,以形成群即社会的偏好,得到最终决策。研究这种问题的是社会选择理论,包括投票表决体制,社会选择函数与社会福利函数等方法。后一种委员会我们称之为专家咨询及群体(公众)参与,其中各成员的权力虽然平等,但其作用是提供各成员的经验,知识和信息,帮助决策人作价值判断,真正的最终决策往往要由组建委员会的高级行政人员来做。

以上两种委员会决策问题的一个重要区别在于,前者往往有现成的备选方案集,而后者通常要在研究问题的过程中形成方案,再给出对各方案的评价意见。

递阶的权力结构的最大特点是有明确的层次结构,即上下级关系。由于递阶优化、管理和组织决策等学科对此有专门的论述,这里就不再介绍。

社会中存在的另一大类群决策问题是由各种各样的冲突或矛盾引起的。无论是在夫妻之间、骨肉同胞之间、朋友之间、个人与企业之间,还是在生产单位与环境保护部门之间,乃至国家集团与国家集团之间,都会有争执即矛盾存在。这些矛盾有对抗性的,也有非对抗性的。非对抗性的矛盾如果不妥善解决,也有可能发展成对抗性矛盾,甚至导致激烈冲突。存在争执或矛盾并不可怕,因为在某种意义上来说,只有靠矛盾的解决才能取得社会的进步,问题是如何防止矛盾的激化,避免不必要的损失。

研究成员中利益冲突的数学方法是对策论。一般的对策问题按照表达方式的不同可分为正规型、扩展型和特征函数型这三种基本类型,也可根据参加对策的人数、对策问题的重复次数以及问题中各方是否合作来分类。在基于对策论的方法中,协商与谈判,仲裁与调解在现实生活中有着极其重要的作用。

综上所述,我们可以把群决策的分类归纳,如图 10-1 所示。

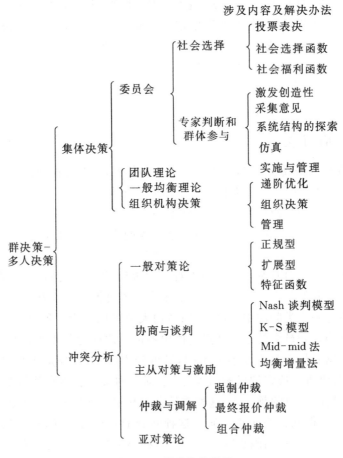

图 10-1　群决策分类图

■ 三、社会选择问题

从群决策问题的分类中可以看出,其中涉及面最广、最为重要的部分是社会选择问题。人类社会一经形成,就存在着社会选择问题。社会选择是指公众就有关的重要问题,如重要职位的人选、政策的制定,乃至国家政治体制的确定等进行决策。人类社会的发展过程中采用过的社会选择方式主要有传统、独裁、投票表决和市场机制。

传统可以有多种不同的表现形式，它可以是社会的风俗习惯，乃至宗教法规等包罗甚广的惯例。从中世纪的欧洲各国到当今的某些阿拉伯国家，是典型的根据"神"的意志，即按宗教法规进行社会选择的例子，这是法律统治的极端情况。独裁则是由个人或小集团对社会进行统治，按照个人或小集团的意志进行行政管理，并代替公众进行选择。中国长达两千多年的封建社会的本质就是以独裁方式进行社会选择，朝代的更迭只不过独裁者的交替。在传统与独裁这两种社会选择方式之间并无不可逾越的鸿沟。根据传统进行社会选择时，往往会不自觉地导致独裁。例如按宗教法规进行统治，无论这些教规的条款多么具体，明确地规定社会在不同环境下应当如何行动，随着时间的流逝与社会的发展，环境条件在逐渐变化，对原有教规的某些条款的含义会有不同的理解，这时宗教法规对社会的实际行动就可能失去其指导作用，需要对此作新的明确解释。而对这些神圣宗教条款的解释可以由全社会民主讨论决定，也可以由个别人决定。通常的情况是，由于神圣教规的权威性质，解释权总是掌握在某一个人或小集团手中，这些掌握解释权的人就成了实际上的独裁者。这样就完成了传统向独裁的演变。

到了资本主义社会，经常采用的社会选择方式是投票和市场机制。投票通常用于政治决策，市场机制通常用于经济决策。在混合经济体制的英、法等国，虽然这两种社会选择方式同时存在，但是投票的使用范围更广，常常直接或间接地通过投票作决策而较少采用市场机制。但是就本质而言，市场机制也只是投票的一种特殊形式：以货币进行投票。

Luce 和 Raffia 在 1957 年指出："用最通俗的语言来说，所谓社会选择就是要根据社会中各成员的价值观和对不同方案的选择产生社会的决策。即要把社会中各成员对各种状况偏好模式集结成为单一的社会偏好模式。从个人对社会状态的备选方案的偏好产生社会偏好的最常用的方法或步骤是：惯例，常规，宗教法规，职权，独裁者的命令，投票，市场机制，等等。这些方法并不全都公平合理……因此，我们的任务之一是要判断有哪些方法能充分考虑社会中各成员的福利……"

在这一章里，我们将从投票开始，首先介绍投票，以及与投票有关的若干主要的社会选择规则，讨论这些规则是否为公平合理的评价标准，用这些评价标准来衡量上述社会选择规则并判断其优劣。

■ 第二节 非排序式选举

从原始社会起，人们就用投票表决的方式来表达多数人的意愿，从决定部落内的重大事务到选举部落的首领。投票表决这种最古老的群决策方式也是当今社会最常用的表达民意的方式。

无论投票是要确定某个职位的人选，还是选择某种方针、政策或社会状况，通常是一个多准则的决策过程。以确定职位的人选为例，候选人的优劣可以由多个准则（即评价标准）来判断。这些准则包括候选人的能力（学识、经验、精力），道德品质（诚实，正直，责任感）和政治态度（总的政治倾向，以及对某些特定问题的立场、观点）等。投票人要在心目中根据上述标准对候选人的各项条件加以综合，形成一个价值函数或效用函数，并据以投票。即使是对单个问题进行投票，也只是投票的人们认为这一问题比起其他问题有绝对优先的重要性。因此,投票表决过程可以看做是一种多准则的群决策方法。但是在用投票方式产生一个职位的人选时,每个投票人心目中存在的这些准则并不真正出现在计票过程中。

需要说明的是,投票表决实际上包括投票和计票两个过程。投票涉及群中的所有人,因此投票过程应该尽量简捷,使投票人不感到困难。计票往往是由少数人在专家指导和监督下按一定原则进行的。计票首先要考虑准确性与有效性,而不仅仅是简单。

投票表决的历史悠久,形式繁多。本节将介绍在选票上不反映投票人对候选人(或备选方案)偏好的非排序式选举制。

一、只有一人当选的情况

有多个候选人可供选择,每个投票人只有一票,以无记名投票方式投给自己中意的候选人,这种选举称为计点式选举。目前西方国家的政治选举常采用这种办法,这种方法适用于两个候选人竞争的场合。对竞争某一职位的两个候选人进行投票表决时最常采用的计票方法是简单多数票法则,由获票较多的候选人当选。当候选人数目超过两个时,这种方法并不可靠,即它不适合用于两个以上候选人竞争一个职位。

当候选人多于两个时,有两种办法可以采用:一是按得票多少,即票数最多者获胜,叫做简单多数制或相对多数制;一是得票超过半数才能当选,称过半数代表制或绝对多数制。在采用简单多数制时,无论有多少候选人,由得票最多的候选人当选。而在采用过半数代表制时,规定只有获得超过半数选票的候选人方可当选,若第一次投票后有某个候选人获得半数以上选票,则该候选人将当选,选举结束,否则就要采用二次投票或反复投票表决等方法来产生获得过半数选票的人选。

二次投票方法规定,在第一次投票后若无任何候选人获得过半数选票,则应对在第一次投票中得票最多的两个候选人进行第二次投票,从中选出一位得票超过半数者。这种投票表决方法与体育运动中的预、决赛相类似,所以也称决赛多数法。法兰西第三共和国在1789年就曾采用这种办法,之后在1871—1939年,1958年到现在,多次用于总统选举。目前其他一些国家,如俄罗斯的总统选举也采用这种办法。

反复投票表决法对每次投票表决中候选人的人数不作硬性规定,而希望得票太少的候选人自动退出竞选,或由投票人因自己原先所支持的候选人得票太少,当选无望,转而支持其他候选人,使选票逐步向少数候选人集中。投票反复进行,直到产生某个得票超过半数的当选者为止。美国的民主党和共和党产生总统、副总统候选人的代表大会就采用这种办法选举。采用此法时,每次投票都伴随政治上的讨价还价和折中。

与反复投票表决相类似的还有取舍表决法,它规定在第一次投票后若无过半数票获得者,则将得票数最少的候选人淘汰掉,对其余候选人进行下一轮投票。如此继续,直到产生过半数候选人为止。申奥城市的产生就是用这种办法。

在上述各种方法中,最直观、最简单方便的选举方法是得票最多者当选的简单多数票法,因此人们最早且最常采用的也正是这种方法。但是对简单多数票法则以及过半数票当选原则作进一步研究,就会发现这些方法有时并不公平。Dodgson早在1873年就提出了这一点。

【例 10-1】 有 11 个投票人,4 个候选人。每个投票人对各候选人的偏好次序见表 10-1。

表 10-1

投票人编号 偏好次序	1	2	3	4	5	6	7	8	9	10	11
第一位	a	a	a	b	b	b	b	c	c	c	d
第二位	c	c	c	a	a	a	a	a	a	a	a
第三位	d	d	d	c	c	c	c	d	d	d	c
第四位	b	b	b	d	d	d	d	b	b	b	b

在这由 11 人组成的群中,有 3 个成员认为候选人 a 最好,其他所有成员认为 a 是第二位的;虽然有 4 个成员认为 b 最好,但其他所有成员都认为 b 最差。看来应由 a 当选,但是按照简单多数票法则,b 将当选。

【例 10-2】 有 11 个投票人,4 个候选人。每个投票人对各候选人的偏好次序如表 10-2 所示。

表 10-2

投票人编号 偏好次序	1	2	3	4	5	6	7	8	9	10	11
第一位	b	b	b	b	b	b	a	a	a	a	a
第二位	a	a	a	a	a	c	c	c	c	d	d
第三位	c	c	c	d	d	d	d	d	d	c	c
第四位	d	d	d	c	c	c	b	b	b	b	b

在例 10-2 中,有近半数的投票人(5 位成员)认为 a 最好,另 6 人认为 a 是第二位的,而 b 在 5 位成员心目中是最差的,看来由 a 当选是比较合适的;而无论按简单多数还是按过半数票原则,都将是 b 当选,这是因为无论是简单多数还是过半数票原则都是非排序式选举,没有充分考虑投票人的偏好次序。

【例 10-3】 有 11 个投票人,4 个候选人。投票人对各候选人的偏好次序如表 10-3 所示。

表 10-3

投票人编号 偏好次序	1	2	3	4	5	6	7	8	9	10	11
第一位	b	b	b	c	c	c	c	d	d	a	a
第二位	a	a	a	a	a	a	a	a	a	b	d
第三位	d	c	d	b	b	b	d	c	b	c	c
第四位	c	d	c	d	d	d	b	b	c	d	b

按二次投票方法，第一次投票后无人当选，因为有 4 人选 c，3 人选 b，2 人选 d，2 人选 a，所以 a、d 被淘汰，由 c、b 作候选人进行第二次投票，c 将当选。而事实上没有人认为 a 处于第二位以下，却有 4 个投票人认为 c 最糟，另有三个投票人认为 c 是第三位的。

早在 18 世纪，M. De Condorcet 就指出，当存在 2 个以上的候选人时，只有一种办法能严格而真实地反映群中多数成员的意愿，这就是对候选人进行成对比较。若存在某个候选人，他能按过半数决策规则击败其他所有候选人，则他被称为 Condorcet 候选人，应由此人当选。这一原则叫 Condorcet 原则。关于这一原则，以后还要详细讨论。

二、同时有两人或多人当选的情况

按简单多数票法同时选出两个或多个人的投票表决与只选一人的情况有所不同。有多种方法可用于在某一选区中一次选出多个当选者的投票表决。

（一）一次性非转移式投票表决

这种方法规定每个投票人只有一票，用无记名方式投票，按简单多数法确定当选者。例如某选区要从几个候选人中一次选出三个当选者，则在投票后由得票数处于第一、第二和第三位的候选人当选。该法从 1890 年起即在日本的议员选举中采用。

（二）复式投票表决

复式投票法规定，在选举中要产生多少当选者，每个投票人就可以投多少张票，但对每个候选人只能投一票。这种表决法的最大缺陷是，如果选举涉及激烈的党派斗争或路线斗争，则有可能使所有职位都集中于实力稍强的某个党派，即使它的实力只强一点。例如某选区包括意见十分对立的两派，每一派都提出与应当选人数相同的候选人，只要某派稍稍拥有超过 50% 的投票人，它就获得全部席位。因此这种投票表决法的效果极差，只有在存在共同利益的集团或组织内部方可使用。

（三）受限的投票表决法

这种方法是为了避免复式投票中某个组织独占全部席位而提出的。它规定每个投票人可以投的票数必须小于当选人数。例如某一选举要选出三个代表，但规定每个投票人只能投两票，且对每个候选人至多投一票。这种方法在 1868 年英国大选中采用，由于它仍不能避免党派斗争中用心不良的图谋，于 1885 年宣布取消。

（四）累加式投票表决

这种投票方式规定每个投票人拥有的选票数等于待选席位数，且这些选票可以任意支配，既可以全部投给某一候选人，也可以随意分配给若干候选人。这种方法能给少数派以某种切实的保护。它在 1870—1902 年间用于英国的学校董事会选举。请注意这种方法与股份制公司的董事会的投票方法之间的区别,在累加式投票中,每个投票人拥有相等的权利,而后者则按各董事拥有的股权大小计票。

(五)名单制

这种方法从 1899 年起用于比利时的选举,以后又被荷兰、丹麦、挪威、瑞典和芬兰等国采用。这种方法不是对候选人投票,而是由各党派或组织提出它的候选人名单,再由投票人对这些名单投票,即投票支持某个政党或组织,最后根据各党派的名单的得票数来分配席位,并按各名单应得席位与名单上候选人的次序确定具体人选。常用的分配席位的方法有最大均值法和最大余额法两种。下面通过具体例子来说明这两种席位分配方法。

【例 10-4】 某选区有 24 000 位选民,4 个党派提出了各自的竞选名单 A、B、C、D,竞争 5 个席位。设投票的结果是:A 得票 8 700 票;B 得票 6 800 票;C 得票 5 200 票;D 得票 3 300 票。合计 24 000 票。

最大均值法的基本原则是逐一分配席位,即每次都把席位分配给平均每个席位得票数最多的名单。具体步骤是先分第 1 个席位。在分配前将每个名单的得票数除以 1,这时各名单的每个席位平均得票数就是上述得票数,由于名单 A 的得票数 8 700 最大,所以名单 A 赢得第 1 席。在分配第 2 席时,名单 A 已获得了 1 席,若第 2 席还分给名单 A,其除数为 2;其余名单除数仍取 1,因此有表 10-4。

表 10-4

名　　单	得票总数	除　　数	平均值
A	8 700	2	4 350
B	6 800	1	6 800
C	5 200	1	5 200
D	3 300	1	3 300

此时名单 B 的平均值最大,名单 B 得第 2 个席位。分第 3 个席位时,A、B 的除数均取 2,C、D 的除数仍为 1,见表 10-5。

表 10-5

名　　单	得票总数	除　　数	平均值
A	8 700	2	4 350
B	6 800	2	3 400
C	5 200	1	5 200
D	3 300	1	3 300

由于名单 C 的平均值最大,因此第 3 席给 C。分第 4 席时,A、B、C 的除数均取 2,D

的除数仍为1,见表10-6。

表 10-6

名　单	得票总数	除　数	平均值
A	8 700	2	4 350
B	6 800	2	3 400
C	5 200	2	2 600
D	3 300	1	3 300

由于名单A的平均值最大,第4席由A获得,即名单A共获得了2席。在分最后一席时,有如下结果(见表10-7)。

表 10-7

名　单	得票总数	除　数	平均值
A	8 700	3	2 950
B	6 800	2	3 400
C	5 200	2	2 600
D	3 300	1	3 300

B的均值最高,第5席由名单B获得。于是,采用最大均值法分配席位的最终结果是:名单A和B各得2席,C得1席,名单D得0席。

最大余额法的分配步骤是求总票数n与总席位数m的商$\left(Q=\dfrac{n}{m}\right)$。首先按各名单得票数中包含商的数量分配席位,在有席位多余时,根据余数来分配多余席位。在例10-4中,$Q=\dfrac{24\,000}{5}=4\,800$,所以每获得4 800票即可获得一个席位,如表10-8所示。

表 10-8

名　单	得票总数	Q	分配席位	余　数
A	8 700	4 800	1	3 900
B	6 800	4 800	1	2 000
C	5 200	4 800	1	400
D	3 300	4 800	0	3 300

从表10-8可知,名单A、B、C各得一席,还剩余2席。由于A、D的余额最大,各得1席。用最大余额法分配的结果是,A得2席,B、C、D各得一席。

在例10-4中,同样的投票结果,席位的分配结果将因使用的方法不同而不同。可以证明,最大均值法对大党派有利,最大余额法对小党派有利。

(六) 可转移式投票

用于多席位选举的投票表决方法中较著名的方法还有STV,即可转移式投票,通常用于3~6个席位的选区,其选举程序较为复杂。该方法规定,在每一轮投票中,每位选民只有一票,第一轮投票后统计各候选人 a_i 的得票数 n_i,以及现况值 $Q=\dfrac{n}{m+1}$,其中 n 为投票总数。m 为该选区要产生的席位数。凡是得票数 $n_i > Q$ 的候选人均可当选,而得票数最少者被淘汰;如有剩余席位,则由未当选的候选人在下一轮投票中竞争。如此继续,直到选出全部席位的当选人为止。在采用这种选举方法时,第一轮已入选候选人的支持者在第二轮中的投票方向对第二轮谁能当选有着决定性的影响。

(七)认可选举

除了上述各种选举方法以外,其他的选举方法就不再一一介绍了。这里要提一下 Brams 和 Fishburn 提出的认可选举法(approval voting)。此方法规定,只要投票人愿意,他可以投票给尽可能多的候选人,但对每个候选人最多只能投一票,由得票最多的候选人当选。虽然这种方法还只是一种建议,尚未在实际的选举中使用,但 Brams 和 Fishburn 证明这种方法比简单多数和二次投票方法更优越。当投票人都能真实地表达自己的意愿时,若存在 Condorcet 候选人,则它是在非排序式选举中唯一的一定能选出 Condorcet 候选人的选举方法。

本节所介绍的各种选举方法可见表 10-9。

表 10-9

应选人数	投票法	计数法	其他名称
1人	简单多数票	简单多数	计点制、相对多数 绝对多数、决赛制
	二次投票法	过半数	
	反复投票法	过半数	
	取舍投票法	过半数	
2人或多人	一次性非转移式	简单多数	多人选区计点制
	复式投票法	简单多数	
	受限制的投票法	简单多数	
	累加式投票法	简单多数	
	名单制	最大均值 最大余额	投票选党派
	可转移式	$Q=\dfrac{n}{m+1}$	STV
	认可式	简单多数	

第三节 排序式选举与投票悖论

一、排序式选举

在本章第二节介绍的非排序式选举方法并不能可靠地解决两个以上候选人竞争单一职位的问题。正如例 10-1 到例 10-3 所表明的,它有可能导致并不受群中大部分成员欢迎的候选人当选。因此在投票时,不仅要让投票人表达他最希望看到多个候选人中的哪一个被选上,还应该让投票人说明他是以何种方式对这些候选人排序的,即在投票时表达他对各候选人的偏好次序,这就是排序式选举,又称偏好选举。

偏好选举方法最初是 C. De Borda 在 1770 年提出的。这种方法合乎自然而又合理,凡是从多个候选人中选择一个,就应使用这种方法。在同时有多人当选的时候,只要选用适当的计票方法,它也可靠且准确,还能保护少数派,能在广泛范围内合理地分配代表名额。这种方法在英国正式用于议会选举达 30 余年,直到 1950 年才废除。在英国,它还用于许多商会、教会和其他团体的选举。

Borda 提出的偏好选举很容易实施。只要投票人在无记名选票上对各候选人排序,给他最满意的候选人名字前标上"1",给他第二满意的候选人名字前标上"2",……,如此继续。在投票完成之后计数。不过要能集结群中各成员的偏好以形成群或社会的偏好,还有一些问题需要深入研究和讨论。

为了讨论方便,我们引入如下符号。

设群由 n 个成员构成,用 $N=\{1,2,\cdots,n\}$ 表示群中成员的集合,$i=1,2,\cdots,n$ 表示成员个体;以小写字母 a,b,c 或 x,y,z 等表示候选人或备选方案,所有方案的集合记为 A;用 $\succ_i$、$\sim_i$ 表示群中的成员 i 的偏好,$x\succ_i y$ 表示群中第 i 个成员认为候选人 x 优于 y;$x\sim_i y$ 表示群中第 i 个成员认为候选人 x 与 y 无差异,即 x 与 y 同样好;$x\succ_G y$ 表示群作为整体认为 x 优于 y,$x\sim_G y$ 表示群认为 x 与 y 无差异;$N(x\succ_G y)$ 表示群中认为 x 优于 y 的成员的数目。用这些符号,(简单而非加权的)过半数决策规则可定义如下,即

对 $x,y\in A$,

● 若 $N(x\succ_i y)>N(y\succ_i x)$,则 $x\succ_G y$;

● 若 $N(x\succ_i y)=N(y\succ_i x)$,则 $x\sim_G y$;

前面提到的 Condorcet 原则可以表示为

若 $N(x\succ_i y)>N(y\succ_i x)$,$\forall y\in A\setminus\{x\}$,则 x 获胜。

式中:$A\setminus\{x\}$ 表示方案集 A 去掉方案 x 以后的集合。

【例 10-5】 一个群有 60 个成员,要从 a、b、c 三个候选人中选举一位领导人,这 60 个成员的态度是

23 人认为:$a\succ c\succ b$ (即 a 优于 c,c 优于 b,a 也优于 b)

19 人认为:$b\succ c\succ a$

16 人认为:$c\succ b\succ a$

2 人认为:$c\succ a\succ b$

根据 Condorcet 原则,在 a 与 b 相比时,有 $23+2=25$ 个成员认为 $a\succ b$,另外的 $19+16=35$ 个成员认为 $b\succ a$,因为 $N(b\succ_i a)>N(a\succ_i b)$,按过半数票决策规则,有 $b\succ_G a$。

在 a 与 c 相比时,有 23 个成员认为 $a\succ c$,另外的 $19+16+2=37$ 个成员认为 $c\succ a$,因为 $N(c\succ_i a)>N(a\succ_i c)$,按过半数票决策规则,有 $c\succ_G a$。

在 b 与 c 相比时,有 19 个成员认为 $b\succ c$,另外的 $23+16+2=41$ 个成员认为 $c\succ b$,因为 $N(c\succ_i b)>N(b\succ_i c)$,按过半数票决策规则,有 $c\succ_G b$。

以上的分析表明,按过半数票决策规则群的意见是:$c\succ_G b$,$b\succ_G a$,$c\succ_G a$,即 $c\succ_G b\succ$

$_Gа$,在必须选出一人时,候选人 c 将当选。在例 10-5 中,c 是 Condorcet 候选人,他能在两两比较中分别击败 a 与 b。

由于简单过半数决策规则的合理性与简明性,它被广泛用于从两个备选方案(或候选人)中选择一人的投票表决。但在从多个方案中选择一个时,这一规则有可能会遇到麻烦。M. De Condorcet 发现,在对多个候选人作两两比较时,有时会出现多数票的循环。比如对例 10-5 稍作变动,有如例 10-6。

【例 10-6】 设 60 个成员对三个候选人的态度是

23 人认为:$a \succ b \succ c$
17 人认为:$b \succ c \succ a$
2 人认为:$b \succ a \succ c$
8 人认为:$c \succ b \succ a$
10 人认为:$c \succ a \succ b$

在对候选人作两两比较时有

$$N(a \succ_i b) = 33, \quad N(b \succ_i a) = 27, \quad 结果为 a \succ_G b$$
$$N(b \succ_i c) = 42, \quad N(c \succ_i b) = 18, \quad 结果为 b \succ_G c$$
$$N(a \succ_i c) = 25, \quad N(c \succ_i a) = 35, \quad 结果为 c \succ_G a$$

根据过半数决策规则,群有三个判断:$a \succ_G b, b \succ_G c, c \succ_G a$。这表明,虽然群中每个成员的偏好(即对候选人优劣的排序)是传递的,但用 Condorcet 原则对候选人两两比较时,按过半数规则得出的群的排序就可能会出现 a 优于 b,b 优于 c,c 又优于 a 这种互不相容的结果,即群的排序不再具有传递性,而是出现多数票的循环。这种现象称为 Condorcet 效应,也称投票悖论(the paradox of voting)。

下面来分析产生投票悖论的条件及其发生的概率。

一般来说,某个群要从三个备选方案(a、b、c)中选择一个时,假设群中各成员的偏好是一致的(即对方案的排序满足传递性),则在不考虑方案间的无差异情况时,成员中可能有如下 6 种观点,即

- $a \succ b \succ c$
- $a \succ c \succ b$
- $b \succ c \succ a$
- $b \succ a \succ c$
- $c \succ a \succ b$
- $c \succ b \succ a$

群中的成员可以按其观点分成 6 个子群,设群中成员总数为 n,以 $n_j(j=1,\cdots,6)$ 记群中持第 j 种观点的子群的成员数。为了得出群的总体偏好,可以按 Condorcet 原则对 n 个成员进行分类。

根据群中成员对 a 与 b 的态度分成两类,有

$$N(a \succ_i b) = n_1 + n_2 + n_5, \quad N(b \succ_i a) = n_3 + n_4 + n_6$$

类似地,对其他方案,有

$$N(a \succ_i c) = n_1 + n_2 + n_4, \quad N(c \succ_i a) = n_3 + n_5 + n_6$$
$$N(b \succ_i c) = n_1 + n_3 + n_4, \quad N(c \succ_i b) = n_2 + n_5 + n_6$$

按过半数规则,若 $n_1+n_2+n_5 > n_3+n_4+n_6$,群的判断为 $a \succ_G b$,因此,当

$$n_1 + n_2 + n_5 > n_3 + n_4 + n_6 \tag{10-1}$$
$$n_1 + n_3 + n_4 > n_2 + n_5 + n_6 \tag{10-2}$$
$$n_3 + n_5 + n_6 > n_1 + n_2 + n_4 \tag{10-3}$$

同时成立时,群的判断为 $a \succ_G b, b \succ_G c, c \succ_G a$,就会出现 Condorcet 效应,即产生投票悖论。若这 3 个不等式中的不等号同时反向,即不等式

$$n_1 + n_2 + n_5 < n_3 + n_4 + n_6 \tag{10-4}$$
$$n_1 + n_3 + n_4 < n_2 + n_5 + n_6 \tag{10-5}$$
$$n_3 + n_5 + n_6 < n_1 + n_2 + n_4 \tag{10-6}$$

同时成立时,群的判断为 $b \succ_G a, a \succ_G c, c \succ_G b$,也会出现多数票循环。

以上分析表明,只要选择适当的 $n_j(j=1,\cdots,6)$,使式(10-1)、式(10-2)、式(10-3)这 3 个不等式同时成立,或使式(10-4)、式(10-5)、式(10-6)同时成立,就会产生投票悖论。因此,只要愿意,就可以构造任意多个投票悖论的例子。

【例 10-7】 产生投票悖论的最简单的例子,这里有

$$n_1 = n_3 = n_5 = 1, \quad n_2 = n_4 = n_6 = 0$$

这相当于群有三个成员,这三个成员分别持观点 $a>b>c$、$b>c>a$、$c>a>b$。

这时若按过半数决策规则形成群的判断,则群的判断是 $a \succ_G b$、$b \succ_G c$、$c \succ_G a$,即出现多数票循环,即不具有传递性。

由以上分析可见,在用过半数法则进行社会选择时,产生多数票循环,即投票悖论是不可避免的。

用排列组合的知识可以对出现 Condorcet 效应的概率进行系统的分析。

Niemi 等人在 1968 年给出了与不同方案相对应的产生多数票循环的概率极限值,如表 10-10 所示。Garman 等人在 1968 年给出群中成员数与产生多数票循环的概率之间的关系见表 10-11。

表 10-10 产生多数票循环的概率极限值

方 案 数	概率极限	方 案 数	概率极限
3	0.087 7	15	0.608 7
4	0.175 5	20	0.681 1
5	0.251 3	25	0.729 7
6	0.315 2	30	0.764 8
7	0.369 2	35	0.791 4
8	0.415 1	40	0.812 3
9	0.454 5	45	0.829 2
10	0.488 7	49	0.840 5

表 10-11 群中成员数与产生多数票循环的概率之间的关系

方案数	群中成员数						
	3	5	7	11	15	25	∞
3	0.055 6	0.069 4	0.075	0.079 8	0.082	0.084 3	0.087 7
4	0.111 1	0.14	0.15	—	—	—	0.175 5
5	0.16	0.20	0.22	—	—	—	0.251 3
6	0.20	0.25	0.27	—	—	—	0.315 2
8	0.28	0.33	0.37	—	—	—	0.415 1
10	0.32	0.40	—	—	—	—	0.488 7

二、关于判定及防范多数票循环的研究

多数票循环在社会选择领域是引人关注的问题。偏好选举在过半数原则下是否发生"无 Condorcet 胜出者的多数票循环"下面将进行判定,并给出影响多数票循环产生的条件及其根源,在不对偏好进行限制的条件下,提出并证明了偏好选举中避免多数票循环产生的条件和办法。

进行社会选择最常用的办法就是投票,而投票程序通常遵循少数服从多数的原则(简称过半数原则)。这种原则可能产生不一致的结果,最早发现这一问题的是法国社会学者 Condorcet,因此多数票循环又称为 Condorcet 效应。

Arrow 的不可能性定理指出:如果对个体排序的实质不作任何预先假设,那么没有任何群体的表决方法能够排除投票悖论。多年来,对如何尽可能避免多数票循环的研究主要集中在对偏好的限制方面(如阿马蒂亚·森的价值限制定理),现在试图从另一角度研究:不对偏好进行任何限制,提出偏好选举在过半数原则下是否发生多数票循环的判定定理,然后通过分析影响多数票循环产生的条件及其根源,提出并证明偏好选举中尽可能避免多数票循环产生的办法。

首先作如下符号约定。

候选项集合 $X=\{x_1,x_2,\cdots,x_k|k>1,k\in \mathbf{N}\}$($\mathbf{N}$ 表示自然数集,下同),候选项数 $k(k>1,k\in \mathbf{N})$;投票人集合 $M=\{m_1,m_2,\cdots,m_n|n\in \mathbf{N}\}$,投票人数 $n(n\in \mathbf{N})$,特定多数(规定在两两比较中获胜方所必须得到的最少票数) q $(q<n)$。

1. 对"无 Condorcet 胜出者的多数票循环"产生的判定

在偏好选举中,如果候选项中不存在 Condorcet 胜出者,则必然产生多数票循环,而当 $k>3$ 时,即使候选项中存在 Condorcet 胜出者,在其他候选项中仍有可能出现多数票循环的情况。因此,"不存在 Condorcet 胜出者"是产生多数票循环的充分而非必要条件。

在现实生活中,很大一部分偏好选举的目的只是为了选出一个最优的候选项,即 Condorcet 胜出者,而对于剩余候选项中是否存在多数票循环情况并不关心。因此,重点是判定"无 Condorcet 胜出者的多数票循环"情况的产生。

定义 10-1 设 $x_i,x_j\in X$,且 $i\neq j$,则候选项 x_i 与 x_j 进行两两比较时,支持 x_i 的投票人数量用符号 $n(x_j,x_i)$ 表示。显然 $\forall x_i,x_j\in X$,且 $i\neq j$,$n(x_j,x_i)+n(x_i,x_j)=n$。

定义 10-2 设 $x_i, x_j \in X$,则候选项 x_i 的"最强劲的对手"在与 x_i 进行两两比较时所获得的投票人支持数用符号 $n(x_i)$ 表示,即

$$n(x_i) = \max_j n(x_j, x_i)$$

定义 10-3 设 $x_i \in X$,将每一个候选项各自的"最强劲的对手"在与该候选项作两两比较后的得票数组成一个数集,该数集中最小的那个数就为"最小最大数",用 n^+ 表示,即

$$n^+ = \min_i n(x_i)$$

显然, $n^+ \geqslant 0$。

定理 10-1 在简单多数票原则下,当且仅当 $n^+ < \dfrac{n}{2}$ 时,不会产生"无 Condorcet 胜出者的多数票循环",反之亦然。

证明

a. 充分性。因为 $n^+ < \dfrac{n}{2}$,所以 $\exists x_a \in X, \forall x_j \in X (j \neq a), n(x_j, x_a) < \dfrac{n}{2}$,所以 $n(x_a, x_j) = n - n(x_j, x_a) > \dfrac{n}{2}$,即 $\exists x_a \in X, \forall x_j \in X (j \neq a), n(x_a, x_j) > \dfrac{n}{2}$。

显然, x_a 即为 Condorcet 胜出者,所以在简单多数票原则下不会产生"无 Condorcet 胜出者的多数票循环"。

b. 必要性。因为在简单多数原则下不产生"无 Condorcet 胜出者的多数票循环",所以 $\exists x_a \in X, x_a$ 为 Condorcet 胜出者。$\forall x_j \in X (j \neq a), n(x_j, x_a) < \dfrac{n}{2}; n(x_a) = \max_j n(x_j, x_a) < \dfrac{n}{2}$,所以 $\forall x_i \in X, n^+ = \min_i n(x_i) = n(x_a) < \dfrac{n}{2}$。

示例 10-1 设有 60 人对候选项集合 $\{A, B, C\}$ 投票,统计表明,若他们对这三个候选项的偏好如下,即

21 人认为: $A > B > C$
16 人认为: $B > C > A$
4 人认为: $B > A > C$
9 人认为: $C > B > A$
10 人认为: $C > A > B$

则有 $n(B, A) = 16 + 4 + 9 = 29, n(C, A) = 16 + 9 + 10 = 35$,所以 $n(A) = 35$;
$n(A, B) = 21 + 10 = 31, n(C, B) = 9 + 10 = 19$,所以 $n(B) = 31$;
$n(A, C) = 21 + 4 = 25, n(B, C) = 21 + 16 + 4 = 41$,所以 $n(C) = 41$。
所以, $n^+ = \min\{n(A), n(B), n(C)\} = 31$。

因为 $n^+ = 31 > 30$,所以让这 60 投票人对候选项集合 $\{A, B, C\}$ 进行投票,在过半数原则下就必然会产生无 Condorcet 胜出者的多数票循环。

示例 10-2 将示例 10-1 的候选项集合中加入候选项 D,变为 $\{A, B, C, D\}$,其余条件不变,偏好如下,即

21 人认为：$D > A > B > C$
16 人认为：$D > B > C > A$
4 人认为：$B > D > A > C$
9 人认为：$C > B > D > A$
10 人认为：$C > A > D > B$

则有
$n(B,A)=29, n(C,A)=35, n(D,A)=50$，所以 $n(A)=50$；
$n(A,B)=31, n(C,B)=19, n(D,B)=47$，所以 $n(B)=47$；
$n(A,C)=25, n(B,C)=41, n(D,C)=41$，所以 $n(C)=41$；
$n(A,D)=10, n(B,D)=13, n(C,D)=19$，所以 $n(D)=19$。
所以，$n^+ = \min\{n(A),n(B),n(C),n(D)\}=19$。

因为 $n^+=19<30$，所以让这 60 投票人对候选项集合 $\{A,B,C,D\}$ 进行投票，在过半数原则下，虽然候选项 $\{A,B,C\}$ 之间会产生多数票循环的情况，但由于候选项 D 是 Condorcet 胜出者，所以不产生"无 Condorcet 胜出者的多数票循环"。

2. 对多数票循环产生的防范

定义 10-4 对某一候选项 $x_a \in X$，令 n'_a 表示认为 x_a 为最优候选项的所有投票人的总和。

显然，$\forall x_i \in X, n'_i$ 满足

$$\sum_{i=1}^{k} n'_i = n$$

同时

$$n'_i \leqslant n - n(x_i)$$

定理 10-2 当 $q > \dfrac{n(k-1)}{k}$ 时，不会产生多数票循环。

证明

(1) 当 $n^+ \leqslant \dfrac{n(k-1)}{k}$ 时，因为 $n^+ \leqslant \dfrac{n(k-1)}{k}$，$\exists x_a \in X, \forall x_j \in X(j \neq a), n(x_j, x_a) \leqslant \dfrac{n(k-1)}{k}$；所以 $n(x_a, x_j) = n - n(x_j, x_a) \geqslant n - \dfrac{n(k-1)}{k} = \dfrac{n}{k}$。

a. 如果 $n(x_a, x_j) \geqslant q$，则 x_a 即为最优胜出者。在 $k=3$ 的情况下，将会产生多数票循环，在 $k>3$ 的情况下，由于 $f(k) = \dfrac{n(k-1)}{k}$ 在其定义域内是严格单调递增函数，因此也将不会产生多数票循环。

b. 如果 $\dfrac{n}{k} \leqslant n(x_a, x_j) < q$，因为 $n(x_j, x_a) \leqslant \dfrac{n(k-1)}{k} < q$，由于双方的得票数都未能达到特定多数所要求的票数，所以按照规定，在本轮投票中 x_a 和 x_j 之间不能决出胜负，在投票人均不改变偏好的情况下将导致投票过程陷入僵局。这是一种极端的情况，但它在理论上至少能保证多数票循环不发生。

(2) 当 $n^+ > \dfrac{n(k-1)}{k}$ 时,因为 $n^+ > \dfrac{n(k-1)}{k}$,所以 $\forall x_i \in X, n(x_i) > \dfrac{n(k-1)}{k}$,可得

$$n'_i \leqslant n - n(x_i) < n - \dfrac{n(k-1)}{k} = \dfrac{n}{k}$$

所以
$$\sum_{i=1}^{k} n'_i < k \dfrac{n}{k} = n$$

此结果与前面 $\sum_{i=1}^{k} n'_i = n$ 相矛盾,所以,不可能出现 $n^+ > \dfrac{n(k-1)}{k}$ 的情况。

综合以上,可证明定理 10-2 成立。

3. 结论

通过从另外一个角度进行研究,不对偏好进行任何限制,提出并严格证明了偏好选举在过半数原则下是否发生"无 Condorcet 胜出者的多数票循环"的判定定理和在不对偏好进行限制的条件下在偏好选举中尽可能避免多数票循环产生的办法,对多数票循环的判定和防范提供了有力的理论依据。

首先,对于"最小最大数"n^+而言,在实际操作中,n^+的获得是相对比较容易的,定理 10-1 为能够在投票前预先判断"无 Condorcet 胜出者的多数票循环"是否会发生提供了可靠而实用的理论依据和办法。

其次,定理 10-2 揭示了多数票循环产生的概率与特定多数 q、候选项数及投票人数之间的关系,并指明了一个能够完全避免多数票循环产生的办法。这个办法实际上改变了偏好选举中的过半数原则,将获胜所需要的得票数增加到一个特定的值,而不仅仅只是过半数。在实际操作中,可以通过适当增大特定多数 q 值来减小多数票循环产生的概率。值得一提的是,这个条件实际上非常苛刻,甚至可能出现投票陷入僵局的情况,不过在坚持过半数的原则下,因此可以通过减少候选项的数目 k,或者减少投票人的数目 n,同样能够达到降低多数票循环产生可能性的目的。

三、社会选择函数

(一) 引言

前面已经指出,投票表决时采用的简单多数票规则及过半数原则只有在从两个候选人中选择一个时,才是行之有效的群决策方法。在候选人(或方案)数 $m \geqslant 3$ 时,由于多数票循环存在而不是很可靠。即使不存在多数票循环,投票结果的合理性也很难保证,除了例 10-1、例 10-3 所说明的情况,我们再考察例 10-5 中的问题。根据 Condorcet 原则,对候选人作两两比较,c 将当选;但同样的问题,如果采用简单多数法,a 得 23 票,b 得 19 票,c 得 18 票,a 的得票数最多,a 应当选;如果按过半数规则,在第一次投票后,无一候选人的得票数超过半数,需要对第一次投票得票数最多的 a、b 进行第二次投票,在第二次投票时,a 得 25 票,b 得 35 票,b 当选。由此可知,虽然群中成员对三个候选人的偏好次序没有改变,但随着计票方式的改变,群的决策也就各不相同。三个候选人都有可能当选,这种情况是谁都不希望发生的,因为这会使群中成员为采用何种计票方式而争论不休。在投票表决中的计票方法实质上就是群决策规则,因此有必要对这种规则的合理性进行研究,以找出能正确反映群中成员意愿的公平合理的方法。

(二) 社会选择函数的性质

为衡量社会选择函数即群决策规则的优劣,我们需要有评价的标准,因此有必要定义若干种能据以判断社会选择函数优劣的性质。

1. 明确性

系统必须是明确的和确定的,即一种社会选择函数能从投票者们的每一种偏好得出明确而唯一的社会排序。

2. 中性

中性又称对偶性,是指对候选人的公平性。它防止偏袒某一候选人,因为它保证在每个投票人都对两个候选人作出相反选择时,社会因作出相反选择,亦即社会选择机制同样对待所有候选人。

3. 匿名性

匿名性又称平等原则,是指对投票人的公平性。它要预先防止某个投票人拥有更大的权力,它相当于一人一票原则,即给每一个投票人赋予相同的权重。

4. 单调性

单调性又称正的响应。它表明若某个投票人将 x 的位置靠前,其他投票人的偏好不变,则候选人 x 与另一候选人的相对地位至少不比原来差。在有多个投票人更偏爱 x 时,它也成立。

5. 一致性

一致性又称弱 Pareto 准则。它规定所有投票人一致认为 x 优于 y 时,x 应取胜;所有投票人都认为 y 优于 x 时,y 应取胜。

6. 齐次性

齐次性规定,若一个投票人认为两个候选人无差异,则可以用对候选人持对称态度的一对局部投票人来代替,这两个人在其他方面与原来那个投票人相同,只是一个人认为 x 优于 y 时,一个人认为 y 优于 x 时。

7. Pareto 最优性

若每个投票人都认为 x 优于 y(或 x 至少不劣于 y),则社会也因此持同样的看法。

显然,一个公平、合理的社会选择函数应当具备上述各种性质。

(三) 社会选择函数

1. Condorcet 函数

Condorcet 原则规定,从多个候选人中选择一个时,如果存在某个候选人 x,能在与其他候选人逐一比较时,按过半数决策规则击败其他所有人,则 x 称为 Condorcet 候选人,应该由他当选。Condorcet 还提出,如果不存在 Condorcet 候选人,则应采用函数

$$f_C(x) = \min_{y \in A \setminus \{x\}} N(x \succ_i y)$$

并按 $f_C(x)$ 值的大小来排列候选人 x 的优劣。

$f_C(x)$ 称为 Condorcet 函数,它是 x 与其他所有候选人逐一比较时得票最少的那一次的所得票数,因此它是极大化极小函数。

示例 10-3 用 Condorcet 函数解例 10-6。

群中 60 个成员的态度是

$$23 \text{ 人认为}: a > b > c$$
$$17 \text{ 人认为}: b > c > a$$
$$2 \text{ 人认为}: b > a > c$$
$$8 \text{ 人认为}: c > b > a$$
$$10 \text{ 人认为}: c > a > b$$

所有候选人成对比较的结果为 $a >_G b$、$b >_G c$、$c >_G a$，出现多数票循环。需要采用 Condorcet 函数，即

由 $N(a >_i b) = 33$，$N(a >_i c) = 25$，因此 $f_C(a) = 25$；

由 $N(b >_i a) = 27$，$N(b >_i c) = 42$，因此 $f_C(b) = 27$；

由 $N(c >_i a) = 18$，$N(c >_i a) = 35$，因此 $f_C(c) = 18$；

可知 $b >_G a >_G c$。

Condorcet 函数值还可以用下法求得：首先根据各方案成对比较结果列出表决矩阵，候选人 x 所在行中的最小值即 $f_C(x)$。对示例 10-3，结果如表 10-12 所示。

表 10-12　表决矩阵

	a	b	c	$f_C(\cdot)$
a	—	33	25	25
b	27	—	42	27
c	35	18	—	18

Condorcet 函数满足社会选择函数的全部 7 个性质，因此是最好的社会选择函数。

□ 2. Borda 函数

Borda 是法国数学家与航海家。他提出的判断各候选人优劣的方法是：由每个投票人对各候选人排序，设有 m 个候选人，则将 $m-1, m-2, \cdots, 1, 0$ 这 m 个数分别赋予排在第一位、第二位、…、最末位的候选人，然后计算各候选人的得分总数(Borda 分)。得分最高的候选人为胜者，Borda 分即 Borda 函数，有

$$f_B(x) = \sum_{y \in A \setminus \{x\}} N(x >_i y)$$

候选人按 $f_B(x)$ 值的大小排序。$f_B(x)$ 为 x 与其他候选人逐一比较 $m-1$ 次中所得票数的总和。

 示例 10-4 用 Borda 函数解例 10-6。

群中 60 个成员的态度是

$$23 \text{ 人认为}: a > b > c$$
$$17 \text{ 人认为}: b > c > a$$
$$2 \text{ 人认为}: b > a > c$$

$$8 人认为: c > b > a$$
$$10 人认为: c > a > b$$

用 Borda 分计算如下。

将 2、1、0 分别赋予排在第一、第二、第三位的候选人,则有

a 的 Borda 分为 $2 \times 23 + 1 \times (2+10) = 58$

b 的 Borda 分为 $2 \times (17+2) + 1 \times (23+8) = 69$

c 的 Borda 分为 $2 \times (10+8) + 1 \times 17 = 53$

于是由 $f_B(b) > f_B(a) > f_B(c)$,因此 $b >_G a >_G c$。

Borda 函数除了一致性不满足外,其他的性质都满足。

社会选择函数除了上面介绍的这两种外,还有 Copeland 函数、Nanson 函数、Dodgson 函数等,这里就不再详细介绍了。

■ 第四节　策略性投票分析

在实际的社会选择中,用社会选择规则所集结的成员个人偏好是各成员所表达出来的偏好,而不一定是其真实偏好。某些成员出于某种目的而谎报自己的偏好,使选择结果发生有利于自己的变化,这就是所谓的"策略投票"。策略投票是群体决策中的常见现象,但对于不同的群偏好排序,操纵投票结果的难度是不同的,这取决于候选人之间的优劣关系的差异强度,以及是否存在多数票循环。在群偏好出现强序时,如果差异程度足够大,则可有效地防止策略投票。例如,在美国总统竞选中,当某一个州的绝大多数选区的投票工作均已结束,只剩下一个选区未投票时,如果民主党发现在已投票的结果中,共和党多于民主党的得票数已超过最后一个选区的选民数,民主党将放弃在该州的宣传鼓动工作。在群偏好出现弱序时,投票程序将容易被操纵,投票人易发生策略行为。例如,当两个候选人势均力敌时,微小的操纵和鼓动行为就会改变整个格局。在中国台湾地区"大选"中,不明枪击事件打破了均势的格局,使陈水扁获得了最后的胜利。下面我们将详细讨论策略投票的几种情况。

■ 一、谎报偏好而获益

【例 10-8】 设 $A = \{a, b, c\}$,a、c 分别是持两种极端观点的党派或团体推举的候选人,b 为持中间立场的候选人。在 30 位投票人中,分别支持 a、b、c 的三派力量对比是 13:9:8。具体态度是

$$13 人认为: a > b > c$$
$$4 人认为: b > c > a$$
$$5 人认为: b > a > c$$
$$8 人认为: c > b > a$$

若投票人真实地表达各自偏好,则无论按 Condorcet 原则或过半数原则(二次投票),还是用 Borda 法,都应由 b 当选。

按 Condorcet 原则有

$$N(a>_ib)=13, N(b>_ia)=17, 结果是 b>_Ga$$
$$N(a>_ic)=18, N(c>_ia)=12, 结果是 a>_Gc$$
$$N(b>_ic)=22, N(c>_ib)=8, 结果是 b>_Gc$$

社会选择的排序是 $b>_Ga>_Gc$。

按过半数原则,第一次投票后,a、b、c 三个候选人的得票均未达到 15 票,无人当选,需要进行第二次投票。第一次投票时 c 得票最少,被淘汰后,由 a、b 两位候选人竞争。a、b 分获 13 和 17 票,b 获胜。

采用 Borda 法有

$$a 的得分为 13 \times 2 + 5 \times 1 = 31$$
$$b 的得分为 9 \times 2 + (13+8) \times 1 = 39$$
$$c 的得分为 8 \times 2 + 4 \times 1 = 20$$

社会选择的排序仍是 $b>_Ga>_Gc$。

但是,倘若在采用 Borda 法时,支持 a 的 13 个人改变投票策略,其中 9 个人谎称其偏好序为 $a>c>b$,其余所有成员真实地宣布偏好,这时 30 个投票人所表达的偏好序为

$$4 人认为:a>b>c$$
$$9 人认为:a>c>b$$
$$5 人认为:b>a>c$$
$$4 人认为:b>c>a$$
$$8 人认为:c>b>a$$

按 Borda 法有

a 的得分仍为 31,b 的得分变成 30,c 的得分变成 29,社会选择的排序是 $a>_Gb>_Gc$,a 将当选。

根据 Condorcet 原则有

$$N(a>_ib)=13, N(b>_ia)=17, 结果是 b>_Ga$$
$$N(a>_ic)=18, N(c>_ia)=12, 结果是 a>_Gc$$
$$N(b>_ic)=13, N(c>_ib)=17, 结果是 c>_Gb$$

社会选择的排序是 $b>_Ga, a>_Gc, c>_Gb$,出现多数票循环,没有胜者。

如果采用过半数原则,第一次无人获得半数以上选票时,对得票最多的两个候选人进行二次投票。若在第一次投票时,支持候选人 a 的 13 人之中有两人改为支持 c,其他人都诚实地表达自己的意愿,则 a、b、c 得票分别为 11、9、10,被淘汰的将是 b;第二次投票时,所有人都诚实地表达自己的意愿时,a、c 分获 18、12 票,a 获胜。

这个例子说明,a 的支持者可以通过谎报偏好这种投票策略来操纵社会选择排序而获益。

二、选票交易

【例 10-9】 一个由甲、乙和丙三个人构成的群体,就 A、B 两项工程是否投资建设进行决策。工程投资建设后各成员的效益如表 10-13 所示。

表 10-13

	A	B	$A+B$
甲	20	−5	15
乙	−5	15	10
丙	−5	−5	−10
合计	10	5	15

显然,甲希望投资建设工程 A,乙希望投资建设工程 B。但是,若 A、B 两项工程分别单独投票,均会因为有两票反对只有一票赞成而被否决。然而,甲、乙二人可以达成协议:乙投票支持工程 A 投资建设,作为交换条件,甲投票支持工程 B 投资建设,这样一来,由于 A 和 B 均能获两票支持,同时获得通过。甲可因此得到 15 个单位的总收益,乙也可以有 10 个单位的总收益,丙无疑是这场投票交易中的受害者。

三、小集团操纵群

【例 10-10】 某个群有 100 个成员,有一只大蛋糕应由这 100 人公平地分享。

假设其中有一个人具有某种组织能力和政治头脑,他首先设法取得 50 人的信任,形成 51 人组成的团体,以 51∶49 的过半数"合法"地排除 49 人应得的权利,由 51 人分享全部蛋糕。

这个精明的家伙若无竞争对手,还可以设法在 51 人联盟中结成 26 人的联盟,只分给另外 25 人少量蛋糕,比如说,总量的十分之一甚至更少。如果这 25 个人中有谁对此不满,他可以威胁说,谁要是嫌少不满意,换他到 49 人的那群人中去,让他一点都得不到。很可能这 25 个人也就接受了这种安排,因为再少也比没有强。剩余的绝大部分蛋糕并不需要在 26 个人中平均分配,因为此人还可以从中结成 14 个人的联盟,让另外 12 个人分少量蛋糕,比如说总量的十分之一。如此继续,最终可能由 2 个人甚至由他一个人分享大部分蛋糕!

多次策略地使用过半数决策方法就有可能将权力与好处集中到极少数人手中,投票的次数和级别越多,小集团操纵群的机会也越大。

四、次序效应

在例10-6表明的问题中,群即社会选择出现了多数票循环。只要存在多数票循环,就可以通过议事程序的安排,利用多数票规则,让循环中的任何一个候选人(或备选方案)入选。例如,想要 a 胜出,就让 b 与 c 先表决,b 胜出后再让 b 与 a 比,a 击败 b 后即可入选;三个方案的多数票循环中,后参与投票的方案一定能入选。决策过程中因议事程序不同而造成结果差异的现象称为次序效应。

可以证明:在相互偏好信息完全未知的条件下,当其他方案的表决次序不变时,方案 x 投入表决的次序越靠后,x 胜出的可能性越大。

在某些情况下,决策过程对方案的选择取决于议事程序的选择。无论是诚实投票还是策略投票,一般修正案表决程序和一般顺序表决程序都不能防止被操纵,即都不稳定。相比之下,一般修正案表决程序比一般顺序表决程序稳定。

上述结论说明了为什么许多国际组织和机构讨论议事程序要比正式开会花费更多的时间和精力。现实中也不乏这样的例子:己方提案无法直接击败对方提案时,可以构造一个提案来击败对方的提案,等对方提案出局后,再以修正案方式让己方原提案获得通过。

为了防止出现上述例子所说明的情况,有人提出衡量投票表决方法优劣的标准应当是:

- 能否充分利用社会中各成员偏好信息;
- 若存在 Condorcet 候选人,他应能当选;
- 对策略性投票是否有防御能力。

令人遗憾的是,没有任何一种投票表决方法对策略性投票具有防御能力。

五、简单多数票法和 Borda 法的防策略性分析

投票活动越来越影响人们的生活,由于每一种投票方法都有特定的适用范围和不足,因此选择合适的投票规则,有效地防止策略投票对于保障公众权利至关重要。投票理论的奠基人之一 C. L. Dodgson 经过大量的对比研究认为,投票程序的"可操纵性"和投票人的策略行为是"普遍存在的"。他的研究只是一种感性认识,未能对这种"普遍存在性"从理论上加以解释和证明。防策略投票理论的真正发展是在 Arrow 提出著名的不可能性定理以后,特别是在 20 世纪 70 年代中后期,Gibbard 和 Satterthwaite 提出了新的防策略投票不可能性定理,为投票选举的防策略性研究奠定了坚实的理论基础。但他们未对特定投票规则的防策略性问题进行系统分析,特别是在我国缺乏这种研究。下面以非排序式投票中的简单多数票法和排序式投票中 Borda 法为研究对象,对防策略性问题作较为系统的研究。

1. 符号与定义

假设集合 $N=\{1,2,\cdots,n\}$ 表示委员会成员集,即投票人的集合,N 中的任一元素 i($1\leq i\leq n$)表示委员会的某一成员。集合 $A=\{a_1,a_2,\cdots,a_m\}$ 表示备选方案(候选人)集合,2^A 表示 A 的幂指集,设 V 为 $2^A-\{\varnothing\}$ 的子集,即 $V\leq 2^A-\{\varnothing\}$,$\varnothing$ 表示无备选方案。R_i 表示成员 i 对方案集 A 的排序。$U=\{u|u=(R_1,R_2,\cdots,R_n)\}$ 表示偏好断面集,其中 u 为任一给定偏好断面,用 u/i 表示委员会各成员中仅成员 i 改变了偏好的偏好断面,即 u/i

$= (R_1, R_2, \cdots, R_{i-1}, R_{i+1}, \cdots, R_n)$。

定义 10-5 选择函数 $C(\cdot)$ 的单值性。若 $\forall (u,v) \in U \times V$，有 $|C_u(V)| = 1$，则称选择函数 $C(\cdot)$ 是单值的，其中 $|C(\cdot)|$ 表示 $C(\cdot)$ 中元素数。

单值性意味着在任一偏好断面 u 下，对给定的选择情形进行选择，得到的结果是唯一的。用 $\overline{C_u(v)}$ 表示 $C_u(v)$ 中的唯一元素。

定义 10-6 选择函数 $C(\cdot)$ 的可操纵性。设 $\forall (u,v) \in U$，若 $\exists u' = u/i$，使 $\overline{C_{u'}(v)} > \overline{C_u(v)}$，则称选择函数 $C(\cdot)$ 在 (u,v) 是可操纵的。

选择函数 $C(\cdot)$ 是可操纵性的意味着在委员会各成员中，当成员 i 有意识地改变自己的偏好时，可使选择结果发生有利于自己的变化。

定义 10-7 选择函数 $C(\cdot)$ 的防策略性。若 $P(u,v) \in U \times V, C(\cdot)$ 在 (u,v) 是不可操纵的，则称选择函数 $C(\cdot)$ 是防策略性的。

选择函数 $C(\cdot)$ 是防策略性的意味着在任意偏好断面下，对于任意给定的备选方案集，选择函数 $C(\cdot)$ 都是不可操纵的。

当选择函数 $C(\cdot)$ 为单值时，由于选择结果只有一个，其选择函数是否具有防策略性可以根据 $C_u(v)$ 和 $C_{u'}(v)$（其中 $u' = u/i, v \in V$）的比较来判断，即当成员 i 有意识地改变自己的偏好时，看其选择结果是否发生有利于自己的变化，若发生了有利于成员 i 自己的变化，则选择函数 $C(\cdot)$ 是可操纵的，其也就不具备防策略性，也就是 $\overline{C_{u'}(v)} > \overline{C_u(v)}$。对于单值性选择函数 $C(\cdot)$ 是否具有防策略性，只要 $\forall (u,v) \in U \times V, C(\cdot)$ 在 (u,v) 是不可操纵的，即 $\overline{C_u(v)} > \overline{C_{u'}(v)}$ 时，则选择函数 $C(\cdot)$ 是防策略的。

□ 2. 简单多数票法防策略性分析

简单多数票法是从多个候选人中根据得票最多选出一个优胜者的方法（每个投票人只有一票），由于其使用简单，对选民本身的素质要求不高，因此一直以来是投票选举中常用的方法。但是它的缺点也是明显的，运用简单多数票法进行投票选举是不稳定的，容易被操纵。

定义 10-8 简单多数票法。设 $N(a_i)$ 表示候选人 a_i 的得票数，A 为候选人集合，$a_i \in A$，其候选人的排列顺序为 $a_1, a_2, \cdots, a_m$。若 $\forall u \in U$，且 $|A| > 1, |C_u(A)| = 1$，当 $i > j$ 时，有 $N(a_i) > N(a_j)$；当 $j > i$ 时，有 $N(a_i) \geq N(a_j)$，则 $C_u(A) = a_i$。

对于简单多数票法，根据选择函数可操纵性的定义，当成员 i 有意识地改变自己的偏好时，其选择结果是否发生有利于自己的变化呢？若有，则表明选择结果被操纵了；若没有，就算是选择结果发生了变化，其选举结果也没有被操纵。当候选人数 $m = 2$ 时，因改变自己偏好对自己不利，就不存在操纵性问题。下面讨论候选人数 $m \geq 3$，投票人数为 n 的情况。

对于 $u \in U$，且 $|A| > 2$，假设候选人为 $b_1, b_2, \cdots, b_m$，则其相应的得票数为 $k_1, k_2, \cdots, k_m$，并且 $k_1 \geq k_2 \geq \cdots \geq k_m$。

定理 10-3 运用简单多数票法进行投票，对于 $u \in U$，且 $|A| > 2$，当 $k_1 \geq k_2 + 2$ 时，其偏好断面是不可操纵的。

定理 10-4 运用简单多数票法进行投票选举，当为情况 a 时，即 $k_1 = k_2$，其可操纵投票的概率 $P_1 \geq 1 - 2^{-r}(r = k_3 + k_4 + \cdots + k_m)$。

定理 10-5 运用简单多数票法进行投票选举，当为情况 b 时，即 $k_1 = k_2 + 1$，其可操

纵投票的概率 $P_2 \geq 1/2 - 2^{-r} - 1 (r = k_3 + k_4 + \cdots + k_m)$。

3. Borda 法防策略性分析

Borda 法是排序式投票最有代表性的一种投票选举规则。Borda 法规定，由每个投票人对各候选人排序，设有 m 个候选人，将 $m-1, m-2, \cdots, 1, 0$ 这些 m 个数分别赋予排在第 1 位、第 2 位、$\cdots$、最末位的候选人，然后计算各个候选人的得分总数（Borda 分计为 $f_B(b)$），得到最高分的候选人为胜者。

对于 $f_B(b)$ 相同的候选人，根据他们的排列顺序来判断其优劣，即排列顺序在前的候选人优于排列顺序在后的候选人。假设候选人数为 m，投票人数为 n，对于 $u \in U$，且 $|A| \geq 2$，候选人为 $b_1, b_2, \cdots, b_m$，其相应的 Borda 分为 $f_B(b_1), f_B(b_2), \cdots, f_B(b_m)$，并且 $f_B(b_1) \geq f_B(b_2) \geq \cdots \geq f_B(b_m)$。

定理 10-6 运用 Borda 法进行投票，对于 $u \in U$，且 $|A| \geq 2$，当 $f_B(b_j) \geq f_B(b_i) + m - 1$ 时，其偏好断面是不可操纵的。

由定理 10-6 可知，当 $f_B(b_j) - f_B(b_i) < m - 1$ 时，其偏好断面有可能被操纵。为了便于分析能够引起操纵的偏好断面，以候选人数 $m = 3$ 为例加以说明。

运用 Borda 法，n 个投票人要从三位候选人（a、b、c）中选择一位候选人时，假设每个投票人的偏好序都是严格偏好，则其严格偏好序共有下面 6 种类型，即

类型 1：$a \succ b \succ c$
类型 2：$a \succ c \succ b$
类型 3：$b \succ a \succ c$
类型 4：$b \succ c \succ a$
类型 5：$c \succ a \succ b$
类型 6：$c \succ b \succ a$

假设 $n_i (i = 1, 2, \cdots, 6)$ 表示偏好序是类型 i 的投票人数，则 $\sum_{i=1}^{6} n_i = n$，这里假设三位候选人的排列顺序是 a, b, c。

推论 10-1 运用 Borda 法进行投票，当 $f_B(a) = f_B(b) \geq f_B(c)$ 时，其偏好断面是可能被操纵的。

推论 10-2 运用 Borda 法进行投票，当 $f_B(a) = f_B(b) - 1, f_B(b) \geq f_B(c)$ 时，其偏好断面是可能被操纵的。

同样地，当 $f_B(a) = f_B(c) - 1, f_B(c) > f_B(b)$ 时，或 $f_B(b) = f_B(c) - 1, f_B(c) > f_B(a)$ 时，其偏好断面也是可能被操纵的。

由推论 10-1 和推论 10-2 可知，当候选人数 $m = 3$ 时，运用 Borda 法进行投票选举，当 Borda 分最高的两位候选人之间相差不超过 1 时，其偏好断面是可能被操纵的。这和定理 10-6 的结论是一致的。

第五节 博弈分析

一、博弈论概述

"博弈论"译自英文"game theory"。game 的基本意义是游戏，因此"game theory"直

译应该是"游戏理论",说起游戏,大家都非常熟悉,在日常生活中,小到下棋打牌、博彩,大到田径、球类等各种体育比赛,都是游戏,只是不同种类、不同形式的游戏。人类创造的游戏丰富多彩,我们很难把它们一一列举出来。不过,如果我们认真观察、思考一下就能发现,很多游戏都有一个共同的特点,那就是策略,或者说是计谋,在其中起着举足轻重的作用。虽然在不少游戏种类,如扑克游戏和体育竞技中,运气或身体素质的作用很大,但一旦这些因素既定以后,策略选择的好坏也是左右这些游戏结果的关键因素。在参与者的初始条件基本相同的游戏中,如棋类比赛等,策略选择的好坏更是决定游戏结果的唯一因素。因为身体素质等固有条件已存在或不能改变,运气等游戏成分无法控制,因此游戏参与者可以运用的就只有对策略的选择。所以在游戏中,真正值得研究的是其中的策略问题,而不是游戏中的固有条件或运气成分。

进一步分析,还可以发现许多游戏都有下列特征。

(1) 有一定的规则。规定游戏的参与者(可以是个人,也可以是团队)可以做什么,不可以做什么,应该按怎样的次序做,什么时候结束游戏和一旦参与者犯规将受怎样的处罚等。

(2) 有一个结果。如一方赢一方输、平局或参与者各有所得等,而且结果常能用正或负的数值表示,或能按照一定的规则折算成数值。

(3) 策略至关重要。游戏者不同的策略选择常会带来不同的游戏结果。

(4) 策略和利益有相互依存性。每一个游戏参与者所得结果的好坏不仅取决于自身的策略选择,也取决于其他参与者的策略选择。有时一个差的策略选择也许会带来并不差的结果,原因是其他游戏参与者选择了更差的策略。因此在有策略依存性的游戏中,策略本身常常没有绝对的好坏之分,只有相对于其他策略的相对好坏。

上述几点正是许多游戏共有的本质特征,但是具有这样特征的并不只是正常生活中的一般游戏,许多重要得多的人类活动,包括经济活动中的经营决策、市场竞争,政治、军事活动中的竞选、谈判、联合和战争等斗智斗勇的较量等,也都具有类似的特征。其实这一点也不奇怪,因为这些人类活动与娱乐游戏一样,常常也是在一定规则之下各参与方之间的策略较量,参与者可以控制和运用的关键因素也是策略选择,并且相关各方的策略和利益也存在相互依存和制约的关系。

现在,我们给博弈下一个简明的、非技术性的定义:博弈是一些个人、组队或其他组织,面对一定的环境条件,在一定的规则下,同时或先后,一次或多次,从各自允许选择的行为或策略中进行选择并加以实施,各自取得相应结果的过程。

从上述定义中可以看出,规定或定义一个博弈需要设定下列四个方面。

(1) 博弈的参与者(players):即在所定义的博弈中究竟有哪几个独立决策、独立承担后果的个人或组织。对我们来说,只要在一个博弈中统一决策、统一行动、统一承担结果,不管一个组织有多大,哪怕是由一个国家,甚至是由许多国家组成的联合国,都可以作为博弈中的一个参与方。并且,在博弈的规则确定之后,各参与方都是平等的,大家都必须严格按照规则办事。为统一起见,今后将博弈中的每个独立参与方都称为一个"博弈方"。

(2) 各博弈方各自可选择的全部策略(strategies)或行为(actions)的集合:即规定每个博弈方在进行决策时,可以选择的方法、做法或经济活动的水平、量值等。在不同的博弈中,可供博弈方选择的策略或行为的数量大不相同,在同一个博弈中,不同博弈方的可选策略或行为的内容和数量也常常不同,有时只有有限的几种,甚至只有一种,而有时又可能有许多种,甚至无限多种可选策略或行为。

(3) 进行博弈的次序(orders)。在现实的各种决策活动中,当存在多个博弈方进行决策时,有时候需要这些博弈方同时作出选择,因为这样能保证公平合理,而很多时候各博弈方的决策又有先后之分,并且有时一个博弈方还要作不止一次的决策选择,这就免不了有一个次序问题。因此,一个博弈必须规定其中的次序,次序不同一般就是不同的博弈,即使其他方面都相同,也是不同的博弈。

(4) 博弈方的支付(playoffs)。对应于各博弈方的每一组可能的决策选择,都应有一个结果表示该策略组合下各博弈方的所得或所失。由于我们对博弈的分析主要是通过数量关系的比较进行的,因此我们研究的绝大多数博弈,本身都有数量的结果或可以量化为数量的结果,例如收入、利润、损失、个人效用和社会效用、经济福利等。博弈中的这些可量化的数值称为各博弈方在相应情况下的"支付"。一个博弈必须对支付作出规定,支付可以是正值也可以是负值,它们是分析博弈模型的标准和基础。值得注意的是,虽然各博弈方在各种情况下的收益应该是客观存在的,但这并不意味着各博弈方都了解各方的支付情况,对此我们会作进一步的讨论。

以上四个方面是定义一个博弈时必须首先设定的,确定了上述四个方面就确定了一个博弈。博弈论就是系统研究可以用上述方法或内容定义的各种博弈问题,寻求在各博弈方具有充分或有限理性、能力的条件下,合理的策略选择和合理选择策略时的博弈结果,并分析这些结果的经济意义、效率意义的理论和方法。

二、博弈的分类

博弈可以从两个角度进行划分。

第一个角度是参与人行动的先后顺序。从这个角度,博弈可以划分为静态博弈(static game)和动态博弈(dynamic game)。静态博弈指的是博弈中参与人同时选择行动,或虽未同时行动,但后行动者并不知道先行动者采取了什么具体行动。动态博弈指的是参与人的行动有先后顺序,且后行动者能够观察到先行动者所选择的行动。

第二个角度是参与人对有关其他参与人(对手)的特征、战略空间及支付函数的了解。从这个角度,博弈可以划分为完全信息博弈和不完全信息博弈。完全信息指的是每一个参与人对所有其他参与人(对手)的特征、战略空间及支付函数有完整、准确的信息;否则,就是不完全信息。

将上述两个角度的划分结合起来,我们就得到四种不同类型的博弈,这就是:完全信息静态博弈,完全信息动态博弈,不完全信息静态博弈,不完全信息动态博弈。与四类博弈相对应的是四个均衡概念,即:纳什均衡(Nash equilibrium),子博弈精炼纳什均衡(subgame perfect Nash equilibrium),贝叶斯纳什均衡(Bayesian Nash equilibrium),精炼贝叶斯纳什均衡(perfect Bayesian Nash equilibrium)。表 10-14 概括了上面所讲的四种博弈及对应的均衡概念。

表 10-14 四种博弈及对应的均衡概念

行动\信息	静 态	动 态
完全信息	完全信息静态博弈 纳什均衡	完全信息动态博弈 子博弈精炼纳什均衡
不完全信息	不完全信息静态博弈 贝叶斯纳什均衡	完全信息动态博弈 精炼贝叶斯纳什均衡

三、完全信息静态博弈——纳什均衡

纳什是一个天才的数学家。他的研究奠定了现代非合作博弈论的基石,博弈论的研究基本上都沿着这条主线展开。

纳什对博弈论的贡献有两个方面,一是合作博弈理论中的讨价还价模型,称为纳什讨价还价解;二是非合作博弈论方面,这是他的主要贡献所在。

纳什对非合作博弈论的主要贡献是他在 1950 年和 1951 年的两篇论文中,在非常一般的意义上定义了非合作博弈及其均衡解,并证明了均衡解的存在。这样,他便奠定了非合作博弈论的基础。纳什所定义的均衡称为"纳什均衡",现在成为经济学中的专业术语。

纳什均衡是什么意思呢?假设有 n 个人参与博弈,在给定其他人战略的条件下,每个人选择自己的最优战略(个人最优战略可能依赖,也可能不依赖其他人的战略),所有参与人选择的战略构成一个战略组合。纳什均衡指的是这样一种战略组合,这种战略组合由所有参与人员的最优战略组成,也就是说,给定别人战略的情况下,没有任何单个参与人有积极性选择其他战略,从而没有任何人有积极性打破这种均衡。用句不含贬义的话来说,纳什均衡是一种"僵局":给定别人不动的情况下,没有人有兴趣动。

纳什均衡可以从另一个角度来理解。假设博弈中的所有参与人事先达成一项协议,规定了每个人的行为规则。那么,我们要问的一个问题是,在没有外在的强制力约束时,当事人是否会自觉地遵守这个协议?或者说,这个协议是否可以自动实施?说当事人会自觉遵守这个协议,等于说这个协议构成一个纳什均衡:给定别人遵守协议的情况下,没有人有积极性偏离协议规定的自己的行为规则。换句话说,如果一个协议不构成纳什均衡,它就不可能自动实施,因为至少有一个参与人会违背这个协议。不满足纳什均衡要求的协议是没有意义的。这就是纳什均衡的哲学思想。

下面举几个例子来说明纳什均衡,这些例子都是博弈论里很著名的例子。

【例 10-11】 囚徒困境。

这个例子的构造本身就部分地奠定了合作博弈论的理论基础,并且它可以作为实际生活中许多现象的一个抽象概括。几乎没有一本涉足博弈论的书不举这个例子。囚徒困境讲的是两个嫌疑犯作案后被警察抓住,分别被关在不同的屋子里受审讯。警察告诉他们:如果两人都坦白,各判刑 8 年;如果两个都抵赖,各判 1 年(或许因证据不足);如果其中一人坦白另一人抵赖,坦白的放出去,抵赖的判刑 10 年(这有点"坦白从宽、抗拒从严"的味道)。表 10-15 给出囚徒困境的战略表述。这里,每个囚徒都有两种战略:坦白或抵赖。表中方格的两个数字代表对应战略组合下两个囚徒的支付(效用,Payoff),其中第1个数字是囚徒A的支付。第2个数字为囚徒B的支付。

表 10-15 囚徒困境

		囚徒B	
		坦白	抵赖
囚徒A	坦白	$-8,-8$	$0,-10$
	抵赖	$-10,0$	$-1,-1$

在这个例子里,纳什均衡就是(坦白,坦白)。给定囚徒B坦白的情况下,囚徒A的最优战略是坦白;同样,给定囚徒A坦白的情况下,囚徒B的最优战略也是坦白。事实上,这里(坦白,坦白)不仅是纳什均衡,而且是一个最优战略(dominant strategy)均衡,就是说,不论对方如何选择,个人的最优选择都是坦白。比如说,如果囚徒B抵赖,囚徒A坦白的话被放出来,抵赖的话判1年,所以坦白比抵赖好;如果囚徒B坦白,囚徒A坦白的话判8年,抵赖的话判10年,所以,坦白还是比抵赖强。这样,坦白就是囚徒A的占优战略。同样,坦白也是囚徒B的占优战略。结果是,每个人都选择坦白,各判刑8年。

囚徒困境反映了一个很深刻的问题,这就是个人理性与集体理性的矛盾。如果两个人都抵赖,各判刑1年,显然比都坦白各判刑8年好。但这个做不到,因为它不满足个人理性要求,(抵赖,抵赖)不是纳什均衡。换个角度来看,即使两个囚徒在被警察抓到之前建立一个攻守同盟(死抵赖),这个攻守同盟也没用,因为它不构成纳什均衡,没有人有积极性去遵守协定。

囚徒困境在经济学上有着广泛的应用,这里举几个例子。

一是两个寡头企业选择产量的博弈,如果两企业联合起来形成卡特尔,选择垄断利润最大化的产量,每个企业都可以得到更多的利润。但是卡特尔协定不是一个纳什均衡,因为给定对方遵守协议的情况下,每个企业都想增加产量,结果是,每个企业都只得到纳什均衡产量下的利润,它严格小于卡特尔产量下的利润。这个例子也说明,在有些情况下,个人理性与集体理性的冲突对整个社会来说也许是一件好事,尽管它对该集体的成员而言是一件坏事,前述囚徒的行为也如此。当然,这里的前提条件是集体成员的数量严格小于全体社会成员的数量。

公共产品的供给也是一个囚徒困境问题。如果大家都出钱兴办公用事业,所有人的福利都会增加。问题是,如果我出钱你不出钱,我得不偿失,而如果你出钱我不出钱,我就可以占你的便宜。所以,每个人的最优选择都是"不出钱",这种纳什均衡使得所有人的福利都得不到提高。

在冷战期间,苏美两国都竞相增加各自的军费预算。如果不搞军备竞赛,各自把资源用于民用生产,不是很好吗?问题是,如果我把资源用于民用,你增加军费支出,我不是就受到威胁吗?这样对我不好。纳什均衡是两国都大量增加军费预算,两国的社会福利都变得更糟。

经济改革本身也可能是这样。在许多改革中,改革者要付出成本(包括风险),而改革的成果大家共享。结果是,尽管人人都认为改革好,却没有人真正去改革,大家只好在都不满意的体制下继续生活下去。

从囚徒困境中,我们可以引出一个很重要的结论:一种制度(体制)的安排,要发挥效力,必须是一种纳什均衡。否则,这种制度安排便不能成立。

【例 10-12】 智猪博弈(boxed pigs game)。

猪圈里养着两头猪,一头大猪、一头小猪。猪圈的一头有一个猪食槽,另一头安装着一个按钮,控制着猪食的供应,按一下按钮会有 10 个单位的猪食进槽,但是谁按按钮谁就需付出 2 个单位的成本。若大猪先到,大猪吃到 9 个单位,小猪只能吃到 1 个单位;若同时到,大猪吃 7 个单位,小猪吃 3 个单位;若小猪先到,大猪吃 6 个单位,小猪吃 4 个单位。表 10-16 表示出对应不同战略组合的支付水平,如第一格表示两猪同时按按钮,因而同时走到猪食槽,大猪吃 7 个单位,小猪吃 3 个单位,扣除 2 个单位的成本,支付水平分别为 5 和 1,其他情形可以类推。

表 10-16 智猪博弈

		小猪	
		按	等待
大猪	按	5,1	4,4
	等待	9,−1	0,0

在这个例子中,什么是纳什均衡? 首先我们注意到,不论大猪选择"按"还是"等待",小猪的最优选择均是"等待"。比如说,给定大猪按,小猪也按时得到 1 个单位,等待则得到 4 个单位;给定大猪等待,小猪按得到−1 单位,等待则得 0 单位。所以,"等待"是小猪的占优战略。给定小猪总是选择"等待",大猪的最优选择只能是"按"。所以,纳什均衡就是:大猪按,小猪等待,各得 4 个单位。多劳者不多得。

这个纳什均衡也有许多应用的例子。比如说,在股份公司中,股东承担着监督管理的职能,但股东中有大股东和小股东之分,他们从监督中得到的收益并不一样。监督管理需要收集信息、花费时间。在监督成本相同的情况下,大股东从监督中得到的好处显然多于小股东。这里,大股东类似"大猪",小股东类似"小猪",纳什均衡是:大股东应当承担起收集信息、监督管理的责任,小股东则搭大股东的便车。

在股票市场上炒股票也是如此。股市上有大户,也有小户,大户类似"大猪",小户类似"小猪"。这时候,对小户而言,"跟大户"是最优选择,而大户则必须自己搜集信息,进行分析。

还有市场中大企业与小企业之间的关系。进行研究开发,为新产品做广告,对大企业是值得的,对小企业则得不偿失。所以,一种可能的情况是,小企业把精力花在模仿上,或等待大企业用广告打开市场后出售廉价产品。

类似的情况在公共产品的提供上也可能出现。比如说,村里住两户人家,一户富,一户穷,有一条路年久失修。这时候,富户一般会承担起修路的责任,穷户则很少这样干。

因为富户家常常是高朋满座,而穷户家只是自己穿着破鞋走路,路修好了他走起来舒服,路修不好他也无所谓。

改革中也有类似的情况。同样的改革带给一部分人的好处可能比另一部分人大得多,这时候,前一部分人比后一部分人更有积极性改革。改革往往就是由这些"大猪"推动的。如改革能创造出更多的"大猪"来,改革的速度就会加快。

【例 10-13】 性别战(battle of the sexes)。

这个例子讲的是一男一女谈恋爱,有些业余活动要安排,或者去看足球比赛,或者看芭蕾舞演出。男的偏爱足球,女的则更喜欢芭蕾舞,但他们都宁愿在一起,不愿分开。表 10-17 给出支付水平。

表 10-17 性别战

		女	
		足球	芭蕾
男	足球	2,1	0,0
	芭蕾	0,0	1,2

这个博弈中,有两个纳什均衡:(足球,足球)和(芭蕾,芭蕾)。就是说,给定一方去足球场,另一方也会去足球场;类似地,给定一方去看芭蕾,另一方也会去看芭蕾。那么,究竟哪一个纳什均衡会实际发生呢?我们不知道。在实际生活中,也许是这一次看足球,下次看芭蕾,如此循环,形成一种默契。这里还有一个先动优势(first-mover advantage),比如说,若男的买票,两人就会出现在足球场;若女的买票,两人就会出现在芭蕾舞厅。

【例 10-14】 斗鸡博弈(chicken game)。

设想两个人举着火棍从独木桥的两端走向中央进行火拼,每个人都有两种战略:继续前进,或退下阵来。若两人都继续前进,则两败俱伤;若一方前进另一方退下来,前进者取得胜利,退下来的丢了面子;若两人都退下来,两人都丢面子,其组合如表 10-18 所示。

表 10-18 斗鸡博弈组合

		B	
		进	退
A	进	−3,−3	2,0
	退	0,2	0,0

这个博弈里也有两个纳什均衡:如果一方进,另一方的最优战略就是退,两人都进或都退都不是纳什均衡。

这个例子也有许多应用。有些公共产品的供给就属于此类问题。若村子住的是两户富人,有一条路要修,一种可能的情况是,一家修路,另一家就不修;一家不修,另一家就得修(总结一下,公共产品的供给可能是囚徒博弈,也可能是智猪博弈,还有可能是斗鸡博弈,依具体产品而定)。

在冷战期间,苏美两个军事集团在世界各地抢占地盘,这也是一种斗鸡博弈。如果一方已经抢占了一块地盘,另一方就设法占领另一块地盘,而不是竞争同一块地盘。

还有警察与游行队伍的例子。游行队伍与警察越来越近,这时候,一定要有一方要退下来。如果警察不让步,游行队伍便会向后退;反过来,如果游行队伍的来势很猛,警察就得撤退。

夫妻间的矛盾也是个斗鸡问题。一般来说,吵得厉害了,不是妻子回娘家躲一躲,就是丈夫到外面去抽支烟。

当然,斗鸡博弈的一个重要问题是,究竟哪一方退下来?因为退下来虽比两败俱伤好,总归是一件丢面子的事情。若每一次都寄希望于对方退下阵来,则两败俱伤的结局也可能出现。另外,在混合战略纳什均衡的情况下,两败俱伤的事也会出现。

【例 10-15】 市场进入阻挠(entry deterrence)。

这是产业组织经济学中的一个例子。设想有一个垄断企业已在市场(称为"在位者"),另一个企业虎视眈眈想进入(称为"进入者")。在位者想保持自己的垄断地位,所以就要阻挠进入者进入。在这个博弈中,进入者有两种战略可以选择:进入还是不进入。在位者也有两种战略:默许还是斗争。假定进入之前垄断利润为 300,进入之后利润和为 100(各得 50),进入成本为 10,各种战略组合下的支付矩阵如表 10-19 所示。

表 10-19 市场进入阻挠

		在位者	
		默许	斗争
进入者	进入	40,50	−10,0
	不进入	0,300	0,300

这个博弈也有两个纳什均衡,即(进入,默许)、(不进入,斗争)。为什么(进入,默许)是纳什均衡呢?因为给定进入者进入,在位者选择默许时得 50 单位利润,选择斗争时得不到利润,所以,最优战略是默许。类似地,给定在位者选择默许,进入者的最优战略就是进入。尽管在进入者选择不进入时,默许和斗争对在位者是一个意思,但只有当在位者选择斗争时,不进入才是进入者的最优选择,所以,(不进入,斗争)是一个纳什均衡,而(不进入,默许)不是一个纳什均衡。

四、纳什均衡的求解方法

考虑这样一种情况:在某个博弈中,如果不管其他博弈方选择什么策略,一博弈方的某个策略给他带来的收益始终高于其他策略,至少不低于其他策略。这时我们不难理解,上述"某个策略"必然是该博弈方愿意选择的策略。例如"囚徒困境"博弈中的。"坦白"就是这样的策略(对两个博弈方都成立)。我们称这种策略为该博弈方的一个"上策",也就是所谓的占优策略(dominant-strategy)。

进一步，如果一个博弈的某个策略组合中的所有策略都是各个博弈方各自的上策，那么这个策略组合肯定是所有博弈方都愿意选择的，必然是该博弈比较稳定的结果。我们称这样的策略组合为该博弈的"上策均衡"(dominant-strategy equilibrium)。上策均衡是博弈分析中最基本的均衡概念之一，上策均衡分析是最基本的博弈分析方法。"囚徒困境"博弈中的(坦白,坦白)实际上就是一个上策均衡，因为根据前面的分析，"坦白"对该博弈的两个博弈方来说都是上策。

正是因为上策均衡反映了所有博弈方的绝对偏好，因此非常稳定，根据上策均衡可以对博弈结果作出最肯定的预测。所以我们在进行博弈分析时，应该首先判断各个博弈方是否都有上策，博弈中是否存在上策均衡；如果能够找到一个博弈的上策均衡，那么就意味着该博弈的分析有了明确的结果，博弈分析的任务就基本上就完成了。

但问题是并非每个博弈方都有这种绝对偏好的上策，而且常常是所有博弈方都没有上策，因为博弈方的最优策略随其他博弈方的策略而变化正是博弈问题的根本特征，是博弈关系相互依存性的主要表现形式。因此上策均衡不是普遍存在的。例如"市场进入阻挠"博弈中就没有上策均衡，因为各个博弈方的任何策略都不是绝对最优的，每个博弈方都没有绝对偏好的上策。所以，上策均衡并不能解决所有的博弈问题，最多只是在分析少数博弈时有效。

换一个角度讲，上策均衡并不普遍存在，这正是博弈论的价值所在。如果上策均衡在所有博弈问题中普遍存在，那么博弈问题与一般的个人最优化问题就没有任何实质性的区别，博弈分析也就不会有什么新意，就不可能成为一种独立的理论，更不用说成为一种重要的、革命性的理论方法了。

(一) 严格下策反复消去法

上策均衡在博弈分析中作用的局限性，说明我们必须发展适用性更强、更有效的博弈分析概念和分析方法。严格下策反复消去法(iterated elimination of strictly dominated strategies)就是在适用范围更广的意义上，比上策均衡分析更有效的博弈分析方法之一。

1. 思路和原理

反思上策均衡分析的思路，不难发现上策均衡分析采用的决策思路是一种选择法的思路，是在所有可选策略中选出最好的一种思路。实际上，选择只是人们在决策活动中所运用的一种决策思路而不是全部的决策思路，人们在决策活动中还会采用另外的决策思路。排除的思路，也就是所谓的排除法，就是其中最常运用的一种。排除法与选择法在形式上正好相反，它是通过对可选策略的相互比较，把不可能采用的较差策略排除掉，从而筛选出较好的策略，或者至少缩小候选策略的范围。这种排除法的思路导出了博弈分析中的严格下策反复消去法。

我们仍然以"囚徒困境"博弈为例来说明严格下策反复削去法的基本原理。对"囚徒困境"博弈中的两个博弈方来说，不管对方的策略如何，各自两种可选策略中的"坦白"策略都比"抵赖"策略来得好。这时我们称"抵赖"是两个博弈方的相对于"坦白"策略的"严格下策"(strictly dominated strategy)。一般的，如果在一个博弈内，不管其他博弈方的策略如何变化，一个博弈方的某种策略给他带来的收益，总是比另一种策略给他带来的收益要小，那么我们称前一种策略为相对于后一种策略的一个"严格下策"。

很显然,任何理性的博弈方都不可能采用严格下策。"囚徒困境"博弈的两个博弈方都不会采用"抵赖"策略就是例子。因此,我们可以把"抵赖"策略依次(或同时)从他们各自的策略空间中排除掉。我们这样"反复消去"两个博弈方的"抵赖"策略以后,两博弈方可选策略的范围就都缩小到只剩下一个"坦白"策略,因此双方都"坦白"成为他们的必然选择,结果就是各被判刑8年。在这个博弈中,严格下策反复消去的结果与上策均衡分析是相同的。在其他任何博弈中,只要我们发现哪个博弈方的某些策略是相对于他的其他策略的严格下策,同样也可以把它们消去。值得注意的是,这种消去严格下策的方法既可以在同一个博弈方的策略空间中反复运用,也可以在各个博弈方的策略空间上交叉运用,只要各博弈方剩余的策略空间中还有严格下策,就可以继续消去,直到找不出任何严格下策为止,这在逻辑上是很容易理解的。

这种反复寻找博弈中各个博弈方在策略之间两两比较意义上的"严格下策",并把它们消去的方法,就称为"严格下策反复消去法"。严格下策反复消去法在分析许多博弈时都能应用,特别是在有些博弈不存在上策均衡,但却存在某些严格下策,只可以运用严格下策反复消去法而不能运用上策均衡。所以一般来说,严格下策反复消去法比上策均衡分析的适用面要更大一些。

若对一个博弈运用严格下策反复消去法后,某个博弈方只有唯一的策略幸存下来,那么该策略将是该博弈方的唯一选择;如果该博弈的策略组合只有唯一一个幸存下来,这个策略组合则是该博弈的结果。如"囚徒困境"博弈中的(坦白,坦白)。

2. 示例

为了进一步理解和掌握严格下策反复消去法,以及它与上策均衡分析的区别,我们用它来分析一个例子。首先看表10-20中这个抽象掉现实问题内容的,两个博弈方分别有三种和两种策略的不对称问题。

表 10-20 斗鸡博弈

		博弈方2		
		左	中	右
博弈方1	上	1,0	1,3	0,1
	下	0,4	0,2	2,0

首先,根据表10-20中所示不难判定,该博弈不存在上策均衡。因为博弈方1在"上"、"下"两种策略中,不存在始终占优的上策;博弈方2在"左"、"中"、"右"三种策略中,同样不存在始终占优的上策。因此在分析这个博弈时,上策均衡分析不可能有用武之地。

现在我们试探用严格下策反复消去法进行分析。如果先从博弈方1的策略空间开始,由于在博弈方1的"上"、"下"两策之间没有严格的优劣关系(当博弈方2采用"左"和"中"时"上"优于"下",但当博弈方2采用"右"时则是"下"优于"上"),因此两个策略都不是严格下策,无法用严格下策反复消去法排除其中任何一个策略。但是,如果分析博弈方2的三种策略,我们可以发现"右"与"中"之间存在严格的优劣关系,因为不管博弈方1选"上"还是"下",博弈方2选"右"的收益都小于"中",因此"右"策是相对于"中"策的严格下策。根据严格下策反复消去法的思想,可以先将"右"策从博弈方2的策略空间中去掉。这时博弈就简化为表10-21所示,两个博弈方各两种策略的博弈。

表 10-21　消去博弈方 2"右"策后的博弈

		博弈方 2 左	博弈方 2 中
博弈方 1	上	1,0	1,3
博弈方 1	下	0,4	0,2

在这个只剩下四种策略组合的博弈中,我们再比较博弈方 1 的两种策略。此时容易发现"下"是相对于"上"的严格下策。因此可以将"下"策从博弈方 1 的策略空间中去掉。这样博弈进一步化为表 10-22 的形式。

表 10-22　进一步消去博弈方 1"下"策后的博弈

		博弈方 2 左	博弈方 2 中
博弈方 1	上	1,0	1,3

最后在这个仅剩两个策略组合的博弈中,再比较博弈方 2 的两个策略。很显然"左"是相对于"中"的严格下策,也可以被消去。这样原来的博弈就被精简到只剩下唯一的一个策略组合(上,中)。因为所有被消去的策略都是两博弈方不可能采用的,因此两个博弈方最终的选择只能是这个唯一剩下的策略组合,这个策略组合就是博弈的"解"。当然(上,中)并不是原博弈的上策均衡,事实上原博弈也根本没有上策均衡。

通过这个示例的分析我们可以看出,严格下策反复消去法的适用范围确实要比上策均衡分析更大一些,因此在分析博弈方面的作用也更大。不过严格下策反复消去法也不能解决所有博弈的分析问题,因为在许多博弈问题中,上述相对意义上的严格下策往往也不存在。如猜硬币,齐威王田忌赛马,石头、剪子、布等赌胜博弈,以及此后我们介绍的其他博弈例子中,博弈方的任何策略相对其他策略来说,没有严格下策。不存在任何严格下策的博弈,当然无法用严格下策反复消去法进行分析;此外,在策略数较多的博弈中,往往是严格下策反复消去法只能消掉其中的部分策略,不能消去的策略组合并非是唯一的,这时仅用严格下策反复消去法也就无法对博弈作出准确的判断,因此仍然不能完全解决这些博弈问题。

严格下策反复消去法失效的原因,仍然是在典型的博弈问题中,具有博弈方之间普遍存在策略依存的特征。也就是说一个博弈方的不同策略之间,往往并不存在绝对的而只存在相对的优劣关系,因此利用策略之间的绝对优劣关系分析筛选的严格下策反复消去法也无法应用。所以,严格下策反复消去法也不是普遍适用的博弈分析方法,不可能成为博弈分析的一般方法。当然,这并不否定严格下策反复消去法的意义,因为它不仅能解决部分博弈问题,而且能使不少博弈问题得到简化,此外,它与其他重要的博弈分析概念和方法,如上策均衡、纳什均衡、纳什均衡分析和弱下策消去法都有密切的联系,并对理解这些分析概念和方法有很大的帮助。严格下策反复消去法是博弈分析的标准工具之一。

(二) 画线法

上面的分析告诉我们,上策均衡分析和严格下策反复消去法都有局限性,不能完全满足博弈分析的需要。因此我们必须进一步寻找更普遍适用的博弈分析方法。那么应该向什么方向寻找这种方法呢?实际上,上面的分析已经给了我们启发,那就是适用性较强的博弈分析方法,必然是以策略之间的相对优劣关系,而不是绝对优劣关系为基础的。根据这样的思路,很容易导出博弈分析的"画线法"。

博弈方的最终目标都是实现自身的最大收益。在具有策略和利益相互依存性的博弈问题中,各个博弈方的收益既取决于自己选择的策略,还与其他博弈方选择的策略有关,因此博弈方在决策时必须考虑其他博弈方的存在和策略选择。根据这种思想,科学的决策思路如下。

先找出自己针对其他博弈方每种策略或策略组合(对多人博弈)的最佳对策,即自己的可选策略中与其他博弈方的策略或策略组合配合,给自己带来最大收益的策略(这种相对最佳对策总是存在的,不过不一定是唯一的),然后在此基础上,通过对其他博弈方策略选择的判断,包括对其他博弈方对自己使用何种策略的判断等,预测博弈的可能结果,并确定自己的最优策略。以介绍严格下策反复消去法时的博弈为例(见表 10-20)。在这个博弈中,对博弈方 1 来说,假设博弈方 2 采用的策略是"左",则博弈方 1 采用"上"得 1,采用"下"得 0,此时的最佳对策是"上"。为了便于记忆和分析,我们在表 10-20 所示的策略组合(上,左)对应的博弈方 1 的收益 1(表 10-20 左上角数组中第一个数字)下画一短线,表示这是博弈方 1 在博弈方 2 选择"左"时的最大可能收益。同样,我们可以找出博弈方 2 分别选择"中"和"右"时博弈方 1 的最佳对策,它们分别是"上"和"下",收益分别为 1(表 10-20 第一行第二列数组第一个数字)和 2(表 10-20 右下角数组第一个数字),我们也在它们下划一短线。博弈方 2 的思路与博弈方 1 是相同的,因此我们也分别在他针对博弈方 1"上"、"下"两个策略的两个最佳对策,"中"和"左"给他带来的收益 3(表 10-20 第一行第二列数组第二个数字)和 4(表10-20左下角收益数组第二个数字)的下面划上短线。最终我们得到表 10-23。

表 10-23

		博弈方 2		
		左	中	右
博弈方 1	上	<u>1</u>,0	<u>1</u>,<u>3</u>	0,1
	下	0,<u>4</u>	0,2	<u>2</u>,0

在表 10-23 的 6 个收益数组中,对应(下,中)和(上,右)的收益数组(0,2)和(0,1)都是两个数字下都没有画线,这意味着在相应策略组合中,两博弈方的策略都不是针对另一方策略的最佳对策,也意味着这两个策略组合不可能是两博弈方的选择;对应(上,左)、(下,左)和(下,右)三个策略组合的收益数组都有 1 个数字下划有短线,这意味着相应策略组合的两博弈方策略中,有一方的策略是对另一方的最佳对策,因此这三个策略组合也不是双方同时愿意接受的结果;只有策略组合(上,中)对应的收益数组(1,3)的两个数字下部划有短线,这意味着该策略组合的双方策略都是对对方策略的最佳对策,表明给定一方采用该策略组合中的策略,则另一方也愿意采用该策略组合中的策略,该策略组合具有稳定性。由于(上,中)是本博弈中唯一具有稳定性的策略组合,很可能会是该博弈的结果。

这种在每个博弈方对其他博弈方每个策略或策略组合的最佳对策对应的收益下划线,分析博弈的方法称为"画线法"。如果在"囚徒困境"博弈中运用划线法,则可以在囚徒

A 针对囚徒 B 坦白、抵赖两种策略的最佳对策(都是坦白),分别给他带来的收益 -8 和 0 下画上短线,同样在囚徒 B 针对囚徒 A 坦白、抵赖两种策略的最佳对策(也都是坦白),给他带来的收益 -8 和 0 下也划上短线,从而得到表 10-24。

表 10-24

		囚徒 B	
		坦白	抵赖
囚徒 A	坦白	$\underline{-8},\underline{-8}$	$\underline{0},-10$
	抵赖	$-10,\underline{0}$	$-1,-1$

在表 10-24 的 4 个收益数组中,只有策略组合(坦白,坦白)对应的收益数组($-8,-8$)的两数字下部画有短线,其他两个策略组合的收益数组中最多只有一个数字下有短线或两个数字都没有短线。这意味着只有(坦白,坦白)满足双方的策略相互是对对方策略的最佳对策,而这是唯一具有这种性质的策略组合。因此(坦白,坦白)是该博弈唯一具有稳定性的策略组合,基本上就是该博弈的结果。这与以前的分析结论相同。

画线法是一种非常简便的博弈分析方法,由于它以策略之间的相对优劣关系为基础,因此在分析用收益表表示的博弈问题时具有普遍适用性。当然,这并不意味着每个用收益表表示的博弈都可以用画线法求出确定性的博弈结果。是否能得到确定性的结论依赖于具体的博弈是否存在唯一的每个数字下部画有短线的收益数组。

事实上,许多博弈根本不存在确定性的结果,当然也就无法用画线法求出这种结果。我们通过一些例子来说明。首先以猜硬币博弈为例。对猜硬币博弈应用画线法,可得到表 10-25 中的收益。

表 10-25 画线法分析猜硬币博弈

		B	
		正面	反面
A	正面	$-1,\underline{1}$	$\underline{1},-1$
	反面	$\underline{1},-1$	$-1,\underline{1}$

根据表 10-25 知道,在运用画线法以后,猜硬币博弈的收益表中并不存在两数字下部画有短线的收益数组。这就意味着猜硬币博弈中没有哪一个策略组合的双方策略,相互都是对对方的最佳对策,因此该博弈没有一个策略组合是双方同时愿意接受的,这样的博弈根本不可能有可以预言的博弈结果。这与我们以前的结论也是一致的。

性别战博弈说明了一种相反的情况,即对有些博弈应用画线法时,存在不止一个每个数字下部画有短线的收益数组。在日常生活和经济活动中有许多问题与这个性别战博弈是相似的。例如当两个人从两个不同的地点出发而希望能在中途会合时,若存在两条不同的路线,那么他们对路线的选择就与性别战很相似。这个博弈甚至还可以推广到人类与可能存在的外星生物之间相互联络的尝试中,对联系方式(介质、频率等)的选择问题。

对于性别战博弈首先可以确定的是,严格下策反复消去法无法运用,因为两个博弈方都没有严格下策。用画线法分析性别战博弈,不难得到表 10-26。

表 10-26

		女	
		足球	芭蕾
男	足球	2,1	0,0
	芭蕾	0,0	1,2

从表 10-26 可以看出，这个博弈中有两个策略组合，(芭蕾,芭蕾)和(足球,足球)，都是在所对应的收益数组的两个数字下画有短线，这意味着这两个策略组合中的双方策略都是对对方策略的最佳对策。因此，如果一个博弈方选择了这两个策略组合中某一个的策略，另一个博弈方也会愿意选择该策略组合的策略，这两个策略组合都具有内在的稳定性。但是，由于具有上述特征的策略组合在本博弈中存在两个，而不是唯一的一个，两个策略组合中哪个出现都是合理的，因此我们反而无法确定哪个结果会出现。对于这样的博弈，画线法显然也没有完全解决问题。

值得强调的是，虽然在猜硬币博弈和性别战博弈中，画线法也没有完全解决博弈的最终结果的问题，但它至少已经使我们对博弈方策略偏好之间的一致和不一致、共同利益和矛盾冲突的情况有了更加清楚的认识，这对进一步解析这些博弈中博弈方的行为有着重要的意义。因此，与在这些博弈问题中根本无法运用的严格下策反复消去法相比，画线法还是有优势的，这一点在分析更复杂的博弈模型时会表现得更加明显。

（三）箭头法

另外还有一种与画线法的分析思路有所不同，但效果与画线法相同，而且对理解博弈关系很有好处的寻找博弈中具有相对稳定性策略组合的分析方法，我们称为"箭头法"。箭头法的基本思路是对博弈中的每个策略组合进行分析，考察在每个策略组合处各个博弈方能否通过单独改变自己的策略而增加收益，如果能，则从所分析的策略组合对应的收益数组引一箭头，到改变策略后的策略组合对应的收益数组，最后综合对每个策略组合的分析情况，形成对博弈结果的判断。

我们仍然用画线法用过的几个博弈作为例子。用箭头法分析"囚徒困境"博弈，我们可以从"囚徒困境"博弈的 4 个策略组合中的任一个开始分析，不妨先从策略组合(抵赖,抵赖)开始。假设开始时双方采用的是该策略组合，那么囚徒 A 和囚徒 B 都会发觉，自己单独改变策略能够增加收益(从 -1 提高到 0)。因此囚徒 A 必然会改变自己策略，使策略组合从原来的(抵赖,抵赖)变为(坦白,抵赖)在表 10-27 中我们用从前一个策略组合的收益数组 $(-1,-1)$ 指向后一策略组合收益数组 $(0,-10)$ 的箭头表示这种倾向。同样的，囚徒 B 也会单独改变自己的策略，使策略组合从(抵赖,抵赖)变为(抵赖,坦白)，也用一个从前者收益数组 $(-1,-1)$ 指向后者收益数组 $(-10,0)$ 的箭头表示这种倾向，如表 10-27 所示。这说明策略组合(抵赖,抵赖)绝不可能是稳定的。

现在再分析策略组合(坦白,抵赖)。采用这个策略组合时，囚徒 A 很满意自己的收益，不会有改变自己策略的愿望，但囚徒 B 却会发觉改变策略可大大改善自己的收益，因此他必然会改变自己的策略，使策略组合从(坦白,抵赖)变为(坦白,坦白)，使自己的收益从 -10 提高到 -8。表 10-27 中用从前者收益数组 $(0,-10)$ 指向后者收益数组 $(-8,-8)$ 的箭头表示这种倾向。在(抵赖,坦白)策略组合，则是囚徒 A 会改变策略，可用从该策

表 10-27

		囚徒 B	
		坦白	抵赖
囚徒 A	坦白	$-8,-8$ ←	$0,-10$
	抵赖	$-10,0$ →	$-1,-1$

略组合收益数组($-10,0$)指向后者收益数组($-8,-8$)的箭头表示。因此,无论是(坦白,抵赖),还是(抵赖,坦白),也都不可能是稳定的。

最后,如果两博弈方已经采用了(坦白,坦白)策略组合,则无论哪个博弈方单独改变自己的策略都是不合算的(收益会从-8降为-10),因此不会有任何指离它的收益数组箭头,只会有指向的箭头。策略组合(坦白,坦白)就是该博弈中唯一具有稳定性的策略组合,应该是该博弈的结果。这与我们用画线法得到的结果是一致的。

这种通过反映各博弈方选择倾向的箭头,寻找博弈中具有稳定性的策略组合的方法,就是"箭头法"。将箭头法的原理应用到前面讨论过的其他博弈问题,可以得到与前面分析相一致的结果。

五、博弈的其他类型

(一)完全信息动态博弈:子博弈精炼纳什均衡

前面我们介绍了纳什均衡的概念。但纳什均衡有三个问题。第一,如前面例子中提到的,一个博弈可能有不止一个纳什均衡,事实上,有些博弈可能有无数个纳什均衡,究竟哪个纳什均衡实际上会发生?不知道。第二,在纳什均衡中,参与人在选择自己的战略时,把其他参与人的战略当作是给定的,不考虑自己的选择如何去影响对手的战略。这个假设在研究静态博弈时是成立的,因为静态博弈中,所有参与人同时行动,无暇作出反应。但对动态博弈而言,这个假设就有问题。当一个人行动在先,另一个人行动在后时,后者自然会根据前者的选择而调整自己的选择,前者自然会理性地预期到这一点,所以不可能不考虑自己的选择对其对手选择的影响。第三,与第二个问题相联系,由于不考虑自己选择对别人选择的影响,纳什均衡允许了不可置信威胁的存在。如前面例子中的市场进入阻挠博弈,若进入者真的进入,在位者的最优行动显然是默许而不是斗争,因为默许会带来50个单位的利润,斗争则使利润化为乌有。所以,斗争是一种不可置信的威胁,就是说,如果在位企业摆出一副"你进入我就斗争"的架势,那么进入企业不应该被这种威胁所吓倒,因为它是不可置信的。但是,纳什均衡概念承认了这种不可置信的威胁,所以(不进入,斗争)便成为一个纳什均衡。

这就引出了动态博弈的纳什均衡的概念——子博弈精炼纳什均衡。这个概念的中心意义是将纳什均衡中包含的不可置信的威胁战略剔除出去,就是说,使均衡战略不再包含不可置信的威胁。它要求参与人的决策在任何时点上都是最优的,决策者要"随机应变","向前看",而不是固守旧略。由于剔除了不可置信的威胁战略,在许多情况下,精炼纳什均衡也就缩小了纳什均衡的个数。这一点对预测是非常有意义的。

这里,有必要介绍一下博弈的另外一种表述形式,即扩展式表述。博弈的标准式表述即战略式表述有三个要素:参与人,每个参与人可选择的战略,支付函数。两人有限战略

博弈的标准型可以用一个矩阵来表示,对比之下,扩展型表述包含五个要素:
- 参与人;
- 每个参与人选择行动的时点;
- 每个参与人在每次行动时可供选择的行动集合;
- 每个参与人在每次行动时有关对手过去行动选择的信息;
- 支付函数。

博弈树(game trees)是扩展形式的一种形象化表述。图 10-2 所示为"市场进入阻挠"博弈的博弈树。这里,进入者先选择行动(进入或不进入),在位者然后选择默许还是斗争,最后的数字是支付水平。如果进入者选择"进入",在位者选择默许,支付水平分别为 40 个单位和 50 个单位。

博弈树用于表述动态博弈是非常方便的,它一目了然地显示出参与人行动的先后次序,每位参与人可选择的行动,及不同行动组合下的支付水平。在动态博弈中,如果所有以前的行动是"共同知识"(common knowledge),就是说,每个人都知道过去发生了些什么(什么人在什么时候选择了什么行动),那么给定历史,从每一个行动选择开始至博弈结束又构成一个博弈,这称为"子博弈"。

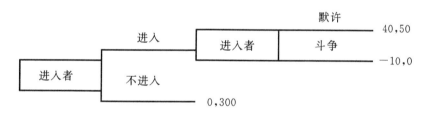

图 10-2 "市场进入阻挠"博弈的博弈树

如图 10-2 所示,在进入者选择进入之后,在位者选择行动开始就是一个子博弈。在博弈论的著作中,一般把整个博弈也称为一个子博弈。

子博弈的概念可以用生活中的一个例子来说明(尽管欠准确)。如果我们把家庭生活作为一个博弈,这个博弈始于男女双方谈恋爱,结婚后是一个子博弈,生孩子后又是一个子博弈,如此等等。事实上,由于生活每天都在进行,每天都是一个子博弈的开始。

有了子博弈的概念,我们就可以更准确地定义一下"子博弈精炼纳什均衡"的概念了。当且仅当参与人的战略在每一个子博弈中都构成纳什均衡时,一个纳什均衡称为精炼纳什均衡。就是说,组成精炼纳什均衡的战略必须在每一个子博弈中都是最优的。在"市场进入阻挠"博弈中,在给定进入者已经进入的情况下,在位者的"斗争"战略已不再是最优的。所以,(进入,斗争)不是一个精炼纳什均衡。剔除了这个均衡,(进入,默许)是唯一的子博弈精炼纳什均衡。应该强调的是,一个精炼均衡首先必须是一个纳什均衡,但纳什均衡不一定是精炼均衡。只有那些不包含不可置信威胁的纳什均衡才是精炼纳什均衡。

现在举一个生活中的例子来进一步解释一下精炼纳什均衡的概念。设想一个姑娘爱上一个小伙子,她父亲坚决不同意,威胁说,如果女儿不与小伙子断绝恋爱关系,他就与女儿断绝父女关系。如果女儿相信父亲的话,她大概会中断与恋人的关系,因为恋人是可以重新选择的,而父亲则无法重新选择。问题是,假使女儿真的与恋人结婚了,父亲难道真的会走断绝父女关系这一步吗?一般来说是不会的,因为断绝父女关系对父亲的损害会更大。这就是说,父亲的威胁是不可置信的。聪明的女儿当然明白这一点,她知道,一旦生米煮成熟饭,父亲只好吃下去。结果是女儿会勇敢地恋爱下去直到结婚,父亲最终承认那个他当初并不喜欢的女婿。这大概是这个博弈中唯一的精炼纳什均衡。这个例子与"市场进入阻挠"博弈的例子很相似。

不可置信的威胁引出一个很重要的概念,即"承诺行动"(commitments)。承诺行动是当事人使自己的威胁战略变得可置信的行动。一种威胁在什么时候才是可置信的?答案是,只有在当事人若不施行这种威胁就会遭受更大的损失的时候。所以说,承诺行动意味着当事人要为自己的"失信"付出成本,尽管这种成本并不一定真的发生,但承诺行动会给当事人带来很大的好处,因为它会改变均衡结果。举例来说,在"市场进入阻挠"博弈中,如果在位者通过某种承诺行动使自己的"斗争"威胁变得可置信,进入者就不敢进入,在位者就可以获得300个单位的垄断利润,而不是50个单位的寡头利润。承诺行动可能有多种形式。一种简单的办法是,在位者与某个第三者打个赌:如果进入者进入而他不斗争,他就付给后者100个单位。这时,斗争就变成了一种可置信的威胁。因为,如果进入后不斗争而是选择"默许",在位者得到50个单位的寡头利润,去掉100个单位的赌注,净得-50个单位;若选择"斗争",净得为0,所以斗争比默许好。注意,有了这个赌注,进入者就不敢进入了,在位者实际上无需支付100个单位的赌注,却得到300个单位的垄断利润(在这个例子中,承诺行动的实际成本为零,但一般来说,承诺行动的成本不为零。而且,承诺行动的成本越高,威胁就越值得置信)。

承诺行动在军事博弈中有很广泛的应用。如果两军对阵,抢占一个小岛,红军可从岛北通过一座桥抢占该岛,蓝军可以从岛南抢占该岛。假使红军抢先一步占领了小岛,蓝军要不要进攻呢?红军若一上岛就派工兵将桥炸掉,自绝后路,表示出决一死战的劲头,蓝军大概就不会再去争夺了。这里,炸掉小桥是红军的一种承诺行动。它使得红军决一死战的威胁变得可置信了。

成语"破釜沉舟"讲的就是这个意思。项羽与秦兵交战,领兵过河后就砸锅沉船,这就是一种承诺行动。另一个例子是《三国演义》中曹操与袁绍的仓亭之战。

曹操召集众将领来献破袁之策,有人献了"十面埋伏"之计,他让曹操退军河上,诱袁军前来追击,到那时"我军无退路,必将死战,可胜绍矣。"曹操采纳此计,令许褚诱袁军至河上,曹军无退路,操大呼曰:"前去无路,诸军何不死战!"众军回头奋力反击,袁军大败(严格地讲,袁绍的追击是非理性的。如果他预计到曹军无退路、他就不应该追击)。

最后想谈的一点是,精炼纳什均衡与宏观经济学中讲的理性预期均衡和政策动态一致性很类似。政策的动态一致性(time consistency)指的是一种政策不仅在制定时应是最优的,而且在制定之后的执行过程也应是最优的(假定没有新的信息出现),否则就是动态不一致的。比如说,在理性预期假设下,只有未预料到的通货膨胀才会对产出发生影响。如果政府有兴趣用通货膨胀的办法解决失业问题,政府的零通货膨胀政策就不是动态一致的,因为给定公众相信零通货膨胀的情况下,政府就有积极性在事后制造通货膨胀。这说明,零通货膨胀的许诺是不可置信的。具有理性预期的公众当然不会被政府所愚弄,最后的结果是一个被预料到的正的通货膨胀,而失业率则会保持在其"自然水平"。这是一个精炼纳什均衡。当然,政府也许会从自身长远利益的考虑树立一个不制造通货膨胀的形象。这里,重要的是政府必须言而有信。

(二)不完全信息静态博弈:贝叶斯纳什均衡

我们前面讲的博弈都包含一个基本假设,即所有参与人都知道博弈的结构、博弈的规则,知道博弈的支付函数。回到前面"市场进入阻挠"博弈的例子,也就是进入者知道在位者的偏好、战略空间及各种战略组合下的利润水平,反之亦然。满足这个假设的博弈称为完全信息博弈(games of complete information)。当然,这个假设在许多情况下是不成立的。比如说,进入者实际上并不完全了解在位者的生产函数、成本函数及偏好。这就是不完全信息博弈(games of incomplete information)。设想在位者成本函数有两种可能的情况,对这两种情况的支付分别如表10-28、表10-29所示。

表10-28 市场进入阻挠:高成本情况

		在位者	
		默许	斗争
进入者	进入	40,50	−10,0
	不进入	0,300	0,300

表10-29 市场进入阻挠:低成本情况

		在位者	
		默许	斗争
进入者	进入	30,100	−10,140
	不进入	0,400	0,400

显然,在给定进入者选择进入的情况下,高成本在位者的最优战略是默许,而低成本在位者的最优战略是斗争。在低成本情况下斗争之所以比默许优,可能是由于在位者的成本是如此之低,从而他在非常低的价格下获得的垄断利润(此时进入者已无利可图)也高于在相对高的价格下分享到的寡头利润(另一种可能的解释是,在位者有一种好斗的天性,他更乐于与进入者斗争而不是合作)。

在1967年之前,遇到上述情况,博弈论是无能为力的。因为,当你还不知道你的对手为何物时,你如何选择自己的战略呢?海萨尼的贡献就是使得上述情况变得可以分析。他的办法是引入一个虚拟的参与人——"自然"(上帝?)。"自然"不同于一般参与人之处在于它在所有后果之间是无差异的。"自然"首先行动——选择参与人的"类型"。被选择的参与人知道自己的真实类型,而其他参与人并不清楚这个被选择的参与人的真实类型,仅知道各种可能类型的概率分布。另外,被选择的参与人也知道其他参与人心目中的这个分布函数,就是说,分布函数是一种"共同知识"。在"市场进入阻挠"这个例子中,"自然"首先选择在位者的类型——高成本还是低成本;在位者本人知道自己究竟是高成本还是低成本,而进入者仅知道在位者或者是高成本,或者是低成本,并且知道高成本和低成本的可能性各为多少。

海萨尼的上述工作被称为"海萨尼转换"(Harsanyi transformation)。通过这个转换,海萨尼把"不完全信息博弈"转换为"完全但不完美信息博弈"(complete but imperfect information)。这里,"不完美信息"指的是,"自然"作出了它的选择,但其他参与人并不知道它的具体选择是什么,仅知道各种选择的概率分布。这样,不完全信息博弈就变得可以分析了。在这个基础上,海萨尼定义了"贝叶斯纳什均衡"。贝叶斯(Bayes)是一位概率统计学家。贝叶斯均衡是纳什均衡在不完全信息博弈中的自然扩展。我们可以对此作如下解释:在静态不完全信息博弈中,参与人同时行动,没有机会观察到别人的选择;给定别人的战略选择,每个参与人的最优战略依赖于自己的类型;由于每个参与人仅知道其他参与人的类型的概率分布,而不知道其真实类型;他不可能准确地知道其他参与人实际上会选择什么战略;但是,他能正确地预测到其他参与人的选择是如何依赖于其各自的类别的;这样,他决策的目标就是在给定自己的类型和别人的类型依从战略的情况下,最大化自己的期望效用。贝叶斯纳什均衡是这样一种类型依从战略组合:给定自己的类型和别人类型的概率分布的情况下,使每个参与人的期望效用达到了最大化。也就是说,没有人有积极性选择其他战略。

现在我们再回到"市场进入阻挠"这个例子,在这个例子中,进入者只有一种类型,在位者有两种类型(高成本和低成本)。也就是说,进入者具有不完全信息,而在位者具有完全信息。给定进入者选择进入的情况下,在位者选择默许还是斗争依赖于他的类型,如果是高成本,就默许;低成本,就斗争。进入者不知道在位者的真实类型,但是,比如说,他知道高成本的可能性 x,低成本的可能性为 $(1-x)$。那么,进入者选择进入得到的期望利润为 $40x+(-10)(1-x)$,选择不进入的期望利润为零。一个简单的计算表明,只有当 $x > 0.20$ 时,进入得到的期望利润才大于不进入时的期望利润,从而,进入才是最优的。假定 $x > 0.20$,那么,贝叶斯(纳什)均衡是:进入者选择进入,高成本在位者选择默许,低成本在位者选择斗争。

再举个生活中的小例子:设想有人向你求爱,你的选择是接受还是拒绝,这依赖于你对求爱者品德的判断。假定你如果准确地知道求爱者品德良好就会选择接受,反之则不接受。问题是,你可能并不准确地知道求爱者的品德。这时,你的决策显然取决于你在多大程度上相信他是一个品德优良(或品德恶劣)的人。表 10-30 和表 10-31 分别列出两种情况下的支付情况。这里,我们假定不论求爱者品德如何,只要他求爱你接受,他就得到 100;但是,你的支付依赖于求爱者的类型:接受一个品德优良者的求爱使你得到 100,而接受一个品德恶劣者的求爱使你损失 100。求爱者(不论何类型)在你拒绝时损失 50,这是因为丢面子的缘故。

表 10-30　求爱博弈:品德优良者求爱

		你	
		接受	不接受
求爱者	求爱	100,100	−50,0
	不求爱	0,0	0,0

表 10-31　求爱博弈:品德恶劣者求爱

		你	
		接受	不接受
求爱者	求爱	100,−100	−50,0
	不求爱	0,0	0,0

现在假设你认为求爱者品德优良的概率为 x。求爱者也知道这个 x 为多少,那么他求爱你接受时你的期望效用为 $100x+(-100)(1-x)$,你不接受时你的期望效用为零。当 $x>\frac{1}{2}$ 时,你接受才是最优选择。如果 x 确实大于 $\frac{1}{2}$,贝叶斯(纳什)均衡是:求爱者求爱,你接受;反之,如果 $x<\frac{1}{2}$,贝叶斯(纳什)均衡是:求爱者不求爱,你不接受。为什么当 $x<\frac{1}{2}$ 时,求爱者选择不求爱呢?因为他知道他求爱会被你拒绝,这种损脸面的事是不值得干的。

贝叶斯纳什均衡的一个重要应用领域是招标或拍卖。设想政府有一项建设工程要招标发包,选择要价最低的承包者。假设投标的办法是一级密封投标,让每个投标者将自己的标价写下并装入信封,一同交给政府;信封打开后,政府选择标价最低者为中标者。这时,在不同投标者之间进行的就是一场博弈。假定每个投标者不知道其他投标者的真实生产成本而仅知到概率分布,那么,他在选择自己的报价时就面临着选择:报价越低,中标的可能性就越大;另一方面,给定中标的情况,报价越低,利润就越小。博弈分析表明,每个投标人的标价依赖于他的类型(这里为生产成本),但一般来说,贝叶斯均衡标价高于生产成本。两者之间的差异随总投标人数的增加而减少。这就是说,让更多的企业参与投标,对政府来说是一件有利的事情。

(三)不完全信息动态博弈:精炼贝叶斯均衡

前面我们谈了不完全信息静态博弈,接下来我们谈谈不完全信息动态博弈。在动态博弈中,行动有先后次序,后行动者可以通过观察先行动者的行动获得有关后者的偏好、战略空间等方面的信息,修正自己的判断。如我们日常生活中通过观察某人的行为表现来了解其品德一样。自然,先行动者知道自己的行为有传递自己特征信息的作用,就会有意识地选择某种行动来揭示或掩盖自己的真实面目(如好人想让别人知道自己是好人,坏人则设法隐瞒自己是坏人)。当然在均衡状态下,理性人是不会被愚弄的。

对应于不完全信息动态博弈的均衡概念是"精练贝叶斯均衡"(perfect Bayesian equilibrium)。这个概念是完全信息动态博弈的精炼纳什均衡和不完全信息静态博弈的贝叶斯均衡的结合。

精炼贝叶斯均衡的要点在于,当事人要根据所观察到的他人的行为来修正自己有关后者类型的"信念"(主观概率),并由此选择自己的行动。这里,修正过程使用的是贝叶斯规则。这一点意味着,每个参与人都假定其他参与人选择的是均衡战略。具体来讲,精炼贝叶斯均衡是所有参与人战略和信念的一种结合,它满足如下条件:

● 给定每个人有关其他人类型的信念的情况下,他的战略选择是最优的;
● 每个人有关他人类型的信念都是使用贝叶斯法则从所观察到的行为中获得的。

用数学的语言来说,精炼贝叶斯均衡是个"不动点"。应该强调的是,与其他均衡概念不同,精炼贝叶斯均衡不能仅定义在战略组合上,它必须同时说明参与人的信念,因为最优战略是相对于信念而言的。

在概率统计学中,贝叶斯规则是应用所观察到的现象修正先验概率的一种标准方法。我们在第九章已探讨过,这里在简单提一下。根据这一规则,比如说,给定张三干了 X 这件事的条件下张三属于类型 A 的概率(后验概率),等于(你认为)张三属于类型 A 的先验概率乘以 A 类型人干 X 这件事的概率,再除以张三可能干这件事的"边际"概率。更为具体地举个例子,设想张三是你办公室新来的一位同事,你对他的人品不了解——简单地说,你认为他是好人和坏人的可能性相等。你知道好人是不干坏事的,只有坏人才干坏事。如果有一天你发现张三干了一件坏事,你就会修正对他的看法,说他肯定是一个坏人。在这里,你事实上使用了贝叶斯规则把你认为张三是坏人的概率由 0.5 修正为 1。当然,如果张三干了一件好事,你也许会、也许不会修正对他的看法,这依赖于这件好事好到什么程度。因为坏人为了假装好人也会干些一般性的好事。

下面我们举几个例子来说明不完全信息动态博弈的精炼贝叶斯均衡。

第一个例子回到张三与你。设想张三有一种以恃强凌弱的天性,喜欢与弱者相斗,但也害怕与强者相遇。张三在第一次遇到你后是否应该欺负你?答案依赖于他对你是强者还是弱者的判断。假设他最初判断你是弱者的概率为 0.2,是强者的概率为 0.8,那么他大概不会欺负你。现在假定你在进行某种可以被张三观察到的行动,比如说你吃早餐。早餐的内容也许包含着有关你强弱的某些信息,张三可以通过分析你的早餐内容修正他对你的判断。假设强者喜欢吃辣椒,弱者不喜欢吃辣椒。如果张三发现你不吃辣椒,自然会认为你是弱者,可以欺负。你知道自己不吃辣椒的后果,即使本性懦弱,也许会强迫自己吃几个辣椒,以示并不是弱者。张三当然不会被你的这种鬼把戏所迷惑,他会仔细地观察你究竟能吃多少辣椒,除非你吃的辣椒的数量足够多,否则,张三不会认为你是一个强者。张三认为,如果你真是一个强者,你或许会吃比通常情况下更多的辣椒以示自己确实是个强者,这个数量是如此之多以致如果是个弱者的话,你是受不了的。一个可能的精炼贝叶斯均衡是:懦弱的你不吃辣椒(吃少无用,吃多难受),强悍的你吃辣椒(比通常情况多),张三根据你是否吃辣椒来推断你是强者还是弱者,然后选择是否欺负你。另一个可能的均衡是,懦弱的你和强悍的你都吃同样数量的辣椒,张三从吃辣椒这件事推不出任何新的信息,他仍然认为你是强者的概率为 0.8,弱者的概率为 0.2,所以仍然不敢欺负你。用博弈论的术语讲,前一个均衡叫"分离均衡",后一个均衡叫"混同均衡"。

成语"黔驴之技"的故事实际上也是一个动态不完全信息博弈。毛驴刚到贵州时,老虎见它是个庞然大物,不知有多大本领,感到很神奇。给定了这个"信息",老虎躲在树林里偷偷地瞧毛驴就是一种最优选择。过了一阵子,老虎走出树林,逐渐接近毛驴,就是想获得有关这个庞然大物的真实本领的信息。有一天,毛驴忽然大叫了一声,老虎吓了一跳,急忙逃走,这也是最优选择,因为毛驴的叫声是老虎预料之外的。又过了一些天,老虎又来观看,发现毛驴并没有什么特别的本领,对毛驴的叫声也习以为常了,但老虎仍不敢下手,因为它对毛驴的真实本领还没有完全了解。再后来,老虎对毛驴挨得更近,往毛驴身上挤碰,故意冒犯它。毛驴在忍无可忍的情况下,就用蹄子去踢老虎。这一踢向老虎传递的信息是"毛驴不过这点本事而已",所以老虎反倒高兴了。到这时,老虎对毛驴已有了完全的了解,所以就扑过去把它吃了。这个故事里,老虎通过观察毛驴的行为逐渐修正对毛驴的看法,直到看清它的真面目,把它吃掉,这是一个精炼贝叶斯均衡。老虎的每一步行动都是给定它的信息下最优的。事实上,这个故事里,毛驴的行为也是很理性的,它知道自己的技能有限,所以不到万不得已是不用那仅有的一技的,否则它早就被老虎吃掉了。

现在回到"市场进入阻挠"的例子上来。在这个博弈中,在位者可能是低成本,也可能是高成本,进入者事先不知道。在静态博弈中,进入者只能根据先验判断选择是进入还是不进入。现在假设在位者先行动——比如说定价。我们用 P 来表示价格。那么,P 本身可能包含有关在位者成本函数的信息,因为不同成本函数下的最优价格是不一样的。假定存在一个价格 P^*,只有低成本企业才有利可图,而高成本是不敢模仿这个价格的。那么,精炼贝叶斯均衡是,低成本在位者选择 P^*,高成本企业选择一个较高的垄断价格。如果进入者观察到在位者选择 P^*,就推断其为低成本,不敢进入;否则,就认为在位者是高成本,采取进入。这就是著名的"垄断限价模型"。

精炼贝叶斯均衡的一个重要应用就是"信号传递模型"。垄断限价模型是信号传递的一个特例。"信号传递模型"具有广泛的应用领域。在劳动力市场上,工人的受教育水平如何传递有关能力的信息呢?这个模型里,企业的生产率取决于工人的能力。工人的能力可能高可能低,工人本人知道,雇主不知道;教育水平本身不改进工人的能力,但却可以传递有关这种能力的信息,原因是,教育要花费成本,而且高能力的人的教育成本相对于低能力的人要低,因为一个笨蛋比一个聪明人要遭受更大的痛苦才能完成必修的课程,拿到文凭。这样,文凭就成为能力的象征,尽管它不一定是能力的源泉。高能力的人要把自己与低能力的人分开,就要选择更多的教育,企业看到受过更多教育的人就推断是高能力,支付高工资。如果这个模型是正确的话,我们也许不应该简单地因为所学的内容无用就否定一种教育制度,如中国古代社会的科举制度,它或许也具有信号传递的功能。

在完全信息动态博弈里,我们强调了承诺行动在子博弈精炼纳什均衡中的重要性。在这里,要强调一下成本在精炼贝叶斯均衡里的重要性。一种行动要起到某种传递信息的功能,行动者必须为此付出足够的成本,否则,所有其他类型的参与者都会模仿。这也就是说,只有负担成本的行动才是可信的。简单地告诉对方"我是低成本企业"、"我是强者"、"我是好人"、"我是高能力的人"之所以不传递信息,就是因为这类"行动"你不花成本,谁都可以效仿。低成本企业要把自己与高成本企业分开,从而阻止进入者进入,就得定一个比短期垄断价格低的价格,牺牲部分短期利润;强者要把自己与弱者分开,以免被欺负,就要吃比一般情况下多的辣椒;好人要把自己与坏人分开,就得干更多、更大的好事;高能力的人要把自己与低能力的人分开,就得接受可能没有实际价值的教育等。

这种为传递信息支付的成本是由信息的不完全性导致的。那么,是不是说不完全信息就一定是件坏事呢?不一定。在有限次重复"囚徒困境"博弈中可以证明,不完全信息可以导致合作的后果,而这在完全信息下是不可能的。理由是,当信息不完全时,当事人为了获得合作带来的长期利益,不愿过早地暴露自己的本性。说得更通俗一点,在一种长期的关系中,一个人干好事还是干坏事,常常不取决于他在本性上是好人还是坏人,而在很大程度上取决于其他人在多大程度上认为他是好人。给定其他人并不知道自己的真实面目,一个坏人也会在相当长时间内干好事,这就如同雨果小说《悲惨世界》中的主人公一样。从这个意义上讲,过于早地揭穿坏人的"真面目"也许不是一件好事,因为坏人干好事本身并不一定是件坏事。当然,在博弈的最后阶段,坏人的真实面目总是要暴露的,这就是我们常说的"路遥知马力,日久见人心"。

◆ 本章重要概念

群决策(group decision making)　　社会选择(social choice)
社会福利函数(social welfare functions)　　投票悖论(the paradox of voting)
多数票循环(cyclic majorities)　　静态博弈(static game)
动态博弈(dynamic game)　　占优策略(dominant-strategy)
纳什均衡(Nash equilibrium)
子博弈精炼纳什均衡(subgame perfect Nash equilibrium)

本章思考与练习题

1. 为什么要研究群决策？
2. 什么是投票悖论？什么是策略行为？
3. 群由 18 个成员构成，已知群中成员对方案 a、b、c、d、e 的偏好分别为
   4 人认为：$a>b>c>d>e$
   3 人认为：$b>c>e>a>d$
   4 人认为：$c>a>d>e>b$
   3 人认为：$d>b>e>c>a$
   3 人认为：$e>d>a>c>b$
   1 人认为：$e>a>d>b>c$
   用社会选择函数给出群对方案的排序。
4. 某个委员会原有编号 1、2、3 的 3 个成员，备选方案集为 $\{a,b,c\}$。3 个成员的偏好序分别为
   成员 1：$c>b>a$
   成员 2：$b>a>c$
   成员 3：$a>c>b$
   (1) 求群体序。
   (2) 若委员会新增两个成员(编号为 4、5)，原来成员的偏好序不变，新增成员 4、5 联合能否控制委员会的排序结果？
5. 博弈论的主要研究内容是什么？
6. 设定一个博弈模型必须确定哪几个方面？
7. "囚徒困境"的内在根源是什么？
8. 博弈有哪些分类方法？有哪些主要的类型？

本章推荐阅读书目

1. 岳超源. 决策理论与方法[M]. 北京:科学出版社,2003.
2. 张维迎. 博弈论与信息经济学[M]. 上海:上海三联出版社,1996.
3. 谢识予. 博弈论(第二版)[M]. 上海:复旦大学出版社,2002.
4. 周俊,许晓东. 关于判定及防范多数票循环的研究[J]. 华中科技大学学报(城市科学版),2005(5):139-141.
5. 许晓东. 简单多数票法和Borda法的防策略性分析[J]. 华中科技大学学报,2005(11):86-89.

附录 A
公共管理常用定量分析名词解释

一、行政管理领域

1. 行政组织

行政组织是社会政治组织的一种具体形式，它是行政管理学的一个极为重要的概念。概括地讲，行政组织是指统治阶级为了运用国家权力管理国家政务，根据宪法和法律的有关规定，按照一定程序建立起来的国家政权机关。它是国家的一种政权机关，其本质特点是行使国家行政权力，管理国家政务。

2. 行政领导

行政领导是领导系统中的一个专门领域，其权力运用范围仅限于国家行政机关。行政领导是国家行政机关依法运用国家权力，组织和管理行政事务所进行的决策、指挥、控制、协调、监督、检查等行政活动的过程。

3. 行政决策

行政决策是行政管理过程的主要环节之一，它是一个制订方案、选择方案、实施方案和修正方案的全过程。在行政决策过程中，现代决策技术和方法的运用，使行政决策从经验决策发展到科学决策。行政决策的主体是具有行政管理权的组织或个人。这些组织和个人在其权限范围内依法享有行政决策权。

4. 人事行政

人事行政是行政管理的重要组成部分之一。其主要内容包括：人事规划和预测、职位分类、人事选拔、任用、培训、考核、奖惩、晋升、工资、福利、退休离职等。

5. 行政责任

行政责任就是行政机关应承担的责任。一般认为，行政责任有广义和狭义之分。所谓广义的行政责任，是指国家行政管理部门的行政官员必须对国家权力主体即国民负责，通过自身职责的履行，为国民服务，它包含两层意义：①国家的行政机构作为一个整体，对国民负责；②行政责任在行政管理内部的各环节、各层次之间进行责任分工和权限分解，以建立明确的责任关系。广义的行政责任是国民与行政官员之间联系的桥梁。所谓狭义的行政责任是指国家工作人员违反行政法规所规定的权利和义务规则，以及违反其他有关行政规定时，所必须承担的责任。行政人员不管职位有多高、影响有多大，也不管情节的轻重，只要违反行政法规和规定，都要承担责任，都要为自己的违法失职行为及其后果负责。行政机关或其他特定机关要根据有关行政法规与规定对失职者追究行政责任，并予以惩罚。行政责任的承受主体是各级行政官员。

6. 财务行政

财务行政也称为财务管理,一般有广义和狭义之分。广义的财务行政就是国家财政收支的有效管理、调整和监督,即国家理财的策略、程序和方法。它包括预算、会计、决算和审计的全过程。它把财政学的理论运用到国家理财的实践中去,也称为应用的财政学。广义的财务行政,实际上就是国家的财政管理。它主要从宏观的经济发展出发,研究国家财政收支管理规律。狭义的财务行政,是指国家政权机关(包括行政机关)、事业单位为完成其工作任务或事业计划而发生的预算资金在划拨、分配和使用过程中的经济业务。也就是各机关、单位实现财政预算拨款,对行政经费进行领拨、使用、管理和监督的活动。狭义的财务行政实际上是从微观角度来研究财务管理活动规律的。财务行政的性质是由生产资料所有制形式决定的。

7. 机关管理

行政机关主要是指国家为推行政务而组成的各种执行机构。我国行政机关主要由国务院及其领导下的直属机关,以及地方各级人民政府组成。目前,机关管理有广义和狭义两种解释。广义的机关管理包括办公设施、物材供应、收发和保管文件、各种档案,以及行政人员进行协调与工作的方法等内容。狭义的机关管理是指行政机关本身的管理,主要是与办公厅(室)有关的事务。

8. 行政方法

行政学者认为,行政方法是指一定的组织或个人为了开展行政工作所采取的有条理、有系统的措施或方法。简而言之,它指的是可用于行政管理的一切方法。另一种理解是指相对于经济方法、法律方法而言的,具有行政强制性的不同于前两种方法的方法。行政方法具有直接性、强制性等特点。行政方法包括强制命令、协调建议和教育说服等具体形式。

9. 行政法规

行政法规是国家行政管理法律规范的总称。具体地说,行政法规是规定国家行政机关的组织机构设置、职责权限、活动原则、管理秩序和工作程序的,用以调整各国家行政机关之间,以及国家行政机关同其他国家机关、企事业单位、社会团体和公民之间行政法律关系的各种法律规范的总和。行政法规也是国家法律体系的重要组成部分之一。

10. 追踪决策

追踪决策是指当原有决策的实施表明将危及决策目标的实现时,对原目标或决策方案所进行的一种根本性的修正。当决策实施表明原有方案具有重大错误,就要重新调整方案进行决策,或当客观情况发生了重大变化,必须改变原决策目标方案时,这种决策就是追踪决策。追踪决策是一种战略转移,它是科学决策中的一个正常现象,也是在行政管理活动中常常发生的,贯穿于决策实施的全过程中。不能认为采用追踪决策是一种决策崩溃,决策者对此应当有清醒的认识。只有当原有决策在实施过程中出现错误和偏差而仍然坚持错误的情况下,或者决策实施过程中主观情况或客观情况有所变化而不顾这些变化一意孤行时,才会导致决策崩溃。

11. 人事预测

所谓人事预测,就是运用现代社会统计技术对现存人事管理诸因素进行分析,从而推算出行政管理人员组成的一种科学方法,其中考虑的相关因素为原有人数、未来人数和发展规律。

12. 国家预算

国家预算是指政府在一个会计年度财政收支的预备计划。国家预算包括收入和支出两大部分,国家预算收入主要包括企业收入和其他各项税收。随着国有企业逐步实行"利改税",税收将成为国家预算收入的主要来源。国家预算支出是指为行使国家权力,发挥国家管理职能,把集中的资金有计划、按比例地分配到基本建设、经济发展、文教科研、社会福利事业和国防,以及其他方面。

13. 城市化

城市化是城市发展进程的概述。城市化是社会发展的历史过程,是工业革命的伴生现象,一般是指工业化过程中社会生产力的发展引起的地域空间上城镇数量的增加和城镇规模的扩大,农村人口向城镇的转移流动和集聚,城镇经济在国民经济中居主导地位,成为社会前进的主要基地,以及城市的经济关系和生活方式广泛地渗透到农村的一种持续发展的过程。随着城市化程度的提高,城市在社会经济发展中的作用会不断增大。城市化的程度也是一个国家经济发达程度,特别是工业化水平高低的一个重要标志。

二、公共经济与公共政策领域

1. 国内生产总值(GDP)

GDP 是英文 gross domestic product 的缩写,也就是国内生产总值。通常对 GDP 的定义为:一定时期内(一个季度或一年),一个国家或地区的经济中所生产出的全部最终产品和提供劳务的市场价值的总值。它也是目前各个国家和地区通常采用的衡量国民经济发展水平的指标。GDP 是宏观经济中最受关注的经济统计指标,一般来说,国内生产总值有三种形态,即价值形态、收入形态和产品形态。从价值形态看,它是所有常驻单位在一定时期内生产的全部货物和服务的价值与同期投入的全部非固定资产货物和服务价值的差额,即所有常驻单位的增加值之和;从收入形态看,它是所有常驻单位在一定时期内直接创造的收入之和;从产品形态看,它是所有最终货物和服务的总和。

2. 个人可支配收入(DPI)

DPI 是指一个国家所有个人(包括私人非营利机构)在一定时期(通常为一年)内实际得到可用于个人开支或储蓄的那一部分收入。个人可支配收入等于个人收入扣除向政府缴纳的所得税及其他相关税,以及交给政府的非商业性费用等以后的余额。个人可支配收入被认为是消费开支的最重要的决定性因素,因而常被用来衡量一国生活水平的情况。

3. 居民消费价格指数(CPI)

CPI 是反映一定时期内居民消费价格变动趋势和变动程度的相对数。居民消费价格指数分为食品、衣着、家庭设备及用品、医疗保健、交通和通信、娱乐教育和文化用品、居住、服务项目等八个大类,国家规定的 325 种必报商品和服务项目,其中,一般商品 273 种,餐饮业食品 16 种,服务项目 36 种。CPI 指数是综合了城市居民消费价格指数和农民消费价格指数计算取得。利用居民消费价格指数,可以观察和分析消费品的零售价格和服务价格变动对城乡居民实际生活费支出的影响程度。

□4. 商品零售价格指数

商品零售价格指数是指反映一定时期内商品零售价格变动趋势和变动程度的相对指数。商品零售价格指数分为食品、饮料烟酒、服装鞋帽、纺织品、中西药品、化妆品、书报杂志、文化体育用品、日用品、家用电器、首饰、燃料、建筑装潢材料、机电产品等十四个大类，国家规定的304种必报商品。需要予以特别说明的是，从1994年起，国家、各省（区）和县编制的商品零售价格指数不再包括农业生产资料。零售物价的调整变动直接影响到城乡居民的生活支出和国家的财政收入，影响居民购买力和市场供需平衡，影响消费与积累的比例。因此，商品零售价格指数可以从一个侧面对上述经济活动进行观察和分析。

□5. 规模以上（下）工业企业

规模以上工业企业是指全部国有企业（在工商局的登记注册类型为"110"的企业）和当年产品销售收入500万元以上（含）的非国有工业企业。规模以下工业企业是指当年产品销售收入500万元以下的非国有工业企业（在工商局的登记注册类型不为"110"的企业）。

□6. 恩格尔系数

19世纪的德国统计学家恩格尔根据统计资料，对消费结构的变化得出一个规律：一个家庭收入越少，家庭收入中（或总支出中）用来购买食物的支出所占的比例就越大，随着家庭收入的增加，家庭收入中（或总支出中）用来购买食物的支出比例则会下降。推广到国家，一个国家越穷，每个国民的平均收入中（或平均支出中）用于购买食物的支出所占比例就越大，随着国家的富裕，这个比例呈下降趋势。恩格尔定律的公式为

$$食物支出对总支出的比率 = \frac{食物支出变动百分比}{总支出变动百分比}$$

或

$$食物支出对收入的比率 = \frac{食物支出变动百分比}{收入变动百分比}$$

后者又称为食物支出的收入弹性。

□7. 基尼系数

20世纪初，意大利经济学家基尼提出的判断分配平等程度的指标（见图A-1）。设实际收入分配曲线 OL 和收入分配绝对平等直线 OL 之间的面积为 A，实际收入分配曲线右下方的面积为 B，并以 $A/(A+B)$ 表示不平等程度。这个数值被称为基尼系数或称洛伦茨系数。如果 A 为0，基尼系数为0，表示收入分配完全平等；如果 B 为0，基尼系数为1，表示收入分配绝对不平等。该系数可在0和1之间取任何值。收入分配越是趋向平等，洛伦茨曲线 OL 的弧度越小，基尼系数也越小；反之，收入分配越是趋向不平等，洛伦茨曲线的弧度越大，那么基尼系数也越大。如果个人所得税能使收入均等化，那么，基尼系数即会变小。联合国有关组织规定：若基尼系数低于0.2，表示收入绝对平均；基尼系数0.2～0.3表示比较平均；基尼系数0.3～0.4表示相对合理；基尼系数0.4～0.5表示收入差距较大；基尼系数0.6以上表示收入差距悬殊。

□8. 外部效应

经济学中的外部效应（外部性）是指在实际经济活动中，生产者或消费者的活动对其他生产者或消费者带来的非市场性影响。这种影响有可能是有益的，也可能是有害的。

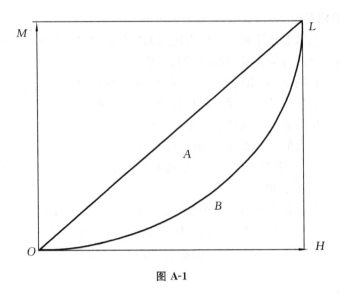

图 A-1

有益的影响(收益的外部化)称为外部经济性,或正外部性;有害的影响(成本的外部化)称为外部不经济性,或负的外部性。

☐ **9. 科斯定理**

在产权明确、交易成本为零或很低的前提下,通过市场交易可以消除外部性。这就是科斯定理,它还可以解释为:只要产权已明确界定,并受到法律的有效保护,那么交易的任何一方拥有产权都能带来同样的资源最优配置的结果,这可通过双方之间的谈判自然地实现;产权赋予不同的人,只会带来收入分配结果的不同。科斯还认为,即便外部效应涉及多方,即使不把公共资源的产权赋予单个的一个人,市场也可以自动地纠正外部性。

☐ **10. 公共物品**

公共物品是指满足社会公共需要的物品。公共物品具有非排他性和非竞争性。非排他性是指一个或一些社会成员享用公共物品并不能排除他人从该公共物品中获益,非竞争性是指消费者的增加不引起生产成本的增加,即多一个消费者引起的社会边际成本为零,或者说,一定量的公共物品按零边际成本为消费者提供利益或服务。公共物品不能由市场提供,只能由政府提供。

☐ **11. 政府转移支付**

政府转移支付是指政府在社会福利保险、贫困救济和补助等方面的支出。虽然它所做的仅仅是通过政府将收入在不同社会成员之间进行转移和重新分配,但它是政府支出的重要组成部分,对总需求有很大的调节作用。因此,政府转移支付是一项重要的财政政策手段。

☐ **12. 自然失业率**

自然失业率指在没有货币因素干扰的情况下,通常总有一部分人不可避免处于失业状态。这是劳动力市场和商品市场供求力量自发作用时,总需求和总供给处于均衡状态的失业率。经济处于潜在产出水平时候的失业也被称为摩擦性失业。

☐ **13. 债券**

债券是一种有价证券,是社会各类经济主体为筹措资金而向债券投资者出具的,并且承诺按一定利率定期支付利息和到期偿还本金的债务凭证。由于债券的利息通常是事先确定的,所以,债券又被称为固定利息证券。债券通常包括以下几个基本要素:
- 票面价值;
- 价格;
- 偿还期限。

债券作为一种债务凭证,与其他有价证券一样,也是一种虚拟资本,而非真实资本,它是经济运行中实际运用的真实资本的证书。从投资者的角度看,债券具有以下四个特征:
- 偿还性;
- 流动性;
- 安全性;
- 收益性。

14. 基准利率

基准利率是金融市场上具有普遍参照作用的利率,其他利率水平或金融资产价格均可根据这一基准利率水平来确定。基准利率是利率市场化的重要前提之一,在利率市场化条件下,融资者衡量融资成本,投资者计算投资收益,以及管理层对宏观经济的调控,客观上都要求有一个普遍公认的基准利率水平作参考。所以,从某种意义上讲,基准利率是利率市场化机制形成的核心。

15. 存款准备金率

存款准备金是指金融机构为保证客户提取存款和资金清算需要而准备的在中央银行的存款。中央银行要求的存款准备金占其存款总额的比例就是存款准备金率。打比方说,如果存款准备金率为10%,就意味着金融机构每吸收1 000万元存款,要向央行缴存100万元的存款准备金,用于发放贷款的资金只有900万元;倘若将存款准备金率提高到20%,那么金融机构的可贷资金将减少到800万元。中央银行通过调整存款准备金率,可以影响金融机构的信贷扩张能力,从而间接调控货币供应量。在存款准备金制度下,金融机构不能将其吸收的存款全部用于发放贷款,必须保留一定的资金即存款准备金,以备客户提款的需要。因此存款准备金制度有利于保证金融机构对客户的正常支付。

16. 国际储备 (international reserve)

国际储备是一国货币当局持有的,用于国际支付、平衡国际收支和维持其货币汇率的各种形式的国际储备资产的总称。按照国际货币基金组织的统计口径,一国的国际储备由以下四个部分组成:
- 黄金储备;
- 外汇储备(货币当局持有的可兑换货币和用它们表示的支付手段);
- 普通提款权(general drawing rights,是指国际货币基金组织会员国向基金认缴份额 25%的黄金和可兑换货币部分、基金组织为支付其他会员国的借款而使用的会员国货币净额;基金组织从会员国的借款);
- 特别提款权(special drawing rights,是指国际货币基金组织创造的储备资产,用于会员国和基金组织间,以及会员国之间的支付)。

17. 贴现率(discount rate)

当利率用于计算投资的净现值时,它被称为贴现率。

□ 18. 全员劳动生产率

全员劳动生产率反映了企业的生产效率和劳动投入的经济效益。计算公式为

$$全员劳动生产率 = \frac{工业增加值}{全部从业人员平均人数}$$

□ 19. 税收

税收是政府收入中最主要的部分,它是国家为了实现其职能,按照法律预先规定的标准,强制地、无偿地、固定地取得财政收入的一种手段。因此税收具有强制性、无偿性、固定性三个基本特征,是政府财政政策的有力手段之一。按税收管理和使用权限分类,税的种类有:中央税(关税、消费税)、地方税(个人所得税、房产税、车船使用税、土地使用税)、中央地方共享税(增值税、资源税、营业税、企业所得税)。按税收与价格的关系分类,税的种类有:价内税(消费税)和价外税(增值税)。按计税标准为依据分类,税的种类有:从价税(增值税、营业税、关税)和从量税(资源税、车船使用税)。按税负是否转嫁分类,税的种类有:直接税(所得税)和间接税(增值税、消费税)。

□ 20. 市场失灵

市场失灵是指由于市场机制本身的某些缺陷和外部条件的某种限制,使得单纯的市场机制无法把资源配置到最佳的状况。因此,在出现市场失灵的情况下,需要政府干预,以调节市场机制,弥补市场缺陷,纠正市场失灵。

□ 21. 阿罗不可能定律

阿罗认为,在将个人偏好集结为群体偏好的过程中,要找到一个满足民主社会公共选择所有标准的集体决策规则是不可能的,不能指望一个民主社会能够做出一个前后一致的决策。该结论被称之为阿罗不可能定律。

□ 22. 通货膨胀

通货膨胀是指物价水平普遍、持续上升。其中"普遍"是指物价水平总体提升,而非个别行业或商品涨价;"持续"是指在一定时期内物价水平的提升,而非偶然的或暂时的涨价。通货膨胀通常用物价指数衡量。物价指数是表明某些商品的价格从一个时期到下一个时期变动程度的指数。根据计算物价指数时包括的商品品种的不同,主要有以下三种物价指数:

● 消费者物价指数(CPI),这是衡量各个时期居民个人消费的商品和劳务零售价格变化指标,通常作为观察通货膨胀水平的重要指标;

● 生产者物价指数(PPI),这是衡量生产者在生产过程中所采购物品价格变化的指标,包括了原料、半成品和最终产品等三个生产阶段的物价信息;

● 国民收入物价平均指数,这是衡量一国在不同时期内所生产的最终产品和劳务的价格总水平变化程度的价格指数。

□ 23. 保险资金

保险资金是指保险公司的资本金、保证金、营运资金、各种准备金、公积金、公益金、未分配盈余、保险保障基金及国家规定的其他资金。成熟保险业的经营是依靠保险和投资两个轮子共同驱动和协调发展的,通过保险融资、投资创利的方式来实现保险公司总体收益。

24. 教育费附加的税率

教育费附加税率为 3%，其计算方法为

教育费附加 ＝（增值税 ＋ 营业税 ＋ 消费税）× 3%

25. 印花税

印花税的税率为万分之五，其计算方法为

所要购买的印花税票 ＝ 公司注册金 × 万分之五

注意：公司注册下来之日起半年内要到工商局购买此印花税票，印花税票是贴到会计凭证上的，像邮票一样。

26. 企业所得税

企业所得税计算方法为

应纳税所得额 ＝ 收入总额 － 准予扣除项目金额

应纳所得税额 ＝ 应纳税所得额 × 税率

简单地说，企业所得税＝（收入 － 成本 － 费用）×15%

应交所得报税时间：一至三季度，每季终了后 15 日内；第四季度同年度税收一同申报。

27. 增值税

增值税是对商品生产、流通、劳务服务中多个环节的新增价值或商品的附加值征收的一种流转税。增值税实行价外税，也就是由消费者的税款在价款外单独计算，有增值才征税，没增值不征税。但在实际中，商品新增价值或附加值在生产和流通过程中是很难准确计算的。因此，我国也采用国际上普遍采用的税款抵扣的办法，即根据销售商品或劳务的销售额，按规定的税率计算出销项税额，然后扣除取得该商品或劳务时所支付的增值税款，也就是进项税额，其差额就是增值部分应交的税额，这种计算方法体现了按增值因素计税的原理。

28. 公共政策问题

公共政策问题是指基于特定的社会公共问题，由政府列入政策议程并采取行动，通过公共行为希望实现或解决的问题。

29. 政策评估

政策评估是指依据一定的标准和程序，对政策的效益、效率、效果及价值进行判断的一种政治行为。目的在于取得有关这些方面的信息，作为决定政策变化、政策改进和制定新政策的依据。它是政策分析的重要方面，是一种具有特定标准、方法和程序的专门研究活动。

30. 政策周期

政策周期是指政策经过制定→执行→评估→监控→终结这几个阶段后形成了一个周期。同时它还表明，新的政策往往不是凭空产生的，它常常是原有政策的延续，是为适应新情况对原政策加以修正、调整，从而形成政策的一个新周期，实现新老政策的交替循环。

31. 购买力

购买力是通过社会总产品和国民收入的分配和再分配形成的，社会购买力来源于职工工资收入、其他职业的劳动者的劳动收入、居民从财政方面得到的收入（如补贴、救济、奖励等)、银行和信用单位的农业贷款、居民其他收入、社会集团购买消费品的货币。

□32. 拉弗曲线

拉弗曲线是说明税率与税收额相互关系的一条曲线(见图A-2)。纵轴代表税收额,横轴代表税率。随着税率的提高,税收额先增大后减小。

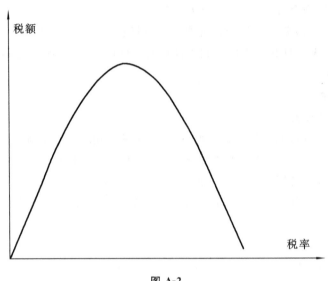

图 A-2

■ 三、社会保障领域

□1. 社会保障制度

社会保障制度是指由国家依据一定的法律和法规,为保证社会成员的基本生活权利而提供救助和补贴的一种制度。社会保障制度的主要功能是建立以社会化为标志的生活安全网,消除市场过程中产生的社会不安定因素,防止社会动荡。

□2. 城市居民最低生活保障制度

城市居民最低生活保障制度又称"低保",是国家为社会成员中收入难以维持其基本生活需求的人群提供救济的一种社会救济制度。

城市居民最低生活保障制度的保障对象是家庭人均收入低于当地最低生活保障标准的持有非农业户口的城市居民,主要对象是以下三类人员:

● 无生活来源、无劳动能力、无法定赡养人或抚养人的居民;

● 领取失业救济金期间或失业救济期满仍未重新就业,家庭人均收入低于最低生活保障标准的居民;

● 在职人员和下岗人员在领取工资、基本生活费后,以及退休人员领取退休金后,其家庭人均收入仍低于最低生活保障标准的居民。

在发放最低生活保障金时,对第一类保障对象要按最低生活保障标准全额发放,如其原来享受的生活救济标准高于最低生活保障标准的,则按原救济标准发放;对其他保障对象均按其家庭人均收入与最低生活保障标准的差额发放;根据国家有关规定享受特殊待遇的优抚对象等人员,其抚恤金等不计入家庭收入。

3. 社会保障基金

社会保障基金是指为实施各项社会保障制度,通过法定的程序,以各种方式建立起来的用于特定目的的货币资金。社会保障基金按用途可分为社会保险基金、社会救济基金、社会福利基金等。

4. 社会保障水平

社会保障水平是指一定时期内一国或地区社会成员享受社会保障的高低程度。社会保障水平指标是为了衡量、表现社会保障水平而选取的变量。西方国家一般把社会保障总支出占国内生产总值(GDP)的比例作为衡量社会保障水平的主指标,其计算公式为

$$社会保障水平 = \frac{社会保障支出总额}{国内生产总值}$$

其中,社会保障支出总额是指一定时期内一国或地区实际支出的各种社会保障费用总和。在不同的国家或地区的不同时期,它包含不同的具体项目。

5. 帕累托最优

帕累托最优是指资源配置已达到这样一种境地,即无论作任何改变都不可能使一部分人受益而没有其他人受损。也就是说,当经济运行达到了高效率时,一部分人处境改善必须以另一些人处境恶化为代价。

6. 老年社会保障

老年社会保障是指对退出劳动领域或无劳动能力的老年人实行的社会保护和社会救助措施,包括经济、医疗及社会服务等方面的社会保护和社会救助。老年社会保障的对象一般是指社会中的老年公民。

7. 人口老龄化

人口老龄化有两层意思:一是指老年人口相对增多,在总人口中所占比例不断上升的过程;二是指社会人口结构呈现老年状态,进入老龄化社会。国际上通常看法是,当一个国家或地区60岁以上老年人口占人口总数的10%,或65岁以上老年人口占人口总数的7%,即意味着这个国家或地区的人口处于老龄化。老龄问题包括老年人问题与老龄化问题,老年人问题与老龄化问题相联系,但又不完全相同。一般把有关老年人的社会保障和权益保护看作"老年人问题",把有关老年人增加对社会经济发展的影响称为"老龄化问题",这是从人类社会经济发展的范畴来认识老龄问题。

8. 失业保险

失业保险是指国家通过立法强制实行的,由社会集中建立基金,对因失业而暂时中断生活来源的劳动者提供物质帮助的制度。它是社会保障体系的重要组成部分,是社会保险的主要项目之一。失业保险具有如下几个主要特点。一是普遍性。它主要是为了保障有工资收入的劳动者失业后的基本生活,其覆盖范围包括城镇劳动力队伍中的绝大部分成员。二是强制性。它是通过国家制定法律、法规来强制实施的。按照规定,在失业保险制度覆盖范围内的单位及其职工必须参加失业保险并履行缴费义务,不履行缴费义务的单位和个人应当承担相应的法律责任。三是互济性。失业保险基金主要来源于社会筹集,由单位、个人和国家三方共同负担,缴费比例、缴费方式相对稳定。筹集的失业保险费,不分来源渠道,不分缴费单位的性质,全部并入失业保险基金,在统筹地区内统一调度使用,以发挥互济功能。

□ **9. 住房公积金**

住房公积金是指国家机关、国有企业、城镇集体企业、外商投资企业、城镇私营企业及其他城镇企业、事业单位及其在职职工缴存的为改善住房条件为目的长期储金。职工住房公积金包括职工个人缴存和职工所在单位为职工缴存两部分,全部属职工个人所有,两部分缴存比例现均为职工个人工资的 8%。

□ **10. 社会保障税**

社会保障税就是国家建立的以养老保险、医疗保险和失业保险为主要项目,以城镇劳动者为主要保障对象的混合型社会保障制度。纳税人应为各类企业、行政事业单位、社会团体、个体工商户及其全体职工。对企业、单位及其职工应以工资、奖金为计税依据,采用比例税率;对个体工商户和其他职业者,以当地政府公布的社会平均工资额为计税依据,采用定额税率。

□ **11. 医疗社会保险缴费率**

医疗社会保险缴费率(CR)的计算公式为

$$CR = \frac{支付待遇 + 管理费 + 必要结余储备金}{被保险人工资总额}$$

个人和单位可以按相同比例缴纳,也可以按不同比例缴纳。雇主缴纳的保险费往往比雇员缴纳的多。

□ **12. 残疾人**

残疾人是指身体、智力或精神状况违反常规和偏离正常状态(即相对于当时相同年龄的正常健康状况而言),并非暂时的功能减退,而使其参与社会的能力受到影响的人。

□ **13. 职工福利**

职工福利是企业、事业、国家机关等单位,通过举办集体生活和服务设施、建立各种补贴制度,向职工提供物质帮助和服务活动的总称。由于其内容多涉及生活领域,所以通常又称为职工生活福利。其目的是为职工生活提供方便,帮助职工解决生活困难,改善和丰富职工的物质和文化生活,以维护社会安定和促进社会经济的发展。

□ **14. 视同缴费年限**

视同缴费年限是我国城镇企业职工养老保险制度规定的,它是把没有实行个人缴纳养老保险费之前的工作时间也看作缴费年限,在计算养老保险待遇时,将缴费年限与视同缴费年限合并计算。

这一制度仅适用与新养老保险制度(国务院关于建立同意的企业职工基本养老保险通知的决定(1997 年 7 月 16 日))实行前参加工作,新养老保险制度实施后退休的人员(这部分人在实践中被称为中人,用以区别新制度实施前已经退休的,即所谓的老人,以及新养老保险通知实施后参加工作的,即所谓的新人)。因为新的养老保险通知是以职工个人及用人单位缴费年限长短来核发养老保险金的,视同缴费年限的制度,再增加一部分过渡性养老保险,用来平衡这两种养老保险制度。这部分过渡养老保险金是以职工本人的指数化月平均缴费工资,即职工历年平均缴费指数与退休时上一年度统筹地区社会平均工资的乘积,再乘以本人视同缴费年限及 1.0%~1.4% 的系数。因此,视同缴费年限越长,过渡性养老保险金即越高。

□ 15. 不丧失价值条款

不丧失价值条款又称不丧失价值任选条款。指保险人在合理的范围内,允许投保人自由处理其保险单现金价值的一种合同约定。投保人有三种方式可供选择:退保、将原保险单的现金价值改为缴清保险、将原保险单的现金价值改为展期保险。

□ 16. 劳动力参与率

劳动力是指在资料标准周(每月中含有 15 日之那一周称标准周)内,年满十五岁,具有工作能力及意愿的人员,包括就业者及失业者。

$$劳动力参与率 = \frac{劳动力数量}{十五岁以上的人口数量} \times 100\%$$

□ 17. 城镇居民基本医疗保险

城镇居民基本医疗保险是指未纳入城镇职工基本医疗保险制度覆盖范围的非职工城镇居民参加的一种社会医疗保险,它与城镇职工基本医疗保险、新型农村合作医疗共同构成覆盖城乡居民的基本医疗保障体系。城镇居民基本医疗保险基金坚持以收定支、收支平衡、略有结余的原则,重点保障患者住院和门诊大病医疗支出,兼顾门诊小病支出。城镇居民参加基本医疗保险,以个人和家庭缴费为主;符合条件的老年人、残疾人、低保对象和享受助学金及助学贷款的非在职的在校大学生等困难城镇居民参保费用,主要由财政给予补助。

■ 四、土地资源管理领域

□ 1. 土地管理

土地管理是指国家在一定的环境条件下,综合运用行政、经济、法律、技术方法,为提高土地利用生态、经济、社会效益,维护社会中占统治地位的土地所有制,调整土地关系,监督土地利用,进行的计划、组织、控制等综合性活动。

□ 2. 地籍和地籍管理

地籍是指记载土地的位置、界址、数量、质量、权属和用途(地类)等基本状况的簿册(含图)。地籍管理与地籍是两个不同的概念。为了建立地籍、设置地籍簿和地籍图,需要收集、记载、定期更新地籍信息。为此,就要开展土地调查、土地评价、土地登记、统计等一系列工作。这些工作的总称就是地籍管理,一般由国家委派土地管理部门完成。所以,地籍管理可以理解为:国家为获得地籍信息和科学管理土地,采取的以土地调查(含测量)、土地分等定级、估价、土地登记、土地统计、地籍档案为主要内容的综合措施。

□ 3. 土地权属调查

土地权属调查是以一宗地为单位,针对土地使用者的申请,对该宗地的位置、界址、权属、权源、利用类型、有无地权纠纷等进行实地核定、调查、勘丈、记录,并绘制该宗地的草图,为地籍测量和权属审核发证提供文书凭据。

□ 4. 土地登记

土地登记是国家依照法定程序,将土地的权属关系(所有权、使用权和他项权利)、用途、面积、使用条件、等级、价值等情况记录于专门的簿册,以确定土地权属,加强政府对于土地的有效管理,保护权利人对土地的合法权益的一项重要的法律制度。根据我国的具体情况,主要登记国有土地使用权、集体土地所有权、集体土地使用权和他项权利等。经过登记的土地所有权、使用权和他项权利受到法律保护。

□5. 土地所有权

土地所有权是土地所有制的核心,是土地所有制的法律表现形式。一定的土地所有权意味着土地所有者在相应的法律规定的范围内可以自由使用和处分土地。或者说,土地所有权是土地所有者所拥有的、受到国家法律保护和限制的排他性的专有权利。土地所有权包括土地占有权、土地使用权、土地收益权和土地处分权等四个方面的内容。

□6. 土地占有权

土地占有权是指对土地进行实际支配和控制的权利。土地占有权可以由土地所有人行使,也可以根据法律,以契约的形式依土地所有人的意志由他人行使。

□7. 土地使用权

土地使用权是指使用土地的单位和个人在法律所允许的范围内,对依法交由其使用的国有土地和农民集体所有土地的占有、使用、收益,以及依法部分处分的权利。

□8. 土地使用权出租

土地使用权出租是指合法取得国有土地使用权的民事主体(即出租人)将土地使用权及地上建筑物、其他附着物全部或部分提供给他人(承租人)使用,承租人为此支付租金的行为。

□9. 征地补偿费

征地补偿费由以下几部分构成。

● 土地补偿费,该项费用是对农村集体经济组织因土地被征用而造成的经济上的损失的一种补偿,只能由被征地单位用于再生产投资,不得付给农民个人。

● 青苗费,该项费用是指国家征用土地时,农作物正处在生长阶段而未能收获,国家应给予土地承包者或土地使用者以经济补偿。补偿金额视开始协商征地方案前,地上青苗的具体情况确定,只补一季,无青苗者无该项补偿。

● 地上附着物补偿费,地上附着物指房屋、水井、树木等。补偿金额视协商征地方案前地上附着物价值与折旧情况确定。如附着物产权属个人,则该项补助费付给个人。

● 安置补助费。

● 新菜地开发建设基金。

□10. 土地价格

土地价格是土地经济作用的反映,是土地权利和预期收益的购买价格,即地租的资本化。我国的地价是以土地使用权出让、转让为前提,一次性支付的多年地租的现值总和,是土地所有权在经济上的实现形式。土地价格的高低,直接取决于地租的数量和银行存款利率的高低,用公式可表示为

$$土地价格 = \frac{地租}{利息率}$$

□11. 基准地价

基准地价是指按照城镇不同的土地级别或均质区段内,按照土地的条件、用途等选定的宗地所评估的单位面积土地使用权价格。

□12. 地价指数

地价指数是反映土地价格随时间变化的趋势与幅度的相对数。它是反映一个城市

(或地区)各类土地(商业、住宅、工业等)价格变化及其总体综合平均变化趋势的相对数。地价指数计算的基本步骤和工作程序如下。

- 进行地价指数测算的设计方案。
- 地价指数的资料调查,包括城镇的社会、经济和自然资料,分商业、工业、住宅等类型的样点地价资料及相关的资料。
- 资料的整理及样点地价修正。
- 各级别土地分类,并进行平均地价计算。
- 平均地价权重值的确定。
- 城镇分类地价指数计算。
- 城镇平均地价计算。
- 地价指数成果的验收。
- 城镇地价指数和城镇分类地价指数计算。
- 地价指数成果应用。

13. 国土资源

国土资源是一国主权管辖范围(含陆地和领海)内的全部资源及生态环境的总称。国土资源有广义和狭义之分。广义的国土资源是指包括一国主权管辖范围内的全部自然资源和全部社会资源。狭义的国土资源仅指一国主权管辖范围内的全部自然资源。

世界上绝大多数国家和地区都使用"自然资源"概念(词),其中不少国家和地区把自然资源管理部门称为自然资源部。而中国、日本等少数国家及地区则使用"国土资源"概念(词)。国土资源行政管理中的"国土资源"是指狭义的国土资源,即一国主权管辖范围内的全部自然资源。

14. 土地储备

土地储备是指进入土地储备体系的土地。储备的土地在出让给新的土地使用单位以前,由土地储备中心负责组织前期开发和经营管理。前期开发包括地上建筑物和附属物的拆迁和土地平整等。经营管理是指在储备土地预出让或招标拍卖前,土地储备中心可以依法将储备土地的使用权单独或连同地上建筑物出租、抵押或临时改变用途,以防止土地闲置或浪费。

15. 国土资源配置

国土资源配置是指国土资源在各种不同使用方向上的分配。其目的是通过资源合理配置来促进国土资源的增值和提高综合配置效率,以满足人类日益增长的需要。就物质生产而言,所谓经济问题,实质上是个资源配置问题。它包括以下相互联系的三个方面。

- 资源在企业生产中进行合理调配,以提高资源的利用效率。
- 根据当前的社会需要(最终产品需要),资源在不同使用价值的生产(即各部门的生产)之间进行合理分配,以提高资源的配置效率。
- 资源在当前需要与未来需要之间合理分配,以提高资源的动态效率。

资源合理配置的目标是使资源综合配置效率达到最高水平。

16. 矿业"全程监督管理"

矿业"全程监督管理"是指矿产企业从勘查、建矿、开采到关闭,有关开采计划、储量消耗、转让、停产、安全生产、环境保护等情况,都要上报政府地矿主管部门,一些重大行动要报主管部门备案的管理过程。对违反规定的企业,政府有权依法进行法律制裁和经济处罚,直至吊销其许可证。

17. 海洋功能区划

根据海洋资源的特点、环境条件和社会需求等因素,划分出不同功能的类型区,用来指导、约束海洋资源的开发利用活动,以便最大限度地利用海洋资源和保护环境效益,这就是海洋功能区划。它既是实施海洋资源行政管理的科学依据,又是协调各方利益关系的重要基础。

18. 国土资源行政信息

国土资源行政信息是指反映国土资源行政管理活动、行政管理主体、对象及其自然载体和社会载体的特征及其发展变化情况的信息。它是国土资源信息的重要组成部分。国土资源规划、管理、保护和合理利用中产生的各种土地、地质矿产、海洋、测绘信息,都属于国土资源行政信息。如各种国土资源法律、行政法规、部门规章、方针政策;各种国土资源行政管理规划、计划;向社会发布的各种国土资源公告、年报、预报、通报;通过调查研究提出的可作为国土资源行政管理(特别是行政决策)依据的各种建议、意见和咨询报告等。

19. 国土资源行政指挥

国土资源行政指挥是指国土资源系统的行政领导者为了实现其决策目标,对行政执行活动进行调度、组织的过程。它是保证行政执行协调有序的重要手段和实现决策目标的重要保证。

20. 国土资源行政沟通

国土资源行政沟通是指通过交流行政信息来促进国土资源行政系统内外人员思想和情况的交流,以达到建立相互了解、信任的良好人际关系的过程。理解行政沟通的概念应把握以下三点:一是行政沟通的主客体可以同是行政主体,也可以一方是行政主体而另一方是行政客体;二是行政沟通的内容必须是行政信息;三是行政沟通的目的是改变沟通对象的思想或行为,实现行政决策目标。它的作用:一是加强国土资源行政主管部门及公务员与相对人的联系和信任,使国土资源行政管理更好地为整个社会服务;二是使行政活动协调、有序,提高行政效率。

21. 国土资源行政监督

国土资源行政监督是指对国土资源行政机关及其公务员的行政行为实施的监察和督导。国土资源行政监督的主体由两部分组成:一是由国家政治和法律制度确认具有监督权的主体,包括国家权力机关、行政机关、司法机关、党派团体、人民群众和舆论媒介等;二是国土资源行政管理机关本身。

22. 国土规划

国土规划是指国家或地区以协调经济发展与人口、资源、环境关系为宗旨,以国土资源的综合开发、生产力的合理布局、环境的综合治理为主要内容,按一定程序制定的国土开发整治方案。国土规划是综合程度更高的规划,是各类国土资源规划编制的依据之一,国土规划要靠各类国土资源规划来落实。国土规划由全国国土总体规划、跨省(区、市)的区域国土规划、省级国土规划、市(地)级国土规划和县级国土规划构成。高层级的国土规划指导和约束低层级的国土规划,低层级的国土规划分解、落实高层级国土规划的目标。

同一层级的国土规划要注意相互协调,从而形成完整的国土规划体系,更好地指导全国各地的国土开发、整治活动。

23. 国土资源财务行政管理

国土资源财务行政管理是指国土资源行政机关依据国家有关法律、法规和政府授权,对与国土资源行政有关的财务收支及机关经费进行管理的活动。国土资源财务行政管理与广义的财务行政的关系主要表现在三个方面:一是由国土资源国家所有权所产生的收益及其管理,如土地有偿使用费、矿产资源补偿费等;二是由国土资源开发利用在流转和经营过程中所产生的各种税收及其管理,如增值税、营业税、所得税等及其管理;三是由国土资源行政管理所产生的行政性收费及其管理。上述三个方面收益反映两种经济关系,即资源的所有者与资源的使用者之间的经济关系;资源的行政管理者与被管理者之间的经济关系。

国土资源财务行政管理与狭义的财务行政的关系主要表现在国土资源行政主管部门(包括原来的土地管理、矿产资源管理、海洋管理、测绘管理)的预算拨款和预算支出两个方面,以及行政性收费的收支情况。

五、社会医学与卫生事业管理领域

1. 生命质量

生命质量的概念起源于生活质量,它是指在社会经济、文化背景和价值取向的基础上,人们对自己的身体状态、心理功能、社会能力及个人综合状况的感觉。生命质量反映了个人期望与实际生活状况之间的差距。该差距越大,生命质量就越低。因此,实际上影响生命质量是两方面的因素,一是个人期望值,个人期望值越高,生命质量相对就越低;二是实际生活状况,实际生活状况越差,生命质量也就越低。

2. 卫生费用

卫生费用有广义和狭义两种概念。广义的卫生费用是指在一定时期内,为保护人群健康直接和间接消耗的社会资源,包括人力、物力和财力消耗,以货币来计量;狭义的卫生费用是指在一定时期内为提供卫生服务直接消耗的经济资源。通常所指的卫生费用是指狭义的卫生费用,是卫生费用研究的主要对象。

3. 卫生计划

卫生计划是指以提高卫生服务能力为手段,以保护和发展人民健康为目的而制订的一系列行动方案。常见的卫生计划包括卫生项目计划、卫生机构计划和卫生发展计划。

4. 卫生服务需要

卫生服务需要是指依据人们的实际健康状况与"理想健康水平"之间存在差距而提出的对医疗、预防、保健、康复等服务的客观需要,包括个人认识到的需要,由专业人员判定的需要,以及个人未认识到的需要。

5. 卫生人力资源

卫生人力资源是为了提高全体人民的健康水平,延长健康寿命和提高生活质量为目标的全面的国家卫生规划所需要的多种资源中的一种资源。他们是受过不同卫生职业培训,能够根据人民的需要提供卫生服务,贡献自己才能和智慧的人力资源。

6. 行为干预

行为干预是指针对一些一般性的有害健康的行为危险因素采取措施，进行的干预，例如不良饮食习惯，缺乏体育锻炼，不遵医嘱等。关于这方面的行为干预措施近年研究较多，不同的学者提出了许多不同的方法。现介绍一种行为干预的方法，主要是为了使临床医生通过帮助病人改变生活方式，从而减少有害健康的危险因素，降低过早患病和死亡的可能性而提出的。步骤如下。

步骤 1　明确问题所在。

步骤 2　创造信任和承诺（即建立良好的医患关系）。

步骤 3　增加对行为的了解。

步骤 4　拟订和实施行动计划。

步骤 5　评价行为改变计划。

步骤 6　维持行为改变，预防复发。

7. 危险因素

危险因素是指肌体内外环境中存在的，与疾病的发生、发展有关的各种诱发因素。

8. 危险因素评价

危险因素评价是研究危险因素与慢性病发病率及死亡率之间数量依存关系及其规律性的一种技术。它研究人们生活在有危险因素的环境中发生死亡的概率，以及当改变不良行为、消除或降低危险因素时可能延长寿命的概率。危险因素评价的目的是促进人们改变不良行为，减少危险因素，提高健康水平。

9. 健康状况评价

健康状况评价是通过分析、研究人群的健康水平及其发展变化，来探讨人群存在的主要健康问题，筛选影响人群健康水平及其发展变化的主要因素，评估各种健康计划、方案、措施的效果。其采用的主要是一些客观指标，如总生育率、死亡率、发病率、吸毒率等。

10. 行为矫正

行为矫正就是通过使用一些近年来颇为流行的行为疗法，达到改变个体不良行为的目的。行为疗法的原则是学习的原则、奖惩的原则。其理论包括强化和条件反射。它认为人的许多不良的行为与病患是通过条件作用而获得的。

11. 生命数量

生命数量是指个体生存时间的长度。

12. 急诊

急诊是指在预先没有计划去医疗单位看病，因突然发生疾病、损伤，或疾病复发、加剧而不得不去医疗单位就诊治疗。急诊率是指年内急诊人次数与调查人口之比，即

$$年急诊率 = \frac{年内急诊就诊人次数}{调查人口数} \times 1\,000‰$$

13. 住院率

住院率一般用全年住院率表示。它反映该地居民对住院服务的享有频度。

$$全年住院率 = \frac{年内住院总人次数}{调查人口数} \times 1\,000‰$$

□ 14. 社区保健

社区保健主要是指社区内妇女、儿童、老年人和残疾人的健康保健,社区保健机构针对不同人群的生理、心理特点,实施有针对性的健康保健措施。社区保健体现了以人为中心的健康服务模式,既有阶段性,又不乏连续性。

□ 15. 医疗保险

医疗保险是将个人或集体缴纳的经费(保险费)集中起来形成基金(医疗保险基金),以用于补偿个人(被保险人)因病而造成的经济损失的一种制度。医疗保险是国民收入进行分配和再分配的一种方式,其宗旨是满足广大劳动者的基本医疗需求,减少不合理的医疗费用支出。

■ 六、教育经济与管理领域

□ 1. 入学率

入学率分为"毛入学率"和"净入学率"。"毛入学率"并不是粗略计算的意思,而是在计算高等学校在校学生人数时,不考虑学生的年龄大小;"净入学率"是在计算高等学校在校学生人数时,要考虑学生的年龄大小,即包括年龄段(18～22岁)的学生人数,小于18岁或大于22岁的学生不计算在内。对于现在和过去的高等教育,描述时"净入学率"和"毛入学率"两个指标均可以使用,但是,由于无法准确知道未来年份学生年龄的分布情况,所以在确定未来年份高等教育的发展目标时,只能使用"高等教育毛入学率"。

□ 2. 高等教育大众化

高等教育大众化是指高等教育规模的毛入学率达到15%～50%。

□ 3. 教育先行

教育先行就是要求教育要面向未来,使教育在适应现存生产力和政治经济发展水平的基础上,适当超前于社会生产力和政治经济的发展。教育先行的内容:一是教育投资增长速度应当超过经济增长速度;二是在人才培养上要兼顾社会主义现代化建设近期与远期的需要,教育目标的内容等方面适当超前。

□ 4. 智力因素

智力因素是指在人们的智慧活动中,直接参与认知过程的心理因素,包括注意力、观察力、记忆力、想象力、思维能力等方面。

□ 5. 教育合力

教育合力指学校、家庭、社会三方面教育在方向上统一要求,时空上密切衔接,作用上形成互补、协调一致,形成合力,发挥教育的整体效应。

□ 6. 教育投资结构

教育投资结构也称教育投资内部比例,是指各级各类教育投资内部分配和作用的比例关系。包括各级教育投资分配比例;各类教育投资分配比例;正规教育与业余教育之间投资比例;农村教育与城市教育投资分配比例;教育行政机关与基层学校教育单位投资分配比例;教育机构内部各种经费分配和使用比例等。

□ 7. 教育经济效率

教育经济效率是指教育投入与教育产出之比。表示在一定的社会条件下,为取得同样的教育成果,衡量教育资源占用和消耗的程度。

8. 教育经济效益

教育经济效益是指教育领域内劳动耗费与教育所得到的经济报酬在数量上的对比。或者通俗地说:把社会向教育的投资和依赖这种投资所得到的国民收入加以比较,所得的国民收入抵偿教育投资的余额。

9. 义务教育

义务教育是指根据法律规定,对适龄儿童、少年实施一定年限和一定程度的学校教育,为现代生产和现代生活所必需,是现代文明的一个标志。义务教育也称强迫教育、免费教育或普及义务教育。

10. 人力资源

人力资源是一种数量化概念。它不反映人的素质差异和能力差异;人力资源是未开发的资源,不能反映人的素质要素的稀缺性及其市场供求关系。

11. 教育社会需求和教育个人需求

教育社会需求是指在一定社会历史发展阶段上,基于国家未来经济与社会发展对劳动力和专门人士的要求而产生的对教育有支付能力的需要。教育个人需求则是指个人出于对未来知识、技能、收入、社会地位等预期各种需求的选择中,对教育有支付能力的需求。

12. 知识经济

知识经济是"以知识为基础的经济"的简称,是指以知识和信息的生产、分配与使用为基础的经济,其经济增长主要依靠知识的生产率,或以智力资源的占有、配置,知识的生产、分配、使用(消费)为知识经济时代最重要的标志。

13. 教育人力结构

教育人力结构可划分为两大部分。一是教育者人力组合,包括教师、行政人员、工勤人员、每类人员与在校学生数的比例,以及教育者各类人力结构所具有的教育经济效率。二是受教育者人力组合,也称求学者年龄组人口、学龄人口自构。主要由各级各类求学者人口占社会总人口的比例,以及各级各类求学者之间的人数比例构成。

14. 教育结构

教育结构是指教育这个社会现象总系统各种子系统、各组成部分之间的排列、组合和结合方式,即教育纵向子系统的级与级之间的比例关系和相互衔接,教育横向子系统的类与类之间的比例关系和相互联系。教育结构具有多方面性和多层次性。

15. 大小口径

大小口径主要是指教育投资实际包括的范围大小不同。大小口径计算范围的区别在于国家财政预算内与预算外之分。小口径只计算国家财政预算内的部分,大口径则不仅计算国家财政预算内部分,也包括国家财政预算外部分。

16. 横断面分析比较

横断面分析比较是指将不同人均国民生产总值或人均国民收入的国家分成几个组在同组内进行比较。这种比较研究在一定程度上可以反映各国经济发展水平与教育投资比例的关系,反映各国对教育投资重视的程度,以及教育投资在国民经济发展中可能发生的作用。

17. 劳动能力

劳动能力在人的身体即活的人体中存在,是指人创造某种使用价值时使用的体力和智力的总和。

18. 教育精神成本

教育精神成本属于学生间接成本范围,如学生因上学所感受到的精神压力,以及国家和政府对学生假期所给予的经济补贴等。

19. 知识废旧率和知识更新率

陈旧过时的知识在所获得的知识量中所占的比例称为知识废旧率,更新的比例称为知识更新率。

20. 师资流失

师资流失是指教师劳动力的非良性流动,即大量适合从事教师职业的优秀人才从教师岗位上、从学校或教育领域中流出,而流进者在数量上,或者在学历、能力、水平上都不足以填补救师的空缺,使教师队伍建设处于一种萎缩状态。

附录 B
部分思考与练习题参考解答

第 3 章

1. 引入松弛变量 $x_3 \geqslant 0, x_4 \geqslant 0$，令 $S' = -S, x_2 = x_2^1 - x_2^2$ 且 $x_2^1 \geqslant 0, x_2^2 \geqslant 0$。即可得标准形式如下

$$\min S' = 2x_1 - 3x_2^1 + 3x_2^2$$

$$\text{s.t.} \begin{cases} x_1 + 2x_2^1 - 2x_2^2 - x_3 = 5 \\ 3x_1 - x_2^1 + x_2^2 + x_4 = 2 \\ x_2^1 \geqslant 0, x_2^2 \geqslant 0, x_j \geqslant 0 (j=1,3,4) \end{cases}$$

3. 具体求解过程略，所求唯一最优解为 $x_1 = 1, x_2 = \dfrac{3}{2}, \max z = 17\dfrac{1}{2}$。

第 4 章

三、计算题

1. (1) 的答案是 $15/30 = 0.5$；(2) 的答案是 $12/20 = 0.6$。

但是，这两个问题的提法是有区别的，第二个问题是一种新的提法。"是男生"本身也是一个随机事件，记作 A，把在事件 A 发生（即发生是男生）的条件下，事件 B（身高 1.70 m 以上）发生的概率是多少？我们把这种概率叫做在事件 A 发生的条件下事件 B 的条件概率，记作 $P(B|A)$，即不同于 $P(AB)$。

注意到 $P(A) = 20/30, P(AB) = 12/30$，从而有 $P(B|A) = 12/20 = \dfrac{12/30}{20/30} = \dfrac{P(AB)}{P(A)}$。

2. 设 $A = \{$活到 20 年$\}, B = \{$活到 25 年$\}$，则

$$P(A) = 0.8, \quad P(B) = 0.4$$

因为 $B \subset A$，所以 $P(AB) = P(B) = 0.4$

$$P(B \mid A) = P(AB)/P(A) = 0.4/0.8 = 0.5$$

3. 令 $B_{i+1} = \{$发出信号是 $i\}(i=0,1); A = \{$收到信号是 $0\}$。

由假设知：$P(B_1) = P(B_2) = 1/2, P(A|B_1) = 0.8, P(A|B_2) = 0.1$。

由贝叶斯公式得所求的概率为

$$P(B_1 \mid A) = \frac{P(B_1)P(A \mid B_1)}{P(B_1)P(A \mid B_1) + P(B_2)P(A \mid B_2)}$$

$$= \frac{(1/2) \times 0.8}{(1/2) \times 0.8 + (1/2) \times 0.1} = \frac{8}{9} \approx 0.89$$

4. (1) 如果是不放回抽样

易知:$P(B|A)=2/9$,$P(B)=3/10$,所以 $P(B|A)\neq P(B)$

这说明事件 A 的发生对事件 B 发生的概率是有影响的。

(2) 如果是放回抽样

$P(B|A)=3/10$,$P(B)=3/10$,所以 $P(B|A)=P(B)$

这说明事件 A 的发生不影响事件 B 发生的概率。从直观上讲,这很自然,因为是放回抽样,第一次抽到的产品实际上不影响第二次抽到的产品。在这种场合可以说事件 A 与事件 B 的发生有某种"独立性"。

5. 该题意思可以有两种理解:

(1) 这个飞行员每次有 $1-2\%=98\%$ 的概率生还,连续执行 50 次任务都生还的概率为

$$P_r(x=k)=C_n^k\pi(1-\pi)^{n-k}=C_{50}^{50}\times 0.98^{50}\times(1-0.98)^0$$
$$=0.98^{50}=0.3642$$

(2) 这个飞行员每次有 2% 的概率死亡,连续执行 50 次任务都没有死亡的概率为

$$P_r(x=k)=C_n^k\pi(1-\pi)^{n-k}=C_{50}^0\times 0.02^0\times(1-0.02)^{50}$$
$$=0.98^{50}=0.3642$$

两种计算方法的答案是一样的。

6. 答案:参见例 4-5 野生动物估计例题进行设计。

第 5 章

一、单项选择题

1. A 2. A 3. B 4. C 5. C 6. C 7. D 8. C 9. B 10. B
11. B 12. A 13. B 14. C 15. D 16. A 17. B 18. A
19. B 20. B

二、多项选择题

1. ABC 2. AB 3. BC 4. ABC 5. ABCD 6. BCD 7. AC
8. BD 9. AD 10. AC

五、计算题

1. $z=3.68$,0.1 水平下的临界值为 $z_{0.05}=1.64$,由于 $3.68>1.64$,因此样本有显著证据表明平均操作时间不是 2.2 min。

2. $z=2.19$,0.05 水平下的临界值为 1.96,所以有显著证据表明包装机工作不正常。

3. $t=1.88$,$t_{\frac{a}{2}}(14)=t_{0.025}(14)=2.14$,由于 $1.88<2.14$,因此不能认为 3 月份折扣费有显著增加。

4. 样本量为 4 000 时,$z=2.53$,而 0.05 显著性水平下的临界值为 1.96,所以有显著证据表明该省男性比例不等于 0.5。样本量为 2 000 时,$z=1.79$,所以不能认为有显著证据表明该省男性比例不等于 0.5。显著性检验结果受水平和样本量的影响,而检验结果是否显著不等于是否重要,男女比例为 52∶48 是否说明比例失调属于社会问题。

5. $z=1.81$,$z_{\frac{a}{2}}=z_{0.025}=1.96$,所以没有显著证据表明该大学具有讲师职称的教师的年平均工资与北京市职工年平均工资水平有显著差别。

6. $\chi^2=37.5$,$\chi^2_{0.025}(24)=39.36$,$\chi^2_{0.975}(24)=12.40$,所以没有显著证据表明钢板不

合规格。

7. $z=1.81$,$z_{\frac{a}{2}}=z_{0.025}=1.96$,所以没有显著证据表明两个城市居民在使用小汽车方面有显著差异。

8. 对双边假设检验问题:$t=1.81$,$t_{\frac{a}{2}}(42)=t_{0.025}(42)=2.02$,没有显著证据表明男性员工的平均工资与女性员工的平均工资不同。右侧假设检验问题:$t=1.81$,$t_a(42)=t_{0.05}(42)=1.68$,所以有显著证据表明男性员工的平均工资大于女性员工。这实际还是因为检验的显著性水平变了。

9. 零假设:$\mu_{后}\leq\mu_{前}$,$t=1.62$,$t_a(9)=t_{0.05}(9)=1.83$,所以没有显著证据表明广告提高了购买潜力。

六、综合应用题

1. (1) 检验统计量 $Z\approx4$,p 值为 0.000 1,这个概率相当小,因此负所得税使人们少工作。但3年差800 h,平均每周差5 h,因此影响不大。

(2) 检验统计量 $Z\approx2$,p 值为 0.046,这个概率很小,因此不能解释为机会变差。

2. (1) $z=1.9$,$p=0.06$,这个概率不很小,所以可以解释为机会误差,不能认为年龄16~19岁的男性和年龄为65岁及以上的男性平均每天的驾驶时间不同。

(2) $E=z_{\frac{a}{2}}\sqrt{\frac{s_1^2}{n_1}+\frac{s_2^2}{n_2}}=2.58\times7.66=19.73$,所以两总体均值差的99%的置信区间为($16.6\pm19.73$),它包含了0,所以与假设检验相对应,如果99%的置信区间包含0,则说明在1%的显著性水平下不能拒绝零假设,否则,拒绝零假设。

4. 答:对于简单随机抽样,置信度为95%的置信区间公式为

$$\pi = P \pm 1.96 \times \sqrt{\frac{P(1-P)}{n}}$$

第6章

一、选择题

1. D   2. C   3. B

二、计算题

2. (1) 由原始数据及散点图初步分析,估计资料有直线趋势,故作下列计算。

$\sum X = 6\ 328, \sum X^2 = 5\ 048\ 814, \overline{X} = 791$

$\sum Y = 1\ 273, \sum Y^2 = 206\ 619, \overline{Y} = 159.125, \sum XY = 1\ 018\ 263$

$S_{XX} = \sum X^2 - (\sum X)^2/n = 5\ 048\ 814 - 6\ 328^2/8 = 43\ 366$

$S_{YY} = \sum Y^2 - (\sum Y)^2/n = 206\ 619 - 1\ 273^2/8 = 4\ 052.875$

$S_{XY} = \sum XY - (\sum X)(\sum Y)/n$

$\quad = 1\ 018\ 263 - 6\ 328 \times 1\ 273/8 = 11\ 320$

$b = \dfrac{S_{XY}}{S_{XX}} = \dfrac{11\ 320}{43\ 366} = 0.261$

$a = \overline{Y} - b\overline{X} = 159.125 - 0.261 \times 791 = -47.326$

所以回归方程为
$$\hat{y} = -47.326 + 0.261x$$

回归系数假设检验：

$H_0: \beta = 0$，即进食量与增重之间无直线关系

$H_1: \beta \neq 0$，即进食量与增重之间有直线关系

$\alpha = 0.05$

$TSS = S_{YY} = 4\,052.875$

$RSS = S_{XY}^2/S_{XX} = 11\,320^2/43\,366 = 2\,954.905$

$ESS = TSS - RSS = 4\,052.875 - 2\,954.905 = 1\,097.97$

① 方差分析，见下表。

方差分析表

变异来源	SS	df	MS	F
总变异	4 052.875	7		
回归	2 954.905	1	2 954.905	16.147
剩余	1 097.970	6	182.995	

计算得 $F = 16.147$，查 F 界值表，得 $P < 0.01$，按 $\alpha = 0.05$ 水准，拒绝 H_0，接受 H_1，可认为大白鼠的进食量与增加体重间有直线关系。

② t 检验：

$H_0: \beta = 0$，即进食量与增重之间无直线关系

$H_1: \beta \neq 0$，即进食量与增重之间有直线关系

$\alpha = 0.05$

$TSS = S_{YY} = 4\,052.875$

$RSS = S_{XY}^2/S_{XX} = 11\,320^2/43\,366 = 2\,954.905$

$ESS = TSS - RSS = 4\,052.875 - 2\,954.905 = 1\,097.97$

$\hat{\sigma}_{Y|X} = \sqrt{ESS/(n-2)} = \sqrt{1\,097.97/(8-2)} = 13.527\,6$

$t = \dfrac{b-0}{s_b} = \dfrac{b}{\hat{\sigma}_{Y|X}/\sqrt{S_{XX}}} = \dfrac{0.261}{13.527\,6/\sqrt{43\,366}} = 4.018$

按 $df = 6$，查 t 界值表，得 $0.01 > P > 0.05$，按 $\alpha = 0.05$ 水准，拒绝 H_0，接受 H_1，结论同上。[注：本题 $\sqrt{F} = \sqrt{16.147} = 4.018 = t$]

故可用直线回归方程 $\hat{Y} = a + bX = -47.326 + 0.261X$ 来描述大白鼠的进食量与增加体重的关系。

(2) 解：

$$S_{\hat{Y}} = \hat{\sigma}_{Y|X} \sqrt{1/n + (X - \overline{X})^2/\sqrt{(X-\overline{X})^2}}$$

$$= 13.527\,6\,\sqrt{1/8 + (900-791)^2/43\,366} = 8.544\,6$$

当 $X = 900$ 时，$\mu_{\hat{Y}}$ 的 95% 可信区间：

$(\hat{y} - t_{0.05}(6)S_{\hat{Y}}, \hat{y} + t_{0.05}(6)S_{\hat{Y}})$

$= (187.574 - 2.447 \times 8.544\,6, 187.574 + 2.447 \times 8.544\,6)$

$= (166.67, 208.48)$

即总体中,进食量为 900 g 时,大白鼠的体重平均增加 187.574 g,其 95% 的可信区间为 166.67～208.48 g。

其含义为:当进食量为 900 g 时,相应的平均增重服从一个正态分布(此正态分布的样本均数估计值为 187.574 g),如果从此正态分布中重复抽样 100 次,这 100 个可信区间中理论上将有 95 个区间包含真正的总体均数(虽然这个总体均数真值是未知的)。

(3) 解:

$$S_Y = \hat{\sigma}_{Y|X} \sqrt{1 + 1/n + (X - \overline{X})^2 / \sqrt{(X - \overline{X})^2}}$$
$$= 13.5276 \sqrt{1 + 1/8 + (900 - 791)^2 / 43366} = 16.0002$$

当 $X = 900$ 时,$\hat{Y} = -47.326 + 0.261X = 187.574$,个体 Y 值的 95% 容许区间:

$$(\hat{y} - t_{0.05}(6)S_Y, \hat{y} + t_{0.05}(6)S_Y)$$
$$= (187.574 - 2.447 \times 16.0002, 187.574 + 2.447 \times 16.0002)$$
$$= (148.42, 226.73)$$

即估计总体中,进食量为 900 g 时,有 95% 的大白鼠增加体重在 148.42～226.73 g 范围内。

第 7 章

1. 图论中点的相对位置如何,点与点之间连线的长短曲直,对于反映对象的关系,并不重要。而几何图中相对位置、点与点之间连线的长短曲直都反映对象之间的关系。

4. 对于一个可行流 f^*,在网络中不存在关于 f^* 的增广链。

5. 答案不唯一,下图为其中的一种情况。

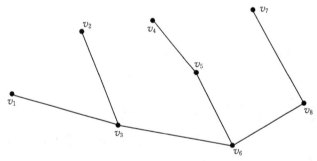

6. 最短路径为 $v_1 \to v_2 \to v_3 \to v_4 \to v_6$,权为 11。

7. $v(f) = f_{s1} + f_{s2} + f_{s3} = 2 + 3 + 4 = 9$

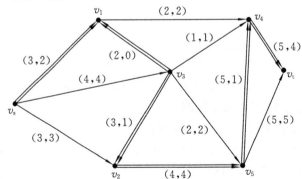

8. 关键路径为①→②→③→⑤→⑥

第 8 章

1. 已知 $Q_0=10\,000$ 台,$P=6\,000$ 台,$F=600$ 万元,$V=2\,500$ 元,$T=500$ 元,按上述公式计算

   1) 盈亏平衡产销量 $Q^*=6\,000\,000/(6\,000-2\,500-500)=2\,000$(台)
   2) 盈亏平衡销售收入 $TR^*=2\,000\times6\,000=12\,000\,000$(元)
   3) 盈亏平衡生产能力利用率 $S^*=2\,000\times100\%/10\,000=20\%$

   产量安全度 $=1-20\%=80\%$

   4) 盈亏平衡销量单价 $P^*=6\,000\,000/10\,000+2\,500+500=3\,600$(元)

   计算结果表明,该项目只要达到产量 2 000 台,销售净收入 1 200 万元,生产能力利用率 20%,产量销售单价 3 600 元,该项目即可实现不亏不盈。

2. 投资回收额(静态)

   第 3 年累计现金流入量 $=200+100+100=400$

   第 4 年回收期 $=(500-400)/200=0.5$

   投资回收期 $=3$ 年 $+0.5$ 年 $=3.5$ 年,折合为 3 年 6 个月

7. 理想解 x^* 为 $\{0.182\,2, 0.067\,9\}$,负理想解 $x\{0.364\,4, 0.203\,9\}$

   方案排序 $x_3 > x_4 > x_6 > x_2 > x_5 > x_1$

第 9 章

2. 易腐品进货

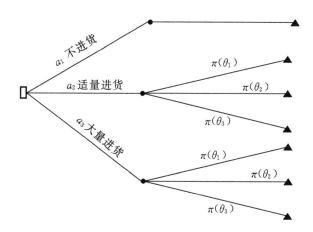

3. 四种情况:A、B 都增值;A 增 B 亏;A 亏 B 增;A、B 都亏。

$$E(u)=0.42\times8.294+0.28\times\ln(2m+2\,000)$$
$$+0.18\ln(4\,000-2m)+0.12\times7.6$$

$dE(u)/dm=0$,可得 $m\approx826$。

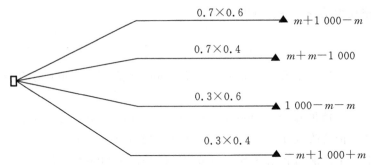

6. 乐观准则 a_3，悲观准则 a_2，最小后悔值 a_1，折中准则 λ 在 $[0,0.25]$ 时 a_3，λ 在 $[0.25,0.4]$ 时 a_1，λ 在 $[0.4,0.1]$ 时 a_2

8. 设 A、B、C 三种状态分别为 θ_1、θ_2、θ_3

先验概率 $\pi(\theta_1)=0.4$、$\pi(\theta_2)=0.3$、$\pi(\theta_3)=0.3$

$f(x_1|\theta_1)=0.8,f(x_1|\theta_2)=0.6,f(x_1|\theta_3)=0.2$，

$f(x_2|\theta_1)=0.2,f(x_2|\theta_2)=0.4,f(x_2|\theta_3)=0.8$

由此算得预测概率为

$$m(x_1)=f(x_1|\theta_1)\times\pi(\theta_1)+f(x_1|\theta_2)\times\pi(\theta_2)+f(x_1|\theta_3)\times\pi(\theta_3)\\=0.56$$

后验概率：$f(\theta_1|x_1)=0.57,f(\theta_2|x_1)=0.32,f(\theta_3|x_1)=0.11$

第 10 章

3. Condorcet 函数 $b\succ_G d\succ_G c\succ_G a$

　Borda 函数 $b\succ_G d\succ_G a\succ_G c$

4. 对于各种方法，其群体序都为三者平局。若原来成员偏好不变，成员 4、5 可以联合控制委员会的排序结果，因为委员会一共 5 人，4、5 与任意一个成员的偏好序相同都存在 Condorcet 候选人。

附录 C
常用统计表

表 1　随机数

12 651	61 646	11 769	75 109	86 996	97 669	25 757	32 535	07 122	76 763
81 769	74 436	02 630	72 310	45 049	18 029	07 469	42 341	98 173	79 260
36 737	98 863	77 240	76 251	00 654	64 688	09 343	70 278	67 331	98 729
82 861	54 371	76 610	94 934	72 748	44 124	05 610	53 750	95 938	01 485
21 325	15 732	24 127	37 431	09 723	63 529	73 977	95 218	96 074	42 138
74 146	47 887	62 463	23 045	41 490	07 954	22 597	60 012	98 866	90 959
90 759	64 410	54 179	66 075	61 051	75 385	51 378	08 360	95 946	95 547
55 683	98 078	02 238	91 540	21 219	17 720	87 817	41 705	95 785	12 563
79 686	17 969	76 061	83 748	55 920	83 612	41 540	86 492	06 447	60 568
70 333	00 201	86 201	69 716	78 185	62 154	77 930	67 663	29 529	75 116
14 042	53 536	07 779	04 157	41 172	36 473	42 123	43 929	50 533	33 437
59 911	08 256	06 596	48 416	69 770	68 797	56 080	14 223	59 199	30 162
62 368	62 623	62 742	14 891	39 247	52 242	98 832	69 533	91 174	57 979
57 529	97 751	54 976	48 957	74 599	08 759	78 494	52 785	68 526	64 618
15 469	90 574	78 033	66 885	13 936	42 117	71 831	22 961	94 225	31 816
18 625	23 674	53 850	32 827	81 647	80 820	00 420	63 555	74 489	80 141
74 626	68 394	88 562	70 745	23 701	45 630	65 891	58 220	35 442	60 414
11 119	16 519	27 384	90 199	79 210	76 965	99 546	30 323	31 664	22 845
41 101	17 336	48 951	53 674	17 880	45 260	08 575	49 321	36 191	17 095
32 123	91 576	84 221	78 902	82 010	30 847	62 329	63 898	23 268	74 283
26 091	68 409	69 704	82 267	14 751	13 151	93 115	01 437	56 945	89 661
67 680	79 790	48 462	59 278	44 185	29 616	76 531	19 589	83 139	28 454
15 184	19 260	14 073	07 026	25 264	08 388	27 182	22 557	61 501	67 481
58 010	45 039	57 181	10 238	36 874	28 546	37 444	80 824	63 981	39 942
56 425	53 996	86 245	32 623	78 858	08 143	60 377	42 925	42 815	11 159
82 630	84 066	13 592	60 642	17 904	99 718	63 432	88 642	37 858	25 431
14 927	40 909	23 900	48 761	44 860	92 467	31 742	87 142	03 607	32 059
23 740	22 505	07 489	85 986	74 420	21 744	97 711	36 648	35 620	97 949
32 990	97 446	03 711	63 824	07 953	85 965	87 089	11 687	92 414	67 257
05 310	24 058	91 946	78 437	34 365	82 469	12 430	84 754	19 354	72 745

续表

21 839	39 937	27 534	88 913	49 055	19 218	47 712	67 677	51 889	70 926
08 833	42 549	93 981	94 051	28 382	83 725	72 643	64 233	97 252	17 133
58 336	11 139	47 479	00 931	91 560	95 372	97 642	33 856	54 825	55 680
62 032	91 144	75 478	47 431	52 726	30 289	42 411	91 886	51 818	78 292
45 171	30 557	53 116	04 118	58 301	24 375	65 609	85 810	18 620	49 198
91 611	62 656	60 128	35 609	63 698	78 356	50 682	22 505	01 692	36 291
55 472	63 819	86 314	49 174	93 582	73 604	78 614	78 849	23 096	72 825
18 573	09 729	74 091	53 994	10 970	86 557	65 661	41 854	26 037	53 296
60 866	02 955	90 288	82 136	83 644	94 455	06 560	78 029	98 768	71 296
45 043	55 608	82 767	60 890	74 646	79 485	13 619	98 868	40 857	19 415
17 831	09 737	79 473	75 945	28 394	79 334	70 577	38 048	03 607	06 932
40 137	03 981	07 585	18 128	11 178	32 601	27 994	05 641	22 600	86 064
77 776	31 343	14 576	97 706	16 039	47 517	43 300	59 080	80 392	63 189
69 605	44 104	40 103	95 635	05 635	81 673	68 657	09 559	23 510	95 875
19 916	52 934	26 499	09 821	97 331	80 993	61 299	36 979	73 599	35 055
02 606	58 552	07 678	56 619	65 325	30 705	99 582	53 390	46 357	13 244
65 183	73 160	87 131	35 530	47 946	09 854	18 080	02 321	05 809	04 893
10 740	98 914	44 916	11 322	89 717	88 189	30 143	52 687	19 420	60 061
98 642	89 822	71 691	51 573	83 666	61 642	46 683	33 761	47 542	23 551
60 139	25 601	93 663	25 547	02 654	94 829	48 672	28 736	84 994	13 071

表2 二项概率分布值表

	$n=1$								
	概率								
X	0.1	0.2	0.3	0.4	0.5	0.6	0.7	0.8	0.9
0	0.900	0.800	0.700	0.600	0.500	0.400	0.300	0.200	0.100
1	0.100	0.200	0.300	0.400	0.500	0.600	0.700	0.800	0.900
	$n=2$								
	概率								
X	0.1	0.2	0.3	0.4	0.5	0.6	0.7	0.8	0.9
0	0.810	0.640	0.490	0.360	0.250	0.160	0.090	0.040	0.010
1	0.180	0.320	0.420	0.480	0.500	0.480	0.420	0.320	0.180
2	0.010	0.040	0.090	0.160	0.250	0.360	0.490	0.640	0.810
	$n=3$								
	概率								
X	0.1	0.2	0.3	0.4	0.5	0.6	0.7	0.8	0.9
0	0.729	0.512	0.343	0.216	0.125	0.064	0.027	0.008	0.001
1	0.243	0.384	0.441	0.432	0.375	0.288	0.189	0.096	0.027
2	0.027	0.096	0.189	0.288	0.375	0.432	0.441	0.384	0.243
3	0.001	0.008	0.027	0.064	0.125	0.216	0.343	0.512	0.729

续表

$n=4$

X	概率								
	0.1	0.2	0.3	0.4	0.5	0.6	0.7	0.8	0.9
0	0.656	0.410	0.240	0.130	0.063	0.026	0.008	0.002	0.000
1	0.292	0.410	0.412	0.346	0.250	0.154	0.076	0.026	0.004
2	0.049	0.154	0.265	0.346	0.375	0.346	0.265	0.154	0.049
3	0.004	0.026	0.076	0.154	0.250	0.346	0.412	0.410	0.292
4	0.000	0.002	0.008	0.026	0.063	0.130	0.240	0.410	0.656

$n=5$

X	概率								
	0.1	0.2	0.3	0.4	0.5	0.6	0.7	0.8	0.9
0	0.590	0.328	0.168	0.078	0.031	0.010	0.002	0.000	0.000
1	0.328	0.410	0.360	0.259	0.156	0.077	0.028	0.006	0.000
2	0.073	0.205	0.309	0.346	0.313	0.230	0.132	0.051	0.008
3	0.008	0.051	0.132	0.230	0.313	0.346	0.309	0.205	0.073
4	0.000	0.006	0.028	0.077	0.156	0.259	0.360	0.410	0.328
5	0.000	0.000	0.002	0.010	0.031	0.078	0.168	0.328	0.590

$n=6$

X	概率								
	0.1	0.2	0.3	0.4	0.5	0.6	0.7	0.8	0.9
0	0.531	0.262	0.118	0.047	0.016	0.004	0.001	0.000	0.000
1	0.354	0.393	0.303	0.187	0.094	0.037	0.010	0.002	0.000
2	0.098	0.246	0.324	0.311	0.234	0.138	0.060	0.015	0.001
3	0.015	0.082	0.185	0.276	0.313	0.276	0.185	0.082	0.015
4	0.001	0.015	0.060	0.138	0.234	0.311	0.324	0.246	0.098
5	0.000	0.002	0.010	0.037	0.094	0.187	0.303	0.393	0.354
6	0.000	0.000	0.001	0.004	0.016	0.047	0.118	0.262	0.531

$n=7$

X	概率								
	0.1	0.2	0.3	0.4	0.5	0.6	0.7	0.8	0.9
0	0.478	0.210	0.082	0.028	0.008	0.002	0.000	0.000	0.000
1	0.372	0.367	0.247	0.131	0.055	0.017	0.004	0.000	0.000
2	0.124	0.275	0.318	0.261	0.164	0.077	0.025	0.004	0.000
3	0.023	0.115	0.227	0.290	0.273	0.194	0.097	0.029	0.003
4	0.003	0.029	0.097	0.194	0.273	0.290	0.227	0.115	0.023
5	0.000	0.004	0.025	0.077	0.164	0.261	0.318	0.275	0.124
6	0.000	0.000	0.004	0.017	0.055	0.131	0.247	0.367	0.372
7	0.000	0.000	0.000	0.002	0.008	0.028	0.082	0.210	0.478

续表

X	n=8 概率								
	0.1	0.2	0.3	0.4	0.5	0.6	0.7	0.8	0.9
0	0.430	0.168	0.058	0.017	0.004	0.001	0.000	0.000	0.000
1	0.383	0.336	0.198	0.090	0.031	0.008	0.001	0.000	0.000
2	0.149	0.294	0.296	0.209	0.109	0.041	0.010	0.001	0.000
3	0.033	0.147	0.254	0.279	0.219	0.124	0.047	0.009	0.000
4	0.005	0.046	0.136	0.232	0.273	0.232	0.136	0.046	0.005
5	0.000	0.009	0.047	0.124	0.219	0.279	0.254	0.147	0.033
6	0.000	0.001	0.010	0.041	0.109	0.209	0.296	0.294	0.149
7	0.000	0.000	0.001	0.008	0.031	0.090	0.198	0.336	0.383
8	0.000	0.000	0.000	0.001	0.004	0.017	0.058	0.168	0.430

X	n=9 概率								
	0.1	0.2	0.3	0.4	0.5	0.6	0.7	0.8	0.9
0	0.387	0.134	0.040	0.010	0.002	0.000	0.000	0.000	0.000
1	0.387	0.302	0.156	0.060	0.018	0.004	0.000	0.000	0.000
2	0.172	0.302	0.267	0.161	0.070	0.021	0.004	0.000	0.000
3	0.045	0.176	0.267	0.251	0.164	0.074	0.021	0.003	0.000
4	0.007	0.066	0.172	0.251	0.246	0.167	0.074	0.017	0.001
5	0.001	0.017	0.074	0.167	0.246	0.251	0.172	0.066	0.007
6	0.000	0.003	0.021	0.074	0.164	0.251	0.267	0.176	0.045
7	0.000	0.000	0.004	0.021	0.070	0.161	0.267	0.302	0.172
8	0.000	0.000	0.000	0.004	0.018	0.060	0.156	0.302	0.387
9	0.000	0.000	0.000	0.000	0.002	0.010	0.040	0.134	0.387

X	n=10 概率								
	0.1	0.2	0.3	0.4	0.5	0.6	0.7	0.8	0.9
0	0.349	0.107	0.028	0.006	0.001	0.000	0.000	0.000	0.000
1	0.387	0.268	0.121	0.040	0.010	0.002	0.000	0.000	0.000
2	0.194	0.302	0.233	0.121	0.044	0.011	0.001	0.000	0.000
3	0.057	0.201	0.267	0.215	0.117	0.042	0.009	0.001	0.000
4	0.011	0.088	0.200	0.251	0.205	0.111	0.037	0.006	0.000
5	0.001	0.026	0.103	0.201	0.246	0.201	0.103	0.026	0.001
6	0.000	0.006	0.037	0.111	0.205	0.251	0.200	0.088	0.011
7	0.000	0.001	0.009	0.042	0.117	0.215	0.267	0.201	0.057
8	0.000	0.000	0.001	0.011	0.044	0.121	0.233	0.302	0.194
9	0.000	0.000	0.000	0.002	0.010	0.040	0.121	0.268	0.387
10	0.000	0.000	0.000	0.000	0.001	0.006	0.028	0.107	0.349

续表

X	\multicolumn{9}{c}{$n=11$ 概率}
	0.1	0.2	0.3	0.4	0.5	0.6	0.7	0.8	0.9
0	0.314	0.086	0.020	0.004	0.000	0.000	0.000	0.000	0.000
1	0.384	0.236	0.093	0.027	0.005	0.001	0.000	0.000	0.000
2	0.213	0.295	0.200	0.089	0.027	0.005	0.001	0.000	0.000
3	0.071	0.221	0.257	0.177	0.081	0.023	0.004	0.000	0.000
4	0.016	0.111	0.220	0.236	0.161	0.070	0.017	0.002	0.000
5	0.002	0.039	0.132	0.221	0.226	0.147	0.057	0.010	0.000
6	0.000	0.010	0.057	0.147	0.226	0.221	0.132	0.039	0.002
7	0.000	0.002	0.017	0.070	0.161	0.236	0.220	0.111	0.016
8	0.000	0.000	0.004	0.023	0.081	0.177	0.257	0.221	0.071
9	0.000	0.000	0.001	0.005	0.027	0.089	0.200	0.295	0.213
10	0.000	0.000	0.000	0.001	0.005	0.027	0.093	0.236	0.384
11	0.000	0.000	0.000	0.000	0.000	0.004	0.020	0.086	0.314

X	\multicolumn{9}{c}{$n=12$ 概率}
	0.1	0.2	0.3	0.4	0.5	0.6	0.7	0.8	0.9
0	0.282	0.069	0.014	0.002	0.000	0.000	0.000	0.000	0.000
1	0.377	0.206	0.071	0.017	0.003	0.000	0.000	0.000	0.000
2	0.230	0.283	0.168	0.064	0.016	0.002	0.000	0.000	0.000
3	0.085	0.236	0.240	0.142	0.054	0.012	0.001	0.000	0.000
4	0.021	0.133	0.231	0.213	0.121	0.042	0.008	0.001	0.000
5	0.004	0.053	0.158	0.227	0.193	0.101	0.029	0.003	0.000
6	0.000	0.016	0.079	0.177	0.226	0.177	0.079	0.016	0.000
7	0.000	0.003	0.029	0.101	0.193	0.227	0.158	0.053	0.004
8	0.000	0.001	0.008	0.042	0.121	0.213	0.231	0.133	0.021
9	0.000	0.000	0.001	0.012	0.054	0.142	0.240	0.236	0.085
10	0.000	0.000	0.000	0.002	0.016	0.064	0.168	0.283	0.230
11	0.000	0.000	0.000	0.000	0.003	0.017	0.071	0.206	0.377
12	0.000	0.000	0.000	0.000	0.000	0.002	0.014	0.069	0.282

X	\multicolumn{9}{c}{$n=13$ 概率}
	0.1	0.2	0.3	0.4	0.5	0.6	0.7	0.8	0.9
0	0.254	0.055	0.010	0.001	0.000	0.000	0.000	0.000	0.000
1	0.367	0.179	0.054	0.011	0.002	0.000	0.000	0.000	0.000
2	0.245	0.268	0.139	0.045	0.010	0.001	0.000	0.000	0.000
3	0.100	0.246	0.218	0.111	0.035	0.006	0.001	0.000	0.000

续表

X	\multicolumn{9}{c}{$n=13$ 概率}
	0.1	0.2	0.3	0.4	0.5	0.6	0.7	0.8	0.9
4	0.028	0.154	0.234	0.184	0.087	0.024	0.003	0.000	0.000
5	0.006	0.069	0.180	0.221	0.157	0.066	0.014	0.001	0.000
6	0.001	0.023	0.103	0.197	0.209	0.131	0.044	0.006	0.000
7	0.000	0.006	0.044	0.131	0.209	0.197	0.103	0.023	0.001
8	0.000	0.001	0.014	0.066	0.157	0.221	0.180	0.069	0.006
9	0.000	0.000	0.003	0.024	0.087	0.184	0.234	0.154	0.028
10	0.000	0.000	0.001	0.006	0.035	0.111	0.218	0.246	0.100
11	0.000	0.000	0.000	0.001	0.010	0.045	0.139	0.268	0.245
12	0.000	0.000	0.000	0.000	0.002	0.011	0.054	0.179	0.367
13	0.000	0.000	0.000	0.000	0.000	0.001	0.010	0.055	0.254

X	\multicolumn{9}{c}{$n=14$ 概率}
	0.1	0.2	0.3	0.4	0.5	0.6	0.7	0.8	0.9
0	0.229	0.044	0.007	0.001	0.000	0.000	0.000	0.000	0.000
1	0.356	0.154	0.041	0.007	0.001	0.000	0.000	0.000	0.000
2	0.257	0.250	0.113	0.032	0.006	0.001	0.000	0.000	0.000
3	0.114	0.250	0.194	0.085	0.022	0.003	0.000	0.000	0.000
4	0.035	0.172	0.229	0.155	0.061	0.014	0.001	0.000	0.000
5	0.008	0.086	0.196	0.207	0.122	0.041	0.007	0.000	0.000
6	0.001	0.032	0.126	0.207	0.183	0.092	0.023	0.002	0.000
7	0.000	0.009	0.062	0.157	0.209	0.157	0.062	0.009	0.000
8	0.000	0.002	0.023	0.092	0.183	0.207	0.126	0.032	0.001
9	0.000	0.000	0.007	0.041	0.122	0.207	0.196	0.086	0.008
10	0.000	0.000	0.001	0.014	0.061	0.155	0.229	0.172	0.035
11	0.000	0.000	0.000	0.003	0.022	0.085	0.194	0.250	0.114
12	0.000	0.000	0.000	0.001	0.006	0.032	0.113	0.250	0.257
13	0.000	0.000	0.000	0.000	0.001	0.007	0.041	0.154	0.356
14	0.000	0.000	0.000	0.000	0.000	0.001	0.007	0.044	0.229

X	\multicolumn{9}{c}{$n=15$ 概率}
	0.1	0.2	0.3	0.4	0.5	0.6	0.7	0.8	0.9
0	0.206	0.035	0.005	0.000	0.000	0.000	0.000	0.000	0.000
1	0.343	0.132	0.031	0.005	0.000	0.000	0.000	0.000	0.000
2	0.267	0.231	0.092	0.022	0.003	0.000	0.000	0.000	0.000
3	0.129	0.250	0.170	0.063	0.014	0.002	0.000	0.000	0.000

续表

X	n=15 概率								
	0.1	0.2	0.3	0.4	0.5	0.6	0.7	0.8	0.9
4	0.043	0.188	0.219	0.127	0.042	0.007	0.001	0.000	0.000
5	0.010	0.103	0.206	0.186	0.092	0.024	0.003	0.000	0.000
6	0.002	0.043	0.147	0.207	0.153	0.061	0.012	0.001	0.000
7	0.000	0.014	0.081	0.177	0.196	0.118	0.035	0.003	0.000
8	0.000	0.003	0.035	0.118	0.196	0.177	0.081	0.014	0.000
9	0.000	0.001	0.012	0.061	0.153	0.207	0.147	0.043	0.002
10	0.000	0.000	0.003	0.024	0.092	0.186	0.206	0.103	0.010
11	0.000	0.000	0.001	0.007	0.042	0.127	0.219	0.188	0.043
12	0.000	0.000	0.000	0.002	0.014	0.063	0.170	0.250	0.129
13	0.000	0.000	0.000	0.000	0.003	0.022	0.092	0.231	0.267
14	0.000	0.000	0.000	0.000	0.000	0.005	0.031	0.132	0.343
15	0.000	0.000	0.000	0.000	0.000	0.000	0.005	0.035	0.206

X	n=16 概率								
	0.1	0.2	0.3	0.4	0.5	0.6	0.7	0.8	0.9
0	0.185	0.028	0.003	0.000	0.000	0.000	0.000	0.000	0.000
1	0.329	0.113	0.023	0.003	0.000	0.000	0.000	0.000	0.000
2	0.275	0.211	0.073	0.015	0.002	0.000	0.000	0.000	0.000
3	0.142	0.246	0.146	0.047	0.009	0.001	0.000	0.000	0.000
4	0.051	0.200	0.204	0.101	0.028	0.004	0.000	0.000	0.000
5	0.014	0.120	0.210	0.162	0.067	0.014	0.001	0.000	0.000
6	0.003	0.055	0.165	0.198	0.122	0.039	0.006	0.000	0.000
7	0.000	0.020	0.101	0.189	0.175	0.084	0.019	0.001	0.000
8	0.000	0.006	0.049	0.142	0.196	0.142	0.049	0.006	0.000
9	0.000	0.001	0.019	0.084	0.175	0.189	0.101	0.020	0.000
10	0.000	0.000	0.006	0.039	0.122	0.198	0.165	0.055	0.003
11	0.000	0.000	0.001	0.014	0.067	0.162	0.210	0.120	0.014
12	0.000	0.000	0.000	0.004	0.028	0.101	0.204	0.200	0.051
13	0.000	0.000	0.000	0.001	0.009	0.047	0.146	0.246	0.142
14	0.000	0.000	0.000	0.000	0.002	0.015	0.073	0.211	0.275
15	0.000	0.000	0.000	0.000	0.000	0.003	0.023	0.113	0.329
16	0.000	0.000	0.000	0.000	0.000	0.000	0.003	0.028	0.185

X	n=17 概率								
	0.1	0.2	0.3	0.4	0.5	0.6	0.7	0.8	0.9
0	0.167	0.023	0.002	0.000	0.000	0.000	0.000	0.000	0.000
1	0.315	0.096	0.017	0.002	0.000	0.000	0.000	0.000	0.000
2	0.280	0.191	0.058	0.010	0.001	0.000	0.000	0.000	0.000

续表

X	n=17 概率								
	0.1	0.2	0.3	0.4	0.5	0.6	0.7	0.8	0.9
3	0.156	0.239	0.125	0.034	0.005	0.000	0.000	0.000	0.000
4	0.060	0.209	0.187	0.080	0.018	0.002	0.000	0.000	0.000
5	0.017	0.136	0.208	0.138	0.047	0.008	0.001	0.000	0.000
6	0.004	0.068	0.178	0.184	0.094	0.024	0.003	0.000	0.000
7	0.001	0.027	0.120	0.193	0.148	0.057	0.009	0.000	0.000
8	0.000	0.008	0.064	0.161	0.185	0.107	0.028	0.002	0.000
9	0.000	0.002	0.028	0.107	0.185	0.161	0.064	0.008	0.000
10	0.000	0.000	0.009	0.057	0.148	0.193	0.120	0.027	0.001
11	0.000	0.000	0.003	0.024	0.094	0.184	0.178	0.068	0.004
12	0.000	0.000	0.001	0.008	0.047	0.138	0.208	0.136	0.017
13	0.000	0.000	0.000	0.002	0.018	0.080	0.187	0.209	0.060
14	0.000	0.000	0.000	0.000	0.005	0.034	0.125	0.239	0.156
15	0.000	0.000	0.000	0.000	0.001	0.010	0.058	0.191	0.280
16	0.000	0.000	0.000	0.000	0.000	0.002	0.017	0.096	0.315
17	0.000	0.000	0.000	0.000	0.000	0.000	0.002	0.023	0.167

X	n=18 概率								
	0.1	0.2	0.3	0.4	0.5	0.6	0.7	0.8	0.9
0	0.150	0.018	0.002	0.000	0.000	0.000	0.000	0.000	0.000
1	0.300	0.081	0.013	0.001	0.000	0.000	0.000	0.000	0.000
2	0.284	0.172	0.046	0.007	0.001	0.000	0.000	0.000	0.000
3	0.168	0.230	0.105	0.025	0.003	0.000	0.000	0.000	0.000
4	0.070	0.215	0.168	0.061	0.012	0.001	0.000	0.000	0.000
5	0.022	0.151	0.202	0.115	0.033	0.004	0.000	0.000	0.000
6	0.005	0.082	0.187	0.166	0.071	0.015	0.001	0.000	0.000
7	0.001	0.035	0.138	0.189	0.121	0.037	0.005	0.000	0.000
8	0.000	0.012	0.081	0.173	0.167	0.077	0.015	0.001	0.000
9	0.000	0.003	0.039	0.128	0.185	0.128	0.039	0.003	0.000
10	0.000	0.001	0.015	0.077	0.167	0.173	0.081	0.012	0.000
11	0.000	0.000	0.005	0.037	0.121	0.189	0.138	0.035	0.001
12	0.000	0.000	0.001	0.015	0.071	0.166	0.187	0.082	0.005
13	0.000	0.000	0.000	0.004	0.033	0.115	0.202	0.151	0.022
14	0.000	0.000	0.000	0.001	0.012	0.061	0.168	0.215	0.070
15	0.000	0.000	0.000	0.000	0.003	0.025	0.105	0.230	0.168
16	0.000	0.000	0.000	0.000	0.001	0.007	0.046	0.172	0.284
17	0.000	0.000	0.000	0.000	0.000	0.001	0.013	0.081	0.300
18	0.000	0.000	0.000	0.000	0.000	0.000	0.002	0.018	0.150

续表

X	n=19 概率								
	0.1	0.2	0.3	0.4	0.5	0.6	0.7	0.8	0.9
0	0.135	0.014	0.001	0.000	0.000	0.000	0.000	0.000	0.000
1	0.285	0.068	0.009	0.001	0.000	0.000	0.000	0.000	0.000
2	0.285	0.154	0.036	0.005	0.000	0.000	0.000	0.000	0.000
3	0.180	0.218	0.087	0.017	0.002	0.000	0.000	0.000	0.000
4	0.080	0.218	0.149	0.047	0.007	0.001	0.000	0.000	0.000
5	0.027	0.164	0.192	0.093	0.022	0.002	0.000	0.000	0.000
6	0.007	0.095	0.192	0.145	0.052	0.008	0.001	0.000	0.000
7	0.001	0.044	0.153	0.180	0.096	0.024	0.002	0.000	0.000
8	0.000	0.017	0.098	0.180	0.144	0.053	0.008	0.000	0.000
9	0.000	0.005	0.051	0.146	0.176	0.098	0.022	0.001	0.000
10	0.000	0.001	0.022	0.098	0.176	0.146	0.051	0.005	0.000
11	0.000	0.000	0.008	0.053	0.144	0.180	0.098	0.017	0.000
12	0.000	0.000	0.002	0.024	0.096	0.180	0.153	0.044	0.001
13	0.000	0.000	0.001	0.008	0.052	0.145	0.192	0.095	0.007
14	0.000	0.000	0.000	0.002	0.022	0.093	0.192	0.164	0.027
15	0.000	0.000	0.000	0.001	0.007	0.047	0.149	0.218	0.080
16	0.000	0.000	0.000	0.000	0.002	0.017	0.087	0.218	0.180
17	0.000	0.000	0.000	0.000	0.000	0.005	0.036	0.154	0.285
18	0.000	0.000	0.000	0.000	0.000	0.001	0.009	0.068	0.285
19	0.000	0.000	0.000	0.000	0.000	0.000	0.001	0.014	0.135

X	n=20 概率								
	0.1	0.2	0.3	0.4	0.5	0.6	0.7	0.8	0.9
0	0.122	0.012	0.001	0.000	0.000	0.000	0.000	0.000	0.000
1	0.270	0.058	0.007	0.000	0.000	0.000	0.000	0.000	0.000
2	0.285	0.137	0.028	0.003	0.000	0.000	0.000	0.000	0.000
3	0.190	0.205	0.072	0.012	0.001	0.000	0.000	0.000	0.000
4	0.090	0.218	0.130	0.035	0.005	0.000	0.000	0.000	0.000
5	0.032	0.175	0.179	0.075	0.015	0.001	0.000	0.000	0.000
6	0.009	0.109	0.192	0.124	0.037	0.005	0.000	0.000	0.000
7	0.002	0.055	0.164	0.166	0.074	0.015	0.001	0.000	0.000
8	0.000	0.022	0.114	0.180	0.120	0.035	0.004	0.000	0.000
9	0.000	0.007	0.065	0.160	0.160	0.071	0.012	0.000	0.000
10	0.000	0.002	0.031	0.117	0.176	0.117	0.031	0.002	0.000
11	0.000	0.000	0.012	0.071	0.160	0.160	0.065	0.007	0.000

续表

X	n=20 概率								
	0.1	0.2	0.3	0.4	0.5	0.6	0.7	0.8	0.9
12	0.000	0.000	0.004	0.035	0.120	0.180	0.114	0.022	0.000
13	0.000	0.000	0.001	0.015	0.074	0.166	0.164	0.055	0.002
14	0.000	0.000	0.000	0.005	0.037	0.124	0.192	0.109	0.009
15	0.000	0.000	0.000	0.001	0.015	0.075	0.179	0.175	0.032
16	0.000	0.000	0.000	0.000	0.005	0.035	0.130	0.218	0.090
17	0.000	0.000	0.000	0.000	0.001	0.012	0.072	0.205	0.190
18	0.000	0.000	0.000	0.000	0.000	0.003	0.028	0.137	0.285
19	0.000	0.000	0.000	0.000	0.000	0.000	0.007	0.058	0.270
20	0.000	0.000	0.000	0.000	0.000	0.000	0.001	0.012	0.122

X	n=25 概率								
	0.1	0.2	0.3	0.4	0.5	0.6	0.7	0.8	0.9
0	0.072	0.004	0.000	0.000	0.000	0.000	0.000	0.000	0.000
1	0.199	0.024	0.001	0.000	0.000	0.000	0.000	0.000	0.000
2	0.266	0.071	0.007	0.000	0.000	0.000	0.000	0.000	0.000
3	0.226	0.136	0.024	0.002	0.000	0.000	0.000	0.000	0.000
4	0.138	0.187	0.057	0.007	0.000	0.000	0.000	0.000	0.000
5	0.065	0.196	0.103	0.020	0.002	0.000	0.000	0.000	0.000
6	0.024	0.163	0.147	0.044	0.005	0.000	0.000	0.000	0.000
7	0.007	0.111	0.171	0.080	0.014	0.001	0.000	0.000	0.000
8	0.002	0.062	0.165	0.120	0.032	0.003	0.000	0.000	0.000
9	0.000	0.029	0.134	0.151	0.061	0.009	0.000	0.000	0.000
10	0.000	0.012	0.092	0.161	0.097	0.021	0.001	0.000	0.000
11	0.000	0.004	0.054	0.147	0.133	0.043	0.004	0.000	0.000
12	0.000	0.001	0.027	0.114	0.155	0.076	0.011	0.000	0.000
13	0.000	0.000	0.011	0.076	0.155	0.114	0.027	0.001	0.000
14	0.000	0.000	0.004	0.043	0.133	0.147	0.054	0.004	0.000
15	0.000	0.000	0.001	0.021	0.097	0.161	0.092	0.012	0.000
16	0.000	0.000	0.000	0.009	0.061	0.151	0.134	0.029	0.000
17	0.000	0.000	0.000	0.003	0.032	0.120	0.165	0.062	0.002
18	0.000	0.000	0.000	0.001	0.014	0.080	0.171	0.111	0.007
19	0.000	0.000	0.000	0.000	0.005	0.044	0.147	0.163	0.024
20	0.000	0.000	0.000	0.000	0.002	0.020	0.103	0.196	0.065
21	0.000	0.000	0.000	0.000	0.000	0.007	0.057	0.187	0.138
22	0.000	0.000	0.000	0.000	0.000	0.002	0.024	0.136	0.226
23	0.000	0.000	0.000	0.000	0.000	0.000	0.007	0.071	0.266
24	0.000	0.000	0.000	0.000	0.000	0.000	0.001	0.024	0.199
25	0.000	0.000	0.000	0.000	0.000	0.000	0.000	0.004	0.072

表3 泊松概率分布 $\dfrac{\lambda^X e^{-\lambda}}{X!}$

X	λ									
	0.005	0.01	0.02	0.03	0.04	0.05	0.06	0.07	0.08	0.09
0	0.995 0	0.990 0	0.980 2	0.970 4	0.960 8	0.951 2	0.941 8	0.932 4	0.923 1	0.913 9
1	0.005 0	0.009 9	0.019 2	0.029 1	0.038 4	0.047 6	0.056 5	0.065 3	0.073 8	0.082 3
2	0.000 0	0.000 0	0.000 2	0.000 4	0.000 8	0.001 2	0.001 7	0.002 3	0.003 0	0.003 7
3	0.000 0	0.000 0	0.000 0	0.000 0	0.000 0	0.000 0	0.000 0	0.000 1	0.000 1	0.000 1
X	0.1	0.2	0.3	0.4	0.5	0.6	0.7	0.8	0.9	1.0
0	0.904 8	0.818 7	0.740 8	0.670 3	0.606 5	0.548 8	0.496 6	0.449 3	0.406 6	0.367 9
1	0.090 5	0.163 7	0.222 2	0.268 1	0.303 3	0.329 3	0.347 6	0.359 5	0.365 9	0.367 9
2	0.004 5	0.016 4	0.033 3	0.053 6	0.075 8	0.098 8	0.121 7	0.143 8	0.164 7	0.183 9
3	0.000 2	0.001 1	0.003 3	0.007 2	0.012 6	0.019 8	0.028 4	0.038 3	0.049 4	0.061 3
4	0.000 0	0.000 1	0.000 2	0.000 7	0.001 6	0.003 0	0.005 0	0.007 7	0.011 1	0.015 3
5	0.000 0	0.000 0	0.000 0	0.000 1	0.000 2	0.000 4	0.000 7	0.001 2	0.002 0	0.003 1
6	0.000 0	0.000 0	0.000 0	0.000 0	0.000 0	0.000 0	0.000 1	0.000 2	0.000 3	0.000 5
7	0.000 0	0.000 0	0.000 0	0.000 0	0.000 0	0.000 0	0.000 0	0.000 0	0.000 0	0.000 1
X	1.1	1.2	1.3	1.4	1.5	1.6	1.7	1.8	1.9	2.0
0	0.332 9	0.301 2	0.272 5	0.246 6	0.223 1	0.201 9	0.182 7	0.165 3	0.149 6	0.135 3
1	0.366 2	0.361 4	0.354 3	0.345 2	0.334 7	0.323 0	0.310 6	0.297 5	0.284 2	0.270 7
2	0.201 4	0.216 9	0.230 3	0.241 7	0.251 0	0.258 4	0.264 0	0.267 8	0.270 0	0.270 7
3	0.073 8	0.086 7	0.099 8	0.112 8	0.125 5	0.137 8	0.149 6	0.160 7	0.171 0	0.180 4
4	0.020 3	0.026 0	0.032 4	0.039 5	0.047 1	0.055 1	0.063 6	0.072 3	0.081 2	0.090 2
5	0.004 5	0.006 2	0.008 4	0.011 1	0.014 1	0.017 6	0.021 6	0.026 0	0.030 9	0.036 1
6	0.000 8	0.001 2	0.001 8	0.002 6	0.003 5	0.004 7	0.006 1	0.007 8	0.009 8	0.012 0
7	0.000 1	0.000 2	0.000 3	0.000 5	0.000 8	0.001 1	0.001 5	0.002 2	0.002 7	0.003 4
8	0.000 0	0.000 0	0.000 1	0.000 1	0.000 1	0.000 2	0.000 3	0.000 5	0.000 6	0.000 9
9	0.000 0	0.000 0	0.000 0	0.000 0	0.000 0	0.000 0	0.000 1	0.000 1	0.000 1	0.000 2
X	2.1	2.2	2.3	2.4	2.5	2.6	2.7	2.8	2.9	3.0
0	0.122 5	0.110 8	0.100 3	0.090 7	0.082 1	0.074 3	0.067 2	0.060 8	0.055 0	0.049 8
1	0.257 2	0.243 8	0.230 6	0.217 7	0.205 2	0.193 1	0.181 5	0.170 3	0.159 6	0.149 4
2	0.270 0	0.268 1	0.265 2	0.261 3	0.256 5	0.251 0	0.245 0	0.238 4	0.231 4	0.224 0
3	0.189 0	0.196 6	0.203 3	0.209 0	0.213 8	0.217 6	0.220 5	0.222 5	0.223 7	0.224 0
4	0.099 2	0.108 2	0.116 9	0.125 4	0.133 6	0.141 4	0.148 8	0.155 7	0.162 2	0.168 0
5	0.041 7	0.047 6	0.053 8	0.060 2	0.066 8	0.073 5	0.080 4	0.087 2	0.094 0	0.100 8
6	0.014 6	0.017 4	0.020 6	0.024 1	0.027 8	0.031 9	0.036 2	0.040 7	0.045 5	0.050 4
7	0.004 4	0.005 5	0.006 8	0.008 3	0.009 9	0.011 8	0.013 9	0.016 3	0.018 8	0.021 6
8	0.001 1	0.001 5	0.001 9	0.002 5	0.003 1	0.003 8	0.004 7	0.005 7	0.006 8	0.008 1

续表

X	λ									
	2.1	2.2	2.3	2.4	2.5	2.6	2.7	2.8	2.9	3.0
9	0.000 3	0.000 4	0.000 5	0.000 7	0.000 9	0.001 1	0.001 4	0.001 8	0.002 2	0.002 7
10	0.000 1	0.000 1	0.000 1	0.000 2	0.000 2	0.000 3	0.000 4	0.000 5	0.000 6	0.000 8
11	0.000 0	0.000 0	0.000 0	0.000 0	0.000 0	0.000 1	0.000 1	0.000 1	0.000 2	0.000 2
12	0.000 0	0.000 0	0.000 0	0.000 0	0.000 0	0.000 0	0.000 0	0.000 0	0.000 0	0.000 1

X	3.1	3.2	3.3	3.4	3.5	3.6	3.7	3.8	3.9	4.0
0	0.045 0	0.040 8	0.036 9	0.033 4	0.030 2	0.027 3	0.024 7	0.022 4	0.020 2	0.018 3
1	0.139 7	0.130 4	0.121 7	0.113 5	0.105 7	0.098 4	0.091 5	0.085 0	0.078 9	0.073 3
2	0.216 5	0.208 7	0.200 8	0.192 9	0.185 0	0.177 1	0.169 2	0.161 5	0.153 9	0.146 5
3	0.223 7	0.222 6	0.220 9	0.218 6	0.215 8	0.212 5	0.208 7	0.204 6	0.200 1	0.195 4
4	0.173 4	0.178 1	0.182 3	0.185 8	0.188 8	0.191 2	0.193 1	0.194 4	0.195 1	0.195 4
5	0.107 5	0.114 0	0.120 3	0.126 4	0.132 2	0.137 7	0.142 9	0.147 7	0.152 2	0.156 3
6	0.055 5	0.060 8	0.066 2	0.071 6	0.077 1	0.082 6	0.088 1	0.093 6	0.098 9	0.104 2
7	0.024 6	0.027 8	0.031 2	0.034 8	0.038 5	0.042 5	0.046 6	0.050 8	0.055 1	0.059 5
8	0.009 5	0.011 1	0.012 9	0.014 8	0.016 9	0.019 1	0.021 5	0.024 1	0.026 9	0.029 8
9	0.003 3	0.004 0	0.004 7	0.005 6	0.006 6	0.007 6	0.008 9	0.010 2	0.011 6	0.013 2
10	0.001 0	0.001 3	0.001 6	0.001 9	0.002 3	0.002 8	0.003 3	0.003 9	0.004 5	0.005 3
11	0.000 3	0.000 4	0.000 5	0.000 6	0.000 7	0.000 9	0.001 1	0.001 3	0.001 6	0.001 9
12	0.000 1	0.000 1	0.000 1	0.000 2	0.000 2	0.000 3	0.000 3	0.000 4	0.000 5	0.000 6
13	0.000 0	0.000 0	0.000 0	0.000 0	0.000 1	0.000 1	0.000 1	0.000 1	0.000 2	0.000 2
14	0.000 0	0.000 0	0.000 0	0.000 0	0.000 0	0.000 0	0.000 0	0.000 0	0.000 0	0.000 1

X	4.1	4.2	4.3	4.4	4.5	4.6	4.7	4.8	4.9	5.0
0	0.016 6	0.015 0	0.013 6	0.012 3	0.011 1	0.010 1	0.009 1	0.008 2	0.007 4	0.006 7
1	0.067 9	0.063 0	0.058 3	0.054 0	0.050 0	0.046 2	0.042 7	0.039 5	0.036 5	0.033 7
2	0.139 3	0.132 3	0.125 4	0.118 8	0.112 5	0.106 3	0.100 5	0.094 8	0.089 4	0.084 2
3	0.190 4	0.185 2	0.179 8	0.174 3	0.168 7	0.163 1	0.157 4	0.151 7	0.146 0	0.140 4
4	0.195 1	0.194 4	0.193 3	0.191 7	0.189 8	0.187 5	0.184 9	0.182 0	0.178 9	0.175 5
5	0.160 0	0.163 3	0.166 2	0.168 7	0.170 8	0.172 5	0.173 8	0.174 7	0.175 3	0.175 5
6	0.109 3	0.114 3	0.119 1	0.123 7	0.128 1	0.132 3	0.136 2	0.139 8	0.143 2	0.146 2
7	0.064 0	0.068 6	0.073 2	0.077 8	0.082 4	0.086 9	0.091 4	0.095 9	0.100 2	0.104 4
8	0.032 8	0.036 0	0.039 3	0.042 8	0.046 3	0.050 0	0.053 7	0.057 5	0.061 4	0.065 3
9	0.015 0	0.016 8	0.018 8	0.020 9	0.023 2	0.025 5	0.028 0	0.030 7	0.033 4	0.036 3
10	0.006 1	0.007 1	0.008 1	0.009 2	0.010 4	0.011 8	0.013 2	0.014 7	0.016 4	0.018 1
11	0.002 3	0.002 7	0.003 2	0.003 7	0.004 3	0.004 9	0.005 6	0.006 4	0.007 3	0.008 2
12	0.000 8	0.000 9	0.001 1	0.001 4	0.001 6	0.001 9	0.002 2	0.002 6	0.003 0	0.003 4

续表

X	λ 4.1	4.2	4.3	4.4	4.5	4.6	4.7	4.8	4.9	5.0
13	0.000 2	0.000 3	0.000 4	0.000 5	0.000 6	0.000 7	0.000 8	0.000 9	0.001 1	0.001 3
14	0.000 1	0.000 1	0.000 1	0.000 1	0.000 2	0.000 2	0.000 3	0.000 3	0.000 4	0.000 5
15	0.000 0	0.000 0	0.000 0	0.000 0	0.000 1	0.000 1	0.000 1	0.000 1	0.000 1	0.000 2
X	5.1	5.2	5.3	5.4	5.5	5.6	5.7	5.8	5.9	6.0
0	0.006 1	0.005 5	0.005 0	0.004 5	0.004 1	0.003 7	0.003 3	0.003 0	0.002 7	0.002 5
1	0.031 1	0.028 7	0.026 5	0.024 4	0.022 5	0.020 7	0.019 1	0.017 6	0.016 2	0.014 9
2	0.079 3	0.074 6	0.070 1	0.065 9	0.061 8	0.058 0	0.054 4	0.050 9	0.047 7	0.044 6
3	0.134 8	0.129 3	0.123 9	0.118 5	0.113 3	0.108 2	0.103 3	0.098 5	0.093 8	0.089 2
4	0.171 9	0.168 1	0.164 1	0.160 0	0.155 8	0.151 5	0.147 2	0.142 8	0.138 3	0.133 9
5	0.175 3	0.174 8	0.174 0	0.172 8	0.171 4	0.169 7	0.167 8	0.165 6	0.163 2	0.160 6
6	0.149 0	0.151 5	0.153 7	0.155 5	0.157 1	0.158 4	0.159 4	0.160 1	0.160 5	0.160 6
7	0.108 6	0.112 5	0.116 3	0.120 0	0.123 4	0.126 7	0.129 8	0.132 6	0.135 3	0.137 7
8	0.069 2	0.073 1	0.077 1	0.081 0	0.084 9	0.088 7	0.092 5	0.096 1	0.099 8	0.103 3
9	0.039 2	0.042 3	0.045 4	0.048 6	0.051 9	0.055 2	0.058 6	0.062 0	0.065 4	0.068 8
10	0.020 0	0.022 0	0.024 1	0.026 2	0.028 5	0.030 9	0.033 4	0.035 9	0.038 6	0.041 3
11	0.009 3	0.010 4	0.011 6	0.012 9	0.014 3	0.015 7	0.017 3	0.019 0	0.020 7	0.022 5
12	0.003 9	0.004 5	0.005 1	0.005 8	0.006 5	0.007 3	0.008 2	0.009 2	0.010 2	0.011 3
13	0.001 5	0.001 8	0.002 1	0.002 4	0.002 8	0.003 2	0.003 6	0.004 1	0.004 6	0.005 2
14	0.000 6	0.000 7	0.000 8	0.000 9	0.001 1	0.001 3	0.001 5	0.001 7	0.001 9	0.002 2
15	0.000 2	0.000 2	0.000 3	0.000 3	0.000 4	0.000 5	0.000 6	0.000 7	0.000 8	0.000 9
16	0.000 1	0.000 1	0.000 1	0.000 1	0.000 1	0.000 2	0.000 2	0.000 2	0.000 3	0.000 3
17	0.000 0	0.000 0	0.000 0	0.000 0	0.000 0	0.000 1	0.000 1	0.000 1	0.000 1	0.000 1
X	6.1	6.2	6.3	6.4	6.5	6.6	6.7	6.8	6.9	7.0
0	0.002 2	0.002 0	0.001 8	0.001 7	0.001 5	0.001 4	0.001 2	0.001 1	0.001 0	0.000 9
1	0.013 7	0.012 6	0.011 6	0.010 6	0.009 8	0.009 0	0.008 2	0.007 6	0.007 0	0.006 4
2	0.041 7	0.039 0	0.036 4	0.034 0	0.031 8	0.029 6	0.027 6	0.025 8	0.024 0	0.022 3
3	0.084 8	0.080 6	0.076 5	0.072 6	0.068 8	0.065 2	0.061 7	0.058 4	0.055 2	0.052 1
4	0.129 4	0.126 9	0.120 5	0.116 2	0.111 8	0.107 6	0.103 4	0.099 2	0.095 2	0.091 2
5	0.157 9	0.154 9	0.151 9	0.148 7	0.145 4	0.142 0	0.138 5	0.134 9	0.131 4	0.127 7
6	0.160 5	0.160 1	0.159 5	0.158 6	0.157 5	0.156 2	0.154 6	0.152 9	0.151 1	0.149 0
7	0.139 9	0.141 8	0.143 5	0.145 0	0.146 2	0.147 2	0.148 0	0.148 6	0.148 9	0.149 0
8	0.106 6	0.109 9	0.113 0	0.116 0	0.118 8	0.121 5	0.124 0	0.126 3	0.128 4	0.130 4
9	0.072 3	0.075 7	0.079 1	0.082 5	0.085 8	0.089 1	0.092 3	0.095 4	0.098 5	0.101 4
10	0.044 1	0.046 9	0.049 8	0.052 8	0.055 8	0.058 8	0.061 8	0.064 9	0.067 9	0.071 0

续表

X	\multicolumn{10}{c}{λ}
	6.1	6.2	6.3	6.4	6.5	6.6	6.7	6.8	6.9	7.0
11	0.024 5	0.026 5	0.028 5	0.030 7	0.033 0	0.035 3	0.037 7	0.040 1	0.042 6	0.045 2
12	0.012 4	0.013 7	0.015 0	0.016 4	0.017 9	0.019 4	0.021 0	0.022 7	0.024 5	0.026 4
13	0.005 8	0.006 5	0.007 3	0.008 1	0.008 9	0.009 8	0.010 8	0.011 9	0.013 0	0.014 2
14	0.002 5	0.002 9	0.003 3	0.003 7	0.004 1	0.004 6	0.005 2	0.005 8	0.006 4	0.007 1
15	0.001 0	0.001 2	0.001 4	0.001 6	0.001 8	0.002 0	0.002 3	0.002 6	0.002 9	0.003 3
16	0.000 4	0.000 5	0.000 5	0.000 6	0.000 7	0.000 8	0.001 0	0.001 1	0.001 3	0.001 4
17	0.000 1	0.000 2	0.000 2	0.000 2	0.000 3	0.000 3	0.000 4	0.000 4	0.000 5	0.000 6
18	0.000 0	0.000 1	0.000 1	0.000 1	0.000 1	0.000 1	0.000 1	0.000 1	0.000 2	0.000 2
19	0.000 0	0.000 0	0.000 0	0.000 0	0.000 0	0.000 0	0.000 0	0.000 1	0.000 1	0.000 1
X	7.1	7.2	7.3	7.4	7.5	7.6	7.7	7.8	7.9	8.0
0	0.000 8	0.000 7	0.000 7	0.000 6	0.000 6	0.000 5	0.000 5	0.000 4	0.000 4	0.000 3
1	0.005 9	0.005 4	0.004 9	0.004 5	0.004 1	0.003 8	0.003 5	0.003 2	0.002 9	0.002 7
2	0.020 8	0.019 4	0.018 0	0.016 7	0.015 6	0.014 5	0.013 4	0.012 5	0.011 6	0.010 7
3	0.049 2	0.046 4	0.043 8	0.041 3	0.038 9	0.036 6	0.034 5	0.032 4	0.030 5	0.028 6
4	0.087 4	0.083 6	0.079 9	0.076 4	0.072 9	0.069 6	0.066 3	0.063 2	0.060 2	0.057 3
5	0.124 1	0.120 4	0.116 7	0.113 0	0.109 4	0.105 7	0.102 1	0.098 6	0.095 1	0.091 6
6	0.146 8	0.144 5	0.142 0	0.139 4	0.136 7	0.133 9	0.131 1	0.128 2	0.125 2	0.122 1
7	0.148 9	0.148 6	0.148 1	0.147 4	0.146 5	0.145 4	0.144 2	0.142 8	0.141 3	0.139 6
8	0.132 1	0.133 7	0.135 1	0.136 3	0.137 3	0.138 2	0.138 8	0.139 2	0.139 5	0.139 6
9	0.104 2	0.107 0	0.109 6	0.112 1	0.114 4	0.116 7	0.118 7	0.120 7	0.122 4	0.124 1
10	0.074 0	0.077 0	0.080 0	0.082 9	0.085 8	0.088 7	0.091 4	0.094 1	0.096 7	0.099 3
11	0.047 8	0.050 4	0.053 2	0.055 8	0.058 5	0.061 3	0.064 0	0.066 7	0.069 5	0.072 2
12	0.028 3	0.030 3	0.032 3	0.034 4	0.036 6	0.038 8	0.041 1	0.043 4	0.045 7	0.048 1
13	0.015 4	0.016 8	0.018 1	0.019 6	0.021 1	0.022 7	0.024 3	0.026 0	0.027 8	0.029 6
14	0.007 8	0.008 6	0.009 5	0.010 4	0.011 3	0.012 3	0.013 4	0.014 5	0.015 7	0.016 9
15	0.003 7	0.004 1	0.004 6	0.005 1	0.005 7	0.006 2	0.006 9	0.007 5	0.008 3	0.009 0
16	0.001 6	0.001 9	0.002 1	0.002 4	0.002 6	0.003 0	0.003 3	0.003 7	0.004 1	0.004 5
17	0.000 7	0.000 8	0.000 9	0.001 0	0.001 2	0.001 3	0.001 5	0.001 7	0.001 9	0.002 1
18	0.000 3	0.000 3	0.000 4	0.000 4	0.000 5	0.000 6	0.000 6	0.000 7	0.000 8	0.000 9
19	0.000 1	0.000 1	0.000 1	0.000 2	0.000 2	0.000 2	0.000 3	0.000 3	0.000 3	0.000 4
20	0.000 0	0.000 0	0.000 1	0.000 1	0.000 1	0.000 1	0.000 1	0.000 1	0.000 1	0.000 2
21	0.000 0	0.000 0	0.000 0	0.000 0	0.000 0	0.000 0	0.000 0	0.000 0	0.000 1	0.000 1

续表

X	λ									
	8.1	8.2	8.3	8.4	8.5	8.6	8.7	8.8	8.9	9.0
0	0.000 3	0.000 3	0.000 2	0.000 2	0.000 2	0.000 2	0.000 2	0.000 2	0.000 1	0.000 1
1	0.002 5	0.002 3	0.002 1	0.001 9	0.001 7	0.001 6	0.001 4	0.001 3	0.001 2	0.001 1
2	0.010 0	0.009 2	0.008 6	0.007 9	0.007 4	0.006 8	0.006 3	0.005 8	0.005 4	0.005 0
3	0.026 9	0.025 2	0.023 7	0.022 2	0.020 8	0.019 5	0.018 3	0.017 1	0.016 0	0.015 0
4	0.054 4	0.051 7	0.049 1	0.046 6	0.044 3	0.042 0	0.039 8	0.037 7	0.035 7	0.033 7
5	0.088 2	0.084 9	0.081 6	0.078 4	0.075 2	0.072 2	0.069 2	0.066 3	0.063 5	0.060 7
6	0.119 1	0.116 0	0.112 8	0.109 7	0.106 6	0.103 4	0.100 3	0.097 2	0.094 1	0.091 1
7	0.137 8	0.135 8	0.133 8	0.131 7	0.129 4	0.127 1	0.124 7	0.122 2	0.119 7	0.117 1
8	0.139 5	0.139 2	0.138 8	0.138 2	0.137 5	0.136 6	0.135 6	0.134 4	0.133 2	0.131 8
9	0.125 6	0.126 9	0.128 0	0.129 0	0.129 9	0.130 6	0.131 1	0.131 5	0.131 7	0.131 8
10	0.101 7	0.104 0	0.106 3	0.108 4	0.110 4	0.112 3	0.114 0	0.115 7	0.117 2	0.118 0
11	0.074 9	0.077 6	0.080 2	0.082 8	0.085 3	0.087 8	0.090 2	0.092 5	0.094 8	0.097 0
12	0.050 5	0.053 0	0.055 5	0.057 9	0.060 4	0.062 9	0.065 4	0.067 9	0.070 3	0.072 8
13	0.031 5	0.033 4	0.035 4	0.037 4	0.039 5	0.041 6	0.043 8	0.045 9	0.048 1	0.050 4
14	0.018 2	0.019 6	0.021 0	0.022 5	0.024 0	0.025 6	0.027 2	0.028 9	0.030 6	0.032 4
15	0.009 8	0.010 7	0.011 6	0.012 6	0.013 6	0.014 7	0.015 8	0.016 9	0.018 2	0.019 4
16	0.005 0	0.005 5	0.006 0	0.006 6	0.007 2	0.007 9	0.008 6	0.009 3	0.010 1	0.010 9
17	0.002 4	0.002 0	0.002 9	0.003 3	0.003 6	0.004 0	0.004 4	0.004 8	0.005 3	0.005 8
18	0.001 1	0.001 2	0.001 4	0.001 5	0.001 7	0.001 9	0.002 1	0.002 4	0.002 6	0.002 9
19	0.000 5	0.000 5	0.000 6	0.000 7	0.000 8	0.000 9	0.001 0	0.001 1	0.001 2	0.001 4
20	0.000 2	0.000 2	0.000 2	0.000 3	0.000 3	0.000 4	0.000 4	0.000 5	0.000 5	0.000 6
21	0.000 1	0.000 1	0.000 1	0.000 1	0.000 1	0.000 2	0.000 2	0.000 2	0.000 2	0.000 3
22	0.000 0	0.000 0	0.000 0	0.000 0	0.000 1	0.000 1	0.000 1	0.000 1	0.000 1	0.000 1
X	9.1	9.2	9.3	9.4	9.5	9.6	9.7	9.8	9.9	10.0
0	0.000 1	0.000 1	0.000 1	0.000 1	0.000 1	0.000 1	0.000 1	0.000 1	0.000 1	0.000 0
1	0.001 0	0.000 9	0.000 9	0.000 8	0.000 7	0.000 7	0.000 6	0.000 5	0.000 5	0.000 5
2	0.004 6	0.004 3	0.004 0	0.003 7	0.003 4	0.003 1	0.002 9	0.002 7	0.002 5	0.002 3
3	0.014 0	0.013 1	0.012 3	0.011 5	0.010 7	0.010 0	0.009 3	0.008 7	0.008 1	0.007 6
4	0.031 9	0.030 2	0.028 5	0.026 9	0.025 4	0.024 0	0.022 6	0.021 3	0.020 1	0.018 9
5	0.058 1	0.055 5	0.053 0	0.050 6	0.048 3	0.046 0	0.043 9	0.041 8	0.039 8	0.037 8
6	0.088 1	0.085 1	0.082 2	0.079 3	0.076 4	0.073 6	0.070 9	0.068 2	0.065 6	0.063 1
7	0.114 5	0.111 8	0.109 1	0.106 4	0.103 7	0.101 0	0.098 2	0.095 5	0.092 8	0.090 1
8	0.130 2	0.128 6	0.126 9	0.125 1	0.123 2	0.121 2	0.119 1	0.117 0	0.114 8	0.112 6
9	0.131 7	0.131 5	0.131 1	0.130 6	0.130 0	0.129 3	0.128 4	0.127 4	0.126 3	0.125 1
10	0.119 8	0.121 0	0.121 9	0.122 8	0.123 5	0.124 1	0.124 5	0.124 9	0.125 0	0.125 1
11	0.099 1	0.101 2	0.103 1	0.104 9	0.106 7	0.108 3	0.109 8	0.111 2	0.112 5	0.113 7
12	0.075 2	0.077 6	0.079 9	0.082 2	0.084 4	0.086 6	0.088 8	0.090 8	0.092 8	0.094 8
13	0.052 6	0.054 9	0.057 2	0.059 4	0.061 7	0.064 0	0.066 2	0.068 5	0.070 7	0.072 9

续表

X	λ									
	9.1	9.2	9.3	9.4	9.5	9.6	9.7	9.8	9.9	10.0
14	0.034 2	0.036 1	0.038 0	0.039 9	0.041 9	0.043 9	0.045 9	0.047 9	0.050 0	0.052 1
15	0.020 8	0.022 1	0.023 5	0.025 0	0.026 5	0.028 1	0.029 7	0.031 3	0.033 0	0.034 7
16	0.011 8	0.012 7	0.013 7	0.014 7	0.015 7	0.016 8	0.018 0	0.019 2	0.020 4	0.021 7
17	0.006 3	0.006 9	0.007 5	0.008 1	0.008 8	0.009 5	0.010 3	0.011 1	0.011 9	0.012 8
18	0.003 2	0.003 5	0.003 9	0.004 2	0.004 6	0.005 1	0.005 5	0.006 0	0.006 5	0.007 1
19	0.001 5	0.001 7	0.001 9	0.002 1	0.002 3	0.002 6	0.002 8	0.003 1	0.003 4	0.003 7
20	0.000 7	0.000 8	0.000 9	0.001 0	0.001 1	0.001 2	0.001 4	0.001 5	0.001 7	0.001 9
21	0.000 3	0.000 3	0.000 4	0.000 4	0.000 5	0.000 6	0.000 6	0.000 7	0.000 8	0.000 9
22	0.000 1	0.000 1	0.000 2	0.000 2	0.000 2	0.000 2	0.000 3	0.000 3	0.000 4	0.000 4
23	0.000 0	0.000 1	0.000 1	0.000 1	0.000 1	0.000 1	0.000 1	0.000 1	0.000 2	0.000 2
24	0.000 0	0.000 0	0.000 0	0.000 0	0.000 0	0.000 0	0.000 0	0.000 1	0.000 1	0.000 1

表4 e^{-x} 表

X	e^{-x}	X	e^{-x}	X	e^{-x}	X	e^{-x}
0.0	1.000 0	3.0	0.049 8	6.0	0.002 48	9.0	0.000 12
0.1	0.904 8	3.1	0.045 0	6.1	0.002 24	9.1	0.000 11
0.2	0.818 7	3.2	0.040 8	6.2	0.002 03	9.2	0.000 10
0.3	0.740 8	3.3	0.036 9	6.3	0.001 84	9.3	0.000 09
0.4	0.670 3	3.4	0.033 4	6.4	0.001 66	9.4	0.000 08
0.5	0.606 5	3.5	0.030 2	6.5	0.001 50	9.5	0.000 07
0.6	0.548 8	3.6	0.027 3	0.6	0.001 36	9.6	0.000 07
0.7	0.496 6	3.7	0.024 7	6.7	0.001 23	9.7	0.000 06
0.8	0.449 3	3.8	0.022 4	6.8	0.001 11	9.8	0.000 06
0.9	0.406 6	3.9	0.020 2	6.9	0.001 01	9.9	0.000 05
1.0	0.367 9	4.0	0.018 3	7.0	0.000 91	10.0	0.000 05
1.1	0.332 9	4.1	0.016 6	7.1	0.000 83		
1.2	0.301 2	4.2	0.015 0	7.2	0.000 75		
1.3	0.272 5	4.3	0.013 6	7.3	0.000 68		
1.4	0.246 6	4.4	0.012 3	7.4	0.000 61		
1.5	0.223 1	4.5	0.011 1	7.5	0.000 55		
1.6	0.201 9	4.6	0.010 1	7.6	0.000 50		
1.7	0.182 7	4.7	0.009 1	7.7	0.000 45		
1.8	0.165 3	4.8	0.008 2	7.8	0.000 41		
1.9	0.149 6	4.9	0.007 4	7.9	0.000 37		
2.0	0.135 3	5.0	0.006 7	8.0	0.000 34		
2.1	0.122 5	5.1	0.006 1	8.1	0.000 30		
2.2	0.110 8	5.2	0.005 5	8.2	0.000 27		
2.3	0.100 3	5.3	0.005 0	8.3	0.000 25		
2.4	0.090 7	5.4	0.004 5	8.4	0.000 22		
2.5	0.082 1	5.5	0.004 1	8.5	0.000 20		
2.6	0.074 3	5.6	0.003 7	8.6	0.000 18		
2.7	0.067 2	5.7	0.003 3	8.7	0.000 17		
2.8	0.060 8	5.8	0.003 0	8.8	0.000 15		
2.9	0.055 0	5.9	0.002 7	8.9	0.000 14		

表 5　标准正态分布表

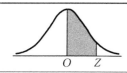

本表所列值是当一个标准正态分布变量大于 0 小于 Z 时（阴影面积）所对应的概率。

SECOND DECIMAL PLACE IN Z

Z	0.00	0.01	0.02	0.03	0.04	0.05	0.06	0.07	0.08	0.09
0.0	0.000 0	0.004 0	0.008 0	0.012 0	0.016 0	0.019 9	0.023 9	0.027 9	0.031 9	0.035 9
0.1	0.039 8	0.043 8	0.047 8	0.051 7	0.055 7	0.059 6	0.063 6	0.067 5	0.071 4	0.075 3
0.2	0.079 3	0.083 2	0.087 1	0.091 0	0.094 8	0.098 7	0.102 6	0.106 4	0.110 3	0.114 1
0.3	0.117 9	0.121 7	0.125 5	0.129 3	0.133 1	0.136 8	0.140 6	0.144 3	0.148 0	0.151 7
0.4	0.155 4	0.159 1	0.162 8	0.166 4	0.170 0	0.173 6	0.177 2	0.180 8	0.184 4	0.187 9
0.5	0.191 5	0.195 0	0.198 5	0.201 9	0.205 4	0.208 8	0.212 3	0.215 7	0.219 0	0.222 4
0.6	0.225 7	0.229 1	0.232 4	0.235 7	0.238 9	0.242 2	0.245 4	0.248 6	0.251 7	0.254 9
0.7	0.258 0	0.261 1	0.264 2	0.267 3	0.270 4	0.273 4	0.276 4	0.279 4	0.282 3	0.285 2
0.8	0.288 1	0.291 0	0.293 9	0.296 7	0.299 5	0.302 3	0.305 1	0.307 8	0.310 6	0.313 3
0.9	0.315 9	0.318 6	0.321 2	0.323 8	0.326 4	0.328 9	0.331 5	0.334 0	0.336 5	0.338 9
1.0	0.341 3	0.343 8	0.346 1	0.348 5	0.350 8	0.353 1	0.355 4	0.357 7	0.359 9	0.362 1
1.1	0.364 3	0.366 5	0.368 6	0.370 8	0.372 9	0.374 9	0.377 0	0.379 0	0.381 0	0.383 0
1.2	0.384 9	0.386 9	0.388 8	0.390 7	0.392 5	0.394 4	0.396 2	0.398 0	0.399 7	0.401 5
1.3	0.403 2	0.404 9	0.406 6	0.408 2	0.409 9	0.411 5	0.413 1	0.414 7	0.416 2	0.417 7
1.4	0.419 2	0.420 7	0.422 2	0.423 6	0.425 1	0.426 5	0.427 9	0.429 2	0.430 6	0.431 9
1.5	0.433 2	0.434 5	0.435 7	0.437 0	0.438 2	0.439 4	0.440 6	0.441 8	0.442 9	0.444 1
1.6	0.445 2	0.446 3	0.447 4	0.448 4	0.449 5	0.450 5	0.451 5	0.452 5	0.453 5	0.454 5
1.7	0.455 4	0.456 4	0.457 3	0.458 2	0.459 1	0.459 9	0.460 8	0.461 6	0.462 5	0.463 3
1.8	0.464 1	0.464 9	0.465 6	0.466 4	0.467 1	0.467 8	0.468 6	0.469 3	0.469 9	0.470 6
1.9	0.471 3	0.471 9	0.472 6	0.473 2	0.473 8	0.474 4	0.475 0	0.475 6	0.476 1	0.476 7
2.0	0.477 2	0.477 8	0.478 3	0.478 8	0.479 3	0.479 8	0.480 3	0.480 8	0.481 2	0.481 7
2.1	0.482 1	0.482 6	0.483 0	0.483 4	0.483 8	0.484 2	0.484 6	0.485 0	0.485 4	0.485 7
2.2	0.486 1	0.486 4	0.486 8	0.487 1	0.487 5	0.487 8	0.488 1	0.488 4	0.488 7	0.489 0
2.3	0.489 3	0.489 6	0.489 8	0.490 1	0.490 4	0.490 6	0.490 9	0.491 1	0.491 3	0.491 6
2.4	0.491 8	0.492 0	0.492 2	0.492 5	0.492 7	0.492 9	0.493 1	0.493 2	0.493 4	0.493 6
2.5	0.493 8	0.494 0	0.494 1	0.494 3	0.494 5	0.494 6	0.494 8	0.494 9	0.495 1	0.495 2
2.6	0.495 3	0.495 5	0.495 6	0.495 7	0.495 9	0.496 0	0.496 1	0.496 2	0.496 3	0.496 4
2.7	0.496 5	0.496 6	0.496 7	0.496 8	0.496 9	0.497 0	0.497 1	0.497 2	0.497 3	0.497 4
2.8	0.497 4	0.497 5	0.497 6	0.497 7	0.497 7	0.497 8	0.497 9	0.497 9	0.498 0	0.498 1
2.9	0.498 1	0.498 2	0.498 2	0.498 3	0.498 4	0.498 4	0.498 5	0.498 5	0.498 6	0.498 6
3.0	0.498 7	0.498 7	0.498 7	0.498 8	0.498 8	0.498 9	0.498 9	0.498 9	0.499 0	0.499 0
3.1	0.499 0	0.499 1	0.499 1	0.499 1	0.499 2	0.499 2	0.499 2	0.499 2	0.499 3	0.499 3
3.2	0.499 3	0.499 3	0.499 4	0.499 4	0.499 4	0.499 4	0.499 4	0.499 5	0.499 5	0.499 5
3.3	0.499 5	0.499 5	0.499 5	0.499 6	0.499 6	0.499 6	0.499 6	0.499 6	0.499 6	0.499 7
3.4	0.499 7	0.499 7	0.499 7	0.499 7	0.499 7	0.499 7	0.499 7	0.499 7	0.499 7	0.499 8
3.5	0.499 8									
4.0	0.499 97									
4.5	0.499 997									
5.0	0.499 999 7									
6.0	0.499 999 983									

表6 t 的临界值

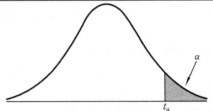

自由度	$t_{0.100}$	$t_{0.050}$	$t_{0.025}$	$t_{0.010}$	$t_{0.005}$
1	3.078	6.314	12.706	31.821	63.657
2	1.886	2.920	4.303	6.965	9.925
3	1.638	2.353	3.182	4.541	5.841
4	1.533	2.132	2.776	3.747	4.604
5	1.476	2.015	2.571	3.365	4.032
6	1.440	1.943	2.447	3.143	3.707
7	1.415	1.895	2.365	2.998	3.499
8	1.397	1.860	2.306	2.896	3.355
9	1.383	1.833	2.262	2.821	3.250
10	1.372	1.812	2.228	2.764	3.169
11	1.363	1.796	2.201	2.718	3.106
12	1.356	1.782	2.179	2.681	3.055
13	1.350	1.771	2.160	2.650	3.012
14	1.345	1.761	2.145	2.624	2.977
15	1.341	1.753	2.131	2.602	2.947
16	1.337	1.746	2.120	2.583	2.921
17	1.333	1.740	2.110	2.567	2.898
18	1.330	1.734	2.101	2.552	2.878
19	1.328	1.729	2.093	2.539	2.861
20	1.325	1.725	2.086	2.528	2.845
21	1.323	1.721	2.080	2.518	2.831
22	1.321	1.717	2.074	2.508	2.819
23	1.319	1.714	2.069	2.500	2.808
24	1.318	1.711	2.064	2.492	2.797
25	1.316	1.708	2.060	2.485	2.787
26	1.315	1.706	2.056	2.479	2.779
27	1.314	1.703	2.052	2.473	2.771
28	1.313	1.701	2.048	2.467	2.763
29	1.311	1.699	2.045	2.462	2.756
30	1.310	1.697	2.042	2.457	2.750
40	1.303	1.684	2.021	2.423	2.704
60	1.296	1.671	2.000	2.390	2.660
120	1.289	1.658	1.980	2.358	2.617
∞	1.282	1.645	1.960	2.326	2.576

表7　F分布的百分值表

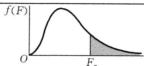

v_2 \ v_1	$\alpha=0.10$ 分子自由度								
	1	2	3	4	5	6	7	8	9
1	39.86	49.50	53.59	55.83	57.24	58.20	58.91	59.44	59.86
2	8.53	9.00	9.16	9.24	9.29	9.33	9.35	9.37	9.38
3	5.54	5.46	5.39	5.34	5.31	5.28	5.27	5.25	5.24
4	4.54	4.32	4.19	4.11	4.05	4.01	3.98	3.95	3.94
5	4.06	3.78	3.62	3.52	3.45	3.40	3.37	3.34	3.32
6	3.78	3.46	3.29	3.18	3.11	3.05	3.01	2.98	2.96
7	3.59	3.26	3.07	2.96	2.88	2.83	2.78	2.75	2.72
8	3.46	3.11	2.92	2.81	2.73	2.67	2.62	2.59	2.56
9	3.36	3.01	2.81	2.69	2.61	2.55	2.51	2.47	2.44
10	3.29	2.92	2.73	2.61	2.52	2.46	2.41	2.38	2.35
11	3.23	2.86	2.66	2.54	2.45	2.39	2.34	2.30	2.27
12	3.18	2.81	2.61	2.48	2.39	2.33	2.28	2.24	2.21
13	3.14	2.76	2.56	2.43	2.35	2.28	2.23	2.20	2.16
14	3.10	2.73	2.52	2.39	2.31	2.24	2.19	2.15	2.12
15	3.07	2.70	2.49	2.36	2.27	2.21	2.16	2.12	2.09
16	3.05	2.67	2.46	2.33	2.24	2.18	2.13	2.09	2.06
17	3.03	2.64	2.44	2.31	2.22	2.15	2.10	2.06	2.03
18	3.01	2.62	2.42	2.29	2.20	2.13	2.08	2.04	2.00
19	2.99	2.61	2.40	2.27	2.18	2.11	2.06	2.02	1.98
20	2.97	2.59	2.38	2.25	2.16	2.09	2.04	2.00	1.96
21	2.96	2.57	2.36	2.23	2.14	2.08	2.02	1.98	1.95
22	2.95	2.56	2.35	2.22	2.13	2.06	2.01	1.97	1.93
23	2.94	2.55	2.34	2.21	2.11	2.05	1.99	1.95	1.92
24	2.93	2.54	2.33	2.19	2.10	2.04	1.98	1.94	1.91
25	2.92	2.53	2.32	2.18	2.09	2.02	1.97	1.93	1.89
26	2.91	2.52	2.31	2.17	2.08	2.01	1.96	1.92	1.88
27	2.90	2.51	2.30	2.17	2.07	2.00	1.95	1.91	1.87
28	2.89	2.50	2.29	2.16	2.06	2.00	1.94	1.90	1.87
29	2.89	2.50	2.28	2.15	2.06	1.99	1.93	1.89	1.86
30	2.88	2.49	2.28	2.14	2.05	1.98	1.93	1.88	1.85
40	2.84	2.44	2.23	2.09	2.00	1.93	1.87	1.83	1.79
60	2.79	2.39	2.18	2.04	1.95	1.87	1.82	1.77	1.74
120	2.75	2.35	2.13	1.99	1.90	1.82	1.77	1.72	1.68
∞	2.71	2.30	2.08	1.94	1.85	1.77	1.72	1.67	1.63

续表

v_2 \ v_1	$\alpha=0.10$ 分子自由度									
	10	12	15	20	24	30	40	60	120	∞
1	60.19	60.71	61.22	61.74	62.00	62.26	62.53	62.79	63.06	63.33
2	9.39	9.41	9.42	9.44	9.45	9.46	9.47	9.47	9.48	9.49
3	5.23	5.22	5.20	5.18	5.18	5.17	5.16	5.15	5.14	5.13
4	3.92	3.90	3.87	3.84	3.83	3.82	3.80	3.79	3.78	3.76
5	3.30	3.27	3.24	3.21	3.19	3.17	3.16	3.14	3.12	3.10
6	2.94	2.90	2.87	2.84	2.82	2.80	2.78	2.76	2.74	2.72
7	2.70	2.67	2.63	2.59	2.58	2.56	2.54	2.51	2.49	2.47
8	2.54	2.50	2.46	2.42	2.40	2.38	2.36	2.34	2.32	2.29
9	2.42	2.38	2.34	2.30	2.28	2.25	2.23	2.21	2.18	2.16
10	2.32	2.28	2.24	2.20	2.18	2.16	2.13	2.11	2.08	2.06
11	2.25	2.21	2.17	2.12	2.10	2.08	2.05	2.03	2.00	1.97
12	2.19	2.15	2.10	2.06	2.04	2.01	1.99	1.96	1.93	1.90
13	2.14	2.10	2.05	2.01	1.98	1.96	1.93	1.90	1.88	1.85
14	2.10	2.05	2.01	1.96	1.94	1.91	1.89	1.86	1.83	1.80
15	2.06	2.02	1.97	1.92	1.90	1.87	1.85	1.82	1.79	1.76
16	2.03	1.99	1.94	1.89	1.87	1.84	1.81	1.78	1.75	1.72
17	2.00	1.96	1.91	1.86	1.84	1.81	1.78	1.75	1.72	1.69
18	1.98	1.93	1.89	1.84	1.81	1.78	1.75	1.72	1.69	1.66
19	1.96	1.91	1.86	1.81	1.79	1.76	1.73	1.70	1.67	1.63
20	1.94	1.89	1.84	1.79	1.77	1.74	1.71	1.68	1.64	1.61
21	1.92	1.87	1.83	1.78	1.75	1.72	1.69	1.66	1.62	1.59
22	1.90	1.86	1.81	1.76	1.73	1.70	1.67	1.64	1.60	1.57
23	1.89	1.84	1.80	1.74	1.72	1.69	1.66	1.62	1.59	1.55
24	1.88	1.83	1.78	1.73	1.70	1.67	1.64	1.61	1.57	1.53
25	1.87	1.82	1.77	1.72	1.69	1.66	1.63	1.59	1.56	1.52
26	1.86	1.81	1.76	1.71	1.68	1.65	1.61	1.58	1.54	1.50
27	1.85	1.80	1.75	1.70	1.67	1.64	1.60	1.57	1.53	1.49
28	1.84	1.79	1.74	1.69	1.66	1.63	1.59	1.56	1.52	1.48
29	1.83	1.78	1.73	1.68	1.65	1.62	1.58	1.55	1.51	1.47
30	1.82	1.77	1.72	1.67	1.64	1.61	1.57	1.54	1.50	1.46
40	1.76	1.71	1.66	1.61	1.57	1.54	1.51	1.47	1.42	1.38
60	1.71	1.66	1.60	1.54	1.51	1.48	1.44	1.40	1.35	1.29
120	1.65	1.60	1.55	1.48	1.45	1.41	1.37	1.32	1.26	1.19
∞	1.60	1.55	1.49	1.42	1.38	1.34	1.30	1.24	1.17	1.00

(v_2 为分母自由度)

续表

v_2 \ v_1	$\alpha=0.05$ 分子自由度								
	1	2	3	4	5	6	7	8	9
1	161.40	199.50	215.70	224.60	230.20	234.00	236.80	238.90	240.50
2	18.51	19.00	19.16	19.25	19.30	19.33	19.35	19.37	19.38
3	10.13	9.55	9.28	9.12	9.01	8.94	8.89	8.85	8.81
4	7.71	6.94	6.59	6.39	6.26	6.16	6.09	6.04	6.00
5	6.61	5.79	5.41	5.19	5.05	4.95	4.88	4.82	4.77
6	5.99	5.14	4.76	4.53	4.39	4.28	4.21	4.15	4.10
7	5.59	4.74	4.35	4.12	3.97	3.87	3.79	3.73	3.68
8	5.32	4.46	4.07	3.84	3.69	3.58	3.50	3.44	3.39
9	5.12	4.26	3.86	3.63	3.48	3.37	3.29	3.23	3.18
10	4.96	4.10	3.71	3.48	3.33	3.22	3.14	3.07	3.02
11	4.84	3.98	3.59	3.36	3.20	3.09	3.01	2.95	2.90
12	4.75	3.89	3.49	3.26	3.11	3.00	2.91	2.85	2.80
13	4.67	3.81	3.41	3.18	3.03	2.92	2.83	2.77	2.71
14	4.60	3.74	3.34	3.11	2.96	2.85	2.76	2.70	2.65
15	4.54	3.68	3.29	3.06	2.90	2.79	2.71	2.64	2.59
16	4.49	3.63	3.24	3.01	2.85	2.74	2.66	2.59	2.54
17	4.45	3.59	3.20	2.96	2.81	2.70	2.61	2.55	2.49
18	4.41	3.55	3.16	2.93	2.77	2.66	2.58	2.51	2.46
19	4.38	3.52	3.13	2.90	2.74	2.63	2.54	2.48	2.42
20	4.35	3.49	3.10	2.87	2.71	2.60	2.51	2.45	2.39
21	4.32	3.47	3.07	2.84	2.68	2.57	2.49	2.42	2.37
22	4.30	3.44	3.05	2.82	2.66	2.55	2.46	2.40	2.34
23	4.28	3.42	3.03	2.80	2.64	2.53	2.44	2.37	2.32
24	4.26	3.40	3.01	2.78	2.62	2.51	2.42	2.36	2.30
25	4.24	3.39	2.99	2.76	2.60	2.49	2.40	2.34	2.28
26	4.23	3.37	2.98	2.74	2.59	2.47	2.39	2.32	2.27
27	4.21	3.35	2.96	2.73	2.57	2.46	2.37	2.31	2.25
28	4.20	3.34	2.95	2.71	2.56	2.45	2.36	2.29	2.24
29	4.18	3.33	2.93	2.70	2.55	2.43	2.35	2.28	2.22
30	4.17	3.32	2.92	2.69	2.53	2.42	2.33	2.27	2.21
40	4.08	3.23	2.84	2.61	2.45	2.34	2.25	2.18	2.12
60	4.00	3.15	2.76	2.53	2.37	2.25	2.17	2.10	2.04
120	3.92	3.07	2.68	2.45	2.29	2.17	2.09	2.02	1.96
∞	3.84	3.00	2.60	2.37	2.21	2.10	2.01	1.94	1.88

分母自由度

续表

v_2 \ v_1	$\alpha=0.05$ 分子自由度									
	10	12	15	20	24	30	40	60	120	∞
1	241.90	243.90	245.90	248.00	249.10	250.10	251.10	252.20	253.30	254.30
2	19.40	19.41	19.43	19.45	19.45	19.46	19.47	19.48	19.49	19.50
3	8.79	8.74	8.70	8.66	8.64	8.62	8.59	8.57	8.55	8.53
4	5.96	5.91	5.86	5.80	5.77	5.75	5.72	5.69	5.66	5.63
5	4.74	4.68	4.62	4.56	4.53	4.50	4.46	4.43	4.40	4.36
6	4.06	4.00	3.94	3.87	3.84	3.81	3.77	3.74	3.70	3.67
7	3.64	3.57	3.51	3.44	3.41	3.38	3.34	3.30	3.27	3.23
8	3.35	3.28	3.22	3.15	3.12	3.08	3.04	3.01	2.97	2.93
9	3.14	3.07	3.01	2.94	2.90	2.86	2.83	2.79	2.75	2.71
10	2.98	2.91	2.85	2.77	2.74	2.70	2.66	2.62	2.58	2.54
11	2.85	2.79	2.72	2.65	2.61	2.57	2.53	2.49	2.45	2.40
12	2.75	2.69	2.62	2.54	2.51	2.47	2.43	2.38	2.34	2.30
13	2.67	2.60	2.53	2.46	2.42	2.38	2.34	2.30	2.25	2.21
14	2.60	2.53	2.46	2.39	2.35	2.31	2.27	2.22	2.18	2.13
15	2.54	2.48	2.40	2.33	2.29	2.25	2.20	2.16	2.11	2.07
16	2.49	2.42	2.35	2.28	2.24	2.19	2.15	2.11	2.06	2.01
17	2.45	2.38	2.31	2.23	2.19	2.15	2.10	2.06	2.01	1.96
18	2.41	2.34	2.27	2.19	2.15	2.11	2.06	2.02	1.97	1.92
19	2.38	2.31	2.23	2.16	2.11	2.07	2.03	1.98	1.93	1.88
20	2.35	2.28	2.20	2.12	2.08	2.04	1.99	1.95	1.90	1.84
21	2.32	2.25	2.18	2.10	2.05	2.01	1.96	1.92	1.87	1.81
22	2.30	2.23	2.15	2.07	2.03	1.98	1.94	1.89	1.84	1.78
23	2.27	2.20	2.13	2.05	2.01	1.96	1.91	1.86	1.81	1.76
24	2.25	2.18	2.11	2.03	1.98	1.94	1.89	1.84	1.79	1.73
25	2.24	2.16	2.09	2.01	1.96	1.92	1.87	1.82	1.77	1.71
26	2.22	2.15	2.07	1.99	1.95	1.90	1.85	1.80	1.75	1.69
27	2.20	2.13	2.06	1.97	1.93	1.88	1.84	1.79	1.73	1.67
28	2.19	2.12	2.04	1.96	1.91	1.87	1.82	1.77	1.71	1.65
29	2.18	2.10	2.03	1.94	1.90	1.85	1.81	1.75	1.70	1.64
30	2.16	2.09	2.01	1.93	1.89	1.84	1.79	1.74	1.68	1.62
40	2.08	2.00	1.92	1.84	1.79	1.74	1.69	1.64	1.58	1.51
60	1.99	1.92	1.84	1.75	1.70	1.65	1.59	1.53	1.47	1.39
120	1.91	1.83	1.75	1.66	1.61	1.55	1.50	1.43	1.35	1.25
∞	1.83	1.75	1.67	1.57	1.52	1.46	1.39	1.32	1.22	1.00

分母自由度

续表

v_2 \ v_1	$\alpha=0.025$ 分子自由度								
	1	2	3	4	5	6	7	8	9
1	647.80	799.50	864.20	899.60	921.80	937.10	948.20	956.70	963.30
2	38.51	39.00	39.17	39.25	39.30	39.33	39.36	39.37	39.39
3	17.44	16.04	15.44	15.10	14.88	14.73	14.62	14.54	14.47
4	12.22	10.65	9.98	9.60	9.36	9.20	9.07	8.98	8.90
5	10.01	8.43	7.76	7.39	7.15	6.98	6.85	6.76	6.68
6	8.81	7.26	6.60	6.23	5.99	5.82	5.70	5.60	5.52
7	8.07	6.54	5.89	5.52	5.29	5.12	4.99	4.90	4.82
8	7.57	6.06	5.42	5.05	4.82	4.65	4.53	4.43	4.36
9	7.21	5.71	5.08	4.72	4.48	4.32	4.20	4.10	4.03
10	6.94	5.46	4.83	4.47	4.24	4.07	3.95	3.85	3.78
11	6.72	5.26	4.63	4.28	4.04	3.88	3.76	3.66	3.59
12	6.55	5.10	4.47	4.12	3.89	3.73	3.61	3.51	3.44
13	6.41	4.97	4.35	4.00	3.77	3.60	3.48	3.39	3.31
14	6.30	4.86	4.24	3.89	3.66	3.50	3.38	3.29	3.21
15	6.20	4.77	4.15	3.80	3.58	3.41	3.29	3.20	3.12
16	6.12	4.69	4.08	3.73	3.50	3.34	3.22	3.12	3.05
17	6.04	4.62	4.01	3.66	3.44	3.28	3.16	3.06	2.98
18	5.98	4.56	3.95	3.61	3.38	3.22	3.10	3.01	2.93
19	5.92	4.51	3.90	3.56	3.33	3.17	3.05	2.96	2.88
20	5.87	4.46	3.86	3.51	3.29	3.13	3.01	2.91	2.84
21	5.83	4.42	3.82	3.48	3.25	3.09	2.97	2.87	2.80
22	5.79	4.38	3.78	3.44	3.22	3.05	2.93	2.84	2.76
23	5.75	4.35	3.75	3.41	3.18	3.02	2.90	2.81	2.73
24	5.72	4.32	3.72	3.38	3.15	2.99	2.87	2.78	2.70
25	5.69	4.29	3.69	3.35	3.13	2.97	2.85	2.75	2.68
26	5.66	4.27	3.67	3.33	3.10	2.94	2.82	2.73	2.65
27	5.63	4.24	3.65	3.31	3.08	2.92	2.80	2.71	2.63
28	5.61	4.22	3.63	3.29	3.06	2.90	2.78	2.69	2.61
29	5.59	4.20	3.61	3.27	3.04	2.88	2.76	2.67	2.59
30	5.57	4.18	3.59	3.25	3.03	2.87	2.75	2.65	2.57
40	5.42	4.05	3.46	3.13	2.90	2.74	2.62	2.53	2.45
60	5.29	3.93	3.34	3.01	2.79	2.63	2.51	2.41	2.33
120	5.15	3.80	3.23	2.89	2.67	2.52	2.39	2.30	2.22
∞	5.02	3.69	3.12	2.79	2.57	2.41	2.29	2.19	2.11

分母自由度

续表

v_2 \ v_1	$\alpha=0.025$ 分子自由度									
	10	12	15	20	24	30	40	60	120	∞
1	968.60	976.70	984.90	993.10	997.20	1 001.00	1 006.00	1 010.00	1 014.00	1 018.00
2	39.40	39.41	39.43	39.45	39.46	39.46	39.47	39.48	39.49	39.50
3	14.42	14.34	14.25	14.17	14.12	14.08	14.04	13.99	13.95	13.90
4	8.84	8.75	8.66	8.56	8.51	8.46	8.41	8.36	8.31	8.26
5	6.62	6.52	6.43	6.33	6.28	6.23	6.18	6.12	6.07	6.02
6	5.46	5.37	5.27	5.17	5.12	5.07	5.01	4.96	4.90	4.85
7	4.76	4.67	4.57	4.47	4.42	4.36	4.31	4.25	4.20	4.14
8	4.30	4.20	4.10	4.00	3.95	3.89	3.84	3.78	3.73	3.67
9	3.96	3.87	3.77	3.67	3.61	3.56	3.51	3.45	3.39	3.33
10	3.72	3.62	3.52	3.42	3.37	3.31	3.26	3.20	3.14	3.08
11	3.53	3.43	3.33	3.23	3.17	3.12	3.06	3.00	2.94	2.88
12	3.37	3.28	3.18	3.07	3.02	2.96	2.91	2.85	2.79	2.72
13	3.25	3.15	3.05	2.95	2.89	2.84	2.78	2.72	2.66	2.60
14	3.15	3.05	2.95	2.84	2.79	2.73	2.67	2.61	2.55	2.49
15	3.06	2.96	2.86	2.76	2.70	2.64	2.59	2.52	2.46	2.40
16	2.99	2.89	2.79	2.68	2.63	2.57	2.51	2.45	2.38	2.32
17	2.92	2.82	2.72	2.62	2.56	2.50	2.44	2.38	2.32	2.25
18	2.87	2.77	2.67	2.56	2.50	2.44	2.38	2.32	2.26	2.19
19	2.82	2.72	2.62	2.51	2.45	2.39	2.33	2.27	2.20	2.13
20	2.77	2.68	2.57	2.46	2.41	2.35	2.29	2.22	2.16	2.09
21	2.73	2.64	2.53	2.42	2.37	2.31	2.25	2.18	2.11	2.04
22	2.70	2.60	2.50	2.39	2.33	2.27	2.21	2.14	2.08	2.00
23	2.67	2.57	2.47	2.36	2.30	2.24	2.18	2.11	2.04	1.97
24	2.64	2.54	2.44	2.33	2.27	2.21	2.15	2.08	2.01	1.94
25	2.61	2.51	2.41	2.30	2.24	2.18	2.12	2.05	1.98	1.91
26	2.59	2.49	2.39	2.28	2.22	2.16	2.09	2.03	1.95	1.88
27	2.57	2.47	2.36	2.25	2.19	2.13	2.07	2.00	1.93	1.85
28	2.55	2.45	2.34	2.23	2.17	2.11	2.05	1.98	1.91	1.83
29	2.53	2.43	2.32	2.21	2.15	2.09	2.03	1.96	1.89	1.81
30	2.51	2.41	2.31	2.20	2.14	2.07	2.01	1.94	1.87	1.79
40	2.39	2.29	2.18	2.07	2.01	1.94	1.88	1.80	1.72	1.64
60	2.27	2.17	2.06	1.94	1.88	1.82	1.74	1.67	1.58	1.48
120	2.16	2.05	1.94	1.82	1.76	1.69	1.61	1.53	1.43	1.31
∞	2.05	1.94	1.83	1.71	1.64	1.57	1.48	1.39	1.27	1.00

续表

v_2 \ v_1	$\alpha=0.01$ 分子自由度								
	1	2	3	4	5	6	7	8	9
1	4 052.00	4 999.50	5 403.00	5 625.00	5 764.00	5 859.00	5 928.00	5 982.00	6 022.00
2	98.50	99.00	99.17	99.25	99.30	99.33	99.36	99.37	99.39
3	34.12	30.82	29.46	28.71	28.24	27.91	27.67	27.49	27.35
4	21.20	18.00	16.69	15.98	15.52	15.21	14.98	14.80	14.66
5	16.26	13.27	12.06	11.39	10.97	10.67	10.46	10.29	10.16
6	13.75	10.92	9.78	9.15	8.75	8.47	8.26	8.10	7.98
7	12.25	9.55	8.45	7.85	7.46	7.19	6.99	6.84	6.72
8	11.26	8.65	7.59	7.01	6.63	6.37	6.18	6.03	5.91
9	10.56	8.02	6.99	6.42	6.06	5.80	5.61	5.47	5.35
10	10.04	7.56	6.55	5.99	5.64	5.39	5.20	5.06	4.94
11	9.65	7.21	6.22	5.67	5.32	5.07	4.89	4.74	4.63
12	9.33	6.93	5.95	5.41	5.06	4.82	4.64	4.50	4.39
13	9.07	6.70	5.74	5.21	4.86	4.62	4.44	4.30	4.19
14	8.86	6.51	5.56	5.04	4.69	4.46	4.28	4.14	4.03
15	8.68	6.36	5.42	4.89	4.56	4.32	4.14	4.00	3.89
16	8.53	6.23	5.29	4.77	4.44	4.20	4.03	3.89	3.78
17	8.40	6.11	5.18	4.67	4.34	4.10	3.93	3.79	3.68
18	8.29	6.01	5.09	4.58	4.25	4.01	3.84	3.71	3.60
19	8.18	5.93	5.01	4.50	4.17	3.94	3.77	3.63	3.52
20	8.10	5.85	4.94	4.43	4.10	3.87	3.70	3.56	3.46
21	8.02	5.78	4.87	4.37	4.04	3.81	3.64	3.51	3.40
22	7.95	5.72	4.82	4.31	3.99	3.76	3.59	3.45	3.35
23	7.88	5.66	4.76	4.26	3.94	3.71	3.54	3.41	3.30
24	7.82	5.61	4.72	4.22	3.90	3.67	3.50	3.36	3.26
25	7.77	5.57	4.68	4.18	3.85	3.63	3.46	3.32	3.22
26	7.72	5.53	4.64	4.14	3.82	3.59	3.42	3.29	3.18
27	7.68	5.49	4.60	4.11	3.78	3.56	3.39	3.26	3.15
28	7.64	5.45	4.57	4.07	3.75	3.53	3.36	3.23	3.12
29	7.60	5.42	4.54	4.04	3.73	3.50	3.33	3.20	3.09
30	7.56	5.39	4.51	4.02	3.70	3.47	3.30	3.17	3.07
40	7.31	5.18	4.31	3.83	3.51	3.29	3.12	2.99	2.89
60	7.08	4.98	4.13	3.65	3.34	3.12	2.95	2.82	2.72
120	6.85	4.79	3.95	3.48	3.17	2.96	2.79	2.66	2.56
∞	6.63	4.61	3.78	3.32	3.02	2.80	2.64	2.51	2.41

分母自由度

续表

v_1 \ v_2		$\alpha=0.01$ 分子自由度								
		10	12	15	20	24	30	40	60	120	∞
分母自由度	1	6 056.00	6 106.00	6 157.00	6 209.00	6 235.00	6 261.00	6 287.00	6 313.00	6 339.00	6 366.00
	2	99.40	99.42	99.43	99.45	99.46	99.47	99.47	99.48	99.49	99.50
	3	27.23	27.05	26.87	26.69	26.60	26.50	26.41	26.32	26.22	26.13
	4	14.55	14.37	14.20	14.02	13.93	13.84	13.75	13.65	13.56	13.46
	5	10.05	9.89	9.72	9.55	9.47	9.38	9.29	9.20	9.11	9.02
	6	7.87	7.72	7.56	7.40	7.31	7.23	7.14	7.06	6.97	6.88
	7	6.62	6.47	6.31	6.16	6.07	5.99	5.91	5.82	5.74	5.65
	8	5.81	5.67	5.52	5.36	5.28	5.20	5.12	5.03	4.95	4.86
	9	5.26	5.11	4.96	4.81	4.73	4.65	4.57	4.48	4.40	4.31
	10	4.85	4.71	4.56	4.41	4.33	4.25	4.17	4.08	4.00	3.91
	11	4.54	4.40	4.25	4.10	4.02	3.94	3.86	3.78	3.69	3.60
	12	4.30	4.16	4.01	3.86	3.78	3.70	3.62	3.54	3.45	3.36
	13	4.10	3.96	3.82	3.66	3.59	3.51	3.43	3.34	3.25	3.17
	14	3.94	3.80	3.66	3.51	3.43	3.35	3.27	3.18	3.09	3.00
	15	3.80	3.67	3.52	3.37	3.29	3.21	3.13	3.05	2.96	2.87
	16	3.69	3.55	3.41	3.26	3.18	3.10	3.02	2.93	2.84	2.75
	17	3.59	3.46	3.31	3.16	3.08	3.00	2.92	2.83	2.75	2.65
	18	3.51	3.37	3.23	3.08	3.00	2.92	2.84	2.75	2.66	2.57
	19	3.43	3.30	3.15	3.00	2.92	2.84	2.76	2.67	2.58	2.49
	20	3.37	3.23	3.09	2.94	2.86	2.78	2.69	2.61	2.52	2.42
	21	3.31	3.17	3.03	2.88	2.80	2.72	2.64	2.55	2.46	2.36
	22	3.26	3.12	2.98	2.83	2.75	2.67	2.58	2.50	2.40	2.31
	23	3.21	3.07	2.93	2.78	2.70	2.62	2.54	2.45	2.35	2.26
	24	3.17	3.03	2.89	2.74	2.66	2.58	2.49	2.40	2.31	2.21
	25	3.13	2.99	2.85	2.70	2.62	2.54	2.45	2.36	2.27	2.17
	26	3.09	2.96	2.81	2.66	2.58	2.50	2.42	2.33	2.23	2.13
	27	3.06	2.93	2.78	2.63	2.55	2.47	2.38	2.29	2.20	2.10
	28	3.03	2.90	2.75	2.60	2.52	2.44	2.35	2.26	2.17	2.06
	29	3.00	2.87	2.73	2.57	2.49	2.41	2.33	2.23	2.14	2.03
	30	2.98	2.84	2.70	2.55	2.47	2.39	2.30	2.21	2.11	2.01
	40	2.80	2.66	2.52	2.37	2.29	2.20	2.11	2.02	1.92	1.80
	60	2.63	2.50	2.35	2.20	2.12	2.03	1.94	1.84	1.73	1.60
	120	2.47	2.34	2.19	2.03	1.95	1.86	1.76	1.66	1.53	1.38
	∞	2.32	2.18	2.04	1.88	1.79	1.70	1.59	1.47	1.32	1.00

续表

v_2 \ v_1	$\alpha=0.005$ 分子自由度								
	1	2	3	4	5	6	7	8	9
1	16 211.00	20 000.00	21 615.00	22 500.00	23 056.00	23 437.00	23 715.00	23 925.00	24 091.00
2	198.50	199.00	199.20	199.20	199.30	199.30	199.40	199.40	199.40
3	55.55	49.80	47.47	46.19	45.39	44.84	44.43	44.13	43.88
4	31.33	26.28	24.26	23.15	22.46	21.97	21.62	21.35	21.14
5	22.78	18.31	16.53	15.56	14.94	14.51	14.20	13.96	13.77
6	18.63	14.54	12.92	12.03	11.46	11.07	10.79	10.57	10.39
7	16.24	12.40	10.88	10.05	9.52	9.16	8.89	8.68	8.51
8	14.69	11.04	9.60	8.81	8.30	7.95	7.69	7.50	7.34
9	13.61	10.11	8.72	7.96	7.47	7.13	6.88	6.69	6.54
10	12.83	9.43	8.08	7.34	6.87	6.54	6.30	6.12	5.97
11	12.23	8.91	7.60	6.88	6.42	6.10	5.86	5.68	5.54
12	11.75	8.51	7.23	6.52	6.07	5.76	5.52	5.35	5.20
13	11.37	8.19	6.93	6.23	5.79	5.48	5.25	5.08	4.94
14	11.06	7.92	6.68	6.00	5.56	5.26	5.03	4.86	4.72
15	10.80	7.70	6.48	5.80	5.37	5.07	4.85	4.67	4.54
16	10.58	7.51	6.30	5.64	5.21	4.91	4.69	4.52	4.38
17	10.38	7.35	6.16	5.50	5.07	4.78	4.56	4.39	4.25
18	10.22	7.21	6.03	5.37	4.96	4.66	4.44	4.28	4.14
19	10.07	7.09	5.92	5.27	4.85	4.56	4.34	4.18	4.04
20	9.94	6.99	5.82	5.17	4.76	4.47	4.26	4.09	3.96
21	9.83	6.89	5.73	5.09	4.68	4.39	4.18	4.01	3.88
22	9.73	6.81	5.65	5.02	4.61	4.32	4.11	3.94	3.81
23	9.63	6.73	5.58	4.95	4.54	4.26	4.05	3.88	3.75
24	9.55	6.66	5.52	4.89	4.49	4.20	3.99	3.83	3.69
25	9.48	6.60	5.46	4.84	4.43	4.15	3.94	3.78	3.64
26	9.41	6.54	5.41	4.79	4.38	4.10	3.89	3.73	3.60
27	9.34	6.49	5.36	4.74	4.34	4.06	3.85	3.69	3.56
28	9.28	6.44	5.32	4.70	4.30	4.02	3.81	3.65	3.52
29	9.23	6.40	5.28	4.66	4.26	3.98	3.77	3.61	3.48
30	9.18	6.35	5.24	4.62	4.23	3.95	3.74	3.58	3.45
40	8.83	6.07	4.98	4.37	3.99	3.71	3.51	3.35	3.22
60	8.49	5.79	4.73	4.14	3.76	3.49	3.29	3.13	3.01
120	8.18	5.54	4.50	3.92	3.55	3.28	3.09	2.93	2.81
∞	7.88	5.30	4.28	3.72	3.35	3.09	2.90	2.74	2.62

分母自由度

续表

<table>
<tr><th colspan="2" rowspan="2">v_1
v_2</th><th colspan="10">$\alpha=0.005$</th></tr>
<tr><th colspan="10">分子自由度</th></tr>
<tr><td></td><td></td><td>10</td><td>12</td><td>15</td><td>20</td><td>24</td><td>30</td><td>40</td><td>60</td><td>120</td><td>∞</td></tr>
<tr><td rowspan="30">分母自由度</td><td>1</td><td>24 224.00</td><td>24 426.00</td><td>24 630.00</td><td>24 836.00</td><td>24 940.00</td><td>25 044.00</td><td>25 148.00</td><td>25 253.00</td><td>25 359.00</td><td>25 465.00</td></tr>
<tr><td>2</td><td>199.40</td><td>199.40</td><td>199.40</td><td>199.40</td><td>199.50</td><td>199.50</td><td>199.50</td><td>199.50</td><td>199.50</td><td>199.50</td></tr>
<tr><td>3</td><td>43.69</td><td>43.39</td><td>43.08</td><td>42.78</td><td>42.62</td><td>42.47</td><td>42.31</td><td>42.15</td><td>41.99</td><td>41.83</td></tr>
<tr><td>4</td><td>20.97</td><td>20.70</td><td>20.44</td><td>20.17</td><td>20.03</td><td>19.89</td><td>19.75</td><td>19.61</td><td>19.47</td><td>19.32</td></tr>
<tr><td>5</td><td>13.62</td><td>13.38</td><td>13.15</td><td>12.90</td><td>12.78</td><td>12.66</td><td>12.53</td><td>12.40</td><td>12.27</td><td>12.14</td></tr>
<tr><td>6</td><td>10.25</td><td>10.03</td><td>9.81</td><td>9.59</td><td>9.47</td><td>9.36</td><td>9.24</td><td>9.12</td><td>9.00</td><td>8.88</td></tr>
<tr><td>7</td><td>8.38</td><td>8.18</td><td>7.97</td><td>7.75</td><td>7.65</td><td>7.53</td><td>7.42</td><td>7.31</td><td>7.19</td><td>7.08</td></tr>
<tr><td>8</td><td>7.21</td><td>7.01</td><td>6.81</td><td>6.61</td><td>6.50</td><td>6.40</td><td>6.29</td><td>6.18</td><td>6.06</td><td>5.95</td></tr>
<tr><td>9</td><td>6.42</td><td>6.23</td><td>6.03</td><td>5.83</td><td>5.73</td><td>5.62</td><td>5.52</td><td>5.41</td><td>5.30</td><td>5.19</td></tr>
<tr><td>10</td><td>5.85</td><td>5.66</td><td>5.47</td><td>5.27</td><td>5.17</td><td>5.07</td><td>4.97</td><td>4.86</td><td>4.75</td><td>4.64</td></tr>
<tr><td>11</td><td>5.42</td><td>5.24</td><td>5.05</td><td>4.86</td><td>4.76</td><td>4.65</td><td>4.55</td><td>4.44</td><td>4.34</td><td>4.23</td></tr>
<tr><td>12</td><td>5.09</td><td>4.91</td><td>4.72</td><td>4.53</td><td>4.43</td><td>4.33</td><td>4.23</td><td>4.12</td><td>4.01</td><td>3.90</td></tr>
<tr><td>13</td><td>4.82</td><td>4.64</td><td>4.46</td><td>4.27</td><td>4.17</td><td>4.07</td><td>3.97</td><td>3.87</td><td>3.76</td><td>3.65</td></tr>
<tr><td>14</td><td>4.60</td><td>4.43</td><td>4.25</td><td>4.06</td><td>3.96</td><td>3.86</td><td>3.76</td><td>3.66</td><td>3.55</td><td>3.44</td></tr>
<tr><td>15</td><td>4.42</td><td>4.25</td><td>4.07</td><td>3.88</td><td>3.79</td><td>3.69</td><td>3.58</td><td>3.48</td><td>3.37</td><td>3.26</td></tr>
<tr><td>16</td><td>4.27</td><td>4.10</td><td>3.92</td><td>3.73</td><td>3.64</td><td>3.54</td><td>3.44</td><td>3.33</td><td>3.22</td><td>3.11</td></tr>
<tr><td>17</td><td>4.14</td><td>3.97</td><td>3.79</td><td>3.61</td><td>3.51</td><td>3.41</td><td>3.31</td><td>3.21</td><td>3.10</td><td>2.98</td></tr>
<tr><td>18</td><td>4.03</td><td>3.86</td><td>3.68</td><td>3.50</td><td>3.40</td><td>3.30</td><td>3.20</td><td>3.10</td><td>2.99</td><td>2.87</td></tr>
<tr><td>19</td><td>3.93</td><td>3.76</td><td>3.59</td><td>3.40</td><td>3.31</td><td>3.21</td><td>3.11</td><td>3.00</td><td>2.89</td><td>2.78</td></tr>
<tr><td>20</td><td>3.85</td><td>3.68</td><td>3.50</td><td>3.32</td><td>3.22</td><td>3.12</td><td>3.02</td><td>2.92</td><td>2.81</td><td>2.69</td></tr>
<tr><td>21</td><td>3.77</td><td>3.60</td><td>3.43</td><td>3.24</td><td>3.15</td><td>3.05</td><td>2.95</td><td>2.84</td><td>2.73</td><td>2.61</td></tr>
<tr><td>22</td><td>3.70</td><td>3.54</td><td>3.36</td><td>3.18</td><td>3.08</td><td>2.98</td><td>2.88</td><td>2.77</td><td>2.66</td><td>2.55</td></tr>
<tr><td>23</td><td>3.64</td><td>3.47</td><td>3.30</td><td>3.12</td><td>3.02</td><td>2.92</td><td>2.82</td><td>2.71</td><td>2.60</td><td>2.48</td></tr>
<tr><td>24</td><td>3.59</td><td>3.42</td><td>3.25</td><td>3.06</td><td>2.97</td><td>2.87</td><td>2.77</td><td>2.66</td><td>2.55</td><td>2.43</td></tr>
<tr><td>25</td><td>3.54</td><td>3.37</td><td>3.20</td><td>3.01</td><td>2.92</td><td>2.82</td><td>2.72</td><td>2.61</td><td>2.50</td><td>2.38</td></tr>
<tr><td>26</td><td>3.49</td><td>3.33</td><td>3.15</td><td>2.97</td><td>2.87</td><td>2.77</td><td>2.67</td><td>2.56</td><td>2.45</td><td>2.33</td></tr>
<tr><td>27</td><td>3.45</td><td>3.28</td><td>3.11</td><td>2.93</td><td>2.83</td><td>2.73</td><td>2.63</td><td>2.52</td><td>2.41</td><td>2.29</td></tr>
<tr><td>28</td><td>3.41</td><td>3.25</td><td>3.07</td><td>2.89</td><td>2.79</td><td>2.69</td><td>2.59</td><td>2.48</td><td>2.37</td><td>2.25</td></tr>
<tr><td>29</td><td>3.38</td><td>3.21</td><td>3.04</td><td>2.86</td><td>2.76</td><td>2.66</td><td>2.56</td><td>2.45</td><td>2.33</td><td>2.21</td></tr>
<tr><td>30</td><td>3.34</td><td>3.18</td><td>3.01</td><td>2.82</td><td>2.73</td><td>2.63</td><td>2.52</td><td>2.42</td><td>2.30</td><td>2.18</td></tr>
<tr><td></td><td>40</td><td>3.12</td><td>2.95</td><td>2.78</td><td>2.60</td><td>2.50</td><td>2.40</td><td>2.30</td><td>2.18</td><td>2.06</td><td>1.93</td></tr>
<tr><td></td><td>60</td><td>2.90</td><td>2.74</td><td>2.57</td><td>2.39</td><td>2.29</td><td>2.19</td><td>2.08</td><td>1.96</td><td>1.83</td><td>1.69</td></tr>
<tr><td></td><td>120</td><td>2.71</td><td>2.54</td><td>2.37</td><td>2.19</td><td>2.09</td><td>1.98</td><td>1.87</td><td>1.75</td><td>1.61</td><td>1.43</td></tr>
<tr><td></td><td>∞</td><td>2.52</td><td>2.36</td><td>2.19</td><td>2.00</td><td>1.90</td><td>1.79</td><td>1.67</td><td>1.53</td><td>1.36</td><td>1.00</td></tr>
</table>

后记
Postscript

　　无论自然科学还是社会科学,为了对所研究对象的质获得比较深刻的认识,都需要对其作量的刻画。在现代科学中,运用定量分析的程度,已成为衡量一门学科科学化程度的一个标志。正是因为如此,许多世界著名大学在社会科学人才培养计划中,都设置了"定量分析方法"课程。自我国1996年设置公共管理一级学科以来,"定量分析方法"作为一门方法类课程,已在公共管理学科本科生和研究生教学中广泛开设,并被列入MPA专业硕士教育的核心课程,该课程对公共管理学科人才培养将发生日益重要的作用。

　　定量分析方法自身没有严格的学科界限,其理论基础涉及运筹学、概率论、统计学、计量经济学和系统工程学,其中反映出的关系不仅有数量关系、几何关系,还有序的关系。因此本书在内容的选择上,不仅包括了线性规划、概率论基础知识、估计与假设检验、回归分析、系统分析方法和决策分析方法,还包括了反映几何关系的图与网络分析方法,以及反映序关系的投票理论。为了满足部分读者对较为复杂的定量分析方法学习的需要,本书把概率论的内容进行了扩展,增加了风险决策中常用的方法——"贝叶斯分析"的内容,它是概率论的综合应用;把线性规划的内容进行了扩展,增加了多输入多输出系统效益评价的有效方法——"数据包络分析(DEA)"的内容,它是线性规划的发展。同时,为了让学习者对公共管理领域的常见量化概念有所了解,本书专门增加了附录——"公共管理常用定量分析名词解释"。本书的学习者需要具有高等数学和线性代数的基本知识,如果不具备这些基础,可略去部分章节进行学习,这样仍然可以对定量分析方法有一个基本的了解。

　　本书的第一章和附录"公共管理常用定量分析名词解释"由王冰、许晓东共同撰写,前言、第七章、第八章、第九章和第十章由许晓东撰写,第二章由王冰撰写,第三章、第四章、第五章和第六章由胡隆基撰写,全书由许晓东统稿、定稿。

　　在本书的编写过程中,作者参考了相关领域的各种教材和文献,在此向其作者表示诚挚的谢意。华中科技大学公共管理学院院长徐晓林教授对本书的编写工作十分关心,刘旭同学、胡英华同学和万爱萍同学做了大量文字整理工作,在此一并表示衷心感谢!

　　由于编者水平有限,书中难免有疏漏与错误之处,敬请各位专家和广大读者不吝赐教。

　　作者的 E-mail 地址:xiaodong-xu@mail.hust.edu.cn

编　　者
2016年6月于喻家山

教学支持说明

"21世纪公共管理类系列规划教材"系华中科技大学出版社"十二五"规划重点教材。

为了改善教学效果,提高教材的使用效率,满足高校授课教师的教学需求,本套教材备有与纸质教材配套的教学课件(PPT电子教案)。

为保证本教学课件及相关教学资料仅为教材使用者所得,我们将向使用本套教材的高校授课教师和学生免费赠送教学课件或者相关教学资料,烦请授课教师和学生通过电话、邮件、QQ等方式与我们联系,获取"教学课件资源申请表"文档并认真准确填写后发给我们,我们的联系方式说明如下:

地址:湖北省武汉市珞喻路1037号华中科技大学出版社有限责任公司营销中心

邮编:430074

电话:027-81321902

传真:027-81321917

E-mail:yingxiaoke2007@163.com

QQ:835742781

教学课件资源申请表

填表时间：_____年___月___日

1. 以下内容请教师按实际情况写，★为必填项。
2. 学生根据个人情况如实填写，相关内容可以酌情调整提交。

★姓名		★性别	□男 □女	出生年月		★职务	
						★职称	□教授 □副教授 □讲师 □助教

★学校		★院/系	
★教研室		★专业	
★办公电话		家庭电话		★移动电话	
★E-mail（请清晰填写）			★QQ号/微信号	
★联系地址		★邮编	

★现在主授课程情况	学生人数	教材所属出版社	教材满意度
课程一			□满意 □一般 □不满意
课程二			□满意 □一般 □不满意
课程三			□满意 □一般 □不满意
其 他			□满意 □一般 □不满意

教材出版信息			
方向一	□准备写 □写作中 □已成稿 □已出版待修订 □有讲义		
方向二	□准备写 □写作中 □已成稿 □已出版待修订 □有讲义		
方向三	□准备写 □写作中 □已成稿 □已出版待修订 □有讲义		

请教师认真填写表格下列内容，提供索取课件配套教材的相关信息，我社根据每位教师/学生填表信息的完整性、授课情况与索取课件的相关性，以及教材使用的情况赠送教材的配套课件及相关教学资源。

ISBN(书号)	书名	作者	索取课件简要说明	学生人数（如选作教材）
			□教学 □参考	
			□教学 □参考	

★您对与课件配套的纸质教材的意见和建议，希望提供哪些配套教学资源：

图书在版编目(CIP)数据

定量分析方法/许晓东主编. —武汉:华中科技大学出版社,2008.5(2025.2重印)
(21世纪公共管理类系列规划教材)
ISBN 978-7-5609-4536-1

Ⅰ.①定… Ⅱ.①许… Ⅲ.①定量决策-分析方法-高等学校-教材 Ⅳ.①C934

中国版本图书馆CIP数据核字(2008)第064578号

定量分析方法 许晓东 主编
Dingliang Fenxi Fangfa

策划编辑:周小方
责任编辑:姚 幸
责任校对:章 红
封面设计:原色设计
责任监印:周治超
出版发行:华中科技大学出版社(中国•武汉)　　电话:(027)81321913
　　　　　武汉市东湖新技术开发区华工科技园　　邮编:430223
录　排:华中科技大学惠友文印中心
印　刷:武汉邮科印务有限公司
开　本:787mm×1092mm　1/16
印　张:24　插页:2
字　数:578千字
版　次:2008年5月第1版　2025年2月第1版第4次印刷
定　价:58.00元

本书若有印装质量问题,请向出版社营销中心调换
全国免费服务热线:400-6679-118　竭诚为您服务
版权所有　侵权必究